C000129628

HARDPRESS.NET
HOME OF HARD-TO-FIND BOOKS

Les Sociétés Politiques De Strasbourg Pendant Les Années 1790 À 1795

by Friedrich Carl Heitz

Copyright © 2019 by HardPress

Address:
HardPress
8345 NW 66TH ST #2561
MIAMI FL 33166-2626
USA
Email: info@hardpress.net

LES

SOCIÉTÉS POLITIQUES

DE STRASBOURG

PENDANT LES ANNÉES 1790 A 1795.

EXTRAITS

DE LEURS PROCÈS-VERBAUX

PUBLIÉS

PAR

F. C. HEITZ,

CORRESPONDANT DU MINISTÈRE DE L'INSTRUCTION PUBLIQUE POUR LES TRAVAUX HISTORIQUES, BIBLIOTHÉCAIRE-ARCHIVISTE DE LA SOCIÉTÉ DES SCIENCES, AGRICULTURE ET ARTS DU DÉPARTEMENT DU BAS-RHIN ET DE LA SOCIÉTÉ POUR LA CONSERVATION DES MONUMENTS HISTORIQUES D'ALSACE.

STRASBOURG,
FRÉDÉRIC-CHARLES HEITZ, IMPRIMEUR-LIBRAIRE,
RUE DE L'OUTRE 5.

1863.

BIBLIOTHECA S. J.
Maison Saint-Augustin
ENGHIEN

AD318/3

LES

SOCIÉTÉS POLITIQUES

DE STRASBOURG

PENDANT LES ANNÉES 1790 A 1795:

EXTRAITS

DE LEURS PROCÈS-VERBAUX

PUBLIÉS

PAR

F. C. HEITZ, Frédéric Charles

CORRESPONDANT DU MINISTÈRE DE L'INSTRUCTION PUBLIQUE POUR LES TRAVAUX HISTORIQUES, BIBLIOTHÉCAIRE-ARCHIVISTE DE LA SOCIÉTÉ DES SCIENCES, AGRICULTURE ET ARTS DU DÉPARTEMENT DU BAS-RHIN ET DE LA SOCIÉTÉ POUR LA CONSERVATION DES MONUMENTS HISTORIQUES D'ALSACE.

STRASBOURG ✶ OFFICE D'INFORMATION ✶

BIBLIOTHÈQUE S. J.
Les Fontaines
60 - CHANTILLY

STRASBOURG,

FRÉDÉRIC-CHARLES HEITZ, IMPRIMEUR-LIBRAIRE,

RUE DE L'OUTRE 5.

1863.

DOMUS AR… ✶ BIBLIOTHECA A…

AVANT-PROPOS.

Nous osons offrir le présent volume aux amis de notre histoire locale, comme formant en quelque sorte une suite aux Notes déjà précédemment publiées par nous sur Euloge Schneider. Destiné à jeter quelque lumière sur une époque aussi agitée que terrible, cet ouvrage s'occupe exclusivement du rôle des différentes Sociétés politiques qui ont existé à Strasbourg pendant la première Révolution. L'influence considérable que ces Sociétés ont exercée sur les événements, ou pour mieux dire, celle qu'on parvenait à exercer par leur moyen, est suffisamment connue. Fondées au milieu des élans généreux d'un ardent amour de la patrie et de l'enivrement que produisirent les premiers bienfaits de la liberté, elles devinrent comme l'on sait, bientôt le plus redoutable instrument du plus hideux despotisme qui ait jamais pesé sur la France, l'arène toujours ouverte aux fureurs d'un patriotisme dont les coupables excès semblent dans bien des cas toucher à la folie. Leur importance à de certains moments devient telle, que leur histoire se confond presque avec celle de la Révolution, et en tout cas sert à l'éclairer d'une vive lumière.

Pour réunir les éléments de notre travail, nous avons puisé dans des documents d'une autorité incontestable. La gracieuse obligeance d'un de nos concitoyens les plus estimés a mis à notre disposition le registre authentique des procès-verbaux des séances de la première Société populaire fondée à Strasbourg, le 15 janvier 1790, sous le nom de Société de la Révolution et des amis de la Constitution.

Notre propre collection nous a fourni les renseignements nécessaires pour nous permettre de suivre, pour ainsi dire jour par jour, ce qui s'est passé dans les diverses autres Sociétés, et de donner en résumé le compte-rendu de leurs séances, pâles imitations, il est vrai, de celles qui se tenaient ailleurs, mais n'en offrant pas moins, à notre avis, un intérêt suffisant pour justifier cette publication.

Décembre 1863.

ÉNUMÉRATION

DES DIFFÉRENTES SOCIÉTÉS POLITIQUES ÉTABLIES A STRASBOURG

PENDANT LES ANNÉES 1790 A 1795.

Société de la Révolution, fondée le 15 janvier 1790. Le 11 février elle a changé son nom en celui de

Société des amis de la Constitution.

Par suite de la scission, qui s'est faite le 7 février 1792, il s'est formé deux Sociétés sous les noms suivants :

Société des amis de la Constitution séante au Miroir. Cette Société se nommait aussi *Société ou Club des Jacobins*, ou *Société des vrais amis de la nouvelle Constitution*, ou *Club patriotique*, ou *Société de la liberté et de l'égalité affiliée à la Société des Jacobins de Paris*, ou *Société populaire régénérée*. Elle a été dissoute le 18 janvier 1795.

Société des amis de la Constitution séante à l'Auditoire ou à l'Oratoire du Temple-Neuf. Appelée par les Jacobins : *Société des scissionnaires* ou *Société des feuillants*. Elle a fait fermer la salle de ses séances le 19 janvier 1792.

Société des amis du Roi, fondée au commencement de l'année 1790 et dissoute le 31 décembre de la même annéc.

Société de correspondance nationale, fondée par les Gardes nationaux de Strasbourg, le 10 mars 1790. Sa durée n'était que de quelques mois.

Société du Séminaire, ou *Société de l'Union*, ou *Société des Catholiques*, fondée vers la fin de l'année 1790 et dissoute le 31 janvier 1791.

L'Assemblée des 12 sections de la commune de Strasbourg, remplaçant au commencement de l'année 1791 l'assemblée des tribus. Les sections furent closes, et leurs Présidents et Secrétaires arrêtés, par ordre des Représentants du peuple St-Just et Lebas, le 6 novembre 1793. Sous le 17 janvier 1795, le Représentant Bailly fit de nouveau rassembler les 12 sections.

Société des jeunes amis de la Constitution, fondée le 1er mars 1792, remplacée le 21 juillet de la même année par la

Nouvelle Société des jeunes amis de la Constitution et de la liberté, dissoute le 24 août 1792.

Société populaire régénérée de la commune de Strasbourg, instituée, le 17 janvier 1795, par le Représentant Bailly, et dissoute, le 27 août de la même année, par suite de la Loi du 6 fructidor III (23 août 1795).

SOURCES.

Registre des procès-verbaux de la Société de la Révolution établie à Strasbourg. (Depuis le 15 janvier 1790 jusqu'au 17 mars 1791.) Manuscrit authentique.

Feuille hebdomadaire patriotique, 1789–1790. Rédigée par J. F. Simon.

Affiches de Strasbourg, 1790–1796.

Politische Strassburgische Zeitung, 1790. Journal rédigé par J. Ehrmann.

Wöchentliche Nachrichten, 1790–1791. Journal rédigé par A. Ulrich.

Strassburgisches politisches Journal, 1790. Journal rédigé par A. Cotta.

Geschichte der gegenwärtigen Zeit, 1790–1793. Journal rédigé par J. F. Simon et A. Meyer.

Chronique de Strasbourg, 1790. Rédigée par J. Ehrmann.

Nationalblatt für das Niederrheinische Departement, 1790–1791. Journal rédigé par J. Ehrmann.

Die neuesten Religionsbegebenheiten in Frankreich, 1790–1792. Journal rédigé par J. J. Kæmmerer.

Courrier politique et littéraire des deux nations, 1791. Publié par Treuttel et Würtz, libraires.

Strassburgische Zeitung, 1791–1794. Journal rédigé par E. Ehrmann.

Feuille de Strasbourg ou Journal politique et littéraire des rives du Rhin, 1792. Rédigé par Chayrou et Rouget (de Lisle).

Courrier de Strasbourg, Journal politique et littéraire, 1792–1793. Rédigé par J. C. Laveaux.

Courrier de Paris et des départements à Strasbourg, 1792. Rédigé par J. C. Laveaux.

Argos oder der Mann mit hundert Augen, 1792–1794. Rédigé par E. Schneider et Butenschœn.

Patriotisches Wochenblatt, 1792. Journal rédigé par J. F. Simon.

Strassburger Curier, 1793–1795. Journal rédigé par J. Frantz, de Strasbourg, et Kern, de Bouxwiller.

Der Weltbote, 1793–1794. Journal rédigé par Engelbach, Butenschœn et Schweighæuser, fils.

Procès-verbaux de l'assemblée des sections de la commune de Strasbourg. (Depuis le 21 mars jusqu'au 11 août 1793.) Manuscrit authentique.

Compte-rendu à la Convention nationale des travaux des Représentants du peuple Ruamps, Borié, Milhaud, Guyardin, Mallarmé et Niou, depuis le 27 juillet jusqu'au 29 brumaire II (19 novembre 1793).

Rapport des opérations civiles et militaires des Représentants Couturier et Dentzel, 1793.

Copie figurée des procès-verbaux du Comité de surveillance et de sûreté générale du département du Bas-Rhin, établi par ordre des Représentants du peuple Milhaud et Guyardin, depuis le 8 octobre jusqu'au 25 décembre 1793.

Recueil de pièces authentiques servant à l'histoire de la Révolution de Strasbourg, 1794. (Appelé le *Livre bleu.*)

Sammlung authentischer Belegschriften zur Revolutionsgeschichte von Strassburg, 1794. (Appelé *Blaues Buch.*)

Eulogius Schneider's Schicksale in Frankreich, 1797.

Plusieurs centaines de pièces détachées, publiées à Strasbourg, pendant les années 1790–1795.

SOCIÉTÉS POLITIQUES

DE STRASBOURG,

PENDANT LES ANNÉES 1790 A 1795.

1790.

"Fondation de la Société de la Révolution à Strasbourg, JANVIER.
par 41 citoyens de cette ville, à la tête desquels se trouvait 15
François-Louis-Théodore Le Barbier de Tinan. Cette S. a pour but de maintenir la Révolution, en ayant un œil vigilant sur ses ennemis, en lui frayant, autant qu'il est en son pouvoir, le chemin et en lui ôtant tous les obstacles qui se présentent à elle. La paix, la tranquillité et l'unité sont ses buts. Ses devoirs sacrés sont l'exécution des décrets de l'Assemblée nationale, adoptés ou sanctionnés par le Roi. Elle eut pu, tout aussi bien, prendre le nom de S. de paix, mais comme il existe une pareille S. en Angleterre et que l'on vient d'en fonder une à Paris, composée en grande partie des membres de l'Assemblée nationale, il lui a paru convenable de s'associer à la S. de la capitale. Ni son existence, ni son but sont des mystères; l'Ammeister régnant, comme chef de la municipalité, en a été informé. Les nouveaux membres de la S. sont reçus par ballotage [1]."

---

[1] Extrait du Journal de Strasbourg, n° 12.

« *Procès-verbal de la Société de la Révolution* [1].

« Plusieurs citoyens français, pénétrés de la nécessité de réunir leurs efforts dans les circonstances actuelles pour empêcher les influences des ennemis de la Révolution, ont arrêté de signer l'acte suivant :

« *Acte d'union.*

« Il vient de se former à Paris une *S. de la Révolution* à l'instar de celle qui s'est établie à Londres en 1688. Cette S., qui compte déjà au nombre de ses membres, outre un grand nombre de citoyens de Paris, près de deux cents Députés à l'Assemblée nationale, des plus estimés par leurs vertus et leur patriotisme, a pour but de porter continuellement un œil vigilant sur la Révolution actuelle, sur tout ce qui peut contribuer à la maintenir et à lui assurer de la force et de la durée, ainsi que sur toutes les manœuvres et les ressorts que pourraient faire jouer pour la détruire ceux qui seraient intéressés à faire revivre les abus qu'on vient de renverser.

« Pour remplir ce but d'une manière efficace, il serait à désirer que cette S. eût des branches répandues dans les différentes provinces et dans les grandes villes du Royaume, lesquelles par une correspondance suivie entre elle et avec le centre commun pussent porter continuellement leur attention sur tous les objets qui intéresseraient le maintien de la Révolution, et les éclairer de manière à assurer la perpétuité du bonheur dont elle doit faire jouir la nation française.

« Ces considérations ont engagé les citoyens de la ville de Strasbourg soussignés de se réunir pour présenter à la S. de la Révolution de Paris la demande de lui être agrégés, pour la prier de leur faire parvenir ses lois, statuts et règlements auxquels ils sont disposés à se conformer, et pour

---

[1] Extrait du Registre manuscrit in-fol. des procès-verbaux de la S. de la Révolution, établie à Strasbourg (depuis le 15 janvier 1790 jusqu'au 17 mars 1791).

établir avec elle une correspondance qui remplisse l'objet 1
qu'elle s'est proposée en se formant.

« Le chevalier *d'Alphonse*, officier d'artillerie; *Barbier de Tinan*, Commissaire des guerres; *De Baudreville*, capitaine d'artillerie; *Brunck*, Commissaire des guerres; *Brunck de Frundeck*, lieutenant-colonel; *Cappy*, ancien capitaine retiré; *Caramelle*, lieutenant au régiment d'Artois; *De Chanteclaire*, capitaine d'artillerie; *De Chasseloup*, officier du génie; *De Clermont*, contrôleur des postes; *De Clide*, officier d'Artois, cavalerie; *De Clinchamp*, cadet, officier au régiment de Hesse-Darmstadt; *Dillemann*, négociant; *Doublot*, négociant; *Du Houx*, capitaine d'infanterie retiré; *Dubois*, changeur du Roi; *Dufort*, capitaine d'artillerie; le chevalier *Dufort*, capitaine d'artillerie; *Duport*, acteur de la comédie; *Fabry*, négociant; *Genthon*, général provincial des monnaies; *Jean-Jacques Grün; De Hauterive*, officier du génie; *Hyacinthe Hervé; d'Hilliers*, officier au régiment d'Alsace; *Hugot*, quartier-maitre, trésorier d'Artois, cavalerie; *Jacobi*, caissier de la vente des sels; *Jacobi*, négociant; *Pierre Justet; De La Borde*, capitaine du génie; *La Chausse*, ancien médecin des armées; *Laquiante*, Président de la maréchaussée; *De Laubadère*, officier du génie; *L'épy*, maitre à danser; *Levrault*, avocat-général de la ville; *Étienne Livio*, négociant; *Mathieu*, ancien avocat-général de la ville; *Mathieu*, secrétaire provincial d'Alsace; *Mayno*, négociant; *Mennet*, négociant; *André Meyer*, fils; *Monrecour de Saint-Michel*, officier d'artillerie; *De Montferrand*, capitaine au régiment d'Artois; *Montfort*, capitaine d'artillerie; le chevalier *de Montjoye*, officier au régiment d'Alsace; *Montrichard*, officier d'artillerie; *Moris*, négociant; *Mouilleseaux*, directeur des postes; *Noisette*, négociant; *Pasquay*, négociant; *Pertois*, architecte; *Prost*, négociant; *Radot*, quartier-maitre-trésorier de Royal, cavalerie; *De Raffin*, capitaine au régiment d'Artois; *Rau*, licencié; *Royer*, contrôleur du domaine; *Sainval*, acteur de la comédie; *Salzmann*, de la librairie académique; *Schertz*, négociant; *Schweighæuser*, professeur de l'université; *Scotti*, négociant; *George Teutsch; Thomassin*, avocat; *Thomassin*, chirurgien-major d'Artois, cavalerie; *De Wilmar*.»

«M. Barbier de Tinan prononce le discours suivant :

«Messieurs et chers concitoyens,

«Il n'est personne de nous qui ne chérisse l'heureuse «Révolution qui, en rendant à l'homme la liberté et ses «droits, vient de poser les fondements du bonheur d'un «grand peuple; nous voyons triompher les nobles efforts de «nos Représentants, et s'élever, malgré les sourdes cabales «des ennemis du bien, l'édifice majestueux de la Constitu-«tion. Mais c'est en vain que les lois les plus sages — et de-«vons-nous en attendre d'autres de nos respectables légis-«lateurs? — vont nous conduire vers le but que nous désirons «tous, si le concours des esprits et des volontés ne vient «les fortifier et assurer leur durée; il faut faire repousser «cet amour de la patrie, autrefois l'apanage de nos an-«cêtres, depuis longtemps étouffé sous les épines et les «ronces du despotisme; il faut détruire cet égoïsme, cet «intérêt personnel qui, comme un Protée, se reproduit «sans cesse sous de nouvelles formes pour nuire à l'intérêt «général; il faut travailler à régénérer les mœurs publiques, «seul appui certain des bonnes lois; il faut, j'ose le dire, «nous mettre en garde contre cette légèreté, de tout temps «reprochée à notre nation, qui la porte à embrasser avec «impétuosité des objets nouveaux, mais à s'en lasser et à «les abandonner avec la même promptitude. Tous ces «points demandent une surveillance continue et éclairée, «dont la nécessité a enfanté le projet auquel vous êtes in-«vités à prendre part; une nation longtemps rivale, mais «dont j'espère avec le temps que nous ne serons plus que «les émules, a assuré, par l'établissement d'une S. de Ré-«volution, celle qui, après bien des variations dans son «Gouvernement, a établi solidement chez elle la liberté «dont elle fut toujours idolâtre; à son imitation — et puis-«sions-nous nous contenter de l'imiter dans des choses de

»cette nature — à son imitation, dis-je, vous savez qu'une »S. de la Révolution vient de se former à Paris; vous »connaissez le désir que nous avons témoigné de voir des »branches de cette S. s'établir dans tout le Royaume et »d'en donner l'exemple en commençant à en former une »à Strasbourg et en demandant à la S. de Paris de nous »adopter et de nous communiquer ses lois. Je vous don- »nerai à l'instant connaissance, Messieurs, des démarches »qui ont été faites pour cet objet; on a proposé que notre »S., en attendant la réponse de celle de Paris, s'assemblât »et s'établit provisoirement, pour commencer sans délai à »s'occuper du but qu'elle s'est proposé.

»Il n'est personne de vous, Messieurs, qui ne sente et »ne saisisse l'étendue de ce but. Répandus dans différentes »classes de la société, chacun de nous doit rapporter au »centre commun tout ce qu'il peut apprendre des objets »qui intéressent le maintien de l'ordre et des lois; dé- »marches, propos, projets, nouvelles répandues, tout peut »intéresser; souvent une chose légère en apparence peut »faire trouver le fil d'un objet important; la S. s'arrêtera »dans ses délibérations sur celles dont il est à propos de »s'occuper, elle mettra en réserve celles qui, pour le mo- »ment, peuvent être négligées; elle décidera sur les dé- »marches qu'elle peut et doit faire. Aucun autre sentiment »que celui de citoyen ne doit nous animer; dans cette assem- »blée, affections ou inimitiés particulières, esprit de Corps »ou d'État, tout doit céder à ce beau titre; chacun de nous, »avec zèle, prendra l'engagement sur son honneur, d'en »remplir les devoirs dans toute leur étendue, de concourir »de toutes ses forces, et sans aucune réserve, à la défense »et au maintien de la Révolution et d'observer sur ce qui »se passera dans cette S. le secret nécessaire au succès de »ses démarches.«

»Mr. Barbier donne lecture de la lettre suivante, par lui écrite à M. le Président de la S. de la Révolution à Paris:

»Monsieur le Président,

»Quelques citoyens et habitants de cette ville, pleins de

»zèle pour le bonheur de la commune patrie, n'ont pas »plutôt appris l'établissement qui s'est fait à Paris d'une »S. de la Révolution, et les principes sur lesquels elle est »fondée, qu'ils ont été animés du désir le plus vif d'y »prendre part: j'ai l'honneur de vous adresser la copie de »l'acte par lequel plusieurs d'entre ceux qui l'ont signé se »réunissent pour en faire la demande; nous en connaissons »encore beaucoup de la volonté desquels nous sommes cer»tains, mais le temps n'a pas permis de recueillir leurs signa»tures: nous vous prions, Monsieur, de vouloir bien faire »parvenir nos vœux à la S., de l'engager à nous agréger »à elle, et à nous envoyer ses lois, statuts et règlements, »ainsi que les conditions de cette agrégation: dès qu'ils »nous feront connaitre plus précisément le but et les moyens »d'une association qui peut être d'une aussi grande utilité »pour la cause commune, nous nous empresserons de nous »former en conséquence et d'y concourir de toutes nos »forces. Des établissements pareils sont peut-être plus utiles »dans la province d'Alsace que dans beaucoup d'autres: »son éloignement du centre commun, sa position frontière, »un grand nombre d'intérêts particuliers contraires à l'in»térêt général, y rendent une surveillance de cette nature »bien nécessaire; nous lui devons cependant la justice de »reconnaitre qu'elle renferme un grand nombre de bons »citoyens, qui, pénétrés des principes sur lesquels l'Assem»blée nationale a assis les bases de la félicité publique, »sont décidés à concourir à son affermissement et à écar»ter tous les obstacles qui pourraient s'opposer au bonheur »qu'elle promet à la génération actuelle et aux races fu»tures.

»En présentant notre demande à l'assemblée de la S., »nous vous prions de vouloir bien lui offrir notre respec»tueux hommage et d'agréer celui avec lequel j'ai l'hon»neur d'être.... *Barbier de Tinan,*

»Commissaire des guerres, au nom de toutes les personnes »qui ont signé l'acte ci-joint.

»*P. S.* Nous avons résolu de commencer à nous assem-

»bler et à nous former provisoirement, en attendant que la »S. veuille bien nous affilier et nous faire passer ses rè- »glements.

»Nous désirerions que la S. nous fit connaitre les villes »du Royaume qui auraient déjà établi de pareilles S., pour »que nous puissions entrer en correspondance avec elles.

»On nous a dit que M. le baron de Menou avait été élu »Président de la S. de la Révolution de Paris; s'il ne l'était »pas, nous le supplierions de vouloir bien faire passer les »pièces ci-jointes à M. le Président de cette S., qui ne lui »est sûrement pas inconnu.«

»Lecture faite de cette lettre, on passe à celle de quelques articles d'un projet de règlement provisoire, que M. Barbier de Tinan a proposé pour la S.; celui relatif à la nomination des officiers de la S. ayant été mis en délibération, l'assemblée a arrêté qu'il serait formé un comité composé du Président, du Vice-président, de deux Secrétaires, d'un Trésorier et de deux adjoints au comité, et sur le champ, par acclamation, M. Barbier a été nommé Président; l'on a passé ensuite au scrutin pour l'élection de six autres membres, dont le résultat a donné pour Vice-président M. Mayno, pour Secrétaires MM. Genthon et Levrault, pour Trésorier M. Saltzmann et pour adjoints MM. de Montferrand et de Chanteclaire.

»L'assemblée a arrêté que son comité serait chargé de lui présenter à la séance prochaine un projet de règlement provisoire pour être soumis à sa décision.

»L'assemblée décrète 1° que le Président serait tenu de convoquer une assemblée sur la demande d'un seul membre.

»2° Que son comité serait chargé de faire sur le champ un projet de dénonciation des écrits incendiaires qui viennent de paraitre, tels que l'*Avis aux troupes* et autres de ce genre, pour en rendre compte à sa prochaine assemblée.

»3° Qu'il serait envoyé à M. l'Ammeister régnant, comme chef de la municipalité, une députation composée du Président et de deux membres de l'assemblée, pour lui remettre copie du procès-verbal de la constitution de la S.«

19 „M. Dietrich, Commissaire du Roi, envoie à la S. son second discours à l'Assemblée des échevins de la ville de Strasbourg, ainsi que l'Adresse du comité de la garde nationale strasbourgeoise aux troupes.

„L'assemblée décide que chaque membre soit obligé de prêter le serment suivant :

„Je jure, par tout ce qu'un Français a de plus cher : „l'honneur et la patrie, de dévouer mon être, sacrifier ma „fortune, pour le soutien de la liberté, l'établissement des „lois, le maintien de la Révolution; de réprimer les factions „de tout mon pouvoir, éclairer le séditieux et le dénoncer; „de voler aux dangers, dès que le bien public l'ordonne, „et, s'il le faut, mourir."

„Tous les membres présents prêtent ce serment. — La S. décide que ses séances auront lieu dorénavant à la salle de la tribu de la Lanterne ou tribu des Seigneurs [1]."

23 „La S. envoie à l'Accusateur de Strasbourg, au Châtelet à Paris et au Président de l'Assemblée nationale, une dénonciation contre les écrits incendiaires qui semblent indiquer un complot digne de la sévérité des lois :

„N° 1. *Der elsässische Nachtwächter* (Le veilleur de nuit alsacien).

„N° 2. *Treuherzige Ermahnung eines aufrichtigen Elsässers an seine Landsleute* (Exhortation cordiale d'un Alsacien sincère à ses compatriotes).

„N° 3. Avis aux bons citoyens de l'Alsace."

25 „*Réflexions d'un des rédacteurs de la Chronique de Strasbourg sur la S. de la Révolution de Strasbourg* [2].

„L'Assemblée nationale a prescrit par son décret du 28 décembre, accepté par le Roi le 7 de ce mois, que tous les citoyens prêteront le serment de *maintenir de tout leur pouvoir la Constitution.* Le but de cette S. n'est donc que le devoir sacré de tous les Français. Les moyens qu'elle employera seront : de favoriser la propagation des lumières

---

[1] *Herrenstub,* rue du Vieux-marché-aux-grains, n° 18.

[2] Chronique du Strasbourg, n° X.

(car la révolution n'a d'ennemis que l'égoïsme ou l'igno- 25
rance); de répondre aux écrits insidieux par lesquels on voudrait égarer le peuple sur ses droits et ses vrais intérêts; d'écarter les fausses craintes que l'on tenterait d'inspirer; de présenter enfin à l'autorité les preuves que la S. aurait acquises, de menées dangereuses contre la loi etc.; en un mot, de faire en commun ce que chaque citoyen peut et doit faire seul. Nul homme sans reproche ne peut donc trouver cette S. redoutable, et il n'existe plus ce temps où l'autorité jalouse et craintive, parce qu'elle ne reposait pas sur des bases qui la rendissent respectable, craignait les assemblées de citoyens: la loi les autorise aujourd'hui; jamais même la police inquisitoriale de Paris n'avait apporté d'obstacles à l'établissement des *clubs* et autres Sociétés de ce genre.

„L'empressement avec lequel toutes les villes qui se distinguent par leur patriotisme établissent des *S. de la Révolution;* l'exemple de l'Amérique et de l'Angleterre surtout, prouvent leur utilité. Il en existe une depuis cent ans dans ce dernier État; et en est-il un autre où la loi soit plus forte et ses ministres plus respectés?

„On ne demandera pas sans doute si cette S. peut être utile en Alsace. Quelle autre province a été le foyer d'une aristocratie aussi puissante: princière, féodale, ecclésiastique, municipale; et sans adopter les conjectures que fait naitre l'instruction d'un procès fameux, où s'est-on permis des démarches plus décidées contre les lois de l'État. Les libelles traduits dans notre langue et que l'on répand avec tant de profusion dans nos campagnes, n'annoncent-ils pas que c'est chez nous que devait se rallier l'aristocratie, qui partout ailleurs dans le royaume n'a plus ni feu ni lieu? Si les ennemis de l'ordre conspirent et travaillent sous terre, ne sera-t-il pas permis aux citoyens honnêtes de les combattre à découvert?

„Ce n'est donc pas un parti que cette S. forme; et ceux qui oseraient la menacer d'un contreparti, se souviendront sans doute que s'élever contre des hommes qui se dévouent au maintien de la loi, c'est s'élever contre la loi même.“

„La S. décide à l'unanimité que l'adresse suivante serait imprimée et distribuée en grand nombre :

„*Adresse de la S. de la Révolution établie à Strasbourg, à ses concitoyens des villes et campagnes d'Alsace.*

„L'article LXII du décret de l'Assemblée nationale, concernant la constitution des municipalités, en date du 14 décembre 1789, est conçu en ces termes :

„Les citoyens actifs ont le droit de se réunir paisible„ment, et sans armes, en assemblées particulières, pour „rédiger des adresses et pétitions, soit au corps municipal, „soit aux administrations de département et de district, „soit au corps législatif, soit au Roi, sous la condition de „donner avis aux officiers municipaux du temps et du lieu „de ces assemblées, et de ne pouvoir députer que dix ci„toyens pour apporter et présenter des adresses ou péti„tions.“

„Sous l'autorité de cet article, et en s'y conformant, une association de citoyens s'est formée dans la ville de Strasbourg, sous le titre de *S. de la Révolution*. Mais, à peine formée, et avant que ses principes et son but soient connus, on la calomnie. On présente cette association comme une chambre ardente, inquisitoriale ; comme une troupe d'esprits turbulents et factieux. Le paisible habitant, effrayé, s'enquiert avec crainte de ce qu'est donc cette S. de la Révolution.

„Nous vous faisons connaitre que la *S. de la Révolution* n'est composée que de citoyens patriotes, fidèles au serment qu'ils ont prêté à la Nation, à la Loi et au Roi, pénétrés de soumission et de respect pour tous les décrets de l'Assemblée nationale, auxquels se sont associés des militaires français, qui se font un devoir d'être aussi zélés défenseurs des droits de la nation que redoutables aux ennemis de la patrie. Que cette S., qui vous invite à la paix et à l'union si nécessaires à la prospérité de la chose publique, ne se propose d'autre but que celui de conserver la liberté qui nous est rendue par la nouvelle Constitution. Qu'à cet effet, elle portera un œil vigilant sur tout ce qui pourra attaquer cette liberté renaissante ; qu'elle veillera à l'exécution des décrets de l'Assemblée nationale sanctionnés, consentis ou approuvés par le Roi, non par des délations personnelles, mais en sollicitant leur exécution près du corps municipal, des assemblées de district et de département, et même près de l'Assemblée nationale. Apprenez que sa vigilance à dénoncer tout ce qui tendrait à soulever les peuples, à les écarter de la soumission et du respect qu'ils doivent à tous les décrets sanctionnés, n'est qu'un secours qu'elle prépare à tous les corps administratifs de la province, et qu'elle offre plus particulièrement au corps municipal qui va être établi dans cette ville, et qui, composé de membres tous du choix de la commune, sera animé du même esprit que la S. de la Révolution. Que la Garde nationale de cette ville apprenne à ne regarder cette S., à laquelle plusieurs de ses officiers et soldats se sont déjà réunis, que comme un corps toujours prêt à partager ses périls et sa gloire.

»La S. de la Révolution se propose aussi, non seulement d'empêcher, autant qu'il sera en son pouvoir, la circulation de ces libelles séditieux que répandent clandestinement les ennemis de la révolution, dans le dessein d'égarer les peuples, de les soulever, et de les rendre aux fers ; mais encore d'en fournir gratuitement et ostensiblement le contre-poison.

»Elle invite les citoyens des autres villes de la province, soit à former dans leur enceinte des S. dans le même esprit, vues et principes, qui entreraient en correspondance avec elle, et les lieraient avec la S. de la Révolution de Paris, avec laquelle celle de Strasbourg correspond, soit seulement de lui faire passer des avis fidèles de ce qui peut mériter l'attention et les soins de sa vigilance. Elle fait pareille invitation aux habitants de la campagne. De l'union dépend la force des États, de l'union dépend aussi la liberté française.

»La S. de la Révolution, qui publie cet écrit pour rassurer les esprits sur les motifs et le but de son association, a pensé que, pour justifier de ses vertueux desseins, il lui

26 suffisait de terminer par la liste nominative et alphabétique des membres dont elle est composée à ce jour 26 janvier 1790.« (Suivent les signatures. Voir p. 3.)

30 »La S. débat les articles de son règlement. M. le chevalier Dufort fait la lecture d'une lettre par laquelle la S. de la Révolution de Paris annonce qu'elle a pris le titre de S. des amis de la Constitution.«

FÉVRIER. »La S. décide, sur la proposition de M. de Montrichard,
2 qu'une députation serait envoyée au Maire de Strasbourg lors de sa proclamation, pour le féliciter au nom de la S. et lui faire part de son entier dévouement à la chose publique.

»Le Vice-président donne lecture d'une adresse de plusieurs citoyens de Benfeld, réunis en S., qui demandent à être affiliés à la S. de la Révolution de Strasbourg. La correspondance de la S. de Benfeld est reçue avec plaisir. La S. décide qu'elle s'occupera de l'état civil des juifs en Alsace.«

3 »L'abbé Rumpler envoie à la S. une Traduction *libre* en langue nationale, avec amendements et sous-amendements, d'une adresse strasburgico-française, qui, présentée au public par les *protecteurs légitimes* de la Révolution, pourrait peut-être elle-même causer, sans qu'on y pensât, une source de révolution funeste à la littérature de la patrie, si l'on n'essayait, pour le bien de la *société,* de rappeler un peu à l'ordre grammatical d'usage, les honorables membres du comité de rédaction des *associés,* tous censeurs actifs et vigilants, légalement *constitués,* dit-on, *en vertu de la constitution des municipalités,* art. 62.«

(La lettre d'envoi porte: »Envoi *à MM. de la Révolution* à la lanterne [1].«)

»Plusieurs députés de la ville de Huningue, où une S. s'était formée, demandent la correspondance avec la S. de Strasbourg. Accordée.«

---

[1] Les assemblées de la S. avaient lieu, ainsi que l'on a lu plus haut, à la ci-devant tribu des Seigneurs, appelée aussi la Lanterne.

„La S. change de nom; elle prend celui de *Société des amis de la Constitution.* 13

„Lecture d'une lettre de M. Schwendt, député à l'Assemblée nationale, adressée à la S., sur l'acceptation de la Constitution par le Roi, le 4 février.

„L'abbé Rumpler adresse une : „*Épitre chrétienne aux amis de la Constitution, les ci-devant soi-disant associés de la Révolution, qui, dans leur sagesse, ont cru devoir quitter, en même temps, et la Lanterne et leur nom.*" 17

„La question : si l'on peut admettre des juifs dans la S., est décidée à l'unanimité. M. Levrault propose de s'occuper d'une réfutation d'un livre que M. de Foissac vient de mettre au jour et qui pourrait devenir très-funeste aux juifs d'Alsace dans les circonstances actuelles."

„La S. reçoit comme membre le juif *Marx Berr*. Elle fait insérer dans les feuilles le discours prononcé à cette occasion par le récipiendaire en y ajoutant les mots suivants : „La S. croit s'honorer par le premier témoignage donné publiquement en Alsace du mépris d'un injuste préjugé, que peut affaiblir la demande qui lui a été faite au nom du nouvel admis. Elle s'est déterminée par ce motif à la faire imprimer." 20

„Un comité de cinq personnes est nommé pour s'occuper spécialement des affaires des juifs d'Alsace."

„M. Brunck communique à la S. les observations suivantes adressées à M. Merlin, membre du comité de féodalité de l'Assemblée nationale, sur les prétentions des princes d'Allemagne qui ont des possessions en Alsace, relativement à leurs droits féodaux : 23

„La souveraineté absolue sur toutes les terres et habitants de la Haute- et Basse-Alsace a été cédée par l'empire d'Allemagne à la France par quatre traités solennels qui l'expliquent et le confirment mutuellement. Les droits dont jouissaient les seigneurs immédiats des terres de la Basse-Alsace leur ont été conservés autant qu'ils sont compatibles avec la souveraineté du Roi ; ils en jouissent moins en vertu des traités de paix qu'en vertu des lettres patentes obtenues par chacun d'eux séparement, qui confirment, déterminent et modifient ces droits.

«Il n'est pas douteux que ceux de ces droits qui ne peuvent pas s'allier avec les principes de la Constitution ne doivent être regardés comme incompatibles avec la souveraineté du Roi. Le duc de Deux-Ponts, le prince de Hesse-Darmstadt étant aux droits du comte de Hanau, le prince de Linange, seigneur de Dabo, les comtes de Linange et leurs ayant-cause, seigneurs en partie d'Ober- et Niederbroun, l'évêque de Spire et celui de Bâle, ne sont pas sujets de la France; mais les habitants des terres qu'ils possèdent dans le Royaume sont Français et doivent jouir, ainsi que tous les autres Français, des avantages de la Constitution; il serait absurde de ne leur accorder qu'une demi-liberté, de les laisser sous l'oppression du régime féodal, parce que le seigneur haut justicier des terres qu'ils habitent a voix et séance à la diète de Ratisbonne. D'ailleurs ces princes et seigneurs ne peuvent posséder leurs biens en Alsace que conformément aux lois du Royaume, qui règlent tous leurs rapports avec les autres citoyens français et avec le gouvernement, de même que ceux de tous les seigneurs territoriaux, sujets du Roi en France. On ne voit aucune raison pour laquelle la possession dût être un titre plus sacré pour eux qu'elle ne l'est pour M. le duc d'Uxès, pour M. le duc de la Tremoille, pour les autres ducs et pairs de France qui jouissent dans leurs duchés et pairies des droits féodaux perçus de temps immémorial, mais qui, étant contraires à la justice, à la raison, à la liberté naturelle, sont et demeureront abolis et dont ces grands seigneurs français feront le sacrifice à la Nation. Et qu'on ne dise pas que les princes allemands se sont librement et volontairement soumis au Roi de France, avec la réserve de leurs droits et sous la clause de leur conservation; le fait est faux; leurs terres ont été conquises par les armes de la France et cédées ensuite par le corps germanique, ainsi que toute la Haute- et Basse-Alsace. Cette cession a été le prix et le dédommagement des pertes et des dépenses essuyées par la France pendant la guerre de Trente ans pour assurer la liberté de l'Allemagne. L'Alsace a été cédée à la France, comme la Poméranie à la Suède; les prétentions des princes possédant des terres en Alsace sont vaines et dénuées de tout fondement; c'est ce qui est démontré dans l'écrit d'un fort savant homme qui paraitra dans peu de temps et qui sera envoyé à l'Assemblée nationale [1].

»Les princes allemands n'ont pas plus de dédommagements ni d'indemnité à prétendre que les ducs et pairs et autres seigneurs de France; à les entendre, pour ne pas violer envers eux la justice, il ne faudrait pas moins que leur rembourser la valeur du capital des revenus de leurs terres estimée au denier vingt, en leur laissant encore les propriétés foncières. A ce prix la nation achèterait un peu cher l'honneur d'avoir des princes allemands possessionnés en Alsace.

»La plus grande partie, la totalité presque des terres d'Alsace possédées par les princes allemands laïques et par la noblesse d'Alsace sont des fiefs régis par le droit féodal allemand. Une partie de ces fiefs relève du Roi, une partie relève de l'évêque de Strasbourg, ou d'autres princes ecclésiastiques, quelques-uns relèvent des princes laïques. Presque tous les fiefs sont masculins, et passent aux descendants mâles des premiers investis jusqu'à l'extinction de la ligne masculine; alors le fief retourne au seigneur direct; s'il est ecclésiastique il est obligé de le conférer; le seigneur laïque peut le réunir à son domaine. Tout ce système féodal ne peut s'accorder avec la Constitution. Désormais tous les hommes doivent être libres en France et toutes les terres franches. Le Roi renoncera à sa suzeraineté; les terres tenues en fief de lui appartiendront en toute propriété à ceux qui les possèdent et qui les transmettront à

---

[1] L'orateur voulait parler du livre de Rühl, publié sans nom d'auteur sous le titre : Exposé analytique des faits et des actes publics qui établissent la domination absolue du Roi sur l'universalité des terres et habitants de la Haute- et Basse-Alsace. Strasb., 1790, in-8°.

leurs héritiers mâles et femelles, indistinctement; elles pourront être vendues comme tous les autres biens.

»L'Assemblée nationale, excitée par cet exemple du monarque, ordonnera que tous les fiefs relevant des princes et seigneurs ecclésiastiques sortiront à l'avenir de leur nature de franc aleu; que ceux qui les possèdent en disposeront à leur volonté et les transmettront à leurs héritiers naturels indistinctement; que les fiefs relevant des princes et seigneurs laïques continueront d'être régis par le droit féodal, auquel ils ont toujours été soumis, jusqu'à l'extinction de la lignée masculine des premiers investis, laquelle venant à manquer, les seigneurs directs réuniront les fiefs à leur domaine.

»Ces trois articles de la loi proposée offrent aux princes d'empire possessionnés en Alsace des avantages assez considérables. D'une part, leurs terres devenant franches et libres, ils en pourront disposer de toutes les manières que la loi commune autorise; il y a beaucoup de cas où cette faculté serait d'un prix inestimable; d'autre part, ces princes conservant leurs terres, auront l'espérance de les voir successivement augmenter de valeur par la réunion des domaines inféodés.

»Les seigneurs ecclésiastiques perdraient un casuel utile en perdant le domaine direct des fiefs relevant de leur bénéfice; les évêques, abbés et dignitaires de chapitres qui ont un fief à conférer, en enrichissent leur famille, ou le vendent, ou, si c'est un petit objet, ils en font quelquefois et rarement, la récompense de quelqu'un de leurs serviteurs. L'archevêque de Cologne a vendu, il y a peu de temps, un beau fief en Alsace qui relève de lui et devenu vacant par la mort du maréchal de Soubise. Cette perte mérite d'autant moins d'être prise en considération, que la plupart, la totalité des fiefs relevant de seigneurs ecclésiastiques sont des fiefs oblats et point des démembrements du domaine de l'Église, dont la maxime a toujours été: *Tout prendre et ne rien donner*.

»Quel grand tort éprouveront donc ces seigneurs par la restitution d'une chose qui ne leur a rien coûté? Les mânes des évêques de Strasbourg de la maison de Rohan ne

seront certes point troublés, en apprenant que les fiefs de 23
l'évêché, possédés par des seigneurs de leur nom, sont devenus des biens libres et pourront être donnés en dot à leurs petites-nièces.«

»Il est décidé que les séances de la S. auront lieu dorénavant dans la grande salle de la tribu des cordonniers [1].«

»Un *Rapport sur la question de l'état civil des juifs* 27
d'Alsace est lu à la S. par M. Brunck. Les juifs ont présenté, le 28 janvier 1790, à l'Assemblée nationale, un mémoire par lequel ils demandent à être reçus citoyens. Cette importante question fut discutée à la S. des amis de la Constitution de Paris, qui invita celle de Strasbourg à lui communiquer ses vues et ses opinions sur ce sujet. Cette question mûrement pesée, la S. charge un de ses membres d'en faire un rapport, qui, après avoir été revêtu des signatures de tous les membres de la S., serait envoyé à Paris. La lecture de ce rapport a excité les plus vifs applaudissements.«

»La S. reçoit une brochure publiée sous le titre : *Observations sur la possibilité et l'utilité de l'admission des juifs en Alsace aux droits de citoyen, adressées à un membre de la S. par un ami de l'homme.*

»Sur l'observation de M. Ehrmann cadet, que la raison et l'humanité proscrivent l'usage de sonner d'une trompe à certaines heures de la nuit pour rappeler la mémoire d'une prétendue trahison imputée aux juifs, la S. arrête qu'une pétition serait adressée à la nouvelle municipalité, aussitôt qu'elle sera instituée, pour demander la suppression de l'usage de cette trompe.«

(Dans le courant du mois de février la S. reçut les membres suivants : MM. de Guppenberge; Dumonceau; Revel; Johannot; Massenet; Mollinger; Reinbold; Champy; Ehrmann, cadet, et Marx Berr.)

---

[1] Rue de la Chaîne, nº 5.

2 »La S. décide que le rapport sur la question de l'état civil des juifs, par M. Brunck, sera imprimé en français et en allemand et envoyé à toutes les S. et aux municipalités de l'Alsace [1]. Le comité de la S. est chargé d'écrire une lettre de remerciment à M. Weber, capitaine de la garde nationale, qui a reçu M. Marx Berr dans sa compagnie.«

4 »Le duc d'Aiguillon envoie à la S. de Strasbourg le règlement de la S. de Paris, dont il est le Président. La lettre suivante accompagne cet envoi :

»Messieurs,

»Si la S. des amis de la Constitution a tardé aussi longtemps à répondre à la lettre par laquelle vous lui proposez une affiliation qui la flatte infiniment, c'est qu'elle a voulu attendre que son règlement fût imprimé, afin de pouvoir vous l'envoyer. C'est avec grand plaisir que je me vois aujourd'hui chargé par ses ordres de vous l'adresser, et de vous assurer de sa part combien elle est sensible aux sentiments que vous lui témoignez. Le devoir des bons citoyens est de former une sainte coalition pour le maintien de la Constitution. Nous voyons avec reconnaissance, avec transport, Messieurs, le zèle qui vous anime. Réunis pour le bonheur de la patrie, nous triomphons des obstacles, et la France devra son repos et sa liberté à l'union étroite des S. des amis de la Constitution, qui, dans les différentes parties de l'Empire, ne formeront bientôt qu'un même tout, animé du même esprit et du même patriotisme. Je me félicite de me trouver l'interprète des sentiments d'estime, de vénération, de fraternité que nous vous vouons à

---

[1] Une réponse au dit rapport fut publiée par Ginzrot, fils, sous le titre :

Antwort über eine Schrift, betitelt : Bericht, welcher in der Gesellschaft der Freunde der Constitution über die Frage vorgelesen wurde : «Können die Juden im Elsass des Bürgerrechtes theilhaftig werden?» und zur Widerlegung der darin vorkommenden Stellen eines Biedermanns unwürdig, den der edle Name Bürgerfreund zieren sollte.

jamais, et dont nous vous prions d'agréer l'assurance la plus sincère. 4

„J'ai l'honneur d'être etc. Le duc *d'Aiguillon*,
„Président de la S. des amis de la Constitution."

„La S. publie son règlement et son nouveau serment de 6
réception, ainsi conçu : „Je jure d'être fidèle à la nation, à la loi et au Roi, et de maintenir de tout mon pouvoir la Constitution, décrétée par l'Assemblée nationale et acceptée par le Roi ; je jure de défendre et de soutenir de ma fortune et de mon sang tout citoyen qui aurait le courage de se dévouer à la dénonciation des traitres à la patrie et des conspirateurs contre la liberté." M. le Président de la S. ajoute : *Vivre libre ou mourir*. Le récipiendaire devra répéter : „*Vivre libre ou mourir*."

„M. Brunck ayant donné lecture d'un projet d'adresse 12
aux habitants de la campagne d'Alsace sur la vente des biens ecclésiastiques, une commission est nommée pour l'examen de cette adresse.

„Un membre fait part à la S. qu'il vient de se former à Strasbourg une *Société de correspondance nationale*, par des gardes nationaux „qui portent dans le cœur le serment solennel qu'ils ont prêté à la Nation, à la Loi et au Roi. Pénétrés des devoirs qu'il leur impose, ils se sont réunis pour former cette S., qui devra établir entre leurs frères, les gardes nationaux de la province, une correspondance exacte et non interrompue, former avec eux une association de patriotisme et de zèle, et assurer la tranquillité publique en coopérant au maintien de la nouvelle Constitution." Cette nouvelle S. envoie la circulaire suivante à tous les gardes nationaux des provinces, par laquelle elle leur fait part de sa formation :

„Messieurs,

„Vous avez vu naître cette étonnante révolution qui va élever le bonheur et la gloire de l'Empire français sur les ruines des abus et des préjugés : encore un pas, et la nation française deviendra la première nation du monde. Mais, ne nous le dissimulons pas, la tranquillité apparente qui règne dans nos provinces n'est peut-être qu'un piége dangereux de notre ennemi commun; affaiblie et non encore détruite, l'aristocratie médite peut-être un réveil qui sera pour nous le signal de la mort: prévenons, rompons ses odieux desseins, et renvoyons à ce monstre les traits qu'il nous lancera.

» Citoyens-soldats, armés pour la commune liberté, pour le maintien des décrets émanés de l'auguste Assemblée de nos Représentants, pour la plus grande gloire de notre monarque chéri, ce n'est que par l'union la plus intime, les efforts les plus suivis et le zèle le plus actif, que nous réussirons à opposer une barrière insurmontable à ces âmes viles qui osent regretter leurs fers, et qui voudraient encore nous forcer à partager leur bassesse.

»Notre province surtout, Messieurs, parait, tant par sa position topographique, que par l'influence dangereuse de ses grands propriétaires, mériter l'attention la plus vigilante. Rien de tout ce qui s'y passe ne doit nous être indifférent. L'abîme est sous nos pas : un instant de sécurité ou de refroidissement peut nous replonger dans des maux plus affreux encore que ceux auxquels le génie restaurateur de la France vient de nous soustraire.

»Quelques gardes nationaux de cette ville, qui portent dans le cœur le serment solennel qu'ils ont prêté à la Nation, à la Loi et au Roi, pénétrés des devoirs qu'il leur impose, se sont réunis sous le nom de Société de correspondance nationale. Établir entre leurs frères, les gardes nationaux de la province, une correspondance exacte et non interrompue, former avec eux une association de patriotisme et de zèle et assurer la tranquillité publique, en coopérant au maintien de la nouvelle Constitution, tel est le but qui les a rassemblés.

»Nous sommes trop convaincus de la pureté de vos principes, pour n'être pas assurés de votre empressement à seconder des vues aussi utiles; et c'est dans cette confiance, dont nous nous ferons un devoir de vous donner en tout temps un témoignage assuré, que nous vous engageons, Messieurs, à concourir avec nous à les remplir par tous les moyens que vous suggéreront et vos lumières et votre patriotisme.

»Ce ne peut être qu'en formant une S. pareille à la nôtre, en nous faisant part de tout ce qui peut arriver d'intéressant et de nouveau dans votre ville ou dans ses environs et sur les frontières étrangères, et en ne donnant que des relations avérées, que nous pourrons former avec avantage et agrément cette chaine qui doit nous lier avec nos frères d'armes. Il pourra même ne pas être indifférent que vous nous fassiez également part des ouvrages incendiaires ou anti-constitutionnels qui se publieraient chez vous, pour que nous puissions arrêter leurs effets dangereux.

»Nous vous adressons cette lettre, sous enveloppe, à la municipalité, et vous prions, de nous en accuser aussitôt la réception, en nous mandant, en même temps, si vous désirez que nous continuions à nous servir de la même voie dans le cours de notre correspondance, ou en nous indiquant une autre.

»Nous adressons la même lettre à toutes les gardes nationales établies dans la province, et ce sera d'après le résultat général des rapports qu'elles nous feront, que nous prendrons les mesures pour arrêter des mouvements criminels, en faisant aussitôt part au Comité de correspondance générale avec toutes les provinces du royaume, établi à Paris, de tout ce que nous aurons appris par nos relations avec elles.

»Nous avons l'honneur d'être avec le plus sincère et inviolable attachement, Messieurs, vos très-humbles et très-affectionnés frères d'armes,

»Les Président et membres de la S. de correspondance nationale.«

»M. Barbier, que sa santé avait obligé de donner sa démission comme Président, est remplacé par M. Brunck. A cette occasion le nouveau Président prononce les paroles suivantes :

»Messieurs,

»Lorsque vous vous êtes formés, vous avez senti que

l'honneur de vous présider devait être la récompense du patriotisme du citoyen zèlé qui avait conçu le projet de votre association. Il a été l'âme de vos assemblées; il les a modérées par la douce persuasion de la sagesse, avant que vous les eussiez soumises à l'empire de la loi. Sa présidence devait naturellement durer jusqu'à la confection de nos règlements. Vous avez jugé que celui qui avait posé la première pierre de ce sanctuaire de la liberté et de l'égalité, devait en couronner le faite; que c'était pour ainsi dire lui décerner l'honneur d'en faire la consécration, que de ne sanctionner nos règlements que par l'autorité de son nom et de ceux de vos deux premiers Secrétaires. Aussi lorsque sa modestie vous a demandé de lui nommer un successeur, votre reconnaissance s'est opposée à son vœu et vous avez obtenu de son zèle qu'il continuât ses fonctions. Arrivé au terme fixé par nos règlements, il a quitté le fauteuil qu'il a dignement et glorieusement occupé. Je ne crois pas, Messieurs, avoir besoin de recueillir vos suffrages pour être autorisé à le remercier en votre nom d'avoir formé le lien qui nous unit, et d'avoir érigé ce Prytanée, où nous nous rassemblons pour entretenir le feu sacré de l'amour de la patrie, des lois et de la liberté. Grâces soient donc rendues à M. Barbier; nous le regarderons toujours comme notre fondateur. Si nous ne lui en donnons pas le titre, nos cœurs lui accorderont toute la vénération et la reconnaissance que son généreux civisme a droit d'attendre de nous.

« Messieurs, c'est dans les Républiques et les États les plus libres que la vieillesse a toujours été la plus honorée. L'opinion qui guidait Lycurgue et Solon est sans doute ce qui a fixé sur moi votre choix; vous n'avez pas craint d'être trompés par un antique préjugé; mes cheveux blancs vous ont paru le signe d'une tête froide, d'une âme calme, de cette indifférence pour les jouissances d'une vie qui décline, et dont la vieillesse cherche le dédommagement dans l'espérance du bonheur de la génération qui lui succède, enfin d'un courage d'autant plus ferme, que ses sacrifices sont plus faibles. Puissé-je répondre à votre attente et jus-

tifier votre choix! J'espère mériter au moins votre indul- 13
gence, et obtenir de votre justice l'éloge de mon zèle, de mon amour de l'ordre et de ma fidélité à l'observation de vos règlements."

„M. Hoffmann donne lecture d'un mémoire sur la mu- 16
nicipalité de Dambach. La S. arrête que ce mémoire sera adressé à la Commission nommée par les municipalités d'Alsace et que, quant aux excès commis dans l'exercice des pouvoirs, il sera porté plainte aux Corps judiciaires."

„La S. des amis de la Constitution envoie *une députation*, composée de son Président et de six membres, à 19
M. le Maire (Dietrich) pour le féliciter sur l'installation du corps municipal. Le Président prononce à cette occasion le discours suivant:

„Monsieur,

„L'organisation des corps municipaux est le premier bienfait de la Constitution, dont ils deviendront le plus ferme rempart. Une S. de citoyens, qui s'est spécialement dévouée à son maintien, et qui se décore du beau nom de ses amis, nous députe vers vous, pour vous assurer de la part qu'elle prend à la joie publique, et de l'empressement avec lequel elle donnera en toute occasion l'exemple du respect et de la soumission dus aux chefs de la cité. Elle se glorifie de posséder dans son sein plusieurs membres du corps municipal, et elle se flatte de l'espoir d'obtenir votre bienveillance. Vous avez manifesté, Monsieur, votre patriotisme de la manière la plus énergique ; vous avez prouvé que vous êtes animé de la plus noble des passions, de l'amour du bien public. C'est par ces sentiments, par les actions qu'ils ont produites, que vous avez mérité la confiance de vos concitoyens et obtenu leurs suffrages. La connaissance que nous avons de vos principes, ne nous permet pas de douter de l'intérêt que vous voudrez bien prendre aux succès de nos travaux, de la protection que vous leur accorderez et de l'accueil favorable que recevra de vous ce que nous pourrons vous proposer pour l'avantage et l'honneur de la commune."

"*Réponse de M. le Maire.*

"Messieurs,

"Convaincu de l'utilité de votre S. dès le commencement de son institution, j'ai fait des vœux bien sincères pour le succès de ses travaux; j'ai demandé l'enregistrement de sa notification aux anciens magistrats. Je l'ai défendue et ne cesserai de la défendre contre les calomnies de ces hommes qui, feignant d'ignorer l'objet de cet établissement et voulant le rendre odieux aux honnêtes gens, en ont fait un tribunal d'inquisition.

"Nous vous invitons à partager avec nous les honorables mais pénibles obligations que nous impose le vœu de nos concitoyens; chargés de promulguer les lois émanées de l'Assemblée nationale, de les faire exécuter, de veiller à la perception des contributions publiques et à toutes les parties d'une vaste administration, nous avons besoin du concours de tous les bons citoyens. C'est surtout aux amis de la Constitution qu'il appartient de publier les avantages de la liberté, de la protéger contre les sourdes manœuvres des fauteurs du despotisme, de prévenir leurs coupables efforts et d'arrêter l'effet de leur écrits incendiaires. C'est à vous d'instruire le peuple, de le mettre en garde contre les fausses interprétations des décrets, de lui montrer les pièges de tout genre que lui tendent les ennemis du repos des Français. C'est à vous de hâter les progrès de l'esprit public, de faire tomber les haines religieuses et toutes les distinctions qui ravalent la dignité de l'homme et insultent à la raison.

"Réunissons nos vœux, nos sentiments et nos forces pour accélérer le grand œuvre de la régénération française et remplir ce que le peuple de cette cité attend de nous. Vous me trouverez empressé de profiter de vos lumières et de concourir au succès et à la gloire de votre S. dont le suffrage me flatte et me touche infiniment et dans le sein de laquelle j'ambitionne d'être reçu."

"Lecture d'une lettre adressée à la S., par MM. le duc d'Aiguillon, ancien Président de la S. de la Constitution

de Paris, Charles de Lameth, Président, et Koch, membre 3
de la dite S., par laquelle ils annoncent que la S. s'est affiliée celle de Strasbourg, qui a été formée dans le but de répandre les vrais principes de la Constitution actuelle.

»M. Montferrand fait la motion suivante :

»Personne de nous ne croit sûrement à une contre-révolution, mais en même temps nous ne devons pas douter des efforts que feront les ennemis du bien public pour empêcher, ou au moins retarder l'établissement de la Constitution; ses amis doivent regarder un retard de quelques jours comme un malheur pour la France entière; nous devons donc porter toute notre attention à prévenir les obstacles qui pourraient arrêter les vues bienfaisantes de l'Assemblée nationale constituante ; elle a franchi jusqu'à présent tous ceux qui lui ont été présentés ; elle ne le ferait pas aussi facilement, si les ennemis du bien public venaient à bout de gagner l'armée, ou bien, ce qui reviendrait à-peu-près au même, de lui faire oublier les principes du patriotisme qui l'animent depuis le commencement de la Révolution. On n'a pu la corrompre parce qu'elle n'était pas corruptible ; il n'en est pas moins vrai que si on change les garnisons de tous les régiments, comme on l'a dit, le soldat, ne connaissant pas le nouveau citoyen avec qui il vient habiter, sera plus aisément entraîné. On parle aussi de réunir l'armée sous la tente dans le même moment et dans différentes parties du Royaume pour la séparer entièrement de ses concitoyens. Réfléchissez, Messieurs, au danger qui résulterait si les coupables espérances des ennemis du bien public pouvaient se réaliser ; je ne pense pas que le bon esprit qui conduit l'armée, l'abandonne dans aucune circonstance ; mais il faut ôter aux aristocrates jusqu'à la possibilité d'en conserver l'espoir. Je propose en conséquence le décret suivant :

»L'assemblée des amis de la Constitution, considérant que dans un moment de détresse un déplacement de troupes ne ferait que surcharger le peuple ; considérant que c'est dans ce moment qu'il est important que les troupes ne s'éloignent pas des citoyens avec qui elles ont sucé les germes

30 de tous les vrais principes que l'Assemblée nationale consacre par sa Constitution, a décrété et décrète ce qui suit:

„1° Il sera nommé trois Commissaires pour rédiger deux adresses, l'une pour la municipalité de Strasbourg, et l'autre pour la S. des amis de la Constitution de Paris.

„2° L'adresse à la municipalité sera une supplique pour l'inviter à faire part de cet objet à l'Assemblée nationale, au Roi, et à toutes les municipalités du Royaume.

„3° L'adresse à la S. de Paris aura le même objet exprimé dans une autre forme, et en outre contiendra la nécessité de l'organisation de l'armée.

„4° Messieurs les Commissaires rédigeront les deux adresses en les appuyant de toutes les bonnes raisons qu'ils pourront recueillir, et les présenteront le plus tôt possible à la S. qui en ordonnera l'envoi.“

„Sur l'observation de M. Laquiante, que cet objet était d'autant plus pressant que la municipalité de Rennes venait de provoquer celle de Strasbourg de se joindre à elle pour le même sujet, la S. adopte cette motion à l'unanimité. M. Ehrmann vote des remerciments à l'auteur de la motion et l'assemblée ayant exprimé son vœu par acclamation, le Président s'en est acquitté en son nom.

„M. Barbier signale les bruits qui se sont répandus sur la conduite de M. Meyerhoffer, Maire de Saverne, essayant d'exciter les habitants de cette ville contre les décrets de l'Assemblée nationale et notamment contre celui de la contribution patriotique. La S. charge le Président de prendre des renseignements à cet égard.“

31 „La S. entend la lecture suivante :

„*Adresse de la Société de correspondance nationale de Strasbourg à Messieurs de la garde nationale.*

„Messieurs,

„Armés par le patriotisme, les démarches les plus éclatantes et les plus décidées pourront seules nous conserver cette précieuse liberté que nous venons enfin d'acquérir, et qui doit faire la gloire de la nation, et préparer notre bonheur. Mais l'intérêt personnel agite encore puissamment les ennemis du bien public, et si par nos forces et notre zèle ils ont vu de toute part échouer leurs projets criminels, nous n'en avons pas moins la douloureuse certitude des nouveaux efforts qu'ils font pour nous replonger dans les maux auxquels nous venons de nous soustraire.

"L'Allemagne a les yeux ouverts sur nous: c'est dans ses princes, dont la Révolution compromet les intérêts, que l'aristocratie espère trouver des vengeurs; et notre province étant par sa position la plus exposée à une invasion étrangère, nous ne pouvons nous dissimuler que c'est sur elle surtout que porteraient tous les fléaux qui accompagneraient une contre-révolution.

"Ce n'est que par une fédération sacrée entre nous et les provinces voisines, que nous réussirons à atterrer les ennemis de la Constitution; et c'est dans nos cœurs et dans nos intérêts que nous trouverons les motifs qui doivent nous y décider.

"Nos provinces méridionales nous en ont donné le sublime exemple, pendant qu'au même instant un patriotisme égal inspirait le même projet aux généreux Bretons. Déjà même une partie de la Haute-Alsace a formé ce lien avec quelques villes voisines. Et ne venons-nous pas tout récemment, et sous nos yeux, de voir les habitants des Vosges, réunis au nombre de quatre-vingt mille, former une fédération entre eux et la revêtir de l'appareil le plus imposant?

"Ayons la gloire de les imiter; appelons à notre fédération les Trois-Évêchés, la Lorraine, la Bourgogne et la Franche-Comté; que la pompe de cette fête étonne les étrangers, et nous lie invinciblement à la nouvelle Constitution.

"La majesté d'une pareille cérémonie exigeant une grande ville pour point de réunion, nous avons pensé qu'il ne pourrait mieux être placé qu'à Strasbourg. Sa grandeur, sa population, et sa distance à-peu-près égale des villes principales des provinces fédérées, réunissent tous les avantages.

"Les réponses que nous avons déjà reçues de quelques gardes nationales de la province, nous assurent de leur zèle et de leur vœu pour la fédération, et les sentiments de nos frères d'armes de Strasbourg nous sont également connus. Il ne nous manque donc plus que votre adhésion formelle à ce projet, et c'est dans cette vue que nous croyons devoir vous inviter à vous réunir. Quel plus bel exemple pourrons-nous donner à nos confrères de la province, et quel encouragement plus frappant, que de nous rassembler pour exprimer notre vœu, et le déterminer par un spectacle imposant!

»La plaine des Bouchers nous parait, par son étendue et sa proximité, le lieu le plus avantageux pour cette assemblée. Mais il est instant qu'elle se fasse dans le terme le plus rapproché, et le premier jour de fête serait peut-être le jour le plus convenable.

»Ce projet a déjà obtenu l'approbation de M. le Maire et de nos Commandants, et nous sommes trop convaincus de votre patriotisme et de votre zèle pour ne pas douter que vous ne vous empressiez de le seconder.

»Arrêté dans l'assemblée de la S. de correspondance nationale. A Strasbourg, le 31 mars 1790.

»*Genthon*, Président; *Bremsinger*, *Barbier*, Secrétaires [1].«

(Dans le courant du mois de mars la S. reçut les membres suivants : MM. Rœderer; Kolb; Hoffmann; Ehrmann, l'aîné; Albert, fils, et Weber [2].)

---

[1] Une réunion générale de la garde nationale de Strasbourg, pour concerter un plan fédératif, n'ayant pu avoir lieu le 5 avril, ainsi qu'il avait été convenu, elle fut remise à plus tard. Mais un grand nombre de gardes nationaux, qui virent avec peine ce retard, se laissèrent entraîner par leur zèle ; ils se réunirent pourtant, le 5 avril, sur la Place d'Armes, et se rendirent de là à la plaine des bouchers, musique en tête, où une fête improvisée eut lieu, à laquelle participèrent le Maire Dietrich et son épouse. (Voir Précis de l'adhésion d'un grand nombre de gardes nationaux de Strasbourg à la fédération proposée par la S. de correspondance nationale de la même ville.)

[2] Nous n'ajoutons point ici le grand nombre de membres correspondants que la S. reçut à chaque séance, de même que nous omettons de mentionner les S. avec lesquelles celle de Strasbourg entre en correspondance.

»Le baron de Weitersheim, Commandant de la garde nationale de Strasbourg, et MM. les Commandants des districts, adressent une lettre à MM. de la S. de correspondance nationale de la même ville, par laquelle ils leur annoncent avec les plus vifs regrets que la réunion proposée du 5 avril ne pouvait avoir lieu.«

»La S. ajoute un article supplémentaire à ses règlements, d'après lequel les membres de la S. de Paris seront reçus à celle de Strasbourg sans être astreints au ballotage, en présentant seulement leur titre d'admission à la S. de Paris et un certificat qui constate qu'ils en sont encore membres.

»On donne lecture à la S. d'une *Adresse à l'Assemblée nationale par la commune de Strasbourg, contre la pétition des juifs à l'Assemblée nationale du 28 janvier dernier et contre un écrit intitulé : Rapport sur la question de l'état civil des juifs en Alsace, publié le 27 février par la S. de Strasbourg* [1].

»Le même rapport de la S. a suscité deux autres brochures sous le titre : *Observations sur la possibilité et l'utilité de l'admission des juifs en Alsace aux droits de citoyens, adressées aux membres de la S. par un ami de l'humanité*, et *Avis aux Alsaciens* (en allemand : *Warnung an die Elsässer*), dans laquelle l'autêur anonyme se récrie aussi contre le rapport de la S.

»La S. publie ses *Réflexions sur la S. des amis de la Constitution*, par lesquelles elle défend et son intention et ses droits relativement au rapport publié sur l'admission des juifs comme citoyens en Alsace : »La S., ayant pensé, dit-elle, que ce rapport pouvait inspirer des sentiments de tolérance et d'humanité envers les juifs et faire découvrir des points de vue sous lesquels leur admission à l'égalité des droits paraitrait généralement avantageuse, s'est déterminée à la faire imprimer et distribuer gratuitement dans la province. Elle n'a fait en tout cela qu'user de la

---

[1] Voir sous le 27 février 1790.

6 liberté accordée par les articles X et XI de la déclaration des droits de l'homme et du citoyen . . . .

»Les vrais amis de la liberté ne seront-ils pas étonnés d'apprendre que des motions tendantes à faire ordonner la dissolution de cette S. aient été insérées dans les procès-verbaux de quelques assemblées primaires ? Les personnes qui les ont faites ignorent, sans doute, que la loi permet à des citoyens de se réunir paisiblement et sans armes, en assemblées particulières, en donnant avis aux officiers municipaux du temps et du lieu de ces assemblées.«

7 »On avertit la S. qu'à l'assemblée primaire tenue aux Récollets il a été fait une motion pour demander la suppression de la S. des amis de la Constitution. Dans le Conseil général de la commune de Strasbourg il a été arrêté : »qu'il n'y aurait pas lieu à délibérer sur la dite motion.«

»Le substitut du Procureur de la commune de Strasbourg, François-Laurent Levrault, publie une requête à MM. les Maire et officiers municipaux, contre le procès-verbal de l'assemblée de la deuxième section, dans lequel on l'appelait *un mauvais citoyen,* parce qu'il avait, dans la S. des amis de la Constitution, parlé en faveur des juifs.«

»Il parait au sujet de l'inculpation du substitut Levrault une adresse aux citoyens de Strasbourg sous le titre : *Citoyens de Strasbourg, soyez sur votre garde pour votre liberté.*«

13 »A l'arrivée de M. Weber, officier municipal, nouveau membre de la S., un applaudissement universel l'accompagne jusqu'au bureau. M. le Président lui exprime combien la S. est sensible à zon zèle, dans un moment où la persécution s'élève avec le plus grand acharnement contre elle. Après avoir prêté le serment civique, M. Weber prononce le discours suivant :

»Messieurs,

»Je suis on ne peut plus sensible aux témoignages de confiance et d'attention dont la S. a bien voulu m'honorer, en m'accordant l'accès à ses assemblées et la réception parmi ses membres.

»Qu'il est doux pour un cœur sensible de se voir dans ces conjonctures, associé plus particulièrement à des citoyens de différentes classes qui ne respirent que l'amour de la patrie, le maintien de la nouvelle et sublime Constitution de l'Empire français, et qui sont animés d'un courage noble et inébranlable pour soutenir jusqu'à la dernière goutte de leur sang cette Constitution bienfaisante et cet Empire de la liberté.

»Je vous prie, Messieurs, de vouloir bien vous persuader, que je suis pénétré des mêmes sentiments qui vous animent. Oui, Messieurs, plus les ennemis de la liberté s'acharnent et s'efforcent pour réintroduire le despotisme politique et religieux, plus je me réunirai à vous pour concourir de toutes mes forces à exterminer cette hydre qui malheureusement a été si longtemps l'opprobre de l'humanité. J'ose me flatter, Messieurs, que ma conduite égalera toujours la pureté des sentiments que je nourris dans mon cœur, et qu'elle justifiera pleinement le choix que vous avez bien voulu faire de ma personne en m'agrégeant à votre S.«

»La S. décide qu'elle s'abonnera à un certain nombre de journaux et qu'une salle de lecture publique sera ouverte au public depuis 8 heures du matin jusqu'à 8 heures du soir. — MM. Barbier et Matthieu demandent que les séances de la S. soient publiques. L'assemblée décide que le Président nommera une Commission chargée de faire un rapport sur ce sujet. — La S. procède à l'élection réglementaire d'un nouveau Président. M. Dufort est nommé à la place de M. Brunck.

»M. Brunck, avant de quitter le fauteuil, prononce le discours suivant :

»Messieurs,

»En m'élevant à la place que j'occupe encore pour un moment, vos suffrages m'étaient le garant de votre indulgence ; je sentais combien j'en avais besoin ; j'ai eu la douceur d'éprouver de votre part toute la bienveillance nécessaire au soutien de ma faiblesse ; recevez l'hommage sincère de ma vive reconnaissance.

«Du zèle, du courage, c'est tout ce que je vous avais prié d'attendre de moi; je me flatte sur ces deux points d'avoir été fidèle à ma promesse; je n'ai point pâli à la vue de l'orage qui menaçait de nous dissiper; j'ai toujours été d'avis qu'il fallait lui tenir tête. Forts de la pureté de nos intentions, de l'irréprochabilité de nos actions, de l'estime des plus excellents citoyens, et ce qui est supérieur à tout, de la loi, nous avons cru que notre fermeté déconcerterait le sinistre projet de gens qui ne peuvent couvrir d'aucun prétexte plausible, leur haine, je ne dirai pas contre nous, mais contre l'Assemblée nationale, pour laquelle nous professons hautement les sentiments de respect et de reconnaissance que lui doivent tous les bons Français.

«L'événement a justifié notre attente; nous voyons en ce moment que la calomnie ne peut pas étouffer les germes de patriotisme qui se développent tous les jours de plus en plus dans les cœurs de nos concitoyens; avec quels transports ne venons-nous pas d'en entendre neuf, proférer au milieu de nous le serment qui les lie à la Constitution! Quelle confiance ne doit pas nous inspirer l'accession de trois officiers municipaux! C'est surtout l'exemple de ces pères choisis du peuple, de ces dignes chefs de la cité, qui nous fera triompher des préjugés de l'ignorance; qui rendra vaines les machinations des ennemis que nous attire notre amour passionné pour le bien public; qui nous aidera à convaincre tous les esprits de cette importante vérité, que la liberté civile, politique, religieuse, et l'égalité des droits sont le bien le plus précieux de l'homme; que les propriétés légitimes, les seules que la Constitution doive garantir, ne peuvent être assurées que par la destruction des pouvoirs usurpés, des abus introduits par la violence et le gouvernement arbitraire, qui ne connaissait d'autre droit que celui de les mépriser tous.

«Je me félicite, Messieurs, de céder ma place à M. le chevalier Dufort. Personne n'a plus contribué que lui à former le lien de notre association; personne n'est plus que lui capable de le resserrer; votre choix prouve l'opinion que vous avez de son mérite; je me plairais à vous

en parler, si sa présence ne m'imposait la loi de ménager 17
sa modestie. Je terminerai par une réflexion dont la vérité vous paraîtra sensible et dont vous ferez l'application. Rien ne convient mieux aux sentiments d'une âme généreuse, rien n'est plus conforme à la vraie vertu, à cette habitude constante de pratiquer tous les devoirs sociaux, que les principes de notre Constitution; plus on la chérit, plus on lui fait de sacrifices, plus on a droit à l'estime et à la vénération de ses concitoyens, seule récompense digne de la vertu.«

»M. Dufort, cadet, prend le fauteuil et prononce le discours suivant :

»*Où la liberté est tout, les inconvénients ne sont rien.*«

»Messieurs,

»En m'élevant à la dignité de votre Président, vous avez moins consulté mes talents que mon zèle. Vous avez pensé que dans la circonstance difficile où se trouve la S. des amis de la Constitution vous n'aviez besoin que de quelqu'un qui exprimât publiquement et avec énergie les sentiments du patriotisme généreux qui vous anime; tel a été sans doute le motif de votre choix. Dans un autre moment, j'hésiterais peut-être à me charger de la tâche honorable et difficile que vous m'imposez; mais aujourd'hui ne dois-je pas me rendre digne de votre bienveillance? Encouragé par l'espoir de votre approbation, fort de ma conscience et de la loi, et surtout guidé par vos lumières, je ne puis craindre ni danger ni erreur. Le temps viendra où, vainqueurs de la calomnie, vous jouirez du triomphe qu'aura mérité votre vertu. Alors, Messieurs, en vous félicitant de votre résistance courageuse aux efforts des ennemis de la Constitution, vous sentirez la vérité de ce que j'ai dit : »Où la liberté est tout, les inconvénients ne sont rien.«

»M. Brunck de Frundeck fait le rapport suivant :

»Pour s'acquitter, Messieurs, de tout ce dont vous avez chargé vos Commissaires, il leur reste à vous présenter un plan pour donner à vos séances une sorte de publicité qui ne blesse point votre dignité; ils vous proposent d'arrêter qu'il sera libre à chaque membre d'amener à vos séances une personne étrangère à la S., laquelle personne n'y pourra assister plus de trois fois, si, ayant pris connaissance de vos occupations et respiré l'air balsamique de votre patriotisme, elle ne demande pas dans la troisième séance à être admise dans votre S.

»Ce mode de publicité nous paraît le seul que vous puissiez adopter pour vos séances. Chaque membre sera responsable du maintien et de la conduite de la personne qu'il aura introduite ; au lieu que si vous ouvriez indistinctement vos portes à tout curieux indiscret, insolent ou grossier qui se présenterait, vous résisteriez difficilement à la tentation d'employer la force pour l'expulser de votre salle, et la loi ne vous en accorde d'autre que celle du raisonnement qui persuade.«

»Sur ce rapport la S. décide : 1° que les séances ne seront point publiques ; 2° que chaque membre ne pourra présenter aux séances qu'un étranger à la S. ; 3° que chaque étranger à la S. ne sera admis que trois fois ; 4° qu'il sera tenu un registre des étrangers admis à la S. ; 5° qu'aucun étranger ne pourra être admis aux séances extraordinaires ; 6° que tout père de famille, membre de la S., pourra amener habituellement ses fils.

»M. Barbier fait la motion suivante :

»J'ai l'honneur d'informer la S. d'un fait dont j'ai acquis la preuve certaine. M. l'évêque de Spire vient de faire signifier à Messieurs les Commissaires pour la formation des assemblées administratives, une protestation contre les décrets de l'Assemblée nationale, relatifs à ces assemblées et aux municipalités [1]. Il s'exprime contre ces décrets d'une manière très-véhémente ; il les qualifie d'attentats à ses droits ; il marque que ses agents dans la province l'ont informé de ces décrets, et il charge son agent à Strasbourg

---

[1] Protestation de M. le Prince-évêque de Spire, contre les élections des Maires dans les villes et communautés dépendantes de son évêché en Alsace, et contre toutes les innovations qui pourraient être faites au préjudice de ses droits, tant dans l'ordre de l'Administration que dans celui de la Justice : 30 mars 1790.

de faire signifier cette protestation. Cet agent a rempli fidèlement cette commission; il a signé et signifié l'acte de protestation, et cet agent, le croiriez-vous, Messieurs, c'est un membre du Conseil général de cette commune; c'est un de ceux à qui elle a accordé sa confiance pour le maintien de ces décrets dont elle attend son bonheur; c'est un de ceux que vous avez entendu jurer sur la Place d'Armes d'être fidèles à la loi et de maintenir de tout leur pouvoir la Constitution. C'est M. le professeur Ditterich [1]. 17

«Les lois d'après lesquelles on pourra juger les membres du Corps municipal ou du Conseil général, infracteurs à leurs devoirs et à leur serment, ne sont point encore déterminées; on n'a point encore défini comment et où l'on peut les actionner; mais je fais la motion que M. le Président soit chargé par la S. d'informer celle de Paris de ce fait, en lui demandant de tâcher d'obtenir une décision de l'Assemblée nationale sur la marche qu'il est possible de suivre pour parvenir à punir un pareil attentat par un exemple si nécessaire dans un pays où il y a encore tant d'ennemis du bien public.

«Je fais aussi la motion que M. le Président informe la S. de Paris, qu'il se fait actuellement dans une des paroisses catholiques de cette ville, et doit se faire succesivement dans les autres, une neuvaine censée demandée par les paroissiens, auxquels on fait signer une espèce de pétition à cet effet, que dans cette neuvaine, le curé récite et fait répéter avec beaucoup de réflexion et d'attention, les deux prières dont on joindra un exemplaire et qu'il fait précéder par une exhortation analogue: cette démarche

---

[1] François-George Ditterich, conseiller intime de S. A. Msgr. le Prince-évêque de Spire et de S. A. Msgr. le Prince règnant de Hohenzollern-Bartenstein; membre du Département du Bas-Rhin, docteur et professeur en droit à l'Université épiscopale de Strasbourg. Le tribunal du district de Strasbourg ayant décrété une prise de corps contre Ditterich, celui-ci se rendit à Ettenheimmünster (Bade). Le 18 avril 1791, il publia un écrit intitulé : *A tous les bons citoyens de la terre,* qui contient une lettre adressée par lui au tribunal du district de Strasbourg.

17 parait tendre à exciter le zèle et la chaleur des catholiques contre les opérations et les décrets de l'Assemblée nationale, peut-être contre les non-catholiques, et je pense que la S. de Paris doit être instruite par nous de tous les objets qui peuvent intéresser la Constitution, pour la mettre en état de suivre ceux qui lui paraitront mériter son attention. La paroisse où se fait cette neuvaine, est celle de Saint-Pierre-le-Vieux, et son curé M. l'abbé Zaigélius, membre du Conseil général de la commune de cette ville.«

»L'assemblée décide que son Président en fasse le rapport à la S. de Paris.«

23 »La S. de correspondance nationale de Strasbourg adresse une circulaire aux Gardes nationaux de cette ville, pour les avertir que la dite S. s'est adressée au Général Lafayette pour faire un point de réunion de leur S. à Paris. A cette circulaire, signée : *Le Barbier*, Président, *Kolb*, *Noisette*, *Gouthon* et *Jacquet*, cadet, Secrétaire, est jointe une lettre de Lafayette, du 13 avril 1790, par laquelle ce Général accepte la correspondance.«

29 »La S. fait la publication suivante :

»*Société populaire à l'Auditoire du Temple-Neuf à Strasbourg.*

»Les citoyens réunis en S. des *Amis de la Constitution* à l'Auditoire, considérant que, la Constitution étant le patrimoine de tous les Français, sans qu'aucun corps, aucune classe de citoyens puisse prétendre en avoir la propriété exclusive, c'est mériter le titre d'Amis de la Constitution, que de pénétrer tous les hommes de ses bienfaits, et de mettre chacun à même d'en apprécier les principes; ils ont consacré comme un article fondamental du règlement qu'ils ont adopté, que le principal but de leur réunion sera d'instruire ceux d'entre leurs concitoyens qui pourront avoir besoin d'être éclairés pour saisir l'intelligence des lois. Pour remplir ce but, ils ont arrêté l'établissement d'une *Société populaire d'Instruction publique*, à laquelle ils destinent une partie de leurs séances de la manière suivante :

»ARTICLE 1er. La Société populaire tiendra deux séances

par semaine, aux heures qui seront déterminées, les plus 29
commodes pour que les citoyens de tous les états puissent s'y trouver.

»2. Les Présidents et les Secrétaires, en exercice aux séances de la S. de l'Auditoire, rempliront les mêmes fonctions à celles de la S. populaire.

»3. Tous les membres de la S. de l'Auditoire seront confondus dans la salle avec tous les citoyens.

»4. Il y aura 24 places autour du bureau destinées aux anciens d'âge et occupées par les premiers arrivants.

»5. Les membres seuls de la S. de la Constitution de l'Auditoire occuperont la tribune pour les lectures à faire et les instructions à donner.

»6. Ceux qui se destineront à cet emploi, se feront inscrire et se formeront en comité pour régler ensemble l'ordre des matières; ce comité se rassemblera tous les mardis à 6 heures du soir.

»7. Tout citoyen présent à la séance de la S. populaire aura la liberté de faire des questions, de demander des explications sur la matière qui sera à l'ordre du jour, en demandant toutefois la parole au Président.

»8. Aucun citoyen ne pourra ni lire, ni proposer rien d'étranger à l'ordre du jour, qu'après en avoir conféré avec le Président et en avoir obtenu l'agrément. Dans ce cas le Président pourra accorder ou refuser la parole selon qu'il le jugera convenable.

»9. L'ordre du jour sera annoncé d'une séance à l'autre et affiché à la porte de la salle.

»10. Il sera fait à chaque séance la lecture des nouvelles politiques, extraites des différents papiers qui auront paru dans l'intervalle d'une séance à l'autre, ainsi que de tous les décrets rendus dans le même intervalle par l'Assemblée nationale. On donnera l'explication de l'Acte constitutionnel et des lois qui en émanent, et l'on joindra l'instruction de la morale à celle de la politique.

»11. Les Secrétaires tiendront des notes des lectures et instructions données à chaque séance.

»12. La S. pourra s'occuper également des intérêts lo-

29 caux, des rapports commerciaux et industriels, des établissements publics, de tout ce qui pourra tendre au perfectionnement des mœurs ; ces conférences secondaires seront déterminées spécialement d'après le vœu des citoyens et l'intérêt qu'ils mettront aux progrès de cet établissement populaire.

»13. Il y aura une séance en langue allemande et une en langue française alternativement.

»14. Il sera fait tous les 15 jours une quête pour les pauvres dans chacune des deux séances.

»15. Le produit de la quête sera distribué par le trésorier d'après l'indication qui lui en sera faite par le bureau et les 24 anciens d'âge qui auront occupé à la séance les places qui léur sont destinées autour du bureau.

»16. Tous les frais de l'établissement de la S. populaire seront à la charge des membres composant la S. de l'Auditoire.

»17. D'après le texte de la loi qui permet aux citoyens de s'assembler paisiblement et sans armes, aucun citoyen ne pourra entrer armé dans le lieu des séances de la S. populaire.«

30 »M. Albert fait une motion sur la question du reculement des barrières et sur la ferme du tabac, questions des plus intéressantes pour l'Alsace, tant pour tout le commerce que pour les cultivateurs. Il observe que par le décret de l'Assemblée nationale les deux départements du Rhin seraient assujétis à toute la ferme, ce qui parait même toujours rester en contradiction avec la liberté dont le citoyen français doit se faire gloire. La discussion de cette motion est ajournée à la prochaine séance.«

(Dans le courant du mois d'avril la S. reçut les membres suivants : MM. S. Breu, administrateur du district; F. Brackenhoffer, officier municipal; S. Weber, substitut du procureur municipal; J. Stempel, aubergiste ; L. Spielmann, juge de district; C. Guérin, graveur; H. Christiani, secrétaire du district; M. Kolb, idem; F. Kugler, employé de la municipalité; F. Mollinger; C. Guiot, quartier-maitre d'artillerie; F. Eschenauer, banquier.)

»Le Président donne lecture d'un résumé au sujet de la ferme du tabac. M. Schertz propose un mode d'imposition en remplacement de la ferme. La continuation de cette discussion est renvoyée à la prochaine séance. 1er

»Le Président, M. Dufort, fait la motion suivante :

»Le premier but de la S. des amis de la Constitution étant de propager les décrets de nos augustes Représentants, rien de ce qui peut tendre à ce but ne peut lui être étranger. Éclairer le peuple sur ses véritables intérêts, doit être pour nous un devoir précieux. Qui peut calculer le mal que les ennemis de la Révolution peuvent faire à la patrie par leurs perfides insinuations? Des prêtres factieux osent tous les jours profaner la chaire de vérité par des discours incendiaires. Profitant de l'ascendant qu'ils ont sur le peuple, ils essayent de s'en servir, en confondant les intérêts de la religion avec celui de leurs richesses; ils représentent la vente des biens ecclésiastiques comme une impiété impardonnable. Voulant affecter un esprit de charité qu'ils ne connurent jamais, ils ont imaginé une prière scandaleuse, propre à faire renaitre cet esprit de fanatisme, source des plus grands crimes. Ne pourrait-on pas essayer de détruire les fâcheuses impressions de ces prières, de ces neuvaines perfides, par la communication de quelque discours prononcé d'après le véritable esprit qui devrait guider tous les ministres des autels?

»C'est d'après ces vues que je prie l'assemblée de vouloir bien prendre en considération le discours qui a été prononcé par M. le curé et Maire de Conches, lors de la prestation du serment civique. Il me semble renfermer de grandes vérités qui, mises à la portée du peuple, ne peuvent que produire de grands effets.

»D'après ces considérations je fais la motion que l'assemblée fasse traduire ce discours en allemand.«

»Cette proposition est adoptée à l'unanimité.«

»Le Président donne lecture d'une lettre de M. Robespierre, Président de la S. de Paris. En réponse à différents envois, il rejette sur la multiplicité des affaires qui occupent 4 cette S., le retard qu'éprouvent les objets que la S. de Strasbourg a soumis à sa considération. Cette lettre était accompagnée de plusieurs exemplaires d'un imprimé intitulé : *Réponse de M. Robespierre, membre de l'Assemblée nationale, à M. Lambert, contrôleur des finances.* Après la lecture de cette réponse, l'assemblée décide qu'elle sera traduite en allemand et insérée dans la Gazette allemande.

»Sur la motion de M. Ehrmann, l'assemblée s'occupe de la question du traitement des curés du Royaume et notamment de ceux de l'Alsace.«

»Après avoir entendu la lecture de deux mémoires sur le reculement des barrières, l'un par M. Fabry, et l'autre par le Commerce de Strasbourg, l'assemblée décide que ces deux mémoires seraient envoyés à la S. de Paris, avec prière de les appuyer près de l'Assemblée nationale lorsque cet objet sera mis en discussion.«

»Le Président donne lecture d'une lettre de M. Schwendt, membre de l'Assemblée nationale, à la municipalité de Strasbourg. Ce député annonce que le reculement des barrières au Rhin paraît être certain, mais qu'il a été proposé de laisser la ville de Strasbourg *port franc*, et par conséquent de lui conserver la liberté de la fabrication du tabac étranger. L'assemblée décide de conjurer la S. de Paris de faire tout son possible auprès de l'Assemblée nationale, afin que les deux mémoires envoyés sous le 8 mai soient pris en considération.«

(Dans le courant du mois de mai la S. reçut les membres suivants: MM. Christmann-Rœderer, négociant; F. Mosseder, commandant de la Garde nationale; G. Alexandre, employé de la loterie; D. Karth, négociant; G. Dulac, officier d'artillerie; A. Boissière, idem; F. Giverne, sous-directeur de la loterie.)

»M. Revel donne lecture d'un mémoire présenté aux Commissaires du Roi par la municipalité d'Ingwiller, au sujet des suggestions continuelles des mauvais citoyens contre l'affermissement de la Constitution et l'exécution des décrets de l'Assemblée nationale dans les terres du

Landgrave de Darmstadt. M. Revel demande à la S. son appui pour obtenir des armes pour les patriotes d'Ingwiller. L'assemblée engage la municipalité d'Ingwiller à faire une adresse à ce sujet à l'Assemblée nationale.« 1er

»La S. arrête que pour la fédération la salle de ses séances sera illuminée le 13 et le 14 juin et qu'il y aura deux jours bal ouvert pour tous ceux qui se présenteront. 8

»M. Dufort, l'ainé, est élu Président de la S. en remplacement de M. Brunck de Frundeck.«

»La S. donne deux bals populaires dans la salle de ses séances, en l'honneur de la fête de la confédération.« 13 et 14

»Lecture est faite de la lettre suivante, adressée à la S. par M. Cotta, rédacteur de la Gazette de Stuttgart: 15

»Messieurs,

»Ma situation ne m'a pas permis de célébrer avec vous votre fête. Mais j'ai fait ce qui m'a été possible. Seul j'ai consacré la matinée de ce jour aux réflexions sur la liberté, l'ordre, et sur le despotisme, ce mauvais génie, qui de tous les temps s'est placé entre ces deux sœurs pour les assassiner. Je bénis le moment qui, l'année passée, a décidé de la liberté de toute une nation, et en même temps de la liberté future de toute la famille humaine. Je bénis ce jour d'aujourd'hui, où mes frères au-delà du Rhin, sur les limites de notre patrie, jadis commune, prouvent aux Allemands ce que peuvent des hommes, ce que doivent faire des citoyens. Je bénis d'avance le jour qui va bientôt arriver, où le peuple précurseur des autres, entendra jurer tous ses enfants de sacrifier la vie pour le maintien de la liberté confirmée par la loi.

»Moi aussi j'ai juré aujourd'hui d'être fidèle à la liberté jusqu'à la mort et j'ai juré amitié éternelle à vous, qui n'êtes séparés de moi que par les circonstances, mais auxquels je suis lié par l'identité de but et de façon de penser.

»C'est ce que j'atteste ici devant Dieu et vous supplie de m'adopter dans votre S. Comme auteur de la Gazette de Stuttgart et du Journal de la littérature politique allemande, en qualité de professeur en droit naturel et public à l'Uni-

15 versité de cette ville, et partout dans mes discours et dans mes écrits, je me suis montré défenseur des droits de l'homme et de citoyen et nommément de la nation française, et je mourrai dans ces sentiments. J'observerai religieusement ce dont vous voudrez me charger à cet égard. Accordez-moi ma prière, Messieurs, je le regarderai comme un grand honneur et j'en serai éternellement reconnaissant.

»*Christophe-Frédéric Cotta.*«

19 »Sur la motion de M. Brunck de Frundeck, l'assemblée prend l'arrêté suivant : La S. des amis de la Constitution de Strasbourg, pénétrée de respect et de reconnaissance pour le créateur de la liberté politique en Amérique, Benjamin Francklin, et admirant l'hommage énergique que M. de Mirabeau a rendu à ses manes, a arrêté que tous ses membres prendront le deuil jeudi 26 de ce mois pour trois jours [1], et que le discours de M. de Mirabeau sera imprimé dans les deux langues en y ajoutant l'arrêté de la S.

»Le Président communique à la S. la motion de M. de Noailles, faite dans la S. de Paris, ainsi que l'arrêté pris par cette S., »de n'user dès à présent que des marchandises manufacturées dans les pays qui font partie de l'Empire français ; que le même engagement sera désormais une des conditions de l'admission des Sociétés qui voudront être agrégées à la S. de Paris.

»M. Revel fait au sujet de cet arrêté la motion suivante :

»En adoptant l'arrêté de la S. des amis de la Constitution de Paris, quel est votre objet, Messieurs? d'engager nos concitoyens à n'user que des productions de nos fabriques nationales et de proscrire les étrangers ; mais sans m'arrêter à ces principes généraux de commerce, de politique qui veulent que les lumières et l'industrie de la France doivent suffire pour combattre l'industrie étrangère, vous ne pouvez ignorer que les départements du Rhin gémissent encore

---

[1] La municipalité de Strasbourg, l'Université protestante et le corps d'officiers de la Garde nationale sont invités à suivre cet exemple.

dans les chaînes du régime fiscal, qui les traite, quant aux droits et aux prohibitions, comme province étrangère. 19

«La capitale est environnée de nombreuses manufactures qui fournissent tout ce qui flatte le luxe et l'aisance; elle importe facilement toutes les productions nécessaires à toutes les classes de la société; il ne lui est pas difficile de se priver de l'industrie des nations voisines.

«En qualité d'étrangers au régime fiscal, nos productions paient les mêmes droits que l'étranger effectif, plusieurs mêmes sont entièrement proscrites; par contre, ce régime nous permet d'importer de l'étranger tout ce qui convient à nos consommations, l'Alsace n'ayant que très-peu de manufactures. Il est donc naturel qu'elle soit approvisionnée par les fabriques étrangères; donc en adoptant l'arrêté qui nous est proposé, nous voterions pour la ruine d'un grand nombre de nos concitoyens et nous donnerions une preuve de patriotisme dont l'effet serait dangereux.

«Lorsque l'Empire sera sous un seul et même régime; que les lignes portées sur les frontières identifieront, quant au fisc, tous les départements; que la liberté de la circulation sera généralement établie, alors Messieurs, prononçons, tout bas cependant, l'anathème contre les productions étrangères; mais en attendant ce nouvel ordre de choses, il ne me paraît pas convenable d'intervertir celui qui existe actuellement.

«J'ai dit, Messieurs, que cet anathème doit être prononcé tout bas; j'ajouterai même que sa publicité ne serait que nuisible et impolitique. En effet, pourquoi éveiller la jalousie des nations étrangères? Notre commerce national s'est longtemps soutenu, il a même prospéré, malgré les vices de l'administration, par ses exportations, ses liaisons avec l'étranger qui adopte nos modes, nos ridicules, et ne distingue son luxe qu'en se décorant fastueusement des productions de la France. Nous annonçons une ligue contre ses fabriques, il nous répondra par des représailles. Ne nous trompons pas, Messieurs, les nations étrangères ne sont pas fort éloignées du terme où elles pourraient se passer de nous. L'Allemagne cultive et travaille la soie; elle

19 fabrique des draps moins beaux mais moins chers; il ne lui manque peut-être que cette liberté que nous avons conquise pour rivaliser avec nous; la prépondérance de nos modes diminuera dès que nous serons meilleurs et nous serons peut-être dans le cas de nous défendre nous-mêmes contre les modes étrangères, filles de l'oisiveté des esclaves du despotisme.

»L'Anglais exporte nos vins, mais dans la même proportion qui existait avant le fameux traité de commerce, chef-d'œuvre de l'orgueilleuse ineptie d'un ministre, il couvre notre Empire de toutes les productions de ses fabriques. C'est à lui et à lui principalement que nous devons faire une guerre d'industrie en perfectionnant nos manufactures, en encourageant tous les arts et en facilitant la subsistance de nos ouvriers. Repoussons, par des privations spontanées, tout ce qui vient des fabriques anglaises; mais ne manifestons pas avec éclat des résolutions prématurées contre les productions étrangères, afin de ne pas nuire à nos exportations qui cesseraient si les nations voisines, en nous imitant dans nos proscriptions, usaient de représailles.«

»L'assemblée décide à l'unanimité qu'elle ne peut adopter l'arrêté pris par la S. de Paris; elle décide en outre qu'un extrait du procès-verbal, renfermant la discussion relative à cette question, serait envoyé à toutes les S. et notamment à celle de Paris.«

22 »Le discours de M. La Rochefoucault, prononcé à la S. de 1789, sur la mort de Franklin, est lu dans l'assemblée.

26 »Le Commandant de la Garde nationale de Rosheim, ainsi que la municipalité d'Obernai, demandent des armes. Le Président est chargé d'informer ces deux demandeurs des démarches faites par la S. pour armer les Gardes nationales.

»La S. décide que les discussions se feront dorénavant en langue française et allemande.«

29 »M. César Galbaud fait une motion tendant à s'occuper des moyens d'obtenir la publicité des assemblées administratives. Adopté par la S.

»Lecture de la lettre suivante adressée à la S.:

Strasbourg, ce 27 juin 1790.

»Messieurs,

»Quoique je ne sois qu'un associé *libre* de votre compagnie, je n'en suis pas moins, ainsi que tant d'autres honnêtes gens, un *ami* aussi sincère *de la Constitution*, que l'est peut-être aucun des honorables membres admis à vos assemblées.

»Pour vous en donner, Messieurs, une preuve peu équivoque, j'ai l'honneur de vous déclarer ici solennellement que, voulant satisfaire sans délai au décret qui vient d'être rendu, je dépose, dès ce moment-ci, le surnom de *Rorbach*, encore que la seigneurie qui me l'avait fait prendre, depuis que j'en avais fait l'acquisition, soit située hors du Royaume, et qu'à toute rigueur j'aurais pu, sans enfreindre la nouvelle loi, continuer à le porter.

»Je ne doute point que déjà MM. de Tinan et de Frundeck n'en aient fait autant, quelles que soient les contrées où se trouvent situées leurs terres. Ils sont trop notoirement dévoués, l'un et l'autre, au maintien de l'égalité sociale, pour qu'ils aient voulu tarder d'un instant à confirmer le public dans l'opinion qu'il a prise à leur égard.

»Je n'aurai pas, de même, la gloire de pouvoir quitter, aux termes du même décret, la qualité d'*Abbé*, n'ayant jamais usurpé, pour mon compte, cette dénomination, qui, prodiguée de nos jours aux moindres tonsurés, loin de m'avoir semblé propre à pouvoir flatter ma vanité canoniale, m'avait au contraire toujours paru être un sobriquet, donné en pure dérision à quiconque n'avait point d'*Abbayes* dont il fût titulaire ; eût-il d'ailleurs, à l'instar de J. F. M. . . . , 800 fermes ou autant de prieurés. *Nemo dat quod non habet*.

»J'aurais presque été tenté de déposer également, sur votre bureau, mon Saint-Jean de Varsovie, et de me borner désormais, pour toute marque distinctive, au ruban national, si, en le faisant, je n'eusse craint d'offenser en quelque sorte et le Roi de Pologne, qui m'avait conféré le canoni-

29 cat dont ce Saint-Jean forme la médaille, et le Roi des Français, qui m'avait permis d'accepter le dit canonicat, et qui, *en considération de mes anciens services* (comme aumônier ordinaire de S. M., *termes du brevet*), avait voulu que j'en fusse décoré tant à sa cour que dans toute l'étendue de son Royaume. Si, suivant le texte sacré, il faut respecter les puissances de la terre, c'est principalement, sans doute, dans les monuments de leur bienfaisance.

„Daignez donc, Messieurs, faire note dans vos registres de ma présente déclaration, pour qu'elle soit authentiquement transmise à la postérité, qui ne pourra qu'y applaudir, en bénissant des législateurs dont les décrets à jamais mémorables ont enfin forcé des enfants, follement travestis, à se détacher sagement de leur masque et à se contenter tout bonnement du nom de leurs pères.

„J'ai l'honneur d'être avec des sentiments pleins de vénération, Messieurs,

„Votre loyal ami et votre affectionné compatriote,

„*Louis Rumpler*[1],

„Citoyen *actif* (pour l'année prochaine) à Obernai, et *passif* (à plus d'un égard) à Strasbourg.

„*P. S.* Je félicite ma patrie d'avoir trouvé, dans son sein, 36 citoyens de mérite, plus dignes que vous et moi, d'entrer dans son Département."

(Dans le courant du mois de juin la S. reçut les membres suivants : MM. A. Gloutier; C. Hummel, négociant; F. Burger, secrétaire du district; C. Dupuis, architecte; J. Godailh, officier d'artillerie; F. Frosch, directeur de la loterie; N. Dietrich; A. Bihet.)

JUILLET. 6 „M. André Ulrich[2], secrétaire-interprète de la municipalité, prononce à sa réception à la S. un discours dans la

[1] Voir sur l'abbé Rumpler, mes *Notes sur la vie et les écrits d'Euloge Schneider*, Strasbourg 1862. Note p. 72.

[2] Le même qui publia et imprima en 1794 le *Recueil de pièces authentiques servant à l'histoire de la Révolution*, vulgairement connu sous le nom de *Livre bleu*, 2 vol. in-8°, éditions franç. et all.

séance allemande, en faveur de la langue allemande. Il 6
termine son discours par des conclusions, par lesquelles il demande : „1° Que les Corps administratifs des deux départements du Rhin se servent de la langue allemande dans toutes les pièces adressées aux habitants qui ne parlent que cette langue. 2° Que les procès-verbaux des Corps administratifs, touchant les affaires majeures, soient traduits en langue allemande, et que les citoyens soient invités par ces Corps respectifs à les faire imprimer à leurs frais dans les deux langues. 3° Que dans le cas où les séances administratives se tiendraient publiquement, on obligerait un des secrétaires d'expliquer la partie essentielle de l'objet des motions et des délibérations en allemand. 4° Que les juges de district, les juges de paix et tous les autres juges, énoncent et consignent, par écrit, en allemand, tout ce qui est relatif aux habitants parlant la langue allemande. 5° Que les parties puissent récuser le juge qui ignore leur langue.“ Il ajoute encore : „Il y a 300 habitants de l'Alsace qui ignorent la langue française, sur un seul qui la connait, et comme un seul apprendra plus aisément une langue que 300, qu'enfin le vœu de 300 doit l'emporter sur celui d'un seul, je ne vois aucune difficulté de soutenir cette juste réclamation de la majeure partie de nos citoyens.“

„Le Président donne lecture du récit des persécutions que 17 citoyens de Lauterbourg ont souffert pour le soutien de la Constitution et des décrets de l'Assemblée nationale. La S. applaudit avec enthousiasme à leur patriotisme.“

„La S. arrête que le récit des désastres de la ville de 10
Nimes sera traduit en allemand et qu'il sera imprimé à 4000 exemplaires.

„La S. s'oppose à la réception de M. Mainoni; son ballotage est ajourné indéfiniment.“

„M. Lasalle prononce un discours sur le danger qu'il 13
trouve à laisser au Roi le pouvoir de commander en personne pendant la guerre une armée française. Ce discours est applaudi par la S.

„La S. arrête qu'il sera établi un Comité de corres-

15 pondance, composé du Président et de deux Secrétaires.

»Lecture de la lettre suivante de M. Cotta :

»Le docteur Cotta, à Stuttgart, reçu membre de la »S. des amis de la Constitution de Strasbourg, déclare en »place de serment, par la présente, sa disposition ferme et »sérieuse de défendre de toutes ses forces la liberté ci»vique, d'aimer tous les hommes comme frères, d'estimer »ceux qu'il trouve animés des mêmes sentiments, nommé»ment la nation française, ses Représentants-législateurs et »son Monarque, et d'exciter ou favoriser ces mêmes dis»positions parmi ses concitoyens.

»Stuttgart, le 9 juillet 1790.

»*Christophe-Frédéric Cotta.*«

17 »La S. fait la publication suivante :

»*La S. des amis de la Constitution établie à Strasbourg à ses concitoyens.*

»La S. des amis de la Constitution, contrariée lors de son établissement par les ennemis de la Révolution, et calomniée depuis par tous les mauvais citoyens, n'a jamais ralenti son zèle et ne cessera de chercher tous les moyens d'être utile à ses compatriotes.

»C'est sur l'ignorance du peuple que les despotes et les apôtres de la superstition ont fondé leur puissance et leur impunité; c'est par l'instruction du peuple que nous devons affermir une Constitution établie sur des principes de liberté et d'égalité. L'Assemblée nationale doit s'occuper d'un plan d'éducation qui, préparant nos enfants à toutes les vertus civiques, en fera les soutiens des lois et des droits du peuple : mais dans ce moment où toutes les idées doivent changer pour ainsi dire en même temps que les institutions d'un Gouvernement arbitraire qui n'existe plus, il est intéressant pour tous les citoyens de se préserver de l'erreur et de connaître tous les décrets de l'Assemblée nationale. Il n'est pas moins intéressant pour eux d'entendre le récit des événements remarquables et des exemples d'humanité, de courage et de désintéressement, qui, grâce à la nouvelle Constitution, ne seront plus aussi rares chez les Français.

»La S. qui par le concours d'un grand nombre de citoyens, trouve la facilité de faire venir plusieurs journaux et papiers publics, désirerait partager cet avantage avec ceux de ses concitoyens qui n'ont pas les mêmes ressources. En conséquence, après en avoir prévenu le corps municipal, la S. a arrêté : 17

»Que tous les lundi, mercredi et vendredi de chaque se-»maine, à deux heures et demie précises, la salle de ses »séances [1] serait ouverte à tous ceux qui voudront entendre »la lecture des papiers publiés en français, et que tous les »dimanches et fêtes à une heure et un quart la lecture serait »faite en langue allemande.

»La S. a fixé un nombre plus grand de lectures fran-»çaises, en faveur des militaires de la garnison. Si dans la »suite le public paraissait désirer que le nombre des lectures »allemandes fût augmenté, la S. s'empresserait de le satis-»faire; mais pour le moment elle a cru ne devoir choisir que »les jours les plus commodes pour les artisans et les ouvriers.

»Fait à Strasbourg, le 17 juillet 1790.

»*Boissière*, Président; *Saltzmann*, Vice-Président; *Joseph* »*Perruquet*, *François Ehrmann*, *J. Phil. Reinbold*, »*André Meyer*, Secrétaires.«

»On dépose au bureau de la S. un paquet renfermant 200 exemplaires de la pièce suivante, relative à la publication de la S. du 17 de ce mois [2] : 20

»*Réponse d'un citoyen de Strasbourg aux soi-disants amis de la Constitution.*

»De tous temps les espions ont été le fléau de la société et l'exécration des gens de bien. Si le mépris public s'est attaché à votre comité, dès son berceau, n'en cherchez pas d'autres causes. On peut être l'ami de la liberté sans en

---

[1] Au poële des Cordonniers, rue de la Chaîne.

[2] Quoiqu'on n'ait pas donné lecture de cette pièce en séance, nous croyons que notre impartialité nous en oblige l'insertion.

aimer les *pustules*, suivant l'expression d'un de vos coryphées. Cessez de nous vanter un zèle incendiaire, qui ne respire et ne souffle que le trouble et l'anarchie. Le zèle excessif pour le bien peut être dangereux; mais le zèle pour le mal! comment le qualifier?

« Vous prétendez éclairer l'ignorance du peuple : nouveaux apôtres, où est votre mission? quels sont vos moyens, quels sont vos talents? êtes-vous des citoyens distingués par vos vertus, des pères de famille respectables? avez-vous déjà rendu des services importants à la patrie? vos mœurs publiques et privées sont-elles l'exemple de vos concitoyens? ah justement alors leur confiance vous est due ; mais si.....

« Eh! quels objets d'instruction proposez-vous au peuple? sans doute la religion, la morale, ces bases éternelles de toute constitution, les fondements nécessaires de toutes les éducations politiques, civiles et religieuses. Non, votre tendre sollicitude lui offre des secours bien plus importants : la lecture des décrets de l'Assemblée. — Mais, qu'a-t-il besoin de vous pour les connaitre? ne sont-ils pas affichés au coin de toutes les rues? les bienfaits de l'Assemblée parlent d'eux-mêmes, ils n'ont pas besoin de vos doctes commentaires. — Le bonheur est fait pour être senti et non point analysé. —

« La lecture des journaux! — plaisants instituteurs! vous invitez vos concitoyens à se repaitre de mensonges et de sophismes. Mais les connaissez-vous, les rédacteurs impurs des feuilles périodiques? les Mercier, les Carra, les Brissot, les Desmoulins et autres de cet acabit? si vous ne les connaissez pas, comment garantirez-vous leur véracité et leur impartialité? si vous les connaissez, de quel front oserez-vous proposer cet aliment vénimeux à la curiosité du peuple? est-ce là *le moyen d'être utile à vos compatriotes?* qui sont-ils vos compatriotes? la France n'est surement pas votre patrie, puisque vous osez la calomnier aussi indécemment. *Les exemples de vertu rares chez les Français.* Lâche imposture ou honteuse ignorance. Choisissez. Non, non vous n'êtes pas Français ; vous n'êtes pas dignes de ce beau nom. Votre patriotisme nacquit et mourra avec

la Révolution. Le calme renaitra, la Constitution française 20
s'affermira sur des bases solides, et tous les charlatans voués à l'opprobre et au mépris rentreront dans le néant, dont pour l'honneur de l'humanité ils n'auraient jamais dû sortir.

« *Des exemples de vertu rares chez les Français !* cette calomnie me transporte d'indignation. Eh citez en donc une nation, qui ait plus fourni à l'histoire des modèles de vertu dans tous les genres? ah sans doute, vous voudriez que la vertu ne consistât plus que dans un vain jargon : qu'il suffit d'avoir sur les lèvres ces mots emphatiques de bien du peuple, d'égalité, de liberté, pour être réputé homme de bien. Alors il serait facile d'égarer le peuple ; alors on calculerait son ignorance ; alors avec des élans factices de patriotisme on subjuguerait son admiration ; alors par d'insidieuses interprétations des décrets de nos législateurs, on inculquerait des principes d'insubordination aux braves défenseurs de la patrie ; on exciterait leur insurrection contre les chefs : on briserait tous les liens de dépendance nécessaires dans une Constitution quelconque : on habillerait la licence du nom sacré de la liberté : on travestirait l'égalité aux yeux de la loi en égalité individuelle, dont l'espoir chimérique est si fertile en désordres et en attentats : on armerait la vanité des petits contre les classes supérieures de la société. En criant à la superstition, on parviendrait à déraciner la religion de tous les cœurs. En déclamant contre le despotisme, on réussirait à rendre odieux le joug légitime de l'autorité ; ainsi entretenant sans cesse le prestige et l'illusion, on jouirait sous un masque hypocrite des honneurs qui ne sont dûs qu'à la vertu. Mais le jour de la vérité commence à percer. On apprécie les hommes, on juge leurs intentions : en réservant de justes hommages aux vrais amis, aux amis modérés de la Constitution, on regarde les empiriques de la Révolution ou comme des cerveaux faibles, égarés de bonne foi par le fanatisme, auxquels on doit de la pitié ; ou comme d'audacieux imposteurs, dont la ligue dangereuse pour le bien public appelle l'indignation de tous les bons citoyens, et provoquera tôt ou tard la vengeance des lois. »

»Les lectures publiques en langue française sont inaugurées par le discours suivant :

»Chers concitoyens,

»La S. des amis de la Constitution se fait un plaisir de rassembler ses frères à certains jours de la semaine pour leur communiquer les décrets de l'Assemblée nationale. Son but est de leur faire connaitre cette liberté, nouvelle à tous les Français, mais inconnue à beaucoup de personnes que leur état éloigne de s'en instruire.

»Gémissant autrefois sous le despotisme des intrigues de la cour, le peuple n'était compté pour rien, il ne participait au Gouvernement que par les impôts dont il était surchargé, il voyait une classe privilégiée jouir insolemment du fruit de ses travaux et il en a été méprisé.

»Lassé de tant d'opprobres, le Français s'est enfin relevé, il a repris ses droits naturels, et en vertu de ces droits il s'est nommé des Représentants qui forment aujourd'hui l'Assemblée nationale.

»Ces augustes Représentants, nommés par vous, ont abattu l'édifice gothique de l'ancien Gouvernement ; ils ont, suivant vos intentions, déraciné tous les abus ; ils ont supprimé le régime de la féodalité, régime honteux qui mettait l'homme au-dessous de son semblable ; ils ont réparti également tous les impôts. Prêtres, nobles, tiers-état ne font plus qu'un ; tous sont frères et participent également aux charges de l'État.

»Vous étiez gouvernés par des intendants, des magistrats que vous ne connaissiez que par les vexations qu'ils vous faisaient éprouver. Maintenant ce sont vos suffrages, c'est votre confiance qui a placé à votre tête ceux que vous avez chargés de faire exécuter la loi, et vous avez tous juré d'être fidèles à cette loi décrétée par l'Assemblée nationale et acceptée par le Roi.

»Vous avez été les témoins de cette sublime fédération, de cette réunion de tous les départements qui vous environnent. Les divisions, les haines de préjugés entre les provinces, n'existent plus. Toute la France entière ne fait

qu'une société de frères et d'amis prêts à voler au secours 26
les uns des autres lorsqu'ils seront menacés.

« Vous êtes tous armés pour défendre votre liberté, mais vous n'en abuserez pas et vous vous convaincrez avec nous qu'il n'existe point de liberté sans lois et que tous les hommes doivent y être soumis.

« Vous rejetterez bien loin les perfides insinuations de ces ennemis du bien public qui osent calomnier l'Assemblée nationale et voudraient vous voir vous entr'égorger les uns les autres. Vous vous éclairerez avec nous sur vos propres intérêts et soyez persuadés de notre zèle pour le bien général.

« Vous, braves militaires, séparés autrefois des autres citoyens pour l'intérêt du despote, le serment que vous avez prêté vous unit à eux. Vous défendrez avec eux cette Constitution dont vous ressentez les avantages et c'est avec plaisir que je vous félicite au nom de la S. de l'union et de la concorde qui règnent entre vous et les citoyens de cette ville. Nous comptons parmi nous beaucoup de vos officiers attachés par principe à la Constitution et c'est à l'un d'eux que nous devons le projet de vous rassembler tous ici pour partager avec nous l'avantage de connaitre les décrets aussitôt qu'ils sont rendus.

« Venez donc avec confiance, chers concitoyens, amenez vos parents, vos amis, vos femmes, vos enfants, venez vous instruire avec nous et s'il arrivait que quelque chose vous embarassât dans les lectures que nous vous ferons, demandez en librement l'explication et ce sera de tout notre pouvoir que nous vous rendrons familiers des objets aussi importants pour vous; nous vous ferons part de tous les actes de patriotisme qui se succèdent rapidement, en un mot de tous les faits qui intéressent la liberté et le bien général. »

(Dans le courant du mois de juillet la S. reçut les membres suivants : MM. L. Schurer, professeur de chimie; J. Ehrmann, ecclésiastique protestant; D. Kieffer; A. Ulrich, secrétaire-interprète de la municipalité; F. Lasalle, officier au régiment d'infanterie Alsace; L. Geoffroy, officier d'artillerie; V. Girard, docteur en médecine; F. Weiler, idem; J. Gerold, fumiste; J. Müller, cafetier; J. Weiler, notable; D. Hatt, brasseur; P. J. Dürr, notable; V. Hirschel, marchand de poissons; P. Dannbach, imprimeur; F. Vogt, fourbisseur; C. Schott, brasseur.)

AOUT. 6 »Un membre, après avoir succinctement exposé les dangers qui semblent menacer l'État et désirant, en opposant plus de force aux manœuvres audacieuses et toujours renaissantes des ennemis de la Constitution, détruire les complots qui se forment dans l'intérieur et à l'extérieur de la France, propose l'article suivant :

»Que dans le plus court délai, la liste de ses membres, de ses associés étrangers et de ses S. affiliées sera imprimée et envoyée à toutes les S. affiliées, en engageant chacune d'entre elles d'entrer en correspondance avec toutes celles qui seront désignées sur cette liste. Adopté.«

17 »Lecture d'un mémoire pour les anciens titulaires des offices supprimés dans les deux départements du Rhin. La S. arrête qu'elle appuiera ce mémoire auprès de l'Assemblée nationale.

»M. Xavier Levrault, élu Président à la place de M. Boissière, prononce le discours suivant :

»Citoyens, amis de la Constitution, *la liberté* et *la loi:* Voilà le cri qui dans tout le Royaume fait tressaillir le cœur des Français.

»*Union, vigilance, instruction,* tels sont les moyens qui perpétueront les bienfaits de l'Assemblée nationale: tels sont les devoirs communs de tous les citoyens. Le zèle du patriotisme en a fait pour vous l'objet de soins plus particuliers, et dans ces moments où l'esprit d'oppression, qui se multipliait naguère sous tant de formes, s'agite dans le désespoir de son impuissance, ces soins rendent chers à la patrie les amis de la Constitution.

»Mais ce n'est pas pour votre patrie seule que mûriront les fruits heureux de vos travaux conservateurs; ils appartiennent à tous les hommes. Depuis 300 ans l'invention

d'un art nouveau, le perfectionnement de diverses mesures 17
sociales ont détruit les barrières qui enchainaient sur quelques sols privilégiés les lumières et les connaissances ; chaque idée utile, chaque opinion sage, chaque vertu, s'étendant de proche en proche, échauffe et éclaire progressivement les nations ; c'est ainsi que la Révolution française est le patrimoine du genre humain.

»Exposés de plus près aux regards d'une portion nombreuse de la grande famille européenne, nous recevons de la France, pour le transmettre à cette portion, le feu sacré qui brûle sur l'autel de la patrie ; nous rendrons à nos voisins les conceptions, les sentiments de la liberté que nos ancêtres communs connaissaient, mais imparfaits, dans les forêts de la Germanie. Déjà notre affiliation avec quelques hommes éclairés d'entre eux forme les premiers chainons de cette association de tous les peuples à la gloire et aux succès de notre nation ; association dont les douces prémices ont été la députation des étrangers à la fête de notre liberté et les salutations fraternelles de plusieurs S. amies en Irlande, en Écosse et en Angleterre ; association dont l'existence prochaine, peut-être, est attestée par les efforts même que les despotes qui s'aveuglent, osent opposer encore aux destinées de l'espèce humaine ; oui, bientôt nous ne serons plus étrangers qu'aux tyrans et à leurs esclaves.

»Lorsque vous m'avez élevé à l'honneur de vous présider, je regrettais le premier de ne pouvoir pas apporter dans l'exercice des fonctions que vous me confiez, les talents qui distinguent et l'honorable membre que je remplace à l'instant et celui dont le départ a laissé des regrets durables dans le cœur de ceux qui savent chérir le mélange des vertus civiques et des qualités aimables. Vous avez, sans doute, voulu encourager par l'exemple de ce succès, ceux qui comme moi ne peuvent vous offrir qu'un zèle ardent et un dévouement inviolable aux devoirs qu'impose le titre d'ami de la Constitution ; je serai heureux si le sentiment profond de votre indulgence et celui de ma faiblesse peuvent, en soutenant continuellement mes efforts et mon attention, les rendre dignes en quelque sorte de vos bontés.«

(Dans le courant du mois d'août la S. reçut les membres suivants: MM. F. Wilhelm, marchand de farines; M. Geyler, passementier; D. Oesinger, licencié; D. Ott, fabricant d'huile; P. Helck, brasseur; D. Schützenberger, idem; G. Beyer, notable; F. Simon; F. Durantin, professeur de langues; C. Oesinger, négociant; J. Ott, jouillier; G. Emmerich, négociant; J. Metzer; F. Holtzapfel, négociant.)

SEPTEMBRE. 6 „La S. demande au Comité de recherches de l'Assemblée nationale de faire retirer promptement des frontières de la Lorraine allemande le régiment Royal-allemand et les Chasseurs de Flandre, pour y être remplacés par d'autres troupes dont le patriotisme serait connu, vu les craintes que l'on a d'une invasion à Pirmasens.“

7 „Le Vice-Président Reinbold donne lecture d'une poésie intitulée: *Pendant le son de cloches à la commémoration de nos frères d'armes* (de Nancy), que l'auteur de la poésie a dédié à la S.

„La S. arrête qu'elle prendra le deuil pour trois jours pour les citoyens-soldats et les soldats-citoyens qui ont perdu la vie à Nancy, en mettant à exécution les décrets de l'Assemblée nationale.

„M. Saum, préposé de la Tribu des Marchands, offre la salle du Miroir pour les lectures allemandes. La S. reçoit cette offre avec remerciments.“

10 „On dénonce une brochure allemande ayant pour titre: *Brief eines elsässischen Deputirten bei der Nationalversammlung an einen seiner patriotischen Freunde in Colmar*. Cette brochure tendant à faire perdre, dans les campagnes, la confiance que l'on avait dans les travaux de l'Assemblée nationale, la S. décide qu'elle serait dénoncée au procureur-général du département.“

11 „La S. vote l'adresse suivante:

„*Adresse des citoyens membres de la S. des amis de la Constitution de Strasbourg, aux citoyens de la ville de Metz.*

„Compatriotes, amis et frères,

„Nous ne pouvons vous dissimuler la douleur que nous

avons ressentie en apprenant que la majorité d'entre vous avait refusé aux offres généreuses des citoyens de la ville de Nancy; cette haine invétérée dans laquelle vous paraissez vous plaire est blâmée de tous les citoyens français. Quoi, citoyens, l'esprit infernal du traitre Bouillé respirerait-il encore parmi vous? Celui qui, sous les dehors du patriotisme, a su vous conduire à la boucherie de vos frères; celui qui, sous le manteau d'une loi, espérait allumer dans vos départements les premières étincelles de l'incendie dont il voulait embraser la France; ce monstre aurait-il encore assez d'influence pour vous porter à des ressentiments que la cause commune devrait vous faire oublier? Oh non! chers concitoyens, vous ne résisterez pas plus longtemps aux vœux de vos frères, vous accepterez avec transport la réconciliation qui vous est proposée; l'intérêt de la patrie vous le commande impérieusement, vos concitoyens de tous les départements vous en conjurent. L'ennemi est à vos portes, il médite tous les moyens de nous détruire, et l'arme la plus dangereuse, celle qui peut lui être la plus favorable, et qu'il emploie avec le plus de succès, c'est la désunion des patriotes, c'est la division entre les citoyens.

»Déjouez, chers concitoyens, leurs criminelles manœuvres. Que le 30 août, anniversaire de cette horrible journée, où le sang des Français, de vos frères, a coulé, soit à jamais purifié par une fédération entre les citoyens de Metz et de Nancy. Que ces deux peuples, dignes de s'aimer, oublient sur l'autel de la patrie, leurs ressentiments et leurs haines! Et vous citoyens, sacrifiez ces trophées abominables qui ne pourraient plus que vous déshonorer aux yeux de tous les vrais Français: que ces canons soient changés en un monument qui atteste à toute la terre que les Français savent oublier les injures et les pardonner, qu'ils savent sacrifier à leur patrie les débats et leurs ressentiments! Tous les citoyens de la terre vous béniront, et cet abandon généreux fera trembler nos ennemis, qui ne redoutent rien tant que de nous voir réunis.

»*Charles Sicard*, Président; *Ph. Engel*, Vice-Président; *Charles Perrigny*, *J. B. Royer*, *J. Saum*, *Kerner*, Secrétaires.«

15 »La S. invite ses membres et auditeurs à secourir les incendiés de la ville de Limoges, en versant leurs dons dans le trone exposé dans la salle des séances.

»La S. envoie un *Mémoire à l'Assemblée nationale sur la libre culture et la fabrication du tabac*.

»Dans ce mémoire la S. expose entre autres: »Que depuis que l'usage du tabac est devenu commun en Europe et que la culture de cette plante y est connue, elle a été pour les habitants d'une partie de l'Alsace une source féconde de richesses. Le produit de cette récolte se monte, année commune, à une somme de douze à quatorze cent mille francs. Les fabriques de tabac procurent du travail à une grande multitude d'ouvriers. Par la suppression de la fabrication libre en 1776 le commerce du tabac s'est transporté sur la rive droite du Rhin et y a fait élever des fabriques qui n'ont pu s'enrichir que des pertes de celles de l'Alsace. La suppression de la culture en Alsace diminuera nécessairement le prix des terres dans la partie la plus fertile, la plus riche de cette province, qui est aussi celle où le clergé avait le plus de possessions. Que le tabac soit prohibé, il ne faut plus compter sur le pouvoir des principes moraux. Tous les villages situés sur les deux rives du Rhin se peupleront de contrebandiers : l'appât d'un profit certain sur l'introduction du tabac les engagera à ce pernicieux métier; pour en tirer meilleur parti, ils feront entrer dans leurs spéculations toute espèce de contrebande possible.

»Augustes Représentants et Législateurs de la France, n'exposez pas à une si grande tentation le bon peuple d'Alsace, ne compromettez pas son honnêteté, épargnez-lui des crimes, ne le soumettez pas au joug d'une prohibition qui lui paraitra insupportable.«

24 »Lecture d'une lettre de Colmar, qui instruit la S. de la fermentation qu'on a cherché à exciter dans cette ville et des vaines menaces qu'on a faites de brûler la maison de M. Reubel, député à l'Assemblée nationale, et de persécuter les correspondants de la S., mais que rien n'a pu intimider ces amis de la Constitution.

»Lecture faite à l'assemblée d'un libelle en forme d'*Aver-*

tissement aux fermiers par les Prébendaires de la Cathédrale de Strasbourg. Ce libelle est destiné à faire accroire que la dépossession du clergé en faveur de la Nation était ajournée pour l'Alsace, et qu'ils devaient continuer de payer leurs canons, comme par le passé, à leurs anciens propriétaires et ne devaient point acheter de biens nationaux. La S. arrête que ce libelle serait dénoncé au procureur-syndic du département, et qu'elle écrirait au Grand-Chapitre pour l'inviter à le désavouer. 24

»La S. envoie une lettre au Comité de la Constitution et de la guerre à Paris, dans laquelle elle annonce que parmi les 2000 auditeurs qui fréquentent ses séances de lecture publique, il se trouvait 600 à 700 militaires.«

»Lecture d'une réponse écrite par le Comité militaire de l'Assemblée nationale, par laquelle il déclare qu'il n'y a pas d'empêchement que les soldats fréquentent les assemblées de la S.« 30

(Dans le courant du mois de septembre la S. reçut les membres suivants : MM. F. Ritter, contrôleur de la fonderie; C. Vanderlyn; G. Hebeisen, droguiste; A. Briche, officier d'artillerie; G. Wild, secrétaire de la municipalité; P. Foustain; J. Weiler, licencié; F. P. Acker, administrateur du district; N. Tisserand; G. Gelin, prêtre.)

OCTOBRE

»La S. reçoit le pasteur Stuber comme membre, pour avoir prononcé le premier sermon national. 1er

»Une lettre de Colmar annonce à l'assemblée que les scellés avaient été mis le 30 septembre sur les portes du Conseil souverain d'Alsace à Colmar, sans que la tranquillité de cette ville en fût un moment troublée.«

»On donne lecture d'une *Adresse de la S. de Paris aux S. qui lui sont affiliées, sur la nécessité du paiement de l'impôt*. Cette adresse se termine ainsi : »Et s'il était besoin d'ajouter à cette considération décisive un nouveau motif d'encouragement, alors, Messieurs, vous rappellerez à vos concitoyens que cette précieuse liberté, dont, jusqu'à nous, les annales de l'histoire ont toujours présenté le berceau teint de sang, est offerte à nos heureux citoyens, en échange 5

5 de quelques sacrifices d'argent et pour prix de leur soumission, qu'ils se sont eux-mêmes imposés par l'organe de leurs Représentants.“

„Un membre dénonce à la S. qu'un capucin avait déclamé le jour de la St-Michel, dans l'église de St-Pierre-le-vieux, contre l'Assemblée nationale, et prêché des maximes séditieuses et antipatriotiques. La S. arrête que la municipalité serait invitée à aviser aux moyens de prévenir de pareils discours et de prendre les informations convenables sur la teneur de celui prononcé à St-Pierre-le-vieux, pour que le coupable, s'il y a lieu, soit puni.“

9 „Le sieur Zaigélius, curé de St-Pierre-le-vieux, ayant été dénoncé à l'assemblée de ne point faire lire au prône les décrets de l'Assemblée nationale et les proclamations du Département, la S. décide d'écrire au procureur-général, afin que les curés soient tenus de lire exactement au prône les décrets de l'Assemblée nationale et les proclamations qui leur sont envoyées par les Corps supérieurs.

„Sur la dénonciation qu'un chanoine de St-Léonard, près Obernai, avait prononcé un discours séditieux, il est arrêté d'en écrire aux correspondants de la dite ville.“

15 „Lecture d'une lettre adressée à la S. par M. Martz, Commandant de la Garde nationale d'Obernai, relative au sermon prononcé par un vicaire contre la Constitution, et à la scène d'*ivrognerie aristocratique* excitée dans cette ville par un chanoine de St-Léonard. La S. décide que cette lettre sera envoyée au Commandant de la Garde nationale de Strasbourg.

„M. Jacques Matthieu, procureur-syndic du district de Strasbourg, fait une motion relativement au décret sur l'organisation du clergé protestant. M. le professeur Koch prononce un discours sur cette motion [1].“

---

[1] *Discours de M. Koch, sur la motion de M. Matthieu, concernant les Protestants d'Alsace, prononcé à la S. des amis de la Constitution, le* 15 *octobre* 1790, en français et en allemand. A la fin de ce discours (p. 17) se trouve ajoutée la *Motion de M. Matthieu*.

»La S. invite les motionnaires sur la question des Protestants en Alsace à faire imprimer, à leurs frais, les différentes motions faites à ce sujet, et elle prie les étrangers de vouloir bien communiquer à la S. leurs observations sur la même question.« 19

»Un membre dépose sur le bureau une pierre de la Bastille. La S. charge le bureau de la faire enchâsser et de la placer au pied de la statue de Jean-Jacques (Rousseau).

»M. Jacques Matthieu fait à la S. une motion sur le traitement des curés royaux. Un autre membre émet l'opinion d'assimiler le régime du clergé protestant à celui du clergé catholique. La S. écrit une lettre au Comité ecclésiastique de l'Assemblée nationale, relative à la question du classement des curés royaux de la ci-devant province d'Alsace[1].« 22

»Un membre réclame l'exécution d'un article du règle- 26

M. Oberlin, professeur, publia un *Mémoire sur la motion de M. Matthieu, pour servir de suite au discours de M. Koch sur la dite motion.*

Il parut sur la motion de M. Matthieu, sous le 8 novembre 1790, une brochure allemande sous le titre : *Gespräch zwischen Meister Wahrlieb und Vetter Merx-Marx über die Motion des Herrn Matthieu, die Protestanten im Elsass betreffend.*

Sur le même sujet parurent encore les brochures : *An die Protestanten in Strassburg, über die Einrichtung ihres Kirchenwesens* (par Maximilien Fritz), et : *Ueber die neu projectirte Organisation der protestantischen Kirche, von einem Freunde der Wahrheit und Freiheit* (par Isaac Haffner).

Une brochure publiée sous le titre : *Freimüthige Gedanken eines Hanauischen Pfarrers über die Strassburgischen Plane eine neue Organisation der protestantischen Geistlichkeit im Elsasse betreffend. Auch eine Rede,* désapprouve tout ce qui avait été proposé pour l'organisation de l'Église protestante.

L'auteur d'un autre écrit publié sous le titre *Prophezeihung,* cherche à prouver qu'il serait très-utile de rétribuer le clergé aussi peu que possible et que par ce moyen il ne répondrait que mieux à sa sainte mission.

(Voyez 26 octobre et 5, 20 et 30 novembre.)

[1] Voir la réponse au 3 novembre 1790.

ment de la S., relatif à un de ses membres dont les propos ou la conduite auraient annoncé des principes contraires à l'esprit de la Constitution. Il fait l'application de l'article à l'accusation faite par un membre de la S. contre un autre. La S. arrête que le membre dénoncé en sera informé par les Secrétaires, pour qu'il ait à se justifier verbalement ou par écrit.

»M. Schœll prononce un discours allemand [1] sur le décret concernant les Protestants en Alsace.

»M. Philippe-Jacques Engel, diacre à St-Thomas, prononce à la même séance un discours allemand [2] sur la même question.«

---

[1] Publié sous le titre : *Ein Wort über das Dekret der Nationalversammlung vom 17. August 1790, die Protestanten im Elsass betreffend, gesprochen in der Gesellschaft der Freunde der Constitution in Strassburg, von Fr. Schœll.*

[2] Publié sous le titre : *Ueber die Frage : Sollen die Protestanten im ehemaligen Elsass, ungeachtet des am 17. August dieses Jahrs erhaltenen Dekrets, welches ihnen den Besitz ihrer geistlichen Güter bestätigt, dennoch dieselben der Nation übergeben, um ihre Geistlichkeit auf den gleichen Fuss wie es für die katholische Geistlichkeit dekretirt ist, besolden und constituiren zu lassen? Erste Vorlesung, gehalten in der Gesellschaft der Freunde der Constitution zu Strassburg, den 26. October 1790, von Philipp-Jacob Engel, Diac. zu St.-Thomä.*

Il parut encore sur le même sujet : *Versuch einer Uebersicht und Prüfung der Gründe, die für und wider den Vorschlag, die Nationalbesoldung der protestantischen Geistlichkeit des Elsasses auf einen billigen Fuss, vermittelst der Uebergabe der dazu gewidmeten Kirchenfonds, bei der höchsten Gesetzgebung zu bewirken, in Reden und Druckschriften fürgebracht worden, von Philipp-Jacob Müller, D. des Kirchen-Convents Präses.*

Vorschlag zu einem Dekret über die bürgerliche Verfassung der Geistlichkeit Augsburgischer Confession in den beiden rheinischen Departementen, von einem unbefangenen Mitgliede der Constitutionsgesellschaft in Strassburg.

Nur zwei Worte von der Uebergabe der geistlichen Güter bei der Einrichtung des protestantischen Kirchenwesens.

(Voir la suite de cette question sous les 5, 20 et 30 novembre 1790.)

»Sur la proposition d'un membre, la S. arrête d'écrire sur le champ à la S. de la Constitution à Paris, séante aux Jacobins, pour donner les témoignages les plus positifs sur le patriotisme, le civisme et les talents militaires du Général Kellermann, et pour faire sentir à cette S. combien il est important pour la patrie et la chose patriotique qu'un tel citoyen soit employé pour en être le soutien et le défenseur. 29

»La S. vote l'impression d'un mémoire en forme de dialogue, intitulé: *Catéchisme de raison, de morale et de philosophie*, en français et en allemand.

»La S. apprend avec joie que la ville de Barr a fondé un établissement de filature pour servir d'atelier de charité.«

(Dans le courant du mois d'octobre la S. reçut les membres suivants: MM. D. Saum, négociant; P. Ehrmann, idem; J. Disnardi, professeur de langues; F. Dietrich, maire de Strasbourg; C. Koch, professeur de droit; A. Kamm, licencié; F. Koch, marchand de fer; J. Saum, négociant; L. Arbogast, professeur de mathématiques; M. Engel, prédicateur à l'église française.)

»Un écrit ayant pour titre: *Protestation des officiers du Conseil souverain d'Alsace*, est dénoncé à la S. Après la lecture de plusieurs passages de cet écrit contrerévolutionnaire, la S. arrête qu'elle écrirait individuellement aux membres du dit Conseil qui ont été élus aux nouvelles places, pour les inviter à donner un désaveu public à cette protestation [1]. NOVEMBRE. 2

»La S. vote une lettre de remerciment à M. Stuber, ministre du culte de la Confession d'Augsbourg, au sujet du sermon patriotique qu'il a prononcé le 31 octobre à l'église de St-Thomas, pour l'inviter à continuer un si beau zèle et lui témoigner le plaisir que la S. aura de le voir assister à ses séances.«

»Un membre prononce un discours au sujet des biens 5

---

[1] Voir *Pillot et Neyremand. Histoire du Conseil souverain d'Alsace.* Paris 1860, p. 106.

du clergé des Protestants, avec cette conclusion, que le Corps législatif devait déclarer nationaux les biens de la Confession d'Augsbourg et allouer le salaire de ses ministres sur le trésor de la nation. M. Brunner lit une analyse en français du discours que M. Engel, ministre de l'église de St-Thomas, a prononcé dans la séance du 26 octobre dernier.

»M. J. Edelmann fait une motion sur l'utilité d'abattre les potences et autres monuments de justice criminelle établis sur les grandes routes. Cette motion est appuyée.«

»M. Litaize, curé de Plobsheim, est reçu comme membre de la S. De vifs applaudissements se font entendre à cette réception [1].«

»La S. (réunie pour la première fois dans la grande salle du poële du Miroir) entend la lecture d'une lettre du Comité ecclésiastique de l'Assemblée nationale, en réponse à la lettre de la S. de Strasbourg du 22 octobre précédent, par laquelle elle décide que les curés royaux doivent être assimilés aux autres curés du Royaume et recevoir le traitement décrété à ceux-ci par l'Assemblée nationale.

»Le Président lit une lettre imprimée de M. l'abbé Grégoire, membre de l'Assemblée nationale, dans laquelle 43 questions sont posées sur les patois et sur les mœurs des habitants de la campagne. L'assemblée a décidé l'ajournement de la réponse à ces questions. Le même abbé envoie à la S. une autre lettre imprimée, adressée aux philanthropes, en faveur des gens de couleur des colonies françaises.«

»Après la lecture d'un mémoire de M. Schertz [2], sur l'en-

---

[1] Élu curé à la cure nouvellement érigée à l'église Ste-Madeleine, cet ecclésiastique prononça à son installation, le 10 avril 1791, un discours en présence du Conseil de Strasbourg.

[2] Le même négociant publia une brochure sur cette question sous le titre : *Der PORT FRANC in der Citadelle, oder die wieder auf das neue projectirte Citadeller-Waaren-Niederlage, mit ihren schädlichen Folgen.*

trepôt réel à établir à Strasbourg ou dans la citadelle, suivie de longs débats pour et contre l'établissement de l'entrepôt réel, la S. décide à l'unanimité d'envoyer une adresse à l'Assemblée nationale, pour la prier d'accorder un port franc à la ville de Strasbourg, et d'accompagner cette adresse d'un mémoire expositif des raisons qui appuient cette pétition [1].« 11

»La S. adresse un *Mémoire en faveur du commerce de Strasbourg à l'Assemblée nationale.* 16

»Le principal objet de ce mémoire est »de supplier l'Assemblée nationale d'ordonner que dans le lieu dont conviendront les négociants, dont le choix sera approuvé et qui sera désigné par le Conseil général de la commune, ils pourront introduire et entreposer toutes sortes de marchandises venant de l'étranger, ouvrir les balles, tonnes et caisses, former des assortiments, et renvoyer les mêmes marchandises à l'étranger, sans payer de celles-ci aucuns droits d'entrée ni de sortie, moyennant les précautions et formalités qui seraient jugées nécessaires pour empêcher qu'il se fasse le moindre versement dans le Royaume des marchandises qui auront été déposées dans le dit entrepôt.«

»Lecture d'une lettre de M. Schwendt, par laquelle il engage la S., de la part du Comité ecclésiastique, à lui envoyer promptement un plan pour relier la Constitution de l'Église protestante à la Constitution française.«

»On dénonce à la S. deux écrits incendiaires, l'un sous le titre : *Compte-rendu à ses commettants par M. le bailli de Flachslanden, ancien député aux États-généraux;* l'autre : *Défense solennelle et protestation du Grand-Cha-* 20

---

[1] Voir à ce sujet le *Nationalblatt*, II, p. 282, 325, et les publications suivantes : *Ueber die Handlung und die freie Niederlage; bei dem Gemeinderath vorgetragen.* — *Ueber die Contrebande, ein Haupteinwurf gegen das Begehren einer reellen freien Niederlage,* (par Saltzmann). — *Port franc.* — *Motifs qui doivent faire rejeter le projet formé d'établir un port franc à la citadelle de Strasbourg,* en français et en allemand.

20 *pitre de la Cathédrale de Strasbourg*, portant pour signature : *Joseph, Prince de Hohenlohe-Bartenstein;* écrit dans lequel l'auteur annonce la destruction de la religion en Alsace, en qualifiant la vente des biens ecclésiastiques de vol et de pillage. Il annonce que le Chapitre s'est mis sous la protection de l'Empereur, de l'Empire et de toutes les puissances garantes des traités; il déclare au Directoire de Strasbourg, qu'il regarde comme nul et de nulle force tout ce qui a été et pourra par la suite être décrété concernant l'Évêque et le Chapitre. La S. arrête que ces deux écrits seraient dénoncés au Directoire du département du Bas-Rhin, au Comité de recherches de l'Assemblée nationale et à la S. des amis de la Constitution à Paris.

„M. Philippe-Jacques Engel prononce à la S. un second discours sur la question ecclésiastique traitée déjà le 26 octobre.“

22 „Un des Commissaires préposés aux lectures publiques tenues par la S., rapporte à la S. que dans la dernière lecture, après un passage sur Charles Lameth, les auditeurs, parmi lesquels il se trouvait au moins 400 à 500 soldats, demandèrent que la S. écrive en leur nom à Charles Lameth et à la Garde nationale de Paris, pour annoncer au prémier qu'ils prennent une part cordiale à son malheur, et à la seconde, qu'ils lui savaient gré de son intervention magnanime pour le maintien de la tranquillité et de l'ordre dans la capitale, le siége des bienfaiteurs de la France, et de les assurer qu'ils étaient tous prêts à verser leur dernière goutte de sang pour le maintien de la Constitution. La S. décide que ces deux lettres soient écrites et d'ajouter à celle à C. Lameth, qu'il ne devrait plus exposer sa vie dans un duel [1].“

23 „M. Antoine Teterel a été rayé, sur sa demande, du tableau des membres de la S.

„Lecture faite d'une lettre des professeurs du collége de

---

[1] Voir sous le 7 décembre la réponse de Lameth, et sur le duel de Lameth : *Nationalblatt*, II, p. 373.

Colmar, qui annoncent que, d'après une invitation du Di- 25
rectoire du département du Haut-Rhin, ils donnent à leurs élèves des leçons sur la Constitution française comme sur les belles-lettres. La S. arrête que des remerciments seront adressés tant au Directoire qu'aux professeurs de Colmar.

»La S., étant instruite que M. Engel, ministre français à Strasbourg, et M. Küss, ministre à Enzheim, avaient prononcé des discours dans lesquels ils ont fait sentir à leurs ouailles la nécessité de payer les impôts, a voté des remerciments à ces deux pasteurs, par l'organe de son Président.

»La S. s'occupe de la question de la libre culture et de la fabrication du tabac en France, et de la possibilité de remplacement de l'impôt. Il est décidé qu'une adresse à ce sujet sera envoyée à toutes les S. du Royaume, afin que tous les patriotes appuient cette demande de tout leur pouvoir.«

»M. Engel prononce son troisième discours à la S. sur 30
la question ecclésiastique traitée les 20 octobre et 20 novembre.

»Le Président de la S. félicite deux Maires du Ban-de-la-Roche, présents à la séance, sur le véritable patriotisme dont ses habitants ont fait preuve depuis le commencement de la Révolution.

»La S. arrête d'écrire aux deux S. de Paris, à celle de 1789 et à celle des Jacobins, pour demander qu'elles s'intéressent au sort des employés de la douane, qui sont menacés de perdre leurs places par le nouvel arrangement du reculement des douanes à la frontière.

»La S. arrête de publier un *Nouvel Almanach*, d'après un plan soumis à la S.

»La demande de vingt communes du canton d'Oberhausbergen, que la S. les conseille pour les assister dans l'achat des biens nationaux, est accueillie favorablement.

»Lecture d'une lettre de M. Michel Thomassin, député du Commerce de Strasbourg, par laquelle il fait espérer que l'Assemblée nationale rendra libre la culture et la facation du tabac.

»Un membre dénonce à la S. une protestation *imperti-*

30 *nente* [1] de la part de l'Évêque du Bas-Rhin, contre le décret de l'Assemblée nationale relatif à l'organisation civile du clergé catholique. La S. arrête à l'unanimité que l'on en avertira le Comité de surveillance de l'Assemblée nationale.

»Le même membre dénonce aussi à la S. une délibération publiée par l'administration supérieure du Bas-Rhin, relative à la répression de la liberté de la presse.

Extrait des registres des délibérations du Conseil général du Bas-Rhin, du 20 *novembre* 1790.

Il est dit à la fin de cette délibération : «Vu plusieurs feuilles de différentes gazettes publiées dans cette ville, et notamment les Affiches de Strasbourg, du 17 de ce mois, dans lesquelles le divin auteur de la religion chrétienne et ses apôtres sont comparés à des sectaires : Le Conseil général du département a invité la municipalité de Strasbourg d'enjoindre aux auteurs des papiers publics qui s'impriment et se distribuent dans cette ville, d'être plus circonspects à l'avenir, et de porter à la religion le respect dont nos Législateurs leur ont donné l'exemple et dont l'amour de l'ordre et de la tranquillité aurait dû leur faire une loi ; sous peine, en cas de récidive, d'être poursuivis comme perturbateurs du repos public.»

»La S. arrête que l'on doit faire parvenir cette pièce au Comité de surveillance de l'Assemblée nationale.»

(Dans le courant du mois de novembre la S. reçut les membres suivants : MM. G. Frühinsholz, théologien protestant ; L. Schmutz, secrétaire du district ; F. Kuhn ; J. Friedel, marchand de cuir ; L. Weyer, négociant ; P. Graffenauer, licencié ; J. Isenheim, potier d'étain ; B. Kast, notable ; D. Mannberger, négociant ; A. Louis, officier municipal ; H. Laurent, médecin ; F. Arnold, maitre charpentier ; J. Gerold, aubergiste ; F. Mougeat, chirurgien.)

DÉCEMBRE. »Plusieurs lettres sont lues à la S. : De M. Broglie,
3 membre correspondant de la S. à Paris. — Des amis de

---

[1] Cardinal Rohan, *Déclaration adressée au clergé séculier et régulier de son diocèse, sur la constitution civile du clergé, décrétée par l'Assemblée nationale et publiée dans son diocèse*, in-4°. 20 novembre 1790.

la Constitution à Grenoble. — De ceux de Lyon. — De 3
ceux de Toulouse. — De Boulogne-sur-mer. — D'Aix.

»Un membre donne lecture d'une soi-disante Instruction pastorale [1], par laquelle le cardinal Rohan engage, par des passages de l'ancienne loi canonique, ses ouailles à une véritable rébellion et à la guerre civile. A l'instant même un autre membre prouve le contraire de ce que l'Évêque a avancé, par des décisions des pères de l'Église les plus respectables et les plus estimés. Un autre membre prouve par les citations des canons de plusieurs Conseils, que les Évêques doivent être élus par le peuple. La S. arrête la rédaction de cette réfutation, qui contiendra un extrait des canons dont il a été fait mention [2].

»Un troisième membre donne lecture d'une réquisition du procureur-syndic de la commune de Strasbourg, sur une déclaration de l'Évêque de cette ville au clergé régulier et séculier et sur d'autres écrits du même bord. La S. décide que tous ces écrits seront envoyés à l'Assemblée nationale et au club des Jacobins.«

»Lecture d'une réponse de M. Ch. Lameth à la lettre à 7
lui adressée par la S. sous le 22 novembre passé, par laquelle il remercie les bons citoyens pour leur participation à l'accident qui lui est arrivé. La S. décide que cette lettre serait lue dans la lecture publique du lendemain aux auditeurs qui avaient chargé la S. d'écrire à ce brave citoyen [3].

»M. Broglie et les députés extraordinaires du Commerce

---

[1] *Instruction pastorale de S. A. E. Msgr. le cardinal de Rohan, Prince-évêque de Strasbourg,* datée d'Ettenheimmünster, le 28 novembre 1790, imprimée à Strasbourg chez Le Roux. in-4°.

[2] Voir 31 décembre 1790.

[3] Voir sous le 22 novembre 1790.

On trouvera dans : *Halem, Blicke auf einen Theil Deutschlands, der Schweiz und Frankreichs, bei einer Reise vom Jahr* 1790, Hambourg 1791, 2 vol. in-12, t. II, p. 304, une relation très-piquante de la séance de lecture française du 8 décembre, à laquelle l'auteur de ces impressions de voyage avait assisté.

de Strasbourg annoncent que l'Assemblée nationale vient de décider la liberté de la culture et de la fabrication du tabac.

»Un membre rend compte d'une scène comique dont il a été témoin oculaire, lors de la sortie d'un capucin de son couvent. Le supérieur du couvent des capucins a anathématisé, en présence de toute la communauté, le capucin sortant.

»On donne lecture d'une *Proclamation de tous les Corps administratifs,* par laquelle ils défendent à tous les ecclésiastiques de leur ressort de lire du haut des prônes le mandement séditieux de l'Évêque de Strasbourg, et recommandent aux Maires et aux municipalités de surveiller cette défense.

»Un membre est invité par l'assemblée de lire une poésie [1] dont il est l'auteur. Les applaudissements les plus vifs ont été donnés à cette pièce pleine de verve et de beauté. La S. arrête qu'elle sera insérée dans son procès-verbal et imprimée à ses frais.

---

[1] Nous copions ici textuellement cette poésie du registre des procès-verbaux :

«*Psaume patriotique*.

«Toi qui fis l'homme à ton image
Pour qu'il fut libre, sage, heureux,
Ah ! quand rendras-tu notre hommage
Digne d'un regard de tes yeux.
Longtemps les péchés de nos pères
Se sont appesantis sur nous,
Ils ont adoré des chimères,
Ils ont enflammé ton courroux.

«Il a poursuivi d'âge en âge
Le faible ouvrage de tes mains
Et sous le joug de l'esclavage
Fait courber le front des humains.
L'orgueil dit : que tout m'obéisse,
L'avarice : tout est à moi,
L'ambition : que tout périsse,
La folle erreur : Je suis la foi.

«On avertit la S. qu'il se forme à Paris et dans d'autres 7
villes des S. sous le titre : *Amis de la Constitution et de la Monarchie,* et qu'elles sont en correspondance entre elles, de même que les S. publiques des amis de la Constitution [1].

«On voit le fer du despotisme
Épouvanter tous les mortels,
Et les horreurs du fanatisme
Ternir l'éclat de tes autels.
Là, des Pontifes hypocrites,
Profanant la sainte Sion,
Sous leurs pieds foulent les lévites
Et chantent les lois de Mammon.

«Séduit par leur funeste exemple
Le peuple méprise tes lois,
Non, Jéhovah n'a plus de temple
Et l'encens fume pour des Rois.
Et les vierges du sanctuaire
Et les filles des nations,
Portent leur flamme mercenaire
Dans la couche des Pharaons.

«Au Ministre, à mille harpies,
Il faut de l'or, il faut du sang,
Le juste à des couteaux impies
Ne peut dérober son flanc.
Grand Dieu ! qui vois notre misère,
Mets un terme à des maux si grands,
C'en est assez, que ton tonnerre
Venge Israël et ses tyrans.

«Enfin la grâce est descendue
Et l'homme renaît à ta voix :
La liberté nous est rendue
Et la raison reprend ses droits.
Seigneur ! soutiens nos pas timides,
Fais nous marcher selon ta loi,
Heureux le peuple que tu guides
Et qui n'a pour maître que toi.»

[1] Voir la mention de la dissolution de la S. des amis du Roi, rue de la Nuée bleue à Strasbourg, à la date du 31 décembre.

7 »La S. décide que dans la prochaine séance on donnera lecture de divers plans d'organisation du clergé protestant, qui ont été remis à la S. par des membres de la S. et par d'autres personnes, et que l'on débattra, article par article, le plan décrété pour la Constitution civile du clergé catholique, pour examiner s'il pourrait être adopté aussi par les Protestants.«

10 »Les députés extraordinaires du Commerce de Strasbourg, se trouvant à Paris, mandent à la S.: 1° que la prochaine foire de Noël pourra avoir lieu encore cette année, c'est-à-dire que les négociants de l'étranger qui ont encore des marchandises emmagasinées à Strasbourg, pourront les vendre comme par le passé. 2° que les marchandises venant de l'étranger paieront les droits d'entrée jusqu'à la fin du mois comme par le passé.

»Lecture faite d'une lettre de M. Bruat, de Colmar, membre correspondant de la S., par laquelle il annonce à la S. qu'il a pu obtempérer à son vœu en faisant déclarer au Conseil général du département du Haut-Rhin qu'il serait libre à chacun de débiter le sel. M. Bruat apprend en même temps à la S., que, fatigué de la résistance qu'oppose à ses bonnes intentions une ville où l'aristocratie domine, il a voulu donner sa démission, mais que ses confrères ayant refusé par deux fois de l'accepter, il s'est retiré du Directoire, pour ne plus faire partie que du Conseil général. La S. décide d'écrire une lettre à M. Bruat, pour lui faire savoir qu'elle ne peut approuver ce découragement et qu'elle est d'autant plus fâchée qu'il ait quitté le Directoire, qu'elle est plus convaincue de la sincérité de son patriotisme.«

14 »La S. de Rennes annonce à la S., en réponse à la circulaire qu'elle a écrite à toutes les S. du Royaume, pour qu'elles sollicitent auprès de l'Assemblée nationale la publicité de toutes les séances des Corps administratifs, qu'à Rennes toutes les séances administratives sont depuis longtemps publiques.

»Plusieurs lettres lues à la S. annoncent que, malgré la

défense de l'administration, le mandement de l'Évêque a 14
été lu publiquement dans les églises de plusieurs villages et qu'il a produit partout une certaine effervescence; que différents curés ont reçu des instructions secrètes de l'Évêque; que l'on cherche à rendre douteuse la vente des biens ecclésiastiques en Alsace; que l'on calomnie d'une manière affreuse le Maire Dietrich, duquel on dit entre autres qu'il allait piller la Cathédrale.

»Les députés du Commerce de Strasbourg à Paris, écrivent à la S. qu'il vient d'être décidé que la Monnaie resterait à Strasbourg.

»On annonce, d'après les nouvelles reçues de Paris, que le Roi aurait écrit au Pape pour lui conseiller de donner son assentiment à la loi relative à la Constitution civile du clergé en France, et qu'en cas de refus du Pape, l'ambassadeur français, Bernis, avait reçu ordre du Roi de quitter Rome.

»La S. jacobine de Paris rend des louanges à la municipalité de Strasbourg, que, suivant cette S., on peut regarder comme le boulevard de la Constitution sur nos frontières.

»La S. arrête qu'il sera écrit au comité du commerce et de l'agriculture à Paris, pour l'informer que le sieur Magnier, directeur des fermes, a, de son autorité privée, établi la barrière à l'extrême frontière et qu'il prétend exiger des droits d'entrée, tandis que ces droits ne sont pas encore fixés par l'Assemblée nationale, ce qui porte un préjudice irréparable au commerce de Strasbourg, qui ne refuse pas de payer aux anciennes barrières les anciens droits, les seuls légalement exigibles. Ce comité sera prié d'envoyer dans ce département un Commissaire, membre de l'Assemblée nationale, pour l'établissement des nouvelles barrières. Il a été décidé qu'une copie de ces réclamations sera envoyée à la S. des Jacobins de Paris.

»La S. arrête qu'elle formera un comité de consultation composé de douze Commissaires, qui s'assemblera les dimanche, mercredi et vendredi.

»La S. décide qu'elle s'abonnera aux 21 journaux suivants :

14 „1. Le Journal de Paris. 2. Le Moniteur. 3. Le Procès-verbal de l'Assemblée nationale avec le Journal des débats et décrets. 4. La Chronique de Paris. 5. Le Journal de la S. des amis de la Constitution de Paris. 6. Le Journal des clubs patriotiques. 7. Le Journal pour les habitants des campagnes. 8. Le Journal de Provence. 9. Le Patriote français. 10. La Feuille villageoise. 11. Les Affiches de Strasbourg. 12. Le Mémorial des Corps administratifs. 13. La Chronique de Strasbourg. 14. Le Journal de jurisprudence, de M. Merlin. 15. La *Politische Strassburger Zeitung*. 16. La Feuille de Simon et Meyer (*Geschichte der gegenwärtigen Zeit*). 17. Le *National-Blatt*. 18. Le Mercure allemand. 19. Le Journal des droits de l'homme. 20. La Feuille d'Ulrich (*Patriotisches Wochenblatt*). 21. La Feuille de Hambourg.“

17 „M. Gloutier, nouveau Président de la S., prononce le discours suivant :

„Il n'est d'ambition vraiment digne d'un homme libre que celle de l'estime et des suffrages de ses égaux. Je n'ose me flatter d'avoir mérité les vôtres, je sens que c'est à votre amitié, à votre indulgence que je dois l'honneur de présider une S. qui tient un des premiers rangs parmi les apôtres de la liberté et de la régénération du peuple français.

„Oui, Messieurs, le concours de citoyens qui vous environnent est un éclatant témoignage de l'intérêt, de la confiance et de l'amour que vous avez inspirés à cette cité. Les clubs patriotiques de toutes les parties de l'Empire se sont empressés de s'affilier et de correspondre avec le nôtre. Leurs sentiments à votre égard sont d'autant plus sincères qu'ils savent que vous avez de graves obstacles à surmonter et que vous leur avez opposé un grand courage.

„Cet établissement formé, il n'y a pas même un an, par douze généreux citoyens qui se réunirent pour prêcher, selon la belle idée d'un membre de cette assemblée, la nouvelle loi aux gentils et aux pharisiens, fut bientôt l'effroi des castes privilégiées et de tous ceux qui conservaient encore quelques coupables espérances. Il excita les clameurs de tous les esprits faibles et défiants, égarés par les ruses et les

infâmes propos de la calomnie; mais l'intrépide modération 17
avec laquelle vous avez bravé les cris de l'ignorance et de la mauvaise foi, la publicité surtout de vos séances, manifestèrent la pureté et la loyauté de vos sentiments; les âmes honnêtes reconnurent combien l'esprit d'espionnage et de délation, qui ne convient qu'aux émissaires des despotes, était éloigné de celui qui anime cette S. On vit que, passionnés pour le parti de la liberté, vous vouliez en faire goûter les ravissants transports à vos concitoyens, préserver, en les éclairant et en excitant leur vigilance, cette ville des désordres qui ont ensanglanté les autres parties du royaume, sauver la ci-devant Alsace de ces projets impolitiques que ses rapports avec l'Allemagne et sa situation physique rendaient spécieux, mais qui eussent infailliblement causé la ruine et tari la source de ses richesses; convaincu que l'amour de la patrie était l'âme de vos délibérations, on tint à honneur de s'associer à vos travaux et aujourd'hui vous n'avez plus dans les murs de cette ville d'autres détracteurs que ceux de la Constitution.

»Vous avez fixé l'attention de vos concitoyens sur plusieurs objets importants, vous les avez invités à se mêler à vos discussions, il en est résulté un échange de lumières avantageux pour tous; cependant quelques hommes aisés à s'effaroucher, ou regardant ces questions comme un domaine exclusif, prétendirent mettre des bornes à l'étendue de vos droits; comme si des hommes libres et avides de s'instruire pouvaient en reconnaitre d'autres que celles de la raison et de la loi. Aussi le peuple n'a-t-il point partagé leurs vaines terreurs, ni les petitesses de l'amour-propre; il est accouru à nos séances et à nos lectures; tous les jours il se pénètre de plus en plus de cette vérité que les amis de la Constitution sont les meilleurs amis du peuple.

»Le nombre des membres de cette S. s'accroit tellement tous les jours, que la considération même lui deviendrait pernicieuse, si ceux qui la composent ne devenaient attentifs à ne présenter que des citoyens dont le patriotisme et l'honnêteté leur soient connus.

»Une des particularités les plus merveilleuses de la Révolution, et qui prouvent combien le Français avait soif de la liberté, c'est l'ardeur et la promptitude avec lesquelles ils se sont ralliés et coalisés en clubs. Animés du même esprit, ils ont tous adopté les mêmes principes et les mêmes statuts. C'est dans ces associations volontaires que s'élabore l'esprit public ; ce sont elles qui avec les gardes nationales éterniseront l'empire de la liberté.

»Les Français considérés sous ces deux rapports présentent une force dont aucune nation ancienne et moderne n'offre d'exemple.

»L'esprit public et la connaissance des droits naturels de l'homme, l'accord de la volonté générale des peuples avec ces droits, l'intelligence des décrets du pouvoir législatif et le respect qui leur est dû. C'est cette jurisprudence de toutes les nations et de tous les siècles que nous devons nous attacher à développer et à rendre populaire. Le titre d'amis et de défenseurs de la Constitution nous impose l'obligation de donner à nos concitoyens l'exemple des vertus civiques; de révérer le caractère sacré de ceux à qui le peuple a commis l'exécution de la notification de la loi, de déférer aux proclamations des administrateurs et aux sentences des juges : mais notre soumission ne doit point être, comme sous la verge du despotisme, une soumission aveugle et servile. Nous obéissons à la loi et non à la volonté arbitraire des fonctionnaires publics. Il nous est permis, il est même de notre devoir, en qualité de citoyens, de surveiller leurs opérations, de leur opposer, en observant cependant les égards qui leur sont dûs, la force de la raison et la loi elle-même, lorsqu'ils en abusent ou qu'ils s'en écartent, et de les dénoncer au Corps législatif ou à la censure publique, lorsque la voix des pétitions et des remontrances est insuffisante. Il est de notre devoir de protéger le faible contre des actes anticonstitutionnels de quelque autorité qu'ils partent. Tout Français a certainement les mêmes droits que nous. Le peuple ne nous a délégué aucun pouvoir ; mais une foule de considérations peuvent arrêter le zèle d'un particulier, moins en garde d'ailleurs contre les surprises de l'erreur ou de la passion.

»En éclairant ainsi l'opinion publique, tous les citoyens 17
se familiariseront avec leurs devoirs; en la rendant imposante et redoutable, les Corps administratifs apprendront à connaître les leurs et se renfermeront dans les bornes de leurs pouvoirs respectifs; alors l'harmonie la plus parfaite s'établira entre toutes les parties intégrantes de l'ordre social en France, y ramènera la paix et cimentera pour jamais son bonheur.

»Un des grands avantages que chacun de nous doit s'étudier à retirer de nos délibérations, c'est de s'exercer à l'art difficile de la discussion et au talent de la parole, si nécessaires dans un état libre, de s'accoutumer au conflit des opinions diverses, d'apprendre à considérer une question sous tous ses rapports, à se mettre en garde contre l'esprit de faction, et contre le despotisme oratoire; c'est d'apprendre à ne plus se traîner sur les pas et les idées d'autrui et à sortir enfin de cet état d'enfance, d'inertie et de servitude, où l'ancien régime avait plongé l'âme des Français. Celui qui, dans les questions qui ne lui sont pas tout à fait étrangères, n'aurait jamais d'avis que l'avis de son voisin, ou qui s'en laisserait imposer par le nom de l'opinant, se rendrait indigne de cette S. et avilirait le caractère de l'homme libre. Il n'est point de jouissance plus douce pour l'homme que de penser à sa manière. Avant l'heureuse Révolution, qui nous a rendu l'exercice de toutes nos facultés, un petit nombre de philosophes goûtaient seuls ce bonheur; encore étaient-ils réduits à concentrer leurs méditations dans leurs cabinets et à ne s'entretenir qu'avec quelques amis et avec les êtres fantastiques dont ils s'environnaient pour se consoler des maux et des sottises de l'espèce humaine; si, cédant au feu de leur zèle, ils tentaient d'éclairer les peuples, ils étaient forcés de se couvrir du voile de l'anonyme, toujours humiliant pour l'homme vertueux. Aujourd'hui la liberté de penser, de parler le langage de la raison est une propriété sacrée et commune à tous les Français.«

»Un membre dénonce un écrit, tendant à dissuader les

17 prêtres de prêter le serment civique, publié sous le titre: *Lettre d'un ecclésiastique à ses confrères, relative à leur serment*. Cette dénonciation est envoyée au procureur.

»La S. arrête qu'il sera tenu pendant trois semaines des réunions extraordinaires, dans lesquelles on s'occupera de la question du clergé protestant.

»Le Président annonce que le graveur Christophe Guérin a reproduit par la gravure l'action héroïque du héros de Nancy, Desisles. La S. arrête qu'elle enverra cette gravure au malheureux père, en lui témoignant sa gratitude d'avoir élevé à la patrie un exemple si instructif.

»On donne lecture d'un excellent discours, qu'un prêtre catholique de Besançon a prononcé sur les affaires ecclésiastiques actuelles. La S. vote l'impression de ce discours.«

21 »La S. décide qu'elle n'offrira ni acceptera aucune affiliation avec d'autres S. qu'après avoir écrit à la S. de Paris.

»On lit une lettre de la S. de Lyon, qui annonce un projet de contrerévolution, dont les auteurs ont été arrêtés.

»La S. reçoit l'avis qu'il existe à Colmar un homme attaché à d'Artois, et chargé de recruter pour Turin. Il est décidé d'écrire à la municipalité de Strasbourg, pour l'engager à prévenir les citoyens par une proclamation de surveiller les étrangers pendant la foire.

»Lecture de diverses lettres de Rouen, Paris et Lyon. La S. de la ville de Rouen prie la S. de Strasbourg d'appuyer auprès de l'Assemblée nationale le plan d'organisation de la Garde nationale, soumis par Dubois. D'après ce plan, les généraux et officiers seraient élus de nouveau tous les trois mois et ne porteraient aucune autre marque distinctive qu'un plumet sur la cocarde tricolore. La nation devra être toujours armée et chaque Garde national toujours muni de quinze cartouches au moins. Les compagnies devront être abolies : 50 hommes seraient placés sous un chef, que l'on n'osera plus nommer ni capitaine, ni lieutenant. Pour le maintien de l'ordre public, les citoyens armés devront être employés de préférence aux troupes. La S. arrête que la demande de ses frères de Rouen serait examinée et discutée dans la prochaine séance.

"Dans la seconde lettre, de Paris, M. Thomassin fait connaitre à la S. que le pouvoir législatif a décerné des éloges à la S. de Strasbourg, au sujet de sa conduite dans l'affaire de l'Évêque du Bas-Rhin, et qu'il l'engage de continuer avec la même persévérance ses travaux patriotiques. Il fait en même temps part à la S. que le directeur des douanes, Magnier, sera blâmé par le comité du commerce de l'Assemblée nationale, et que les droits d'entrée et de sortie des marchandises resteront maintenus pour le commerce de Strasbourg encore, jusqu'à ce que l'Assemblée nationale en aura décidé autrement. Magnier sera obligé de rendre l'argent qu'il a perçu illégalement et en dépit de l'ancien tarif." 21

"Lecture d'une lettre de la S. de Metz, qui annonce des mouvements sur les frontières et les inquiétudes que cause le passage des troupes autrichiennes. Un membre propose d'écrire à toutes les S. des villes frontières, pour les informer de ces mouvements ; un autre propose qu'il soit formé dans la S. un nouveau comité, autorisé à recueillir toutes les informations de cette nature, à entrer en correspondance tant avec les S. des villes frontières, qu'avec telles personnes qu'il jugera nécessaire, et que ce comité porte le nom de comité de recherches ou d'informations. La S. arrête qu'il sera formé un nouveau comité de correspondance composé de neuf membres. 24

"La S. arrête d'écrire au Ministre de la guerre, pour lui demander une augmentation de troupes dans les deux départements du Rhin et des généraux patriotes pour les commander, et à l'Assemblée nationale, pour hâter l'organisation et l'armement complet des Gardes nationales.

"La S. arrête de demander à l'Assemblée nationale des fusils pour armer encore 30,000 citoyens, et au Roi qu'il envoie encore deux régiments et un général patriotes sur les frontières du Bas-Rhin.

"Relativement à la lettre de Rouen, au sujet du plan de Dubois [1], la S. décide que l'Assemblée nationale sera priée

[1] Voir 21 décembre.

d'organiser au plutôt la Garde nationale, de la laisser toujours armée et d'ordonner qu'elle sera employée de préférence pour le maintien et le rétablissement de l'ordre et de la sûreté publique.

»La S. décide que son tronc sera exposé pendant tout le mois prochain, pour recueillir des secours pour les malheureux frères des bords de la Loire.«

»La S. reçoit au milieu de vifs applaudissements, comme un de ses membres, le père franciscain Pierre Ledu, ci-devant père David.

»On annonce à la S. que beaucoup de jeunes gens, la plupart écrivains qui se nourrissaient dans l'ancien système de la chicane et faisant partie de la compagnie des Chasseurs de Colmar, avaient émigré avec armes et bagages et s'étaient fait enrôler dans les armées de Condé en menaçant de revenir en France les armes à la main. Quoique d'un côté la S. se réjouisse de ce que, par l'émigration de ces misérables, le département du Haut-Rhin ait été purifié de mauvais citoyens, la S. arrête de vouer à l'exécration publique, comme traîtres à la nation, les jeunes gens qui ont émigré avec armes et qui ont annoncé le projet de se réunir aux ennemis de la Constitution, et de les dénoncer à l'Assemblée nationale, en la suppliant d'appeler sur eux toutes les rigueurs des lois et de blâmer l'inaction coupable de la municipalité de Colmar, parce que l'abominable plan de ces traîtres de la patrie leur était connu.

»La S. de Paris annonce à la nôtre qu'elle prie toutes les S. à elle affiliées, d'appuyer l'adresse à l'Assemblée nationale, par laquelle elle demande que le Jeu de paume à Versailles soit élevé et entretenu comme monument national. Appuyé.

»Il est fait à la S. une dénonciation contre le curé de Bischheim, qui a voulu faire sortir de l'église des citoyens revêtus de l'uniforme de Gardes nationaux. La S. trouvant l'ardeur insensée de ce curé non dangereuse, passe outre.

»Un citoyen fait hommage à la S. d'un buste de J. J. Rousseau, qui est placé dans la salle des séances.«

»La S. débat dans une séance extraordinaire l'organisation civile du clergé protestant.« 29

»Sur la motion d'un membre de la S., elle décide qu'aucune lettre anonyme, adressée à elle, ne sera dorénavant lue à la S., à moins que son contenu important ne l'exige. 31

»Lecture d'une lettre de la S. de Metz, annonçant que des mandements séditieux de l'archevêque de Trèves sont répandus dans la ci-devant Lorraine.

»La S. de Tours communique une *Adresse au Roi*, par laquelle Louis XVI est instamment sollicité d'accepter le décret relatif à la prestation du serment civique par le clergé français. La S. applaudit au langage ferme et mâle de cette adresse, qui contient entre autres le passage suivant : »La Nation française est en droit d'organiser le clergé payé par elle et d'exiger de lui le serment civique ; il serait par conséquent indigne d'une grande Nation d'attendre la sanction d'un prêtre — de l'Évêque de Rome.«

»Les trois Commissaires nommés pour faire un rapport sur le soi-disant mandement de l'Évêque du Bas-Rhin, déposent ce rapport à la S. qui en entend la lecture. Les auteurs y prouvent que les décrets de l'Assemblée nationale, relatifs à la constitution civile du clergé catholique, sont conformes à l'Écriture sainte, aux conciles et aux pères de l'Église, et que dans le soi-disant mandement on s'est éloigné de ces sources. Les auteurs y prouvent encore, que sous la Constitution déchue ce n'était que très-rarement la véritable piété qui conduisit à la place d'Évêque, mais que c'étaient presque toujours la ruse, l'égoïsme, la faveur d'une maitresse et, ainsi qu'on l'appelait jadis, la haute naissance, qui frayaient le chemin à la prélature. La S. arrête que ce rapport sera publié dans les deux langues et répandu à la campagne [1].

»La S. apprend avec plaisir que la S. des amis du Roi, qui se réunissait dans la rue de la Nuée bleue, s'est dissoute; cette nouvelle est reçue avec les plus vifs applaudissements [2].

---

[1] Voir p. 92, sous le 5 janvier 1791.

[2] Voir p. 71, sous le 7 décembre 1790.

"La S. publie l'adresse suivante :

«*Les amis de la Constitution aux Citoyens cultivateurs du département du Bas-Rhin.*

«Frères et amis,

«Nous touchons au moment qui va fixer pour jamais la liberté au milieu de nous, ou nous remettre sous le joug que nous avons eu tant de peine à secouer. Rappelez-vous, chers concitoyens, ce que vous étiez, il y a deux ans, et voyez ce que vous êtes maintenant, malgré les traîtres qui trament contre la Constitution. Vous gémissiez alors sous les plus cruels fardeaux. Les ci-devant nobles vous accablaient de leurs prétentions ; il fallait leur payer douze corvées par homme et par cheval ; des prévôts nourris de l'esprit de leurs commettants, tenaient un registre de toutes vos actions ; le moindre propos lâché dans la chaleur du discours, vous faisait dénoncer, et rapportait une amende à vos seigneurs : on les voyait, ces hommes si fiers, attendre le jour des plaids annaux avec impatience, murmurer lorsque leurs baillis avaient assez de pudeur pour modérer les amendes. Ah ! rappelez-vous cette chasse exclusive dont ils jouissaient à vos dépens, le droit qu'ils avaient de ravager impunément vos campagnes, sans qu'il vous fût permis, quoique vous fussiez témoins du dégât que faisait leur gibier, de réprimer le dommage fait à vos moissons, et si quelques-uns d'entre vous osaient défendre leur propriété par un coup de fusil, tout de suite ils étaient dénoncés comme braconniers, et punis par les plus fortes amendes et la prison ; aviez-vous quelques bons communaux à partager, les seigneurs ou leurs officiers en prenaient ou prétendaient la meilleure portion ; aviez-vous de bons pâturages, les seigneurs y établissaient leurs troupeaux et leurs bergeries à votre détriment ; vouliez-vous vous livrer à quelques divertissements innocents les dimanches et fêtes, il fallait en payer la permission au seigneur ou à ses officiers ; tout était mis à contribution par eux, tout était pour eux une spéculation d'argent à vos dépens ; vous vous éleviez vainement contre leur avidité, il n'y avait pas de justice pour vous. Les premiers juges — ils étaient leurs officiers — des hommes qui pour la plupart avaient spéculé sur leurs places, qui en avaient calculé les émoluments, qui cherchaient à se couvrir de leurs finances, ou du pot de vin payé pour obtenir le droit de vous juger ; vous adressiez-vous à l'intendance, ah ! rappelez-vous comment vous y étiez reçus, rappelez-vous la corruption qui y règnait, rappelez-vous le régime de cette intendance ; ses agents s'occupaient perpétuellement à forger vos liens pour retenir les nobles élans de la liberté. Quelques âmes courageuses s'indignaient-elles des vexations des grands et des petits tyrans dont la surface de notre beau pays était couverte, bientôt le despotisme intendantiel les enchaînait ; sur la dénonciation d'un prévôt, on était condamné, puni, emprisonné comme rebelle et perturbateur, sans avoir été entendu. Portiez-vous vos réclamations aux tribunaux supérieurs, à peine y étiez-vous admis, il fallait solliciter longtemps l'accès chez vos juges, trop heureux, si la porte ne vous était pas fermée, pour recevoir de préférence quelques riches capitalistes, ou quelques-uns de ces moines fainéants, chez lesquels vos juges allaient jouir de leur supériorité pendant leurs vacances. Rappelez-vous, chers concitoyens ! comment vous avez été successivement dépouillés de vos plus belles propriétés forestales ; les grandes maisons dites États d'Empire, les chapitres, les ci-devant nobles, vous en frustraient successivement à la faveur d'arrêts du Conseil d'État, qui autorisaient des cantonnements tout entiers à leur avantage, et vous réduisaient à la plus petite portion ; les monuments de ces actes de spoliation s'étaient singulièrement multipliés dans les dernières années qui ont précédé la révolution; le mal était parvenu à son comble, on vous vexait impunément. Rappelez-vous de combien de droits toutes vos conventions étaient grevées ; achetiez-vous, vendiez-vous un cheval ou du bétail, il fallait payer; conduisiez-vous vos denrées au marché pour entretenir l'abondance dans les villes, il fallait payer en entrant, et vos nobles étaient exempts; échangiez-vous le prix de vos denrées contre des marchandises que vous vouliez emporter avec vous, il fallait payer en sortant, et vos nobles étaient exempts; passiez-vous sur quelques ponts, devant quelques péages, il fallait payer, et vos nobles étaient exempts ; — tout était vénal et horriblement vénal dans cet Empire, et cette vénalité retombait sur vous seuls. On achetait et on vendait la justice, on achetait et on vendait les bénéfices, on achetait et on vendait les exemptions. Qui est-ce qui entretenait les grands chemins ? Vous seuls, vous seuls en étiez chargés par corvées ; les ci-devant nobles, les prêtres, les officiers royaux et seigneuriaux en étaient exempts. Qui est-ce qui payait les impositions ? Hélas ! c'était encore vous sur qui retombait le fardeau ; les nobles, les prêtres payaient à part, sans compter tous ceux, qui pour de vains titres achetés en étaient exempts ; et à qui auriez-vous pu vous plaindre d'une surcharge ? Il fallait de longues écritures pour vous faire entendre, et toutes les fois que vous demandiez un redressement, l'avide praticien commençait par émolumenter avant de vous comprendre ; il n'y avait pas de lois et vous étiez toujours les tristes victimes de décisions arbitraires. Ah ! de combien de fléaux n'étiez-vous pas accablés ; n'aviez-vous pas cette redoutable dîme à payer? C'était la meilleure portion de vos travaux qu'il fallait abandonner, et encore vous seriez-vous trouvés trop heureux de la laisser sur vos champs, si vous n'aviez pas été exposés à mille procès de la part des décimateurs; les tribunaux ne retentissaient que d'actions sur la dîme; une des plus riches sources du revenu des suppôts de justice provenait des contestations sur la dîme, ils s'en enrichissaient, et vous, — vous vous ruiniez. Ouvrez les comptes de vos communautés, et rassemblez tout ce qu'il vous en coûtait chaque année en frais pour la dîme, droits seigneuriaux et stimulants pour l'intendance; vous vous convaincrez que cela absorbait souvent vos plus beaux revenus: des hommes qui ont réfléchi sur la portée de ce tribut perçu par les gens de justice, croient que ce n'est pas exagérer, que de l'évaluer année commune pour le département du Bas-Rhin, ci-devant Basse-Alsace, à la somme énorme de six cents mille livres, qui pesait uniquement sur vous. De quel côté que vous regardiez autour de vous, vous y retrouverez les traces de votre ancienne servitude. Vos campagnes étaient couvertes d'abbayes et de chapitres peuplés d'hommes inutiles à la société, comme à la religion, dont les mœurs étaient souvent scandaleuses, et ils se croyaient, ces hommes-là, supérieurs à vous. Vos curés — vous étiez obligés de les recevoir sans les connaître; à peine étaient-ils installés, qu'ils manifestaient leur charité par un procès, tantôt pour avoir du bois, tantôt pour étendre leur dîme, souvent pour être mieux logés. Bientôt des Inspecteurs de l'intendance, fourriers aussi insatiables qu'impitoyables, vous traçaient un beau presbytère qu'il fallait payer, sans oser faire des représentations, et avec les frais de construction était ordinairement joint un grand et utile mémoire pour l'Inspecteur ordonnateur, de frais de voyage, plans et devis, qui enrichissait ces avides employés aux dépens de votre bourse communale. Voilà ce que vous étiez, il n'y a que deux années. Jetez maintenant un coup-d'œil sur votre position actuelle. Vous êtes libres, vous ne devez compte de vos actions qu'aux lois; vous êtes affranchis de la corvée arbitraire et de la corvée seigneuriale, vous exploitez vos terres librement, vous les défendez contre les invasions du gibier dévastateur, le fruit de vos travaux est entièrement à vous; vous avez au milieu de vous des juges de paix, vos pairs, vos amis. Si un voisin, par imprudence ou par avidité, vous enlève un sillon de votre champ, vous n'êtes pas forcés de recourir à un praticien qui commence à noyer votre affaire dans une langue étrangère, pour gagner votre argent; vous vous adressez à l'honnête cultivateur que vous avez élu, que vous devriez toujours élire, et l'homme juste vous réconcilie, parce qu'il n'a point d'intérêt

à prolonger votre différend. Vos administrateurs — vos juges — 31
vous les choisissez vous-mêmes, et vous les choisirez mieux à l'avenir, lorsqu'ayant secoué entièrement le joug de vos anciennes habitudes, vous ne vous en laisserez plus imposer par les fausses considérations qui n'ont que trop influé sur vos choix. Dans l'administration comme dans la justice, vous n'êtes pas forcés à de longs et coûteux déplacements, une journée suffit aux plus éloignés pour faire parvenir leurs réclamations à l'un ou l'autre siége. Chaque fois ce sont vos compatriotes, vos égaux, qui vous entendent dans votre propre langue et sans interprètes. Ah! vous seriez doublement ingrats et insensibles, si vous ne saviez apprécier tous ces avantages et si vous n'étiez pénétrés de la plus vive reconnaissance pour ceux qui vous les ont procurés en bravant tous les dangers.

«La calomnie dirigée par nos anciens tyrans, s'efforce d'obscurcir nos plus précieuses institutions; mille réclamations s'élèvent vaguement, ils argumentent du mal qu'ils font par leurs intrigues et ils osent l'attribuer à nos lois; mais de quelle part nous viennent ces cris contre l'Assemblée nationale? Des ennemis du peuple, de ces mêmes hommes jadis insolents, fiers, durs, qui vous opprimaient sans ménagement, de ces ci-devant nobles, qui se disent vos protecteurs, parce qu'ils avaient acquis le droit de vous faire tout payer, jusqu'à la faculté de faire ramoner vos cheminées, jusqu'à celle de faire peigner votre chanvre, jusqu'à celle de le faire filer etc., — des ci-devant grands propriétaires de fiefs, dont les officiers étaient autant de petits despotes, généralement détestés dans tous les lieux qu'ils habitaient; ce sont ces mêmes hommes et leurs adhérents, assez lâches pour regretter leurs fers et dignes en effet de rester toujours esclaves; ce sont ces hommes qui sont aujourd'hui les détracteurs de la Constitution qui nous a restitué dans les droits de l'homme. Ils vous parleront sans cesse du traité de Westphalie, tout comme si ce traité avait été fait avec vous et de votre consentement; tout comme si vos pères y avaient stipulé pour eux et leurs descendants, que vous n'oseriez jamais vous élever à la dignité de l'homme; tout comme si ce traité avait été dicté par le souverain arbitre des humains qui nous créa tous égaux; tout comme si nous ignorions que ce traité a été dicté par le droit de conquête, c'est à dire par le droit du plus fort; tout comme si nous ne savions pas que l'ambition des puissances, quand elle est secondée par les succès de la guerre, s'élève toujours au-dessus de tous les traités; rien ne serait plus facile de vous prouver, que ce fameux traité de Westphalie, dont on vous parle tant, a été violé impunément par cette même maison d'Autriche que l'on appelle cependant à le défendre. Ils vous diront, ces despotes, que vous allez gémir sous de plus fortes contributions que les anciennes, tandis que tout ce qui est arrivé depuis deux années, vous est le plus sûr garant d'un allégement général.

«La répartition faite par l'Assemblée nationale, porte à 2,872,300 l. toutes les contributions directes de ce département. Or, commencez par mettre en ligne de compte tout ce que vous ne payerez plus, vous vous convaincrez bientôt des impostures avec lesquelles on cherche à vous effrayer.

«Vous êtes exempts de la dîme, et nous soutenons que dans ses différentes branches elle s'élevait, année commune, dans ce département au moins à	1,500,000 l
«Vous êtes exempts de la corvée seigneuriale, elle s'élevait au moins dans ce département à	500,000
«Vous êtes exempts des amendes arbitraires et seigneuriales, c'était encore un objet d'environ . . .	500,000
«Vous êtes exempts des droits d'*Ohmgeld*, de cheminées, de repas seigneuriaux, de débit exclusif du sel et du fer, du droit de main-morte (*Todfall*), ces différents objets s'élevaient au moins à	180,000
«Total	2,680,000 l

«Comprenez-y les frais immenses dont vous étiez accablés, joignez à cela le taux des anciennes impositions, des vingtièmes, capitation, fourrages, épis du Rhin, frais communs, argent de Colmar et ce que quelques-uns d'entre vous payaient pour le rétablissement du château de Saverne ; calculez tous les différents tributs, joignez-y le casuel de vos curés, le tribut d'aumônes, payé aux moines, dont vous êtes désormais exempts, et vous aurez au moins six millions de livres. Quelle différence n'y a-t-il pas entre notre position actuelle et celle dont nous ne faisons que de sortir ; encore ne faisons-nous que de commencer à nous tirer de nos embarras; lorsque la dette nationale sera liquidée, les contributions diminueront considérablement.

«Nos ennemis ne s'aveuglent pas sur nos succès, mais ils espèrent qu'à force de mensonges et d'exagérations ils les feront écrouler. Il semble, à les entendre, que les membres de l'Assemblée nationale engloutissent tout ; mais ne vous en laissez pas imposer par le mensonge. Réfléchissez surtout sur la masse effrayante de maux et de dettes de l'État qui nous accablaient avant la révolution ; étaient-ce les membres de l'Assemblée nationale qui avaient accumulé cette énorme dette ? avaient-ils partagé les trésors de l'État avec une cour corrom-

pue? Non, sans doute — vous allez les voir rentrer au milieu de vous 31
modestes citoyens, écartés même pendant quatre ans de toutes les places lucratives du pouvoir royal. Ce qui doit principalement fortifier votre confiance dans la Constitution, c'est qu'ils ne seront remplacés que par des citoyens que vous choisirez entre vous : ah ! c'est ici, chers concitoyens, qu'il faut vous tenir en garde contre la cabale et l'intrigue ; car on ne manquera pas de capter vos suffrages ; on calomniera ceux qui se sont constamment montrés amis de la Constitution. Tantôt, s'ils sont catholiques, on vous dira qu'ils n'ont point de religion ; s'ils sont protestants, qu'ils veulent renverser la religion catholique ; — ne vous laissez pas surprendre par ces indignes artifices — ne vous laissez pas tromper par ces prêtres menteurs — oui, nous les accusons de mensonge; ils ont surpris votre crédulité et votre religion, ils vous ont de leur propre autorité fait violer les règles des conciles sur les Pâques, et ils se sont mis au-dessus des conciles; ils vous ont persuadé que les prêtres qui ont juré d'être fidèles à la loi, sont réfractaires aux lois de l'évangile, tandis que l'évangile prêche partout la soumission aux puissances. Ce sont ces prêtres mauvais citoyens, qui cabaleront et intrigueront pour éloigner vos suffrages de vos amis et défenseurs; défiez-vous de leurs perfides et détestables insinuations !

«Ces prêtres farouches, qui ne devraient prêcher que la concorde, vous annoncent la guerre et s'en font une cruelle joie, c'est dans le sang des citoyens qu'ils brûlent de nager, voilà leur religion, lisez l'évangile et jugez par vous-mêmes, s'ils en suivent les divins préceptes. Ils nous annoncent la guerre — qui sont ceux qui viendront nous la faire, cette guerre ? — Sera-ce le frère du Roi, ce fils ingrat de la France, qui après en avoir dissipé les trésors, voudrait nous remettre encore dans l'esclavage pour pourvoir à ses immenses prodigalités. — Croyez-vous que M. d'Artois, s'il peut jamais entrer dans votre pays les armes à la main (ce qui est fort douteux), soit conduit par amour de la religion, hélas ! c'est la dernière de ses pensées : son esprit superbe est outré de ce que la Constitution a consacré une grande vérité, savoir, que les fils des Rois sont nés hommes comme nous. Ce fils de France, égaré par les flatteurs qui l'entourent, malgré la bienfaisance de notre Monarque chéri (de ce prince, le seul que les vices de sa cour n'aient pas atteint) qui lui a payé ses dettes plus d'une fois, M. d'Artois est encore grevé d'une effroyable dette de 38 millions ; et de quel droit voudrait-il que le peuple français payât ses erreurs ? quels sont ses titres pour nous gouverner ? quelles sont ses vertus ?

«On vous parle aussi de votre ancien évêque le cardinal de Rohan, cet homme qui avec quinze cent mille livres de revenus, a toujours été criblé de dettes, sans avoir jamais fait un heureux; ce prêtre sans mœurs, ce vil courtisan, esclave de l'intrigue et flétri depuis longtemps par les aventures les plus scandaleuses — c'est lui que l'on met en avant comme le protecteur de la religion, quelle dérision! quand vous a-t-il donné des preuves de sa religion? était-ce quand il envahissait vos terres pour en faire des parcs? quand s'est-il montré digne successeur des apôtres? était-ce au milieu d'une cour voluptueuse et élégante, où le pauvre n'osait pas aborder? voilà donc les hommes qui doivent défendre votre religion et faire votre bonheur, eux qui nous ont plongé dans tous les maux qui ont accablé la France. — Que nous serions malheureux, si nous devions être conduits par eux! Ils nous menacent de la guerre, eh bien! qu'ils viennent donc une fois, il est temps que nous donnions à l'Europe qui l'attend, l'exemple d'un peuple combattant pour ses lois, ses propriétés et sa liberté; pourquoi ne nous défendrions-nous pas avec l'énergie du courage, ne sommes-nous pas des hommes comme nos ennemis? et quelle différence de cette guerre défensive de notre part, avec les guerres d'Hanovre où trois cent mille Français ont mordu la poussière et ensanglanté les champs germaniques. Cette guerre ne fut-elle pas la honte du nom français? Nous y avons prodigué le sang et les trésors de l'État; avons-nous su pourquoi? que nous en est-il revenu? savions-nous pourquoi on nous foulait d'impôts — pourquoi on moissonnait notre jeunesse — pourquoi ces levées de milices qui affligeaient les mères éplorées — on ne nous consultait pas, — les Français étaient conduits à la boucherie, comme des troupeaux; et voilà les temps que l'on voudrait nous faire regretter! quelle différence! si nous combattons aujourd'hui, ce sera pour les imprescriptibles droits de l'humanité, oui, cette guerre sera avouée par le Souverain de tous les êtres, il combattra pour nous, il protégera les lois de la nature éternelle, comme lui — nous serons invincibles.

«Citoyens français! défiez-vous de ceux qui ont à la bouche l'attachement à la Royauté, elle ne leur était chère, cette ancienne Royauté, que parce qu'ils en disposaient à leur gré. Nous n'avons plus un despote pour Chef de la Nation; notre Roi fut toujours un père, il l'est devenu principalement par la Constitution, et c'est le gouvernement que son cœur avoue, et qui convenait le plus à son caractère vertueux. Défiez-vous donc de ceux qui vous parlent des intérêts du Trône, ils vous trompent. Défiez-vous également de ceux qui parlent de la Religion, ce n'est qu'un masque à leur hypocrisie; vous aimez la vérité, si vous voulez la connaître sincèrement, rapprochez-vous des Prêtres

fidèles à la Loi ; interrogez-les sur les articles de notre croyance, ils 5
n'en ont point d'autre que vous ; assistez à leurs cérémonies religieuses, ils ne les ont pas changées, ils ne peuvent les changer. Il n'y
a que la plus vile imposture qui ait pu vous persuader qu'ils étaient
privés du sacerdoce ; l'onction sainte leur a donné un caractère, que
tous les hommes ensemble ne peuvent effacer. Mais le Pape — on
vous intimide de ses foudres ; ne les craignez pas ; elles sont supposées,
et d'ailleurs c'est à l'Église universelle à parler. Rappelez-vous ce
dont vous avez été témoin en Autriche ; l'Empereur Joseph II, frère
de notre Reine, a fait dans ses États les mêmes réformes d'Évêchés et
de couvents que celles que nous faisons maintenant; il les a faites en
Prince éclairé, sous les yeux du Pape ; malgré toutes ces réformes,
l'Autriche est encore catholique ; le Pape fut alors trop sage pour
excommunier l'Empereur, parce que ce Monarque n'avait pas plus
touché aux dogmes de la Religion, que ne l'a fait l'Assemblée nationale. On a calomnié ses intentions ; mais il est mort catholique et ses
Peuples sont toujours catholiques, tout comme nous continuerons à
l'être parce que notre culte est intact. Le Pape, en vrai père des
fidèles, garda prudemment le silence, mais l'Empereur n'avait ni
frères ni courtisans révoltés contre l'autorité, comme nous en avons
maintenant. Ce que regrettent MM. d'Artois et de Condé, c'est de
ne pouvoir plus dissiper les revenus de l'État : ce que regrette M. le
Cardinal de Rohan, c'est de n'avoir plus 1,500,000 l. de revenus,
auxquels il n'avait pas plus de droit personnellement que le dernier
des prêtres ; la Religion n'est qu'un vain prétexte dont ils se masquent
pour vous intéresser en leur faveur. Ce que craignent vos prêtres
menteurs, ces hommes vils et fourbes, c'est d'être réduits à leurs
fonctions de ministres des autels ; ce que craignent vos ci-devant
nobles, c'est que vous paraissiez leurs égaux ; ce que craignent leurs
adhérents, c'est un gouvernement libre et équitable qui met chacun à
sa place, et qui les fera un jour reconnaître comme traîtres à la patrie
et ennemis du bien public. Vous êtes instruits, chers citoyens, vous
réfléchirez, sans doute, sur le danger de confier vos plus chers intérêts à ces âmes de boue, qui n'osent pas s'élever au-dessus des abus,
et qui n'oseront professer la soumission à la loi, que quand il n'y
aura plus de danger. Vous les connaissez ces êtres pusillanimes, ils se
sont assez montrés par leurs actions. Jetez vos yeux sur ceux que l'on
appelle patriotes, examinez leur conduite et voyez, si vous avez un
seul reproche à leur faire ; si votre assentiment ne vous dicte rien
contre eux, suivez les mouvements de votre conscience et résistez cou-
rageusement aux dangereuses insinuations des prêtres réfractaires : ils

sont les ennemis de Dieu et de la Patrie ; ils ont menti à Dieu en calomniant les intentions de ceux qui ont prêté le serment prescrit par la loi, ils foulent audacieusement les préceptes de l'Évangile qui ne prêchent que la concorde, et eux — ils sont les auteurs de tous nos maux. — Nous ne leur ferons pas un crime de n'avoir pas juré, nous leur en ferons un du mensonge et de la calomnie, c'est ce qui les rend coupables, c'est ce qui les fera exécrer de la postérité. »

(Dans le courant du mois de décembre la S. reçut les membres suivants : MM. J. Keck, négociant ; G. Fischer, brasseur ; G. Schweighæuser, négociant ; A. Lepicq, jurisconsulte ; F. Keck, négociant ; M. Stridbeck, agent de change ; Ehrlen, licencié ; R. Kugler, professeur en droit ; J. Le Barbier, fils ; C. Kienlin, négociant ; F. Picard, jurisconsulte ; J. Olivier, professeur de dessin ; E. Guérin, secrétaire du maire Dietrich ; F. Kugler, secrétaire du district ; J. B. Guidinale, négociant ; J. B. Beniot, idem ; A. Fonrouge, employé de la manutention ; V. Meniolle ; F. Jacquot, commissionnaire de roulage ; C. Barbier, secrétaire du département ; P. Ledée, prêtre ; A. Reichard, négociant ; G. Bonnard ; R. Roubins ; A. D'Honières ; J. Ehrmann, négociant ; C. Ferrand, idem ; D. Stœber, notaire ; F. Garnier, professeur de langues.)

1791.

»Lecture d'une lettre de la S. de Marseille, par laquelle elle annonce que les conspirateurs d'Aix avaient eu le but d'assassiner les membres de l'administration publique, de la municipalité et de la S. de Marseille, et que ces conspirateurs étaient presque tous des ci-devant nobles, des membres du parlement et des prêtres.« JANVIER. 1er

»Lecture d'une lettre du club patriotique de Besançon, par laquelle il avertit la S. qu'il a des notions certaines sur les intentions contre-révolutionnaires des ennemis de la Nation dans les deux départements du Rhin. 4

»Une adresse est jointe à cette lettre, par laquelle l'administration supérieure du département du Doubs fait la proposition à l'Assemblée nationale de réunir par un canal le Doubs au Rhin par l'Ill. La S. de Strasbourg est priée d'appuyer de son côté cette proposition, dont les motifs lui paraissent d'une haute importance; elle charge à cet effet son comité de correspondance de rédiger une adresse à l'Assemblée nationale, relative à la même question [1].

»Avant de lever la séance, la S. vote une *Adresse de remercîments à la Garde nationale de Strasbourg*, pour le zèle patriotique qu'elle a déployé lundi passé à l'occasion de l'attroupement qui a eu lieu près de l'église de St-Pierre-le-Vieux, le 3 janvier 1791 [2].

---

[1] Ce n'est qu'une vingtaine d'années plus tard, sous le premier Empire, que ce canal fut commencé.

[2] Voir sur ces troubles la *Proclamation des Officiers municipaux de la ville de Strasbourg à leurs concitoyens*, la *Copie de la lettre-circulaire du Maire de Strasbourg à MM. les curés, prédicateurs et ministres de la dite ville*, et la *Proclamation des Administrateurs du Directoire du Département du Bas-Rhin*, du 4 janvier.

„Lecture est donnée d'un écrit intitulé : *Die Franzosen an die Offiziere und Soldaten der wider sie verbundenen Kriegsschaaren* (Les Français aux officiers et soldats des armées coalisées contre eux). La S. témoigne au membre qui est l'auteur de cet écrit sa satisfaction et vote l'impression à 500 exemplaires.“

La S. arrête l'impression d'une *Instruction patriotique et canonique en réponse à l'Instruction pastorale de l'Évêque de Strasbourg, lue à la S. des amis de la Constitution de Strasbourg, le 31 décembre 1790, an II de la liberté,* accompagnée de la liste des ecclésiastiques qui ont prêté le serment, au nombre de 150.“

„Lecture d'une lettre de la S. de Paris, par laquelle elle assure qu'elle appuiera de toutes ses forces la demande relative à la libre culture et à la fabrication du tabac, ainsi que la réinstallation des anciens employés de la douane, demandée par la S. le 30 novembre dernier.

„Le prêtre Clairier annonce qu'il a adressé une demande à la municipalité de Strasbourg de prêter le serment civique. Cette nouvelle est accueillie avec applaudissements et le prêtre Clairier est invité par le Président à prendre place parmi les membres.

„Quelques bons patriotes de Colmar se lient à la S. de Strasbourg. Ils font connaître les difficultés qu'éprouve la S. des amis de la Constitution se formant à Colmar.“

„Lecture d'une lettre de la S. de Bayonne, priant la S. de donner son assentiment à une adresse à l'Assemblée nationale, dans laquelle elle demande que des députations de tous les citoyens armés du Royaume français gardent la personne sacrée du premier citoyen français.

«Nous sommes tous égaux en France,» est-il dit dans cette adresse, «nous avons donc aussi *tous* le droit de garder notre bon Roi, et à dater d'aujourd'hui le nom de Français doit être synonyme, dans notre patrie, de celui de frère.»

„La S. arrête d'appuyer cette adresse auprès de l'Assemblée nationale.

„Une lettre d'Embrun annonce que la municipalité de cette ville a condamné le ci-devant archevêque d'Embrun, maintenant évêque des Hautes-Alpes, à une amende de 600 livres, pour avoir répandu sous son nom des écrits séditieux. 10

„Le Maire de la ville de Türckheim (Haut-Rhin) annonce qu'il a fait descendre de la chaire, aux applaudissements de toute l'assemblée, un prédicateur fanatique, moine de l'ordre de St-Augustin, pour avoir prononcé un sermon séditieux.

„La S. décide que les membres de la S. seront tenus de porter dorénavant toujours la cocarde tricolore, quand même ils ne seraient pas revêtus de l'uniforme.

„On lit à la S. une brochure ayant pour titre : *Serment civique d'un prêtre du département du Jura* (Laurent) *à d'autres prêtres en retraite.*“

„La S. d'Autun envoie un exemplaire d'une *Lettre de l'évêque d'Autun aux ecclésiastiques de son diocèse*. Il est arrêté que la S. publiera la traduction de cette lettre constitutionnelle. 11

„On dénonce à la S. une *Réponse à l'adresse du district aux ecclésiastiques*, comme un libelle anti-constitutionnel et contre-révolutionnaire. La S. en informe le Procureur.

„Un membre annonce les dispositions de paix et de réconciliation qui se sont manifestées entre les régiments de Bretagne et de Saintonge ; elles sont exprimées dans deux lettres dont il donne lecture. La S. applaudit aux sentiments d'honneur et de patriotisme contenus dans ces lettres, ordonne leur insertion au procès-verbal et charge les Commissaires de lecture d'exprimer publiquement les témoignages de sa satisfaction aux signataires.“

«Lettre des soldats de Saintonge à leurs camarades du régiment de Bretagne.

«La discorde qu'auraient pu semer parmi nous quelques personnes mal intentionnées doit-elle nous faire voler au fer meurtrier et à l'acier tranchant ? non sans doute ; des monstres cherchent à nous désunir pour en tirer avantage ; faisons mieux.

«Tirons un plan de paix entre nous, et disons que tout soldat qui

11 s'érigera en propos impertinents vis-à-vis de ses camarades d'un autre corps, y sera conduit pour être puni suivant la rigueur des ordonnances et même chassé s'il le mérite, suivant le mal qu'il aura fait.

«Vivons donc en paix comme par le passé, et purgeons nos cœurs des venins que des êtres malfaisants ont cherché à gangrener.

«Oublions aussi les étouffantes vapeurs que le vin intempérant de la nouvelle année a occasionné malheureusement parmi nous.

«Craignons Dieu, soyons mémoratifs de la Nation, respectons la Loi et soyons dociles et obéissants aux ordres de notre Roi, c'est le vrai moyen de vivre heureux et d'être sauvés à jamais.

«En attendant de vous la douce satisfaction d'un mot de réponse, nous sommes etc. *Les soldats de Saintonge.*

«Strasbourg, le 5 janvier 1791.»

«Réponse des soldats de Bretagne à leurs camarades du régiment de Saintonge.

«Nous répondons à votre lettre avec autant d'empressement que vous en avez eu à nous l'écrire et si nous avons retardé jusqu'à présent à le faire ce n'est que le plaisir que nous avons eu de la communiquer à nos Supérieurs, que nous respectons infiniment, qui nous en a empêché.

«Sans vouloir pénétrer s'il existe des êtres assez mal intentionnés et ennemis du bien public pour semer la division dans nos corps respectifs, nous vous assurons, nos chers camarades, que nous ne désirons rien tant que de vivre unis et dans une paix profonde ; ne nous attachons pas à de vains propos enfantés par le vin et livrons à l'indignation générale tous ceux qui dorénavant chercheraient à nous désunir.

«Dans un moment où les régénérateurs de la patrie s'occupent essentiellement de notre sort et cherchent à l'améliorer, nous pensons comme vous de leur en témoigner notre reconnaissance par notre bonne union et par notre respect pour l'ordre.

«Nous désirons comme vous, que tous ceux qui à l'avenir, par des propos insolents nous insulteraient respectivement, soient punis avec la dernière sévérité ; nous aimons la Loi, nous la respectons, nous chérissons notre Roi, la Patrie et nos Supérieurs et nous sommes prêts dans toutes les circonstances à sacrifier pour eux notre vie.

«Nous sommes etc. *Les soldats du régiment de Bretagne.*

«Strasbourg, le 7 janvier 1791.»

12 »La S. envoie une députation à la municipalité, pour lui faire part d'une découverte de tentatives contre-révolutionnaires.«

»Une lettre de Genève annonce à la S. que l'on vient d'arrêter, le 4 de ce mois, 6000 fusils, cachés dans des voitures à fumier et destinés aux ennemis de la patrie. 14

»Une lettre de Paris annonce que, comme les assignats de 50 livres ont été vendus avec agio, l'Assemblée nationale s'est vue obligée de faire fabriquer, en échange de 80,000 livres, des assignats d'une plus forte valeur, afin d'empêcher l'agiotage.

»Une députation de la ville de Lauterbourg, composée de M. Duhamel et d'un autre citoyen, se disculpe auprès de la S. au sujet des calomnies répandues dans les journaux contre cette ville. Le Président répond d'une manière franche et digne d'un patriote, et assigne aux membres de la députation des places dans l'assemblée.

»Lecture d'une lettre du district de Colmar, qui annonce n'avoir aucune connaissance de la formation d'une S. des amis de la Constitution dans cette ville.

»Le Procureur de la commune de Molsheim, M. Windenlocher, dénonce à la S. quelques libelles incendiaires, entre autres une *Protestation générale contre la vente des biens nationaux*. Renvoi au Procureur.«

»Une députation de la ville de Landau proteste, au nom 16
de cette ville, de son patriotisme.

»Un membre fait connaitre l'agréable nouvelle que M. Louis Laquiante est arrivé de Paris avec une somme de 150,000 livres, pour solder les pensions de tous les moines, ecclésiastiques et autres.

»On annonce que lors de la rixe près de l'église de St-Pierre-le-Vieux, le 3 du mois courant, un jeune soldat du régiment d'artillerie de Strasbourg, âgé de 20 ans, nommé Schnæbel, a sauvé la vie à un citoyen en exposant la sienne. Cette belle action est applaudie par toute l'assemblée.

»La S. arrête d'envoyer une adresse à la municipalité, pour la prier d'interdire les assemblées du Séminaire comme troublant l'ordre public.

»Un membre annonce que les premiers biens nationaux viennent d'être vendus dans le Haut-Rhin, et qu'à Neuf-

16 brisac on vient d'arrêter un officier autrichien travesti en moine, qui a levé les plans de cette forteresse frontière.

»Le Comité de surveillance publique annonce que tous les braves frères d'armes des départements voisins sont prêts à se rendre chez nous au premier appel, si l'ordre public était troublé par le fanatisme, et à sceller la Constitution de leur sang.

»Un membre propose de déclarer que les femmes qui avaient fomenté l'émeute du 3 de ce mois et parmi lesquelles se trouvait aussi l'épouse du Président du Département Poirot, étaient vouées au mépris universel. Un autre membre fait remarquer que cela n'était pas nécessaire; chaque bon citoyen méprisait leur conduite, et la municipalité les a d'ailleurs déjà dénoncées à l'Accusateur public.«

17 »Lecture d'une brochure publiée par le Comité de guerre de Colmar, et dénoncée dans la séance du 28 décembre passé. Elle porte le titre : *Remarques du Comité de guerre de Colmar sur la conduite des soi-disant amis de la Constitution de Strasbourg*. Une déclaration de la compagnie des chasseurs s'y trouve jointe.

»On dénonce la réunion tenue la veille et l'avant-veille au Séminaire catholique, et composée de catholiques des sept paroisses de cette ville. A l'appui de cette dénonciation on lit les pièces suivantes :

«*Extrait du procès-verbal de l'assemblée des Citoyens actifs, catholiques, apostoliques et romains, des sept paroisses de Strasbourg, convoqués sous les auspices de la Loi, et après en avoir donné avis au Corps municipal, du* 17 *janvier* 1791.

«En nous rappelant le Décret de l'Assemblée nationale récemment publié et affiché, qui impose à nos prêtres, sous peine d'être privés de leurs fonctions pastorales, l'obligation de prêter un serment, que l'universalité des Évêques de France refuse, nous n'entendons pas nous ériger en juges de leur conscience, ni résister de front à un Décret revêtu de la sanction du Roi, mais nous nous bornons à observer que le refus des ministres de nos autels, dont nous ne sommes pas les juges, peut nous exposer au plus grand des malheurs ; c'est à dire, à être par l'éloignement de nos pasteurs privés pendant un temps plus ou moins long de tous les secours de la religion et de l'administration des Sacrements, qu'à ce malheur évident par la certidude de la privation, que la loi prononce contre les ecclésiastiques fonctionnaires publics, il s'en présente un second non moins alarmant pour nos consciences, qui serait l'incertitude de voir succéder à des pasteurs qui ont mérité notre confiance, des hommes revêtus illégalement peut-être de leurs fonctions et de leurs pouvoirs.

«Dans cette position vraiment alarmante, nous trouvons, que nous n'avons rien de mieux à faire, que de nous adresser au Souverain Pontife, que nous reconnaissons depuis 18 siècles pour le Chef visible de notre Église, pour qu'il nous instruise, si notre Évêque et nos pasteurs peuvent en conscience prêter le serment qu'on exige d'eux; s'il le permet, nous en concluerons qu'ils le doivent, et nous les inviterons et les presserons de le prêter; s'il le défend, nous regarderons comme parjure à son premier serment et indigne de la confiance de ses ouailles, tout pasteur qui le prêtera; en conséquence nous invoquerons la loi décrétée par l'Assemblée nationale sur la liberté des opinions religieuses et du culte, et nous demanderons à être traités comme nos frères les protestants, quant au libre exercice de notre religion, à l'entière conservation de tous les ornements du culte, usages, cérémonies, offices publics et canonials, et surtout de l'instruction de la jeunesse, confiée exclusivement à nos ecclésiastiques, ne devant, ni pouvant être de moindre condition que les non-catholiques; et nous ferons cette demande avec d'autant plus de confiance, que les cahiers de doléance remis à nos mandataires portent expressément le maintien de tout ce qui touche notre religion, d'après les traités de paix.

«A été unanimement délibéré enfin, qu'en attendant la réponse de notre St-Père le Pape, il soit sans délai présenté une requête au Directoire du Département, pour l'engager à faire les représentations les plus fortes à l'Assemblée nationale sur les malheurs qui nous menacent, et le prier instamment de surseoir, pour le maintien de la paix et de la sûreté publique, à l'exécution des peines prononcées contre les ecclésiastiques et autres, qui ne prêteraient pas le serment, et qu'il soit finalement et incessamment présenté une adresse respectueuse au Roi, aux fins qu'il plaise à sa Majesté suspendre provisoirement l'effet de sa sanction sur les décrets dont il s'agit.

«Avons arrêté en outre, que la requête à présenter au Corps administratif avec l'extrait du procès-verbal de cette séance serait imprimée, en les deux langues, de même que les lettres à Sa Majesté, et à notre St-Père le Pape, et envoyées à toutes les Municipalités, ecclésiastiques, fonctionnaires publics et électeurs du Département du Bas-Rhin, et communiquées à celui du Haut-Rhin.

«*Ponçeau* fils, Secrétaire; *Wilhelm*, Pr Secrétaire.»

«*A Messieurs les Président et membres du Directoire du Département du Bas-Rhin.*

«Messieurs,

«Réunis par le désir de prévenir les écarts dans lesquels le zèle des Catholiques justement alarmés sur le sort de leur culte, pouvait les entraîner, nous a déterminé à les rassembler.

«Parmi les objets, qui causent leurs inquiétudes et les craintes, que nous partageons avec eux, celle qui les menace de la perte de leurs pasteurs, de l'administration des sacrements, est celle qui les touche le plus; ils ont pris sur cet objet une délibération, dont nous avons l'honneur de mettre la copie sous vos yeux, avec prière instante de l'appuyer auprès de l'Assemblée nationale de tout votre pouvoir et de tout le zèle, que vous avez promis à vos administrés.

«Vous jugerez, Messieurs, par l'annonce de leur délibération que leur intention est de ne point s'écarter des voies que la loi autorise, et nous nous ferons un devoir, Messieurs, de vous convaincre plus particulièrement, en vous présentant les copies des lettres qu'elle annonce, aussitôt qu'elles seront rédigées.

«Nous avons l'honneur d'être avec respect, Messieurs, vos très-humbles et obéissants serviteurs, les Président et Assesseurs de l'assemblée des Fidèles de la Religion catholique, apostolique et romaine de cette ville.

«*François-Antoine Mainoné,* Président; *Rame; Ponçeau; Eckert; Kiefer; Michels; Frischelt; Pick* fils; *Kœnig; J. F. Schmidt; Graft; Laroche; Lambrecht; J. W. Reinhard; Conrad; F. Hirn; Méyé* dit *St-Louis; Rauch; Burgard; Stier; Boch; Liehrmann;* collationné: *Ponçeau* fils, *Wilhelm,* Secrétaires.»

«*Avis au public.*

«Les citoyens actifs catholiques, apostoliques et romains des sept paroisses de la ville de Strasbourg, ayant trouvé nécessaire de s'assembler pour faire des pétitions urgentes soit au Roi, soit au Corps législatif et administratif, se sont réunis paisiblement et sans armes dimanche et lundi 16 et 17 janvier 1791, en la chapelle du Séminaire épiscopal, sous la sauve-garde de la loi; et après en avoir donné avis au Corps municipal, ils ont commencé par élire un Président, 30 Assesseurs et 3 Secrétaires, aux fins de rédiger et mettre en ordre les délibérations et adresses, que les catholiques seraient dans le cas de faire soit à l'Assemblée nationale, soit aux Corps administratifs; et ont délibéré que, vu l'importance et la longueur des discussions, ils fixaient aux dimanche et jeudi de chaque semaine une séance publique et ouverte à tout le monde au Séminaire épiscopal. Ils préviennent le public, que le premier but de cette assemblée est de maintenir la paix, la concorde, et de prévenir les malheurs, qu'un mouvement de trop de zèle pourrait exciter ; assurent aussi, que l'assemblée a promis solennellement, qu'aucun trouble, qu'aucune discorde ne sera suscité par elle ; que s'il devait arriver contre son attente, qu'on lui fît de la peine soit par des insultes ou par des calomnies, elle serait prête à excuser ses ennemis, et à leur pardonner d'après les principes de sa sainte religion, et de ne pas fatiguer inutilement la troupe de ligne en répandant des soupçons odieux contre des citoyens, qui forment une pétition permise par les décrets sanctionnés.»

«Lettre des citoyens catholiques de Strasbourg à notre Saint-Père le Pape Pie VI.

«Très-saint Père !

«Votre Sainteté n'ignore sûrement pas la position, dans laquelle se trouve aujourd'hui l'Église catholique en France par l'effet du Décret de l'Assemblée nationale du 27 novembre 1790 qui enjoint aux Évêques, aux curés et à tous les ecclésiastiques fonctionnaires publics, sous peine d'être déclarés inhabiles à continuer leurs fonctions, de prêter un serment qui touche à plusieurs points de l'ordre hiérarchique.

«Les Prélats de l'Église gallicane et notamment notre Évêque, ont déjà presque tous refusé ledit serment, ainsi que la grande partie du clergé du second ordre ; quelques-uns l'ont prêté et d'autres sont encore dans l'incertitude du parti qu'ils doivent prendre. Que la situation de tous les bons catholiques est accablante de ces circonstances !

«Le moment fatal est arrivé où des pasteurs que nous chérissons comme nos pères, se trouvent dans la cruelle alternative de trahir leur conscience en prêtant le serment exigé, ou de passer pour réfractaires à la loi, et se voir en cette qualité arrachés à leur troupeau, qui par cet abandon forcé se verrait privé de l'instruction et des sacrements.

«Le cœur paternel de Votre Sainteté ne peut être qu'infiniment sensible à tant de maux, et vous n'abandonnerez pas, Très-saint Père, dans cette triste et douloureuse perplexité, des enfants qui ne cesseront d'être inviolablement attachés de cœur et d'esprit à la religion catholique, apostolique et romaine.

«C'est la chaire de St-Pierre que Votre Sainteté occupe par la miséricorde divine, qui dans les cas difficiles doit être l'oracle de toutes les Églises particulières, qui est le centre de l'unité, la maîtresse de l'enseignement, et à qui le Sauveur du monde a promis l'assistance de l'Esprit-saint. Daignez donc venir au secours des infirmes, fortifier les faibles, rassurer ceux qui chancellent, instruire ceux qui sont incertains; prononcez TRÈS-SAINT PÈRE, et décidez : nos ecclésiastiques peuvent-ils prêter en sûreté de conscience, le serment qu'on exige d'eux? faites entendre VOTRE voix, l'Église entière applaudira à la décision du St-Siège : qu'elle retentisse dans l'univers entier cette voix, à laquelle nous reconnaîtrons et révérerons avec tous les fidèles celle de Jésus-Christ même, chef invisible de l'Église. Les Pasteurs qui Vous sont soumis écouteront ainsi que leurs ouailles, avec respect, la voix du Pasteur suprême, du successeur de celui à qui le Seigneur recommanda de paître non-seulement les agneaux, mais encore les brebis, et qu'il a ainsi constitué le Pasteur des Pasteurs.

«Prosternés à Vos pieds, TRÈS-SAINT PÈRE, nous Vous demandons instamment cette grâce et la bénédiction apostolique.

«*De Votre Sainteté les très-humbles et très-obéissants serviteurs et très-dévoués fils, les citoyens catholiques de Strasbourg.*

«*Wilhelm,* Secrétaire.

«Strasbourg en Alsace, le 17 janvier 1791.»

«*Au Roi.*

«SIRE,

«Si les malheurs qui nous menacent ne devaient frapper que nos personnes et nos biens, notre courage, autant que la crainte d'aggraver les sollicitudes et les peines de VOTRE MAJESTÉ, nous porteraient à prolonger encore notre silence; mais, SIRE, il serait un crime dans la cause de la Religion, et du salut de plus de 500,000 bons et braves catholiques, qui habitent VOTRE ancienne province d'Alsace.

«C'est en leur nom, et au nombre de 30,000 citoyens de VOTRE ville de Strasbourg que nous rompons aujourd'hui ce silence. C'est en faveur de cette Religion pure, de cette Religion sainte, que VOTRE MAJESTÉ professe, ainsi que nous, que nous osons LUI rappeler le serment solennel qu'elle a prêté le 11 juin 1775, sur les saints évangiles, de conserver à nos églises les droits, que les canons et leurs consécrations leur assurent; l'engagement sacré, qu'ELLE a pris à Rheims au pied des autels, en ceignant l'épée du Dieu fort d'Israël, «de briser par «son secours la mâchoire des injustes, de protéger la sainte Église de «Dieu et ses enfants, et de n'avoir pas moins d'horreur pour les enne-«mis secrets du nom chrétien, que pour ceux qui le sont ouvertement.»

«C'est dans la persuasion, SIRE, que des serments aussi saints, gravés dans nos cœurs, conservent au fond du VÔTRE toute leur énergie, que Vos sujets fidèles viennent avec confiance déposer dans le sein du MONARQUE le plus vertueux, du père le plus tendre, les alarmes que leur cause une loi nouvelle, qui restreint et proscrit le culte voué à l'Éternel dans une partie des temples élevés par la piété, pour y célébrer ses mystères, et y chanter sa puissance et sa gloire; qui veut que des mains hardies et........ déparent, dépouillent ces autels, au pied desquels les guerriers et les citoyens amis de leur ROI, viennent se prosterner en foule, se pressent et s'écrient : Dieu puissant sauvez notre Monarque, notre ROI, notre Père; sauvez LOUIS, Seigneur, veillez et protégez ses jours, Dieu juste, exaucez-nous !

«Une loi enfin, qui menaçant nos pasteurs de la perte de leur état, s'ils refusent un serment que leur Évêque improuve, que leur conscience condamne, nous expose à nous voir privés de la célébration des saints mystères, du secours de la prédication, des sacrements et des consolations, que répand la Religion sur nos derniers moments: secours précieux et inestimables, que nous ne pourrions jamais recevoir des mains de ceux qui auraient méconnu la soumission, qu'ils doivent à leur Évêque, et que nous serions obligés de fuir, pour nous conformer au précepte, qui nous avertit et nous ordonne de regarder comme un publicain celui de nos frères, qui n'écoute point l'Église.

«Et dans quel temps, SIRE, cette loi inattendue vient-elle contrarier le vœu unanime de l'Alsace catholique? quand défend-elle le culte le plus pur? quand ordonne-t-elle le dépouillement de nos autels? quand punit-elle l'opinion religieuse de nos pasteurs?

«Au moment, où la constitution nous dit, qu'aucune loi ne pourra défendre que ce qui sera nuisible à la société.

«Que les citoyens sont en droit de constater par eux-mêmes la né cessité des contributions publiques.

«Que nul ne peut être inquiété pour ses opinions religieuses.

«Se pourrait-il, SIRE, que VOTRE MAJESTÉ ne fût point frappée de ces contradictions? qu'elle pût croire le culte du Seigneur nuisible à la société, dont il est l'appui le plus ferme, le lien le plus fort? qu'elle pût consentir que la dépouille des autels devint l'objet d'une contribution publique, quand la nécessité de cette contribution n'est point constatée? qu'elle voulût enfin punir dans nos pasteurs une opinion, dont leur état, leur soumission à l'Église, leur conscience leur fait un devoir? quand la loi défend d'inquiéter aucun citoyen pour ses opinions religieuses?

«Non, SIRE, nous ne nous le persuaderons jamais.

«En déposant dans le sein paternel de VOTRE MAJESTÉ nos justes inquiétudes, nos vives alarmes sur le sort de notre Religion, sur les dangers, qui menacent notre salut, nous n'entendons pas, Sire, défendre l'opinion de nos pasteurs; l'Église seule a le droit de la juger, parce qu'il n'appartient qu'au Chef visible de l'Église, aidé des principaux ministres de la Religion, de résoudre le doute des consciences. Si Rome prononce que nos pasteurs peuvent prêter ce serment, nous en concluerons, Sire, qu'ils le doivent ; et s'ils s'y refusent, nous les verrons alors, sans réclamation, subir la privation prononcée par la loi.

«Mais jusque-là, jusqu'à ce que le Pape, auquel nous nous sommes adressés, ait prononcé sur leur doute, qu'il ait guidé par sa décision leur opinion et la nôtre, il nous sera impossible, Sire, de regarder comme criminel, le refus qu'ils font aujourd'hui de donner les mains à la spoliation d'un pouvoir, d'une juridiction purement spirituelle, qu'ils exercent sur les ouailles qui leur sont confiées, et qu'ils tiennent de Jésus-Christ même par la chaîne non interrompue des successeurs des apôtres.

«Daignez donc, Sire, pour ne point vous exposer à punir un refus, que commande peut-être une Religion, dont Vous êtes le Fils aîné, que vous avez juré de protéger et de défendre, une Religion chère à vos peuples, pour laquelle ils prodigueraient leur sang, et aux bienfaits de laquelle ils ne renonceront jamais, daignez, Roi juste et vertueux, daignez suspendre l'effet de la sanction, par laquelle Votre Majesté a donné la vie à ces lois ; qu'elles dorment, Sire, du sommeil de la justice, jusqu'à ce que la nécessité de restreindre le nombre de nos temples, d'en proscrire le culte du Dieu vivant, soit justifiée ; jusqu'à ce que la nécessité de faire servir la dépouille de nos autels à la contribution publique, ait été constatée ; jusqu'à ce que l'Église ait enfin prononcé sur la conduite que doivent tenir tous nos fonctionnaires ecclésiastiques.

«C'est au nom de la justice, de la Religion, de notre salut, Sire, que nous Vous demandons cet acte du pouvoir que placent dans Vos mains la puissance et la souveraineté des lois, qui investissent le trône, sur lequel notre amour Vous a placé, et sur lequel il Vous maintiendra.

«Le *Veto,* qui appartient à Votre Majesté, permettez-nous, Sire, de Vous l'observer, n'est placé dans Vos augustes mains, que pour garantir Vos peuples de l'erreur ou de l'injustice des loix, que pour assurer leur liberté et faire leur bonheur, et c'est pour cette raison, Sire, que le droit d'en provoquer l'usage salutaire n'appartient qu'à eux seuls.

«Enfin, et s'il fallait ajouter, accroître la puissance et la force de ces moyens, nous n'hésiterions pas, Sire, d'observer respectueusement à Votre Majesté que la contradiction palpable, qui se trouve entre ces lois réglementaires et les lois constitutionnelles, suffirait pour justifier notre demande.

«Daignez, Sire, l'accueillir avec cette bonté, qui nous a dit cent fois, que le cœur de Votre Majesté ne souffrait que de nos maux ; ils sont grands sans doute, mais permettez-nous de ne pas Vous dissimuler, qu'un refus les porterait à leur comble.

«Agréez, Sire, que nous renouvellions ici les sentiments de cet amour pur, de cette fidélité inviolable, qui nous lient à Votre Majesté, et que pleins de confiance, nous nous disions dans le plus profond respect, Sire, de Votre auguste Majesté, les sujets les plus fidèles.

«*Les citoyens catholiques de la ville de Strasbourg* [1].»

(L'effervescence fut alors tellement grande à Strasbourg, que l'administration se vit forcée de faire placer des canons sur les grandes places de la ville, de doubler tous les postes et de faire faire des patrouilles de la Garde nationale à cheval et à pied, ainsi que de la troupe. A l'occasion de ces patrouilles il parut un pamphlet contre-révolutionnaire sous le titre : *Adresse de 150 chevaux jadis très-actifs de la cavalerie nationale et des troupes de ligne de Strasbourg, à M. le Maire*. Dans cette adresse au nom de la société (chevaline), le président *Bucéphale* et le secrétaire *Rossinante* se plaignent auprès de leur «*frère* et *ami*» (le Maire Dietrich), du rude service qu'il leur a imposé, «dans cette comédie dans laquelle ils ont joué les premiers «rôles, sans avoir partagé un seul des profits qu'il s'est réservés «comme inventeur et directeur.»

Extrait de la *Lettre du 17 janvier, écrite par le Général Jean-Jacques de Klinglin, Commandant de la place de Strasbourg, au Ministre de la guerre Duportail* : «Le rassemblement des citoyens «catholiques, dont j'ai eu l'honneur de vous rendre compte ce matin, «a causé quelques inquiétudes à la municipalité ; elle a cru voir des «attroupements et m'a requis pour doubler les postes et les patrouilles, «ce que j'ai fait, en m'assurant par moi-même de leur exactitude à «parcourir les localités indiquées. La tranquillité est rétablie dans les «rues ; il n'en est peut-être pas de même des esprits de nos citoyens.»)

---

[1] Au sujet de cette pétition il parut à Paris un pamphlet sous le titre : *Nouvelle lettre bougrement patriotique du véritable père Duchesne. Réflexions sur une pétition des citoyens soi-disant catholiques de Strasbourg, au nombre de 30,000, adressée au Roi.*

»Communication d'une lettre de la commune d'Erstein, par laquelle elle dénonce le curé du lieu, pour avoir prêché contre la vente des biens nationaux.

»Le prédicateur français Engel prononce un discours, fortement applaudi, sur les travaux de la S. et sur les sentiments qui doivent animer les bons citoyens.

»Un des membres de la Garde nationale de Landau donne lecture du récit des témoignages de patriotisme donnés par les habitants et particulièrement par la Garde nationale de Landau; il disculpe ses compatriotes des reproches d'incivisme qui leur avaient été faits. Cette lecture est applaudie.

»La S. arrête : 1° Qu'il sera envoyé une adresse au Conseil général de la commune de Strasbourg, pour l'inviter, d'après les faits dont il aura eu les preuves depuis hier, de révoquer la permission provisoire donnée à quelques citoyens de former des assemblées au Séminaire deux fois par semaine. 2° Qu'on écrira à l'Assemblée nationale, que des dames, surtout du Département, ont été en voiture aux différents quartiers pour répandre parmi les soldats des écrits incendiaires et contraires aux Décrets. 3° De témoigner par des Commissaires aux soldats que la manière dont ils ont reçu les dames fait autant d'honneur à leurs mœurs qu'à leur patriotisme.

»On donne lecture de l'arrêté du Conseil général de la commune de Strasbourg, relatif à l'assemblée du Séminaire.

«*Extrait de cet arrêté.*

«Vu par le Conseil-général de la Commune différentes déclarations faites depuis sa séance, par lesquelles il est constaté qu'il a été tenu dans l'assemblée formée au Séminaire les 16 et 17 de ce mois, différents discours contraires au respect dû à la Loi et propres à entraîner dans des erreurs coupables les Citoyens honnêtes qui assistent à ces délibérations; d'autres déclarations qui portent que le peuple de la campagne rendu inquiet par des insinuations perfides sur le sort de la religion dans cette ville, paraît prêt à se livrer à des démarches dangereuses, et que c'est sans doute dans la formation de cette société et ses écrits qu'elle répand, que ces inquiétudes peu fondées prennent leur naissance.

«Qu'il appert d'ailleurs par les déclarations faites par les Président et Secrétaire de ladite assemblée, et l'imprimé intitulé : *Avis au public* et pièces y jointes, que l'objet des délibérations de ladite Société concerne des représentations contre l'exécution des lois relatives à la constitution civile du clergé, et à la prestation du serment imposé aux ecclésiastiques fonctionnaires publics. . . . 20

«Que l'assemblée dont il s'agit n'est donc plus une réunion de citoyens délibérant en vertu de l'autorité de la Loi, mais plutôt une ligue contre la Loi, dans laquelle sont entraînés des hommes honnêtes égarés par de fausses insinuations.

«Le Conseil général, ouï le Procureur de la commune, déclare: qu'il regarde comme dangereuses pour le repos public, et attentatoires à l'autorité de l'Assemblée nationale et du Roi, les délibérations des citoyens qui se sont réunis au Séminaire, les 16 et 17 de ce mois, et leur défend de les continuer à l'avenir.

«Défend pareillement aux supérieurs du Séminaire, de recevoir lesdits citoyens dans les bâtiments dépendant de cette maison à l'effet d'y délibérer.

«Interdit à tout particulier de faire aucune démarche publique ou privée en qualité d'officier ou de commissaire de ladite assemblée....»

„La convocation d'une assemblée extraordinaire et générale du Conseil général de la commune de Strasbourg avait fait répandre le bruit que les ennemis de la Constitution voulaient disperser la S. Un grand nombre de soldats de tous les régiments accoururent avec leurs sabres, pour défendre avec la dernière goutte de leur sang les amis de la Constitution, qu'ils regardaient aussi comme les leurs.“ 21

„On annonce que M. Popp, membre de la S., Accusateur public provisoire près le Tribunal du District de Strasbourg, et exerçant ces fonctions avec un véritable patriotisme, vient d'être destitué par le dit Tribunal, sous prétexte qu'il n'avait pas l'âge requis. La S. apprend cette destitution avec grande douleur, et arrête d'avertir le Comité de Constitution de Paris, ainsi que le Garde-des-sceaux, et de leur faire connaitre la véritable cause de cette destitution [1]. 22

---

[1] Voir sous le 2 février suivant, page 113.

„Communication faite à la S. du jugement du Tribunal civil du District de Strasbourg sur les assemblées catholiques.

«*Extrait de ce jugement.*

«Vu que le Tribunal du District de Strasbourg a été informé que dans l'assemblée d'un nombre considérable de citoyens actifs de la religion catholique, apostolique et romaine, formée au Séminaire les 16 et 17 de ce mois, il a été tenu différents discours contraires au respect de la Loi; que dans cette assemblée on s'est écarté de l'objet des délibérations qu'on avait annoncées au Corps municipal; qu'au lieu de s'occuper à faire des pétitions urgentes, soit au Roi, soit au Corps législatif, ils ont osé le dit jour 17 prendre un arrêté contraire aux Décrets de l'Assemblée nationale, sanctionnés par le Roi, concernant l'organisation civile du Clergé, et sur le serment à prêter par les ecclésiastiques fonctionnaires publics; qu'ils ont même fait imprimer et répandre avec profusion, tant en ville qu'à la campagne, l'extrait du procès-verbal du 17, précédé d'un avis au public. . . . Le dit imprimé suffira pour convaincre le Tribunal, que les citoyens François-Antoine Maynoni, négociant, et Jean-Nicolas Wilhelm, homme de loi, qui l'ont signé, s'avouent hautement réfractaires à la Loi, et que leur conduite pourra devenir très-préjudiciable à nos concitoyens et aux habitants de la campagne, d'autant plus que le remontrant est informé, tant par la rumeur publique qu'autrement, que sous le faux prétexte de la conservation de la religion catholique, on excite les gens de la campagne à marcher contre la ville, pour soutenir la cause des prêtres.

«Or comme les dits citoyens ont manifesté un mépris trop marqué pour la Loi, et qu'il est important à la tranquillité publique de retenir ceux qui seraient tentés d'imiter leur exemple ;. . . . la prise de corps et l'assignation a été décrétée des deux personnes désignées ci-dessus, et que tous les exemplaires des écrits publiés par ceux-ci, seront supprimés et qu'il sera fait défense à tous imprimeurs-libraires et colporteurs ou autres, d'en imprimer, vendre ou distribuer.»

„On annonce à la S. que les Gardes nationales de Wasselonne, de Westhoffen et de Schiltigheim, offrent d'envoyer, si la S. l'exigeait, 600 hommes, pour soulager la Garde nationale de Strasbourg dans ses fonctions pénibles. La S. nomme une députation de quatre membres pour remercier ces communes.“

„Le Commandant et deux Capitaines de la Garde nationale de Pfaffenhoffen demandent l'appui de la S. pour obtenir des armes. La S. arrête qu'elle appuiera cette demande auprès des Commissaires qui doivent arriver au plus tôt. On décide en outre qu'on invitera ces Commissaires à se faire rendre compte par les corps administratifs de la distribution des armes, faites dans le département, et de faire désarmer les habitants des campagnes et de la ville de Strasbourg qui, dans ces moments de crise, ont manifesté par des actes des sentiments contraires à la loi.

»On donne lecture de l'arrêté du Conseil général de la commune de Strasbourg, relatif à la S. formée au Séminaire.

«*Extrait de cet arrêté.*

«Le Procureur-syndic du District de Strasbourg expose que ce matin les sieurs Belling et Widenlecher, Maire et Procureur de la commune de Molsheim, ont déclaré au Directoire du District, que hier les citoyens de ladite ville, provoqués par des mal-intentionnés à signer un acte d'adhésion à l'arrêté de la prétendue Société catholique, apostolique, romaine, formée au Séminaire de Strasbourg, qui déjà a été réprouvée par les Corps administratifs et par le Tribunal du District, ont poussé leur violence fanatique au point de contraindre les Officiers municipaux de Molsheim, de participer par leurs signatures à cette adhésion criminelle; que lesdits Maire et Procureur de la commune ont déclaré de plus, que les citoyens de Molsheim, constamment attachés, depuis la Révolution, à la nouvelle Constitution française, n'ont démenti ces dispositions civiques que dans ce moment d'aveuglement, qu'ils envisagent devoir n'être que passager; qu'ainsi il convenait de prendre toutes les mesures de douceur et de prudence pour calmer et éclairer les esprits; mais que lui, Procureur-syndic, devait observer au Conseil général, que le coupable écrit dont on avait provoqué l'adoption de la part des habitants de la campagne, est émané d'une Société qui, quoique dissoute, renaissait de ses cendres, sous le nom captieux de Société de l'Union; que les membres qui prétendent composer celle-ci sont, en grande partie, les mêmes signataires dont les pétitions dangereuses ont mis le trouble dans la cité de Strasbourg; qu'à ces causes il faisait la réquisition expresse que le Conseil général suspende, par son autorité, les assemblées de la soi-disant Société de l'Union, jusqu'à l'arrivée des Commissaires que le Roi envoie dans le département pour y rétablir le bon ordre et y faire exécuter la Loi, sauf à poursuivre ultérieurement les au

24 teurs et fauteurs d'une coalition dont les suites peuvent être aussi funestes. . . .

«Le CONSEIL GÉNÉRAL, ouï le Procureur de la commune, a arrêté: que l'assemblée de la Société de l'Union, dont la première séance a été fixée au jour de demain au Poële des Charpentiers, et dont la notification a été consignée sur les registres du Conseil général par son arrêté du 22 du présent mois, serait suspendue, jusqu'à-ce qu'il en ait été référé aux Commissaires du Roi attendus très-incessamment et envoyés dans cette ville et les départements du Haut- et du Bas-Rhin . . . .»

»Lecture d'une lettre de Victor Broglie, Président de la S. de Paris, qui porte que le Roi et l'Assemblée nationale ont nommé, sur la demande du Maire de Strasbourg, trois Commissaires, qui se rendront de suite dans cette ville, pour rétablir la tranquillité et l'ordre public dans les deux départements du Rhin.

»Une autre lettre annonce que le cardinal Bernis, ambassadeur français à Rome, vient d'écrire au Roi que le Pape approuve l'organisation du clergé français et déclare que l'Assemblée nationale n'a pas dépassé les droits de son pouvoir, et qu'il fera paraître incessamment un bref à ce sujet.

»La S. arrête l'impression et la distribution de la brochure de l'abbé Daunou, intitulée : *Accord de la foi catholique avec les Décrets de l'Assemblée nationale sur la constitution civile du clergé*.

»La S. nomme une députation de dix membres, pour complimenter les trois Commissaires du Roi à leur arrivée à Strasbourg.«

25 »La S. publie une *Adresse à tous les bons citoyens des deux départements du Rhin, surtout aux habitants de la campagne,* dans laquelle elle leur annonce l'existence et le but de la S., qui est de faire son possible pour contribuer à l'affermissement de la Constitution. Elle prévient ses concitoyens du grand danger qu'ils courent en ajoutant foi aux nombreux pamphlets contre-révolutionnaires dont on inonde la campagne.

»Lecture d'une lettre de la S. des Jacobins de Paris, qui engage les S. affiliées à redoubler de zèle et d'activité dans les circonstances actuelles, et de faire de nouveaux efforts afin d'éclairer le peuple. 25

»Communication d'une lettre de Barr, par laquelle on demande à la S. des troupes de ligne, pour apaiser les troubles que fomentent les factieux, tant dans cette ville que dans les environs.

»On donne lecture d'une lettre de Frœschwiller, par laquelle les habitants des environs de ce village manifestent le désir de recevoir des armes, pour se mettre en mesure contre des troubles fomentés par un ci-devant seigneur.

»Lecture d'une lettre du Maire de Gundershoffen, sur les écrits anti-patriotiques qu'on distribue dans les campagnes et les bruits qu'on y répand, pour causer une émeute dont le prétexte principal serait la destruction de quelques pèlerinages. Il demande qu'on envoie des personnes dans les campagnes pour prêcher le patriotisme.

»On rend compte de mouvements séditieux et fanatiques qui se manifestent à Obernai, et grâce auxquels des citoyens de Strasbourg ont manqué devenir victimes de l'erreur et de la vengeance d'un peuple égaré.

»On annonce en même temps que le curé d'Obernai a prêché pour engager le peuple à le soutenir contre l'exécution de la loi, ce qui a excité une grande fermentation et provoqué une ligue criminelle contre plusieurs villages voisins.

»Un membre fait la motion que toutes les lettres qui pourraient servir à constater l'esprit anti-civique qui égare une partie des deux départements, seraient réunies et communiquées aux Commissaires du Roi, pour leur apprendre à connaître les points et les contrées qui méritent leur surveillance spéciale. La S. adopte cette motion à l'unanimité.»

»Les Commissaires du Roi, Dumas, Hérault et Foissey, 28
envoyés par l'Assemblée nationale dans les deux départements du Rhin, pour faire exécuter ses Décrets, sont reçus, aux applaudissements unanimes, dans le sein de la S. Le Président de la S. prononce un discours qui respire les sentiments du plus pur patriotisme. Il exprime sa recon-

28 naissance à l'Assemblée nationale et au Roi et adresse des félicitations à tous les bons citoyens. M. Dumas prononce un discours, dont la S. vote l'impression dans les deux langues. Un membre prononce un discours sur les sentiments qui doivent animer la S. à l'arrivée des Commissaires du Roi, et félicite la S. de posséder au milieu d'elle de si illustres patriotes.«

30 »L'abbé Grégoire, député de l'Assemblée nationale, envoie à la S. un écrit sur la légitimité du serment exigé des fonctionnaires publics ecclésiastiques. La S. décide que cet écrit sera imprimé en allemand.

»On brûle une lettre, portant le timbre du bureau de poste de Molsheim, qui contient des calomnies contre la S.

»On nomme une Commission de trois membres, pour faire répandre à la campagne les différents écrits qu'elle fait publier.

»Lecture d'une lettre du Haut-Rhin, dans laquelle on se plaint des intrigues des prêtres dans ce département.

»On dénonce à la S. un écrit allemand imprimé, portant le titre: *Bemerkungen des Kriegs-Comite von Colmar über das Betragen der sogenannten Freunde der Constitution in Strassburg* (Observations du comité de guerre de Colmar, sur la conduite des soi-disant amis de la Constitution de Strasbourg).

»Lecture d'une lettre de Colmar, dans laquelle on dénonce à la S. que l'on fait dans cette ville des protestations contre les Décrets sur le reculement des barrières, sur le timbre et sur la vente des biens nationaux. On dénonce aussi des tentatives répétées d'exciter des émeutes dans le Haut-Rhin.

»Une lettre de Landau annonce que la S. de la dite ville tient deux séances par semaine, mais que les chefs militaires de la garnison ont fait des remontrances à la municipalité et que celle-ci, sur la demande insensée du Procureur de la commune, a interdit les séances, au moins pendant quinze jours. La S. arrête de faire connaitre à la S. de Paris cette mesure illégale et non patriotique de la municipalité et des chefs militaires de Landau.

»Les patriotes de Marseille demandent à la S. d'appuyer une adresse à l'Assemblée nationale, à l'effet d'obtenir une loi défendant au Roi des Français d'épouser une étrangère. La S. remet cette question à une autre séance. 30

»La S. de Nancy annonce qu'elle avise aux moyens de quelle manière les Gardes nationaux de leur département pourront se rendre au plus vite sur les frontières, en cas qu'elles seraient menacées par l'ennemi.

»La S. de Paris annonce qu'un nouveau danger la menace, mais que ses membres ne sont devenus que plus zélés et qu'ils ont juré de nouveau de sacrifier leur fortune et leur sang pour le maintien de la Constitution.

»Un correspondant de Bâle dénonce à la S. que dans les environs de cette ville il se fait des enrôlements et que les aristocrates et ennemis de la nation comptent sur 15,000 Strasbourgeois qui seraient des leurs, lors d'une attaque de cette ville.

»On mande de Genève que les patriotes ont le dessus et que tout était prêt pour une »fière révolution«.

»On donne lecture de la *Délibération* suivante *de MM. les Commissaires du Roi sur une pétition de quelques citoyens de Strasbourg :* 31

«Informés à notre arrivée que la Société dite d'abord des *Catholiques* et depuis de l'*Union* avait été provisoirement suspendue par le Conseil général de la commune jusqu'à ce qu'il nous en fut référé.

«Que cette suspension avait été approuvée par le Directoire du District.

«Et que le Tribunal, occupé d'une information commencée contre cette coalition attentatoire aux Décrets de l'Assemblée nationale, avait déjà prononcé la suppression de l'arrêté pris par ladite Société, afin de prévenir les conséquences fâcheuses de sa publication.

«Vu la pétition qui nous a été présentée aujourd'hui par quelques citoyens soussignés de Strasbourg, dans l'une des salles du Département et en présence de quelques membres du Directoire du Département.

«Reconnaissant *d'après les propres termes de la pétition* que la Société qui demande à se former, est la même que celle qui est provisoirement interdite par la commune, dont le District a autorisé la décision ; la même encore que l'Accusateur public a denoncé, et dont l'arrêté a été supprimé par le Tribunal.

«Considérant en outre que cette reproduction d'un délit, qui a déjà été poursuivi, est un outrage direct à la Loi et encore plus caractérisé lorsqu'on ose inviter ses agents à l'autoriser.

«Nous Commissaires du Roi pour les Départements du Haut- et Bas-Rhin soussignés, requérons le Procureur-général-syndic du Bas-Rhin de faire incessamment statuer par le Directoire du Département sur l'interdiction déjà provisoirement prononcée par le Conseil général de la commune, approuvée par le Directoire du District de Strasbourg, les vingt-quatre et vingt-six de ce mois, des assemblées de la Société de l'*Union*, et de requérir que l'interdiction provisoire soit déclarée définitive.

«Déclarons en outre que, distinguant toujours les citoyens séduits, mais de bonne foi, d'avec les mal intentionnés qui les égarent, nous sommes déterminés à prendre conformément aux Décrets de l'Assemblée nationale et aux ordres du Roi les mesures nécessaires, pour que les lois soient respectées et suivies, et leur exécution toujours préservée des abus d'une fausse et arbitraire interprétation.

«Délibéré à Strasbourg, en l'Hôtel du Gouvernement, le 31 janvier 1791. *Dumas, Hérault, Foissey.*»

(Dans le courant du mois de janvier la S. reçut les membres suivants : MM. J. M. Regnaut, secrétaire du District ; N. Grandmougin, idem ; S. Brændlé, idem ; G. Vix, idem ; G. Arnold, idem ; L. Christmann, idem ; J. Straub, idem ; L. Lestranges, capitaine au régiment de cavalerie La Reine ; J. Beck, ecclésiastique protestant ; D. Voltz, cafetier ; D. Stamm, négociant ; C. Kramp, docteur en médecine ; N. Le Duc, employé à la loterie ; C. Wachter, négociant ; Schœll, juge de paix ; C. Holtzapfel, fabricant de tabac ; A. Koffler ; D. Ehrmann ; J. Stahl ; F. Marroco, négociant ; J. M. Otto, fabricant de tabac ; P. J. Rübsamen, négociant ; J. F. Rübsamen, idem ; Himly, idem ; A. Bader, idem ; A. Polti, idem ; J. Schurer, professeur ; M. Caire, négociant ; Chauvet, père ; D. F. Tisserand, employé à la loterie ; J. J. Oberlin, professeur ; Schwartz, commandant de la Garde nationale ; F. Scherer, secrétaire de la police.)

„Lecture d'une réponse du Maréchal Broglie à la lettre 2
de la S. du 22 janvier dernier, relative à la destitution de M. Popp [1].

«Le Tribunal du District de Strasbourg,» écrit le Maréchal, «a agi d'après la loi, en renvoyant l'Accusateur public, parce qu'il n'avait pas l'âge requis par la loi.»

„Les trois Commissaires du Roi assistent à la séance et prononcent des discours applaudis par la S. Elle décide que ces discours seront traduits en allemand et lus dans les séances de cette langue.“

„Une députation de la S. de Bischwiller, composée de 4
MM. Cuvier, Président, Heusch et Gulden, Secrétaires, demande l'affiliation la plus intime à la S. Cette députation présente une adresse imprimée des habitants de Bischwiller qui offrent, dans les termes les plus cordiaux, l'amitié et l'amour fraternel aux habitants des deux départements du Rhin. Elle prie encore la S. d'appuyer auprès des Commissaires du Roi sa demande d'armes pour leur Garde nationale. La S. nomme quatre de ses membres, pour accompagner la députation auprès des Commissaires du Roi.

„Les municipalités de Versailles et de Lyon annoncent à la S. que leurs Gardes nationales sont prêtes au premier signal à voler aux frontières, pour les défendre contre l'ennemi. La lettre de Lyon se termine par ces mots : „La Garde nationale vaincra ou elle périra pour votre salut et celui de la patrie.“ La S. vote des remerciments à ces deux municipalités pour leurs offres généreuses.

„Un membre annonce que les malveillants d'Obernai travaillent beaucoup les troupes détachées dans cette commune et qu'ils les remplissent d'espérances coupables.

---

[1] M. Popp fut nommé, après sa destitution, Secrétaire des trois Commissaires du Roi ; pendant le premier Empire il occupa jusqu'à la Restauration la place de Commissaire général de police à Strasbourg.

„On annonce de Colmar que le sieur Joannot, Commandant de la Garde nationale du val de St-Amarin, s'est transporté à Colmar et a offert aux Commissaires du Roi le secours de 3000 patriotes montagnards, prêts à protéger l'exécution des lois.

„Lecture d'une lettre d'un Procureur des environs de Haguenau, qui se plaint du District de ce lieu; malgré les soumissions faites par un grand nombre de particuliers, il retarde la mise en vente des biens nationaux dans son ressort, et passe de nouveaux baux de ces biens aux anciens fermiers dont les baux expirent. La même lettre dénonce l'emploi de la ruse et des menaces pour engager les gens de Neuwiller à signer de coupables protestations contre les Décrets.“

„Lecture d'une lettre des Commissaires du Roi, au sujet de ce qui s'est passé lors de leur séjour à Colmar et donnant communication d'une adresse des bons citoyens amis de la Constitution de la même ville envoyée aux dits Commissaires. Un membre, témoin de l'émeute de Colmar, en rend compte à la S. et lui désigne les braves qui, au péril de leur vie, ont étouffé cette émeute contre les Commissaires. La S., pour honorer le patriotique dévouement de ces braves, décide de les recevoir, sans observer les formalités ordinaires, comme membres de la S., et d'inscrire leurs noms au procès-verbal.

„Ce sont MM. Stockmeyer, officier municipal et batelier; Fiquet, sergent; Debs, fils, Joseph Hausler, Yves, Schwab, Maus, Keller, Pfister, soldats; Dabied, fourrier; (ces 9 de la compagnie dite Générale); Bleicher et Pippert, sergents; Vogt, Kieffer, Ehlert, Schwartz, fils, Kappler, Rheim, Krauss, Hœhr, Bessner, Kübler, le jeune, Hügel, Robinet (ces 15 de la compagnie dite Colonnelle) et Greiner, capitaine qui a commandé le poste.“

„Plusieurs soldats apportent un nouveau libelle incendiaire, intitulé *Le Dîner patriotique*, distribué dans les casernes. La S. arrête qu'il serait envoyé une députation de cinq de ses membres aux troupes de la garnison, pour leur témoigner la satisfaction de la S., de leur conduite patriotique lorsqu'on leur a distribué ce libelle [1]. 7

»Lecture d'une lettre de Rothau, annonçant à la S. que les curés de la dite commune n'ont pas attendu l'élection du nouvel Évêque pour prêter le serment civique.«

»La S. décide que chacun de ses membres qui aurait con- 8
naissance d'un complot, de manœuvres contre-révolutionnaires ou de distributions d'écrits séditieux, sera tenu d'en donner avis, soit aux Commissaires de police, soit aux autorités et tribunaux, afin que les traitres de la patrie soient découverts et que leurs crimes soient punis. La S. décide en outre que ses membres doivent prêter le serment suivant : »Nous jurons de défendre de notre fortune et de notre sang tout citoyen qui aurait le courage de dénoncer les traitres à la patrie et les conspirateurs contre la liberté.«

»On annonce à la S. que l'Évêque Rohan vient d'être déclaré déchu par l'Assemblée nationale et que l'on aura prochainement à procéder à l'élection d'un nouvel Évêque.

»Le Commissaire du Roi, Dumas, communique à la S. une lettre du Directoire du département des Vosges, annonçant que la Garde nationale d'Épinal se portera, au premier signal, dans les départements du Rhin, pour y faire exécuter les Décrets de l'Assemblée nationale.

»Une députation de Bischwiller, à la tête de laquelle se trouve le pasteur réformé de la ville, M. Cunier, se présente à la S., pour la prier d'appuyer auprès des Commissaires du Roi, le maintien du culte du pèlerinage de Marienthal, près Bischwiller.

»Victor Broglie annonce à la S. que déjà une grande majorité du clergé français a prêté le serment civique, et il espère que l'on pourra bientôt dire la même chose des départements du Rhin, surtout lorsque leur nouvel Évêque sera élu.

---

[1] Voir *Discours prononcé par la députation de la S. des amis de la Constitution à MM. les sous-officiers et soldats de la garnison de Strasbourg, le 7 février* 1791.

„Des nouvelles des vallées de St-Amarin et de Münster sont communiquées à la S.; plus de 3000 citoyens armés s'y trouvent prêts à partir au premier signal, pour défendre, au prix de leurs biens et de leur sang, le maintien de l'ordre et des lois.“

„Lecture d'un procès-verbal de la municipalité de Pfaffenhoffen, qui constate que M. Mehl, curé de cette commune, a réuni des citoyens catholiques, pour leur faire signer des protestations contre les Décrets de l'Assemblée nationale. M. Rodolphe Saltzmann est chargé par la S. de remettre le dit procès-verbal aux Commissaires du Roi.

„On apprend qu'à Erstein les lectures publiques n'ont pu avoir lieu, parce que le curé s'y opposait.

„Une députation du Ban-de-la-Roche, composée des Maires de Rothau, de Neuwiller et de Waldersbach, s'adresse à la S. pour demander son intervention à l'effet d'obtenir des fusils. La S. nomme plusieurs de ses membres pour assurer les Commissaires du Roi du patriotisme des habitants du Ban-de-la-Roche.

„On mande de Rültzheim, district de Wissembourg, que les prêtres de cette contrée se sont coalisés contre la Constitution d'une manière bien punissable, en s'engageant de ne pas prêter le serment civique, espérant que de cette façon on manquera de curés, surtout pour prêcher en allemand.“

„On communique à la S. une pétition, adressée au Corps municipal de Strasbourg, signée par 175 citoyens, demandant qu'il leur soit permis de s'assembler pour former une S. libre, conformément aux Décrets de l'Assemblée nationale, et déclarant que les trois Commissaires du Roi ont ordonné au Maire de défendre la formation de toute nouvelle S., jusqu'à ce que l'Assemblée nationale et le Roi aient statué sur le compte qu'il leur en aura rendu [1].“

---

[1] En vertu de cette ordonnance, la municipalité a défendu la formation de cette S. L'entrée de la salle du Poêle des Charpentiers est interdite aux citoyens.

»Lecture d'une lettre de la S. de Paris, qui annonce 15
qu'elle a écrit au citoyen Stockmeyer, officier municipal à Colmar, pour lui donner de justes éloges pour sa conduite, lors de la présence des Commissaires du Roi dans cette ville.

»La S. arrête d'envoyer une adresse à l'Assemblée nationale, pour solliciter un Décret qui enjoigne à tous les ministres prédicateurs et instituteurs fonctionnaires publics, de quelque religion qu'ils soient, de prêter, ainsi qu'il est prescrit aux prêtres catholiques, le serment civique entre les mains des officiers municipaux.«

»Une lettre de Paris annonce que c'est en grande par- 18
tie au club des Jacobins qu'on est redevable de tous les Décrets qui viennent d'être rendus sur le tabac et sur les affaires du département du Bas-Rhin. Il est arrêté d'adresser des lettres de remerciments à la S. des Jacobins, ainsi qu'à la députation du Commerce, pour le zèle et l'activité qu'ils ont mis à servir nos intérêts.

»Lecture d'une lettre de la commune de Rosheim, annonçant que l'on fait des prières publiques pour que le ciel maintienne les prêtres dans leur endurcissement, et qu'on ose même menacer ceux qui voudraient prêter le serment. Renvoyé au Comité de surveillance de la S.

»M. Alexandre, membre de la S., revenant d'une mission à Colmar, dont les Commissaires du Roi l'avaient chargé, donne lecture d'une lettre de la S. de Colmar à celle de Strasbourg, et qui exprime le plus sincère et le plus ardent patriotisme. Le même membre ajoute que le germe du patriotisme s'est entièrement développé dans cette S.; qu'elle s'est accrue d'un grand nombre de citoyens éclairés; qu'elle compte dans son sein le Maire, les officiers municipaux; que la majorité des professeurs du collége se disposent à prêter le serment civique; qu'il a eu la satisfaction d'embrasser le brave Stockmeyer, au nom de la S., et que la dissolution du corps des chasseurs est vue avec joie par tous les patriotes.

»Un membre, rapporte un citoyen qui, dimanche dernier, a eu le courage de demander à haute voix à l'église de St-Pierre-le-vieux, la lecture de la Proclamation des

Commissaires du Roi, a eu le chagrin de voir renvoyer du bas chœur ses deux enfants qui y étaient placés. La S. arrête qu'elle accordera aux victimes de l'animosité cléricale un traitement pareil à celui qu'ils avaient et le leur continuera jusqu'à ce qu'on ait pourvu à leur placement.

»On annonce qu'il se trouve dans la salle un ecclésiastique qui, pour avoir prêté le serment, a essuyé des persécutions de son curé, qui cherchait à exciter contre lui ses ouailles. Pour se soustraire à ses manœuvres, il est venu se mettre sous la protection des Commissaires du Roi et de la loi. Ce prêtre reçoit l'accueil le plus flatteur de la S.

»Lecture de deux lettres: 1° de M. l'abbé Bévalet, chapelain de la citadelle de Belfort, annonçant qu'il vient de former une S. patriotique dans cette ville; 2° de La Chapelle-sous-chaux, annonçant la création d'une S. patriotique composée d'agriculteurs.

»Le Général Kellermann se présente à la S. aux grands applaudissements de tous les membres.

»La S. décide d'écrire à la Garde nationale de Dambach, qui est accusée d'une grande tiédeur dans son service, afin de la ranimer dans son zèle et de provoquer sa ferveur.

»Une députation du commerce de Strasbourg se présente à la S. et la remercie de son heureuse intervention auprès de l'Assemblée nationale, pour la libre culture et fabrication du tabac.

»M. Germain, Maire de Ste-Marie-aux-mines, annonce que tous les curés et pasteurs de la dite ville ont prêté le serment civique. On doit, dit-il, ce résultat en partie à l'excellente instruction de l'Assemblée nationale et en partie à une adresse qu'il a publiée lui-même [1].

»On donne lecture d'un Décret de l'Assemblée nationale qui approuve la conduite des Commissaires du Roi dans les départements du Rhin [2].»

---

[1] Voir : *Adresse à mes concitoyens*, par F. H. Germain, Maire de Ste-Marie-aux-mines.

[2] Voir : Loi relative aux événements qui ont eu lieu dans les départements du Haut- et du Bas-Rhin, du 13 février 1791.

»On annonce que l'on vient de vendre dans le Bas-Rhin 22
des biens nationaux pour 57,000 livres, estimés à 37,000 livres, et qu'à Dijon un professeur a été élu Évêque de la Côte-d'Or (M. Jean-Baptiste Wolfius, ex-jésuite).

»Lecture d'une lettre adressée à la S. par Victor Broglie, sur la situation intérieure et extérieure du Royaume. Cette lettre contient les observations les plus rassurantes au sujet des projets de l'Empereur Léopold et des intérêts respectifs des puissances de l'Europe, qui leur interdisent des actes d'hostilité à notre égard; elle expose les motifs de confiance que doivent nous inspirer l'état respectable de notre armée au printemps prochain et la situation avantageuse de nos finances. La S. arrête de témoigner sa satisfaction à M. de Broglie sur les détails qu'il lui donne, et de le prier qu'il fasse des efforts pour que son régiment du Bourbonnais soit du nombre de ceux qui doivent venir en Alsace, pour être placé sous le commandement du Général Luckner.

»Un membre communique à la S. l'adresse des cultivateurs de notre ville à l'Assemblée nationale, qui expriment leur reconnaissance du Décret bienfaisant qu'elle a rendu au sujet de la liberté de la culture du tabac.

»Lecture d'une lettre de Belfort, qui apprend que la Garde nationale de cette ville et de son district était prête à partir pour Colmar, si MM. les Commissaires du Roi avaient encore été en danger. Cette lettre apprend aussi que l'alarme qui a eu lieu dans cette ville, n'a pris naissance qu'au sujet d'une querelle particulière entre les jeunes Princes de Montbéliard, suivis de leur train de chasse, et la Garde nationale de Pont-de-Roide; à cette occasion on a sonné le tocsin, et de village en village l'alerte s'est communiquée jusqu'à Belfort, de telle façon que dans peu d'heures il y a eu 600 hommes armés à Pont-de-Roide.

»M. Dumas, Commissaire du Roi, fait part à la S. d'une lettre à lui adressée par la municipalité de Colmar, qui lui apprend que quatre ecclésiastiques ont prêté, dimanche dernier, le serment; que d'autres, sous peu, doivent satisfaire à cette loi, et que la présence du Général Kellermann y produit

22 le meilleur effet. Il lit ensuite une lettre de ce Général, qui annonce que la face des affaires est totalement changée à Colmar à l'avantage de la chose publique et qu'il a témoigné au brave Stockmeyer la satisfaction que lui a inspirée sa conduite. Il lit encore une adresse de la S. de Colmar à MM. les Commissaires du Roi, par laquelle elle leur exprime le plus vif désir d'affermir l'empire de la loi et de faire preuve de son civisme.

»A la clôture de la séance, M. Dumas prononce un discours, aussi éloquent que nerveux, à la suite duquel il fait la motion que la S. joigne à sa devise, qui est *Liberté et Égalité*, celle de *Vivre libre ou mourir*. Cette motion est adoptée.

»Lecture d'une lettre de la S. de Marseille, qui sollicite la S. d'adhérer, comme elle, aux principes exposés par M. Robespierre, dans son discours sur l'organisation de la Garde nationale. La S. refuse cette adhésion, par la raison que l'Assemblée nationale ayant rendu un Décret à ce sujet, il serait contre le respect et même injurieux envers celle-ci, de la solliciter de revenir sur ces décisions.

»M. Oberlin, ministre protestant du Ban-de-la-Roche, prête le serment à la S.«

24 »Lecture d'une lettre de la municipalité de Pfaffenhoffen, qui annonce qu'elle a reçu 60 fusils; elle en demande encore 30 autres. La même lettre dénonce un habitant de Bouxwiller qui tient des propos téméraires sur la situation des affaires; il annonce hautement que dans six semaines leur face sera totalement changée; que pour cet effet, il tient chez lui 200 cartouches à balles, prêtes pour ce temps. La S. renvoie cette dénonciation à son comité de surveillance.

»Un membre lit une lettre de M. Dufresnoy à M. l'abbé d'Eymar; elle prouve que ce premier est en relation avec les ennemis du dehors et qu'il est chargé de recruter pour eux, et que son fils a abusé de ses fonctions d'officier de la Garde nationale pour protéger le curé de Marmoutier contre l'exécution de la loi. Le porteur de cette lettre était un ancien déserteur du régiment de Deux-Ponts, qui lui-même était recruté pour servir nos ennemis, mais ne voulant pas tremper dans des trames odieuses, cette recrue avait dénoncé Dufresnoy père et fils, qui furent arrêtés. La S. décide d'envoyer le récit de cette conspiration à la S. de Paris.

»Lecture d'une lettre de la S. de Bischwiller, contenant des réflexions consolantes sur la stabilité que prend la Constitution. La S. annonce également que les citoyens de cette ville se sont de nouveau engagés par serment à rester fidèles à la Constitution.«

»Lecture d'une lettre du Haut-Rhin, qui dénonce le mal que fait dans ce département l'incivisme des prêtres. Dans la partie du département qui avoisine la Franche-Comté, les habitants restent inébranlables et offrent 4,000 Gardes nationaux prêts à voler à la défense de la patrie et à mourir pour elle.

»M. Viviers instruit la S. que des quantités très-considérables d'argent monnayé et des lingots d'or et d'argent passent les frontières pour être versées dans les coffres de nos ennemis. Un membre de la S. annonce que la municipalité de Strasbourg a déjà pris les mesures nécessaires pour surveiller l'exportation du numéraire, et qu'il n'en passera plus sans un permis.

»Le Président annonce une députation de la Garde nationale strasbourgeoise. Elle présente à la S. un extrait du registre de ses délibérations, portant une adhésion formelle au serment que la S. a prêté au sujet de la dénonciation d'attentats à la liberté et aux lois. La S. vote des remerciments à la députation, en lui exprimant la juste satisfaction qu'elle éprouve, en recevant de la Garde nationale les preuves de son dévouement au salut de la patrie.

»Un membre dénonce l'existence dans le district de Wissembourg de communautés qui refusent de reconnaître les Décrets de l'Assemblée nationale qui leur sont adressés par les corps administratifs. Il ajoute que c'est à l'Évêque de Spire et à ses perfides insinuations que l'on doit imputer cette rébellion. Renvoi au comité de surveillance de la S.

»Le Commissaire du Roi, Hérault, prononce, à sa réception comme membre de la S., un discours.

«On dénonce un pamphlet contre-révolutionnaire, intitulé : *Gehe kleines Büchlein! Der Klub wird dich schelten. Der District wird dich verbieten : Aber die Wahlmänner werden dich lesen. Amen. Gedruckt im zweiten Jahr der Gefangenschaft Ludwig XVI.* (Va petit livre! Le club te grondera. Le District te prohibera : Mais les électeurs te liront. Amen. Imprimé l'an II de la captivité de Louis XVI.) Ce libelle, dédié aux amis de la Constitution ou au soi-disant club de Strasbourg, contenant entre autres une protestation contre le droit d'élire les Évêques, est envoyé au Procureur-syndic du département.

«Le Comité de surveillance de la S. publie l'adresse suivante :

«Frères et amis,

«Le vif intérêt que vous prenez à l'affermissement de notre sainte Constitution, nous inspire des alarmes pour votre patriotisme, et nous commençons à craindre que les bruits qui se répandent sur notre position critique, ne vous inquiètent trop : comme nous sommes forts des secours que vous nous offrez, nous voulons aussi que vous le soyez de nos ressources ; et tout ce que nous demandons à votre amitié, c'est de nous aider à obtenir celles qui nous manquent encore, à la veille des dangers qui nous menacent ou nous environnent.

«Il est plus que probable que nous aurons la guerre au printemps avec l'Empire et l'Autriche : la politique de cette maison a toujours été aussi insidieuse que son ambition démesurée. Il est important de faire observer ses démarches avec la plus grande défiance.

«Les troupes autrichiennes qui sont dans le Brabant, s'augmentent en ce moment d'un renfort de quinze à seize mille hommes de cavalerie : la pacification de Liège paraît n'avoir été qu'un prétexte pour en rapprocher une partie plus à portée de nos foyers : il y a presque des certidudes que d'autres vont s'y joindre dans peu, en côtoyant le Rhin ; c'est-à-dire qu'elles resteront sur nos frontières.

«Des lettres particulières nous apprennent que *Léopold* parle très-haut, et que les princes d'Allemagne, rassemblés en diète, lui font réclamer l'exécution des traités avec la France, d'un ton qui n'est rien moins que pacifique. On lui met dans la bouche ses droits de souveraineté sur l'Alsace et la Lorraine. La fierté germanique refuse obstinément les indemnités que lui a proposées l'Assemblée nationale : et si nous exceptons les ducs de Würtemberg et de Deux-Ponts, qui

paraissent accéder à des conditions qui ne sont point exemptes de 2
doute, le reste des co-États d'Empire prétend sous peu asservir notre liberté et nous faire la loi. Tel est l'*ultimatum* de leurs résolutions. Ces vassaux récalcitrants veulent la jouissance de leurs droits féodaux ou la guerre.

«Le ci-devant prince de Condé va de petite cour en petite cour, flatter leur ambition et exciter leur haine : il est à *Stuttgart* en ce moment. Le bon ami Calonne, cet économe immortel de nos fonds publics, le suit à la piste.

«Un de leurs émules dans la même carrière est le Cardinal de Rohan : il travaille, à la vérité, dans un tout autre genre ; mais il n'en est que plus à craindre. Placé au-delà du Rhin, et cependant renfermé dans les limites de son diocèse, il ne cesse d'émouvoir les peuples de nos départements, qu'il tend à soulever. Il possède l'art de mettre en jeu ses prêtres comme des pantins ; le fil, qu'il manie sans relâche, est la religion, dont il a donné tant de preuves, surtout à nos femmes ! Presque tous ses émissaires crient à l'Alsacien qu'on veut la détruire : et malheureusement pour nous, l'Alsacien n'est point encore parvenu à la maturité de la raison ; il est crédule et peu instruit. Un mandement incendiaire qu'a composé, au ci-devant Évêque, l'abbé de L****, lui a valu nombre de partisans dans toutes les classes ; les uns le regardent comme un apôtre, les autres comme un prophète ; et ils ajoutent foi à l'infaillibilité d'une contre-révolution qu'il fait prêcher dans presque toutes les paroisses : le peuple catholique, égaré par le fanatisme de ses pasteurs, commence à penser qu'elle est aussi nécessaire qu'inévitable.

«Parmi les curés des villes et des campagnes il peut s'en trouver de timides, qui refusent le serment, par la crainte du retour de l'ancien régime, que répand adroitement le nouveau *Baruch :* mais la plupart, retenus ou par la crainte de perdre leurs revenus curiaux, qui en général sont excellents, ou par les chaînes rouillées d'habitudes mystérieuses, se traguent d'un zèle qui séduit les simples, et offrent à leurs paroissiens un air de sécurité et un front radieux, qui paraît moins aspirer au martyre qu'à la vengeance.

«Ils ont pour bataillon auxiliaire dans leurs croisades une foule de moines mendiants, dont regorgent nos départements. Ces moines soutiennent les curés de tous leurs poumons, pour avoir toutes leurs aumônes. Ils appellent hautement le serment civique des prêtres, le tombeau de la révolution ; et déjà leurs mains s'apprêtent, tels sont leurs termes, à donner l'extrême-onction à l'Assemblée nationale.

«Jugez, frères et amis, de l'engeance qui nous entoure, et à quelle espèce d'individus notre patriotisme et notre probité se trouvent en butte à ce moment !

« Ce n'est pas tout encore : la malveillance inquiète des prêtres s'est portée jusqu'à faire pulluler dans nos murs une société anti-constitutionnelle. Cette société avait adressé d'abord, au Pape et au Roi, des remontrances contre l'organisation civile du clergé : et tandis qu'une partie de ses imprimés allait émouvoir les campagnes, les dévotes de nos pasteurs, parées comme des nymphes, se sont appariées dans de superbes voitures, et transportées dans les différents quartiers de la garnison, afin d'invoquer, disaient-elles, l'appui des soldats pour la bonne cause.

« Si vous ajoutez à ces détails les sermons fanatiques, les protestations insidieuses, les discours indécents, les courses sacerdotales, les écrits imposteurs qui s'entendent, se voient, s'impriment et se débitent journellement de toutes parts ; qui se distribuent dans nos églises, nos carrefours ; qui se colportent même jusque dans les hameaux avec une sécurité qui tient de l'impudence ; vous pourrez vous former une esquisse des crises que nous avons essuyées, des dangers que nous avons courus, des maux qu'on nous prépare, et des ennemis qui nous restent à combattre. Nous n'avons rien voulu vous cacher, frères et amis, en vous offrant le tableau de nos sollicitudes, afin de fixer solidement vos idées sur les secousses réelles que nous éprouvons ou qui nous attendent : mais nous croirions vous manquer essentiellement, si nous n'y joignions pas celui de nos ressources. Jetez-y un coup-d'œil ; vous les trouverez grandes, nous aimons à le penser ; nous le sentons même avec transport ! et nous osons nous flatter que votre patriotisme va nous appuyer efficacement, pour les augmenter encore, s'il est possible, et qu'il le fera avec autant d'énergie que de célérité.

« Dans l'instant où les nuages grossissaient sur notre horizon, la Commune a fait une députation hâtive à l'Assemblée nationale ; et nous avons obtenu trois Commissaires, dont le patriotisme est aussi ferme qu'épuré : leur présence a dissipé, comme par enchantement, ces nuages ; la joie de nos bons patriotes a vivement éclaté, et nos sublimes malveillants, étonnés et confondus à leur arrivée, ont fait une visite muette, qui a fini par mettre au grand jour la honte de leur conduite.

« Ce n'est pas que ces êtres rusés ne renferment toujours au-dedans d'eux-mêmes le pieux dessein d'accaparer les faibles, et qu'ils n'aient exagéré au loin le nombre des contre-révolutionnaires qu'ils avaient enrôlés sous les drapeaux du caffarisme : mais outre que leur liste de trente mille signataires n'en contenait pas plus de trois, ils ont la douleur de la voir raturer à chaque instant par des personnes désabusées : nombre de pères de famille avouent qu'ils n'avaient eu d'autre intention que de demander au Département la conservation des paroisses : et les soldats de la garnison séduits, ont retiré leurs signatures, à la sollicitation de leurs camarades qui sont tout de feu pour la Constitution : de sorte que, parmi les noms qui leur restent, il en est peu qui ne soient écrits de mains de femmes et d'enfants, ou de mains mal assurées. Au surplus les chefs connus de ce faible parti sont livrés actuellement à l'Accusateur public, qui les poursuit sans ménagement. Ainsi de ce côté, frères et amis, nous aurions tout au plus à redouter des manœuvres souterraines, et quelques taupes méprisables. 26

« D'un autre côté, la majeure partie des Catholiques, quoique travaillée par les prêtres, est inaccessible à leurs prestiges. Les Luthériens et les Calvinistes, dont la population est aussi nombreuse que la nôtre, c'est-à-dire d'environ vingt-cinq mille, sont fermes ; et si l'on excepte quelques têtes aristocratiques de l'ancienne magistrature, tous sont dévoués à la patrie. Vous voyez donc, frères et amis, que Strasbourg renferme dans ses murs un nombre assez imposant de vrais citoyens. Notre Garde nationale, forte au moins de cinq mille hommes, est très-bien exercée, aussi capable de faire face à l'ennemi qu'elle le redoute peu ; et si quelque chose pouvait ajouter à son courage, ce seraient des trames ennemies contre nos braves Commissaires.

« A l'avantage d'offrir une résistance respectable dans nos foyers, nous joignons celui d'avoir, comme toutes les capitales, une assez grande influence sur les campagnes. Il n'est pas rare que les paysans, qui viennent nous vendre des denrées, ne remportent du patriotisme avec nos espèces. Outre les salles de lecture qui leur sont ouvertes, nous avons encore nommé des Commissaires particuliers, qui remplissent leurs poches de livres patriotiques, afin d'opposer par là un contrepoison salutaire aux écrits incendiaires qu'on leur envoie : et comme il ne faut rien négliger dans notre position, nous leur expédions de temps en temps des hommes pleins de sens et de raison, choisis parmi le peuple, et propres tant à les endoctriner sur les avantages de la révolution, qu'à dissiper leurs terreurs fanatiques. Ces missionnaires rustiques nous conquièrent journellement des partisans solides, et nous espérons, par la vente des biens nationaux qui s'opère, que le nombre en grossira de plus en plus.

« Cette bénigne influence dont nous venons de vous entretenir, se porte même jusque sur les villes voisines ; et nous voyons de nouvelles sociétés des amis de la Constitution qui s'élèvent, ou reprennent l'ascendant qu'elles avaient perdu par les manœuvres des aristocrates : elles nous demandent avec instance notre affiliation, entretiennent notre correspondance, et rechauffent ou propagent le patriotisme dans leurs foyers.

«C'est le parti que vient de prendre tout récemment la ville de Colmar : cette ville autrefois le siége d'un conseil despotique, et depuis remplie d'âmes ulcérées, n'avait que la faiblesse et les dehors du patriotisme que nous encourageons : la robinocratie y dominait ; des chefs perfides présidaient à sa Garde nationale ; sa compagnie des Chasseurs, non contente d'insulter à notre Société, cherchait par ses manœuvres à séduire Lauterbourg, une des clefs de la Basse-Alsace : on voyait des Colmariens, de toutes les classes, voler avec leurs plumes en Suisse, pour s'enrôler sous les drapeaux de M. d'Artois : l'on sait même que cet illustre fugitif avait dans cette ville des enrôleurs publics, lorsque MM. les Commissaires y sont arrivés. Leur réception, frères et amis, n'a pas été aussi terrible qu'on l'avait projetée, puisqu'on devait les pulvériser, eux et leurs voitures; mais elle a été aussi insolente qu'on pouvait l'attendre dans un foyer de contre-révolution : leur fermeté a ébranlé les plus hardis ! Douze patriotes, armés en depit de *Bergeret,* leur Commandant, ont tenu ferme contre les flots de la populace qui se pressait pour arriver à leur auberge, c'est-à-dire au spectacle de la lanterne qu'elle demandait à grands cris : un municipal, le brave *Stockmeyer,* est accouru des faubourgs, à la tête de cinquante bateliers, en criant vive la Nation ; cette horde de factieux, assaillie par des bras patriotiques, s'est mise en fuite ; il n'est resté sur le champ de bataille que deux Officiers soupçonnés d'une forte touche d'aristocratie : l'un, M. de Malécy, en sera quitte pour la fièvre et quelques contusions ; on croit que M. de Schauenbourg, frère de notre Procureur-Syndic du Département, aura besoin de quelques couronnes de trépan, pour remettre par la suite l'ordre dans ses idées.

«Du reste le calme s'est bientôt rétabli dans tous les quartiers, par l'affable intrépidité de MM. les Commissaires : le patriotisme s'est réveillé dans les âmes timides ; la Société colmarienne des amis de la Constitution, jusqu'alors éparse et tremblante, s'est assemblée au nombre de près de cent membres ; l'esprit constitutionnel a paru, et l'on peut dire, en un mot, que l'arrivée de ces Messieurs a été pour Colmar l'époque d'une nouvelle révolution.

«La garnison qu'ils y ont mise de deux cents hommes de pied et de cent chevaux, contribuera merveilleusement à y maintenir l'assurance publique. Obernai avait déjà reçu le même renfort de troupes, et il

était nécessaire. Ces petites villes impériales qui nous entourent, 26
étaient dans le besoin d'une surveillance armée. Les cocardes nationales, que les fanatiques avaient fait fouler aux pieds, s'arborent de nouveau ; et les peuples, à la vue de leurs artisans de discorde, qui se taisent, demeurent tranquilles. Quelle que soit la cause de leur silence et de leur calme, si ce n'est pas le patriotisme naissant, ce ne peut être que la lâcheté ; et de pareils ennemis ne sont jamais à craindre.

«Il serait seulement à désirer que l'on pût facilement remplacer parmi nous les fonctionnaires publics, qui refusent le serment : ce serait une excellente spéculation pour les prêtres, qui savent les deux langues, de venir en Alsace. L'air et les denrées y sont saines, le sol fertile, le peuple bon : ils y trouveraient, ainsi que les patriotes, une foule d'avantages.

«Ce que nous désirons en ce moment, avec le plus d'ardeur, frères et amis, ce sont des armes en suffisante quantité. Les communes de notre département en réclament de tous côtés. MM. les Commissaires en ont octroyé ce qu'ils ont pu ; mais il en manque encore beaucoup pour satisfaire à toutes les demandes. Il paraît juste que, parmi le nombre de fusils, dont l'Assemblée nationale vient d'ordonner la délivrance à tout l'Empire, nous ayons quelque préférence : et certes, il n'en fut jamais plus besoin que sur des frontières menacées !

«C'est avec bien de la reconnaissance que nous recevons des offres de secours, des villes de l'intérieur, comme des villes limitrophes : le département des Vosges, vient à l'instant même d'offrir un renfort considérable de Gardes nationales à ces Messieurs ; elles brûlent de marcher : mais les circonstances ne sont pas encore assez urgentes pour agréer leurs services. Nous ne demandons pour le moment que la coalition des différentes Sociétés avec nous, pour réclamer la levée hâtive des forces qu'on vient de décréter : il est instant qu'elle se fasse. Les moindres retards peuvent d'autant plus nous exposer, qu'on paraît vouloir nous endormir dans une sécurité trompeuse. Voici le moment où il faut crier avec nous, pour appuyer nos réclamations.

«Il serait même prudent de tenir ces nouvelles troupes en haleine, et d'en faire refluer du centre, une partie vers nos limites. Outre que ce mouvement d'approximation en imposerait à l'ennemi, s'il voulait nous surprendre, il servirait encore à protéger l'exécution des Décrets nationaux parmi nos réfractaires, en achevant de soumettre toutes les résistances.

«Veuillez, frères et amis, concourir ardemment avec nous pour accélérer la jouissance de tous ces moyens de sécurité. Nous ne redoutons

26 pas les dangers qui nous menacent, et nous croyons pouvoir dire à nos voisins que nos cœurs n'ont point encore livré accès à la crainte; mais pour se montrer redoutable, il ne suffit pas de s'appuyer sur son courage ; il faut pouvoir se reposer en même temps sur ses armes : il est très-incivique de verser son sang sous le poignard ennemi, quand on n'a à lui opposer que son cœur.

«Nous aurions une dernière faveur à vous demander, celle de nous donner tous les renseignements qui peuvent être utiles à la chose publique, et éclairer nos démarches : nous vous promettons, frères et amis, d'user en toute occasion d'une réciprocité aussi prompte que sincère. Nous ne vous rappelons pas qu'il faut se défier de la renommée, par rapport à nos secousses ; vous connaissez le *crescit eundo:* dès qu'il sera temps d'appeler votre patriotisme au champ de l'honneur, vous aurez de nos nouvelles. Nous vous chérissons trop pour ne point partager avec vous le péril comme la gloire ; nous voulons tous vaincre ou mourir en défendant la patrie.

«Nous sommes, avec l'attachement énergique que nous avons voué aux bons citoyens, frères et amis, vos fidèles concitoyens,

«Les Membres du Comité de surveillance.»

(Dans le courant du mois de février la S. reçut les membres suivants : MM. A. Chatelain, secrétaire du District; P. Dessollierre, idem ; A. Marchand, idem ; A. X. Gossel, idem; J. H. Heitz, imprimeur; A. Gérard, docteur à l'Hôpital militaire ; P. Kammerer, cordier ; M. Rivage ; J. D. Stromeyer, négociant ; J. P. Rœderer, vitrier ; P. J. Engel, pasteur de St-Thomas; J. G. Kob, épicier; E. F. Ehrmann; F. C. Greuhm; J. B. Rubin; F. Kuehn, négociant; G. Frouart, jurisconsulte ; J. G. Dietsch, fabricant de draps ; J. Ehrlenholtz, capitaine de la Garde nationale ; J. Barbenès, négociant; Müller, capitaine de la Garde nationale; F. F. Karth, négociant; J. D. Ensfelder, secrétaire de la mairie; L. Ensfelder, notaire; H. Gimpel, brasseur; J. N. Karth, négociant; J. Lorentz , imprimeur ; J. J. Delcommète , négociant ; B. Marocco, idem ; G. Frantz, fabricant de tabac; Walter, brasseur ; Schatz, fabricant de bas ; J. G. Stromeyer, négociant; J. Rœthel, aubergiste ; C. Champy ; F. L. Aly, officier d'artillerie ; J. d'Étrée, idem ; J. H. Juncker, fabricant de tabac ; Zimmer, administrateur du District ; Zimmer, notaire ; J. D. Lung, passementier ; J. D. Saum, négociant, officier municipal ; Moyella, professeur de calligraphie ; P. J. Strohl, pelletier ; C. F. Spielmann, pharmacien ; Hérault, Commissaire du Roi ; Mannberger, négociant ; A. Hansmetzger, cafetier ; J. F. Reichard, négociant ; W. Wachter, négociant ; L. Schæfer ; J. G. Rothann, fabricant de drap ; Wunderer, officier municipal, commissionnaire chargeur ; N. Jacquin, jurisconsulte ; P. F. Rouge, négociant ; Mathis, employé au Département ; J. Momi, idem ; S. Dukretel, idem ; M. Liechtlé, idem ; L. Liechtlé, idem ; L. Zégowitz, idem ; J. Pothier, idem ; A. Urbain, idem ; F. Jaquot, idem ; C. Gerandon, idem ; L. Strohe, idem ; D. Vaudin, idem ; Schubart, négociant ; G. H. Rübsamen, idem ; M. Stein, chirurgien ; J. F. Grimmer, notaire ; J. N. Lauth, négociant ; Mundelly, idem ; Herrenschneider, professeur ; P. Salli, marchand de tabac ; J. Malapert, chirurgien à l'hôpital militaire.)

»Une députation de la Garde nationale de Hœnheim demande que la S. lui procure des armes. Renvoi au District. MARS. 1er

»Le Département envoie à la S. un nombre d'exemplaires d'un écrit patriotique en faveur du serment des prêtres, publié sous le titre : *Mes doutes et mes réflexions*.

»Dénonciation contre le Juge de paix de Schlestadt, d'avoir distribué aux soldats du régiment Bourbonnais, en garnison dans la dite ville, une brochure contre-révolutionnaire portant le titre : *Le Dîner patriotique*. Renvoi au comité de surveillance de la S.

»Lecture d'une lettre de Huningue, qui révèle les menées des aristocrates, leurs courses chez l'étranger, la conduite repréhensible de la municipalité et des chefs militaires de cette place, et l'oppression dans laquelle ils tiennent les patriotes. La S. arrête de faire part de cette lettre au Général Kellermann.

»La S. nomme des Commissaires chargés de faire des remercîments au nom de la S. aux soldats et sous-officiers des régiments d'Artois et Royal-Cavalerie, sur la conduite ferme et loyale qu'ils ont tenue depuis leur arrivée en cette ville.

»Communication d'une lettre de Bâle, annonçant que le Margrave de Bade permet à nos ennemis des recrutemens dans son pays, et qu'il contraint même ses propres sujets à s'enrôler. La S. décide l'envoi de cette lettre au comité de surveillance de l'Assemblée nationale.

»On dénonce une coalition d'électeurs protestants formée dans le but de ne pas concourir à l'élection de l'Évêque. La S. charge son comité de surveillance de découvrir les auteurs de cette coalition et invite chacun de ses membres à engager les électeurs protestants de sa connaissance, à remplir strictement les devoirs que la loi leur confie.

»La S. arrête, vu l'état actuel des affaires, qu'elle tiendra, jusqu'à nouvel ordre, ses séances tous les jours.

»La S. rédige une adresse à ses concitoyens, pour inviter ceux à qui leurs facultés le permettent, de se procurer des fusils à leurs frais; afin qu'ils puissent rendre ceux d'emprunt, pour être distribués aux citoyens qui ne sont pas armés.»

»Lecture d'une lettre de M. Rœderer, Député à l'Assemblée nationale, accompagnée de son discours sur la libre culture du tabac. La S. décide qu'on lui adressera des remerciments.

»Une lettre de Wissembourg annonce que les Commissaires du Roi ont été reçus dans cette ville avec de grandes démonstrations de joie et de patriotisme, et que la Garde nationale à cheval les a escortés jusqu'à Lauterbourg.

»On annonce à la S. que les Gardes nationaux à cheval de Hœnheim, qui ont escorté les Commissaires du Roi, ont reçu 30 mousquetons et 30 paires de pistolets, afin qu'ils puissent faire partie des Gardes nationales placées sur les frontières du Rhin.

»Un citoyen ecclésiastique fait hommage à la S. d'un commentaire de la déclaration des droits de l'homme, traduite en langue allemande et mise à la portée de la classe la moins instruite du peuple. La S. nomme des Commissaires pour examiner cet ouvrage.

»Un membre fait la motion d'employer les pêcheurs et les bateliers du Rhin pour la manœuvre des pontons à établir sur ce fleuve.

»La S. envoie une lettre à Victor Broglie, pour lui peindre 2
les dangers de toute espèce qui menacent nos frontières.

»La S. écrit à la municipalité pour la requérir de faire placer deux canons au pont du Rhin, et de faciliter l'instruction des Gardes nationaux destinés au service de l'artillerie.

»Le major de la Garde nationale de Dambach porte à la connaissance de la S. différentes plaintes, notamment contre le Maire de la dite commune, accusé d'avoir intercepté une lettre de la S. à la Garde nationale. La S. décide qu'il sera écrit à Barr pour avoir des renseignements sur cette Garde nationale et que la minute de cette lettre lui sera délivrée.«

»M. Treuttel, libraire, fait hommage à la S. de plusieurs
exemplaires de l'écrit *Sur la Constitution civile du clergé,* 3
par M. Charrier de la Roche. La S. vote des remerciments à M. Treuttel.

»M. Fovage, curé de Schirmeck, envoie à la S. son ouvrage *Sur le serment civique des fonctionnaires*.«

»Un député des patriotes de Huningue, annonce qu'ils
ont l'intention de fonder une S. d'après les principes de 4
leurs frères à Strasbourg, mais qu'ils essuient de la part de la municipalité toute espèce d'entraves. Ils prient la S. de les soutenir. Accordé à l'unanimité. Le même député dénonce le pouvoir exécutif à Huningue comme étant très-suspect aux patriotes. Il ajoute qu'un ambassadeur de l'Évêque de Rome, arrivé récemment à Bâle, pourrait faire un grand mal parmi les habitants crédules du Haut-Rhin. La S. en informe son comité de surveillance.

»On annonce que le pasteur Stoltz, à Merzwiller, a prêté le serment civique.

»Une lettre de Belfort fait savoir que dans les départements du Jura [1] et du Doubs [2] on a élu deux ecclésiastiques comme Évêques, et qu'à l'exception de vingt, tous les ecclésiastiques ont prêté le serment.

---

[1] François-Xavier Moyse, professeur de théologie à Dôle.

[2] Philippe-Charles-François Séguin, chanoine de la Cathédrale de Besançon.

„La S. de Limoux (Languedoc), annonce qu'elle envoie tous les dimanches trente de ses membres dans les villages de son district, pour enseigner les nouveaux principes de la sainte Constitution. Notre S. avertit celle de Limoux qu'elle a également envoyé quatre „Apôtres de la Liberté“ dans le département du Bas-Rhin, qui prêchent la bienfaisante doctrine de la Constitution.

„Une réponse du Ministre de la guerre, Duportail, contient des nouvelles rassurantes pour les départements du Rhin et l'indication des mesures prises par le Ministère pour protéger nos frontières.

„Un membre rapporte que l'on vient de supprimer à l'imprimerie Le Roux, un pamphlet ayant pour titre : *Réflexions impartiales sur le serment de M. Brendel, par un de ses frères,* dirigé contre ce digne ecclésiastique.

„La S. reçoit 100 exemplaires d'un *Sermon civique,* qu'elle fera distribuer dans le département.

„Lettre de Victor Broglie, portant communication à la S. du projet de loi, préparé à l'Assemblée nationale, sur les émigrants et sur les membres de la dynastie règnante.

„Lettre du Haut-Rhin, qui annonce que 200 ci-devant nobles de ce département ont été chassés de Bâle, d'où ils se sont rendus à Baden-Durlach, et que près de la moitié des prêtres du Sundgau ont prêté le serment.

„Lecture d'une lettre du Général Kellermann, qui annonce qu'il s'est transporté à Ribeauvillé, qu'il y a ramené quatre prêtres au serment, qu'il y a apaisé des troubles, et qu'il a fortement tancé le prieur des Augustins qui les avait excités. Le Général ajoute dans cette lettre, que la S. de Colmar se réunit journellement, et qu'il a pris les mesures les plus efficaces contre les projets des ennemis ultra-rhénans qui continuent leurs enrôlements.“

„Le chanoine Rumpler prie le Président de faire distribuer des exemplaires d'un écrit qu'il a fait imprimer, pour se justifier de l'inculpation à lui faite d'avoir accaparé des voix pour l'épiscopat.

„On annonce que quatre prêtres de St-Louis se disposent à prêter serment.

»Sur la proposition de M. Dietz, Maire de Barr et membre de la S., il est décidé que les Commissaires de la S., envoyés en députation à la campagne, auraient le droit d'examiner dans les registres des municipalités, si tous les Décrets de l'Assemblée nationale avaient été promulgués.« 5

»La S. nomme une députation de 24 membres, pour 6
féliciter M. Brendel sur son élection au siége épiscopal du département. Le Commissaire du Roi, Hérault, adresse un discours aux électeurs présents à la séance, pour les féliciter de la preuve de patriotisme qu'ils ont donnée, en élisant un Évêque vertueux, éclairé et patriote; il leur promet l'estime publique pour ce choix et leur montre les droits qu'ils auront à la reconnaissance générale, si le choix des magistrats qui doivent rendre en dernier ressort la justice au peuple, est aussi bon que le premier. Ce discours est vivement applaudi par l'assemblée, ainsi que celui prononcé par le Commissaire Dumas sur le même sujet. On annonce que les sieurs Dufresnoy, père et fils [1], doivent être transportés, en vertu d'un Décret, dans les prisons de l'Abbaye, pour être jugés par la haute cour nationale.

»Lettre de Paris, annonçant que les aristocrates ont entièrement renoncé à leurs projets sur la personne du Roi, qui, trop vertueux pour eux, préfère ses fidèles Gardes nationales aux chevaliers nobles qui cherchent à l'entourer.

»On présente un volume énorme d'adresses à l'Assemblée nationale, envoyées par 179 communes, et exprimant leur reconnaissance du Décret sur la libre culture du tabac.

»On dénonce les faits suivants qui se sont passés à Wissembourg: Le 4 de ce mois, une troupe d'environ 230 femmes des villages avoisinant Wissembourg, se rendirent dans cette ville; les femmes de Wissembourg se joignirent à elles. Le cortége entra dans l'église du couvent, dont les chanoines avaient reçu la veille la défense de célébrer le service religieux; les femmes commencèrent à prier ou plutôt à caqueter et à sonner le tocsin, espérant de cette

---

[1] Voir sous le 24 février, page 120.

6 façon attirer leurs maris de la campagne pour leur venir en aide, ainsi que les prêtres fanatiques le leur avaient promis. Mais l'autorité fit fermer les portes de la ville, proclamer la loi martiale et rassembler la Garde nationale. Cette affaire, qui avait menacé d'abord de devenir sérieuse, se termina d'une façon ridicule: au lieu de se servir de poudre et de plomb, les Gardes nationales coupèrent les cordes des cloches et les firent jouer sur le dos des dévotes, qui furent obligées de s'en retourner auprès de leurs maris, qui les reçurent fort mal.«

7 »133 électeurs du Bas-Rhin se font recevoir à la S. comme membres correspondants; la plupart de ces électeurs étaient des paysans, ce qui causa une joie bien grande dans l'assemblée, qui était composée ainsi de plus de 1000 personnes.

»Lecture du discours prononcé à la Cathédrale par M. Brendel, au sujet de son élection à l'épiscopat. La S. arrête qu'il sera nommé une députation pour solliciter le nouvel Évêque de consentir à l'impression de ce discours.

»Lecture d'une lettre de M. le curé de Reimling, avec laquelle il envoie à la S. un manuscrit sur le serment civique des prêtres, en annonçant encore d'autres ouvrages patriotiques dont il est l'auteur et qu'il offre à la S.

»Dénonciation contre le curé de Rhinau d'avoir prêché contre la constitution civile du clergé. Renvoi au comité de surveillance de la S.«

8 »Des députations de la Garde nationale de Schiltigheim et de Bischheim demandent des armes pour la Garde nationale de ces villages. La S. arrête d'appuyer leur demande auprès du Directoire du Département et de MM. les Commissaires du Roi.

»M. Gelin dépose sur le bureau 12 exemplaires du discours qu'il a prononcé lors de sa prestation du serment. La S. lui vote des remerciments.

»Un membre du comité ecclésiastique donne lecture de l'adresse à l'Assemblée nationale, relativement à l'organisation du clergé protestant. La S. adopte cette adresse.

»Un autre membre fait part à la S. des nouvelles reçues de Paris sur les événements qui y ont eu lieu. Cette lecture est souvent interrompue par de vifs applaudissements. La conduite ferme et prudente de M. de Lafayette excite les transports unanimes, et la S. arrête de lui écrire pour lui témoigner la satisfaction que lui inspire le récit de sa conduite lors des derniers événements de Vincennes. 8

»Dénonciation contre un capucin venant souvent de Malberg à Rhinau y distiller le poison et en infecter ces contrées. La S. renvoie cette affaire à son comité de surveillance.

»La S. arrête qu'il serait fait un récit des événements qui ont précédé et suivi l'élection de l'Évêque.«

»La S. rédige une *Adresse à ses membres correspondants, et particulièrement aux électeurs du Bas-Rhin*, pour leur annoncer, que des fourbes séditieux ont eu l'impudence de faire imprimer et de répandre dans la campagne un prétendu catéchisme [1], dans lequel les saintes vérités de notre religion sont travesties, ridiculisées et remplacées par les principes les plus impies.« 9

«Frères et amis,» est-il dit entre autres dans cette adresse, «il est temps enfin de faire cesser ces menées lâches et ténébreuses. Les ennemis de notre liberté, les ennemis de l'honnête habitant des campagnes, ses anciens oppresseurs et ses tyrans ont usé trop longtemps des moyens les plus vils pour infecter la campagne de leur poison aristocratique; trop longtemps ils ont abusé de la bonne foi, de la religion, de la conscience pure et de la simplicité des habitants de

[1] *Neu verbesserter Strassburger National-Katechismus, mit Fragen und Antworten, zum Unterricht und Gebrauch der grossen Kinder im Elsass, mit Fleiss zusammengetragen, und mit bischöflicher Erlaubniss herausgegeben von Vexatorius, der National-Gelahrtheit Doctor. Gedruckt und umsonst zu haben bei Anton Brendel.* (Nouveau catéchisme strasbourgeois national, avec demandes et réponses, pour l'instruction et à l'usage des grands enfants en Alsace, rassemblé avec soin et publié avec la permission épiscopale, par Vexatorius, dòcteur ès-science nationale. Imprimé et se vend gratis chez Antoine Brendel.)

la ci-devant Alsace, pour les effrayer encore par des fantômes, pour les tromper par des mensonges infâmes, les instiguer à la révolte par de faux Décrets ou par leur méchante interprétation et pour les rendre les artisans de leur propre malheur. . . . . Cette adresse est signée : «*La Chausse*, Président ; *Schertz*, Vice-Président ; *Méniolle*, *Louis Schmutz*, *Bonnard*, *J. D. Ehrmann*, Secrétaires.»

»Les députés de la ci-devant Alsace annoncent à la S. que ce ne sera pas le Général Luckner, mais le Général Gelb qui aura le commandement des deux départements du Rhin. Cette nouvelle est reçue avec un certain mécontentement de la part de la S.

»Victor Broglie annonce à la S. que la Garde nationale des deux départements du Rhin recevra encore une quantité considérable de fusils et que celle de Strasbourg recevra des canons.

»Des lettres de Rennes et du Puy-du-Dôme assurent que tous les citoyens patriotes, au nombre de 10,000, sont prêts à se porter sur la frontière au premier signal.

»Lecture d'une lettre de M. Fonié, aumônier de la Garde nationale d'Erstein, par laquelle il annonce que la Garde nationale de ce lieu est très-patriote, mais qu'il n'en est pas de même des prêtres et de la municipalité et notamment du Maire, et que l'esprit fanatique s'élève de nouveau; il cite nommément un ex-capucin strasbourgeois, le père Huguelin. Des dénonciations analogues sont faites contre le curé d'Ottrott et contre le recteur de Schlestadt. La S. renvoie ces dénonciations à son comité de surveillance.

»Les sous-officiers du régiment d'Artois-cavalerie annoncent que, d'accord avec la Garde nationale de cette ville, ils veulent se constituer en S. des amis de la Constitution.

»La S. invite ses membres à assister tous les dimanches et fêtes, au nombre de deux personnes, aux services divins qui se tiennent dans chaque paroisse, pour surveiller les prédicateurs et faire leur rapport au cas qu'ils les entendraient prêcher contre la Constitution.

»Un membre lit un rapport sur les moyens de défendre et de surveiller les rives du Rhin; la S. arrête que ce rapport soit communiqué à MM. les Commissaires du Roi, en les priant d'en faire usage pour l'utilité publique.

»M. Clairier, prêtre et curé honoraire de Clercy, fait hommage à la S. d'un discours, prononcé par lui dans l'église de St-Louis, lors de la prestation de son serment. L'impression de ce discours dans les deux langues est votée.

»Dénonciation des procès-verbaux de la municipalité de Niederschæfolsheim, desquels il appert que cette municipalité a fait des protestations contre les Décrets. Renvoyé au comité de surveillance.

»Dénonciation contre le Maire de Soufflenheim, qui a fait assembler la commune, pour l'engager à redemander l'exécution des clauses du traité de Westphalie et à protester contre tout ce qui a été fait par les Représentants de la Nation, et qui a envoyé des circulaires de ces protestations aux communes circonvoisines. La S. renvoie cette dénonciation à l'Accusateur public.

»La S. de Colmar annonce l'élection de J. B. Gobel, sacré Évêque de Lidda, ancien suffragant de l'Évêque de Bâle, au siége épiscopal du Haut-Rhin [1].

»Lecture d'une lettre de Ribeauvillé, annonçant que le curé, son vicaire et un autre prêtre ont prêté le serment.

»La S. arrête d'écrire à la S. de Paris séante aux Jacobins, pour faire révoquer la défense faite aux militaires de fréquenter la S.

»Un membre lit une ode en l'honneur du nouvel Évêque.

»Une députation de Wissembourg annonce la formation d'une S. des amis de la Constitution dans cette ville.

»M. Hérault lit des extraits de lettres des deux autres Commissaires du Roi, présentement à Colmar; ils annoncent les progrès rapides de la S. de cette ville et ceux que fait le patriotisme dans le département du Haut-Rhin. Ils ont assisté à une séance de la S., où ils avaient été introduits

[1] Cet Évêque n'accepta point, ayant déjà été élu à Paris. Il fit partie de l'Assemblée nationale et fut guillotiné à Paris le 10 avril 1794.

11 par le brave Stockmeyer et on les a fêtés par des illuminations.

»Lecture d'une lettre de Schlestadt, qui dénonce le curé de cette ville, pour avoir abusé de son ministère en remplissant d'amertume les derniers moments d'un moribond; ce prêtre le menaçant de l'éternelle damnation, s'il ne voulait abjurer son attachement à la Constitution.

»Une autre lettre confirme cette nouvelle; elle contient une dénonciation signée contre le dit curé et contre son vicaire. Cette dénonciation est envoyée par la S. au comité de surveillance.

»Un membre produit des preuves écrites à l'appui de l'accusation faite contre Andlauer, juge au District de Schlestadt.»

15 »M. Bruat, membre correspondant de la S., cherche à se disculper au sujet de sa motion faite à l'assemblée des électeurs à Colmar et tendant à éloigner les électeurs protestants de l'élection de l'Évêque.

»Le Général Kellermann rend compte de l'honorable et brillante réception faite à MM. les Commissaires du Roi à Colmar. Il annonce à la S. le passage de quelques centaines d'Autrichiens par la Suisse, en assurant qu'on les surveillera. Il s'élève au sein de la S. des doutes au sujet du Général Affry, accusé d'avoir conseillé au Conseil souverain de Bâle d'accorder ce passage aux Autrichiens. Les patriotes de Belfort paraissent avoir le même soupçon; ils demandent le rappel de ce Général.

»La S. de Besançon annonce que 20,000 hommes armés de son département sont prêts à marcher, au premier signal, à la frontière.

»La S. de Bischwiller cherche à justifier auprès de la S. les louanges accordées au Président du District, Gayling. Elle proteste de son patriotisme.

»Le brave Maire de Pfaffenhoffen, Gerst, mande à la S. que le curé de Bouxwiller, Aulbeer, a répandu dans sa commune de fausses nouvelles empruntées au journal de Darmstadt, et que la commune de Gambsheim se plaint amèrement de son curé fanatique. La S. renvoie ces plaintes à son comité de surveillance.

»Un membre accuse les Religieuses de Ste-Barbe d'empoisonner leurs élèves de maximes aristocratiques. 15

»Un prêtre, député de la S. de Schlestadt, prononce un discours et demande l'affiliation de cette S. à celle de Strasbourg; la S. adhère à sa demande et arrête que le discours courageux et plein de force qu'elle vient d'entendre sera inséré au procès-verbal de la S.

»Victor Broglie mande de Paris que l'Évêque Brendel a été sacré le 13 de ce mois dans la capitale.

»Un membre correspondant de Paris fait savoir à la S. que l'Assemblée nationale s'occupe en ce moment des scènes fanatiques qui ont eu lieu à Strasbourg et notamment de la S. du Séminaire et de l'ex-curé de St-Laurent, Jæglé.

»Un membre annonce que les frères d'armes du régiment Saintonge seront remplacés à la citadelle par un régiment suisse. Il fait la motion que la S. devrait faire à ce sujet des remontrances très-fondées aux Commissaires du Roi, et demander de nouveau que la citadelle de Strasbourg ne puisse jamais être confiée qu'à des Français de naissance. La S. se prononce unanimement en faveur de cette motion.

»Une députation de la S. de la Constitution de Schlestadt assiste à la séance. Un de ses membres donne lecture du procès-verbal de la formation de cette S., du 13 mars, signé par 78 membres. La S. nomme deux membres pour féliciter cette S. naissante.

»Le Président du District de Benfeld, Hoffmann, membre correspondant de la S., annonce que le prêtre fanatique d'Erstein vient d'être traduit devant le tribunal de Schlestadt.

»Lecture d'une lettre de Colmar, qui annonce le progrès toujours croissant que fait l'esprit public dans le Haut-Rhin, sous les auspices de MM. Dumas et Foissey, Commissaires du Roi.

»La S. arrête que l'ouvrage patriotique du curé de Reumlin sera imprimé aux frais de la S.«

(Depuis le commencement de ce mois jusqu'aujourd'hui la S. reçut les membres suivants : D. Lix, jardinier-cultivateur ; M. Kugler, administrateur du Département ;

15 J. D. Ehrlen; D. Rehm; Chr. Rehm; H. E. Wappler; P. Olinet; J. H. Fried; P. J. Pfeffinger; J. H. Widt; Simon, cafetier; J. G. Starck; P. J. Weiler; A. Hirth, négociant; F. L. Ehrmann, professeur de physique; P. F. Monet; J. J. Kirstein, orfèvre; F. Kolb [1].)

18 »André Weinum, médecin de Haguenau, prononce un discours, par lequel il annonce qu'une S. des amis de la Constitution vient de se former à Haguenau. Il lit une adresse de cette S., qui demande l'affiliation et l'envoi de Commissaires de la S., pour consolider son établissement. La S. adhère à cette demande et nomme six de ses membres pour installer la S. de Haguenau.

»Le régiment de Saintonge fait ses adieux à la S. Il fait distribuer une belle adresse à la Garde nationale de Strasbourg et à la S. On décide que ce régiment devra être remplacé à la citadelle par un régiment français.

»La S. de Bordeaux envoie une lettre, dans laquelle brille la plus vaste érudition, la plus vive éloquence et le patriotisme le plus énergique. Elle excite dans la S. les plus vifs transports; principalement le passage relatif au brave Stockmeyer et celui où il est dit: »Nous voyons en esprit le chemin chez vous, nos frères; il s'efface quand vous serez menacés de danger, et vous pourrez compter sur notre secours,« sont interrompus par des applaudissements réitérés.

»Un membre informe la S. que l'on a envoyé à un négociant de cette ville un grand nombre d'exemplaires en placards de lois de l'Assemblée nationale, avec proposition de les acheter à quatre sols la livre. Cela parait être un délit, puisque ces placards étaient destinés à être affichés dans le district de Haguenau, et il y a lieu de croire qu'ils

---

[1] Les réceptions des membres de la S. ne se firent plus depuis lors par ballottage et leurs noms ne figurent plus sur les procès-verbaux des séances. A cette époque la S. se composait de 315 membres sédentaires et de 171 membres correspondants; elle était affiliée à 51 S., dans le nombre desquelles se trouvaient les 11 S. suivantes de l'Alsace: Barr, Belfort, Bischwiller, Colmar, Haguenau, Huningue, Landau, Lauterbourg, Schlestadt, Wasselonne et Wissembourg.

ont été ou volés ou supprimés; dans l'un et l'autre cas, ce 18
fait mériterait toute l'attention. La S. arrête d'en instruire le Département.

»Lettre de la S. de Versailles, qui propose à l'Assemblée nationale une souscription volontaire, au nombre de 3000 hommes par département, prêts à marcher au secours de la patrie en danger, et de confier la garde du Roi exclusivement à la Garde nationale. La S. décide que cette lettre sera envoyée au comité de correspondance.

»La S. de Paris recommande à la S. de Strasbourg le Lieutenant-général Gelb, auquel le Roi vient de confier le commandement des deux départements du Rhin; elle prie la S. de l'instruire de l'opinion publique. La S., en répondant à celle de Paris, dit qu'elle ne connait pas le Général Gelb, mais qu'il est à sa connaissance que ce Général n'a point accepté cette mission. La S. demande l'intervention de la S. de Paris, afin qu'un Général patriote soit nommé pour le commandement des deux départements du Rhin.

»La S. d'Angers prie celle de Strasbourg d'appuyer une adresse à l'Assemblée nationale, par laquelle elle demande une loi en faveur des noirs dans les colonies. Un membre remarque que cette demande lui parait prématurée, parce qu'elle pourrait causer des troubles dans les villes maritimes; il désire que l'adresse des patriotes d'Angers soit remise à plus tard, parce que l'affaire des Juifs a aussi été ajournée. Un autre membre observe que la question des noirs concerne l'humanité, qui devra être sacrée à chaque patriote; il demande la nomination d'une Commission qui s'occupera de l'adresse d'Angers [1].

»Le rapport que la S. a fait rédiger, sur l'organisation du clergé protestant de la Confession d'Augsbourg, est lu à la S. Elle arrête qu'il sera imprimé et distribué, et qu'il sera débattu prochainement.«

»La S. publie à ses frais une *Adresse amicale aux citoyens* 20
français du Haut- et du Bas-Rhin, par Albert, curé catho-

---

[1] Cette observation donna lieu à plusieurs réclamations véhémentes dans les journaux de Strasbourg.

20 *lique à Reimlingen, district de Sarre-Louis,* dans laquelle il développe les grands avantages remportés par la Révolution.«

21 »Le chanoine Rumpler s'adresse à la S., pour défendre la ci-devant collégiale de St-Pierre-le-jeune.«

22 »La S. envoie une adresse à l'Assemblée nationale, pour demander que tous les officiers de l'armée soient tenus de prêter publiquement le serment que l'on exige des employés publics, afin de pouvoir punir comme perturbateurs de l'ordre public, ceux qui agiront contre la Constitution.

»La S. envoie une autre adresse à l'Assemblée nationale, au sujet de plusieurs vexations d'officiers envers leurs soldats.

»On instruit la S. qu'il y a des citoyens qui acceptent des sommes d'argent pour ne pas soumissionner les biens nationaux. La S. demande que l'on dénonce aussi les paysans ou les autres personnes qui offrent de l'argent pour obtenir qu'on n'enchérisse pas ces biens, ou qui même emploient des menaces contre les citoyens intentionnés de soumissionner, afin de les obtenir à de vils prix.«

24 »La S. nomme une députation pour présenter au nouvel Évêque Brendel, deux belles odes sur son installation, composées par deux de ses membres [1]. La S. décide que la quête faite dans la séance serait en même temps envoyée à l'Évêque, pour en faire une distribution aux pauvres, le jour de son installation [2].

»Lecture d'une lettre de Lafayette, faisant connaitre les préparatifs de l'ennemi sur les rives du Rhin.

»Lecture du premier Mandement de l'Évêque Brendel, vivement applaudi par la S.

---

[1] *Ode à M. Brendel, Évêque de Strasbourg, par Louis-Gabriel Bonnard, Secrétaire de la S. des amis de la Constitution de Strasbourg*, et *Ode sur l'installation de l'Évêque de Strasbourg, par Claude Champy, membre de la dite S.*

[2] Cette installation eut lieu le 25 mars, à la Cathédrale de Strasbourg.

»La S. arrête, sur la proposition d'un de ses membres, 24
de prendre part au Te Deum qui sera célébré en actions de grâce de la convalescence de notre bon Roi. Un autre membre, considérant que chaque citoyen français doit se réjouir du rétablissement de la santé de Louis XVI, propose que deux membres de la S. fassent une quête dans l'assemblée en faveur des pauvres. Adopté.

»Le Commissaire du Roi, Dumas, donne des nouvelles relatives aux émigrés à Worms, où, d'après lui, ils ne sont pas bien vus.

»Une députation de la S. de Dambach sollicite l'envoi d'un Commissaire, pour mettre de l'ordre dans leur S.

»Lecture d'une lettre du Ministre de la guerre, relative à l'armement, ainsi que de la réponse à cette lettre par la Garde nationale de Strasbourg. L'assemblée applaudit au style mâle et ferme de cette réplique.

»Le Général Vittinghoffen exprime le vœu de se faire recevoir membre de la S., et dit que maintenant qu'il a sa nomination du Roi comme Général, en remplacement du Général Kellermann, à Colmar, il ne risque plus de se voir soupçonné d'être entré dans la S. pour avoir une place.

»Le Commissaire du Roi, Dumas, présente à la S. l'adjudant-général du Général Gelb, Poncet, qui remet au Président de la S. une lettre des Jacobins de Paris, déclarant qu'il est un de leurs membres les plus fervents.«

»Un membre dénonce le curé Jæglé, qui s'est comporté 26
très-indécemment à l'égard de l'Évêque Brendel, conduite qui a eu pour conséquence une émeute de femmes. Cette émeute a éclaté dans la Cathédrale, dans laquelle l'Évêque a été offensé par ces femmes, au point que sa vie même était en danger. A cette nouvelle, toute l'assemblée s'est spontanément levée et a juré de défendre la vie de l'Évêque avec la dernière goutte de sang. Une députation de dix membres est envoyée par la S. auprès de l'Évêque, pour lui rendre compte de la résolution de la S.

»Un autre membre fait la remarque que le curé Jæglé ne se lassera pas avant d'avoir atteint son but répréhensible. La S. décide : 1° de demander à la municipalité de faire

26 arrêter ce curé, et au cas où il se serait caché, de donner son signalement aux consignes des portes de la ville; 2° que les membres qui auraient été témoins oculaires du scandale dans la Cathédrale, seraient obligés de dénoncer le fanatique Jægle à l'Accusateur public, en le priant de le mettre de suite en état d'accusation. La S. charge aussi les dits membres de rendre l'Accusateur public responsable, dans le cas où il apporterait le moindre délai dans cette affaire.

»On lit un discours prononcé par le Général Gelb, à la garnison de Strasbourg. L'assemblée applaudit vivement cette lecture.

»On annonce à la S. qu'une femme vient d'être arrêtée au pont du Rhin, ayant sous ses jupes des mandements du Cardinal Rohan-Lamotte-Collier [1], dans lesquels la S. est mise au ban. (On rit.)»

29 »La S. reçoit une lettre de Tours, qui recommande deux braves ecclésiastiques, ayant prêtés le serment civique et sachant les deux langues, qui désirent avoir des cures dans les départements du Rhin. La S. en informe le Directoire du District de Strasbourg.

»On annonce que le professeur du collége de Colmar, Martin Arbogast, membre de l'Assemblée nationale, a été élu Évêque du Haut-Rhin, et que quelques moines jacobins, bénédictins et capucins ont prêté le serment civique.

---

[1] *Monition canonique et Ordonnance de Louis-René-Édouard Prince de Rohan etc., à François-Antoine Brendel, prêtre naturalisé du diocèse de Strasbourg, se portant pour Évêque du dit diocèse, ainsi qu'au clergé séculier et régulier et à tous les fidèles. Donné à Ettenheim, le* 21 *mars* 1791.

A cette occasion parurent les pièces suivantes :

L'excommunication trouvée sous la jupe d'une femme. Anecdote strasbourgeoise. (Poésie.)

Cantique spirituel sur le mandement très-peu spirituel du ci-devant Évêque de Strasbourg. (Poésie.)

Extrait du Registre du Tribunal du District de Strasbourg. (Jugement contre la monition.)

Extrait du Registre du Conseil général de Strasbourg. (Relatif à la monition.)

»Louis Noailles, ancien Président de l'Assemblée nationale, se présente à la S.; il est accueilli par de vifs applaudissements. 29

»Examen du Rapport sur l'organisation du clergé protestant. Le premier article du titre II de ce rapport, sur les élections des pasteurs protestants, portant : »Les pasteurs seront élus par tous les citoyens actifs de la commune qui appartiennent à la Confession d'Augsbourg, à la majorité des voix,« donne lieu à une discussion très-animée. La S. décide, ne voyant point de raison d'exclure de cette élection les citoyens catholiques, que les mots : »qui appartiennent à la Confession d'Augsbourg« soient supprimés.«

»On communique à la S. un pamphlet portant le titre : AVRIL.
Lettre à Louis-Marie-Édouard de Rohan, soi-disant Landgrave d'Alsace, qui a été Évêque de Strasbourg, qui enrage de ne l'être plus et qui ne le redeviendra jamais, quoiqu'il fasse, Proviseur de Sorbonne, puisque la Sorbonne avilie y consente etc. La lecture de cette satire sur la *Monition canonique du Cardinal de Rohan*, provoque les applaudissements de l'assemblée. 2

Cette lettre se termine ainsi : «La présente ne sera affichée nulle part, mais elle sera lue dans tous les clubs patriotiques des 83 départements du Royaume et envoyée à tous les Évêques constitutionnellement élus. Arrêté à Strasbourg, dans la S. des patriotes, réunis chez Joseph Gudinale, rue des prêtres, le 1er avril 1791.»

»On annonce la formation de clubs patriotiques à Neuf-Brisac et à Rosheim, et on se plaint des persécutions exercées par des prêtres fanatiques contre des patriotes.

»Dénonciation du curé et du vicaire de Wœrth, accusés d'avoir persécuté d'une manière ignoble un électeur qui avait voté en faveur de l'Évêque Brendel. La S. arrête d'envoyer un rapport à ce sujet au Procureur-Syndic général, afin qu'il signale ces ecclésiastiques à l'Accusateur public.«

»La commune de Lampertheim demande l'intervention de la S. pour obtenir des armes. Accordé. 5

»Le curé Clairier fait hommage à la S. de son ouvrage

sur l'éducation [1] et demande à être reçu membre de la S. Accordé.

»Un des Commissaires du Roi communique une lettre du Ministre de la guerre, écrite, au nom du Roi, au brave concierge des prisons, Leorier [2], pour l'assurer de la considération du Monarque.

»La commune de Pfaffenhoffen envoie des dénonciations contre le prêtre fanatique Mehl, de Schlestadt, et contre Kuhn, membre de l'administration du Bas-Rhin.

»On annonce à la S. la formation d'une S. constitutionnelle à Rothau.

»Sur la motion d'un membre, de charger un orateur de prononcer, dans la prochaine séance, un discours en l'honneur de Honoré-Riquetti Mirabeau, plusieurs membres observent qu'il n'est plus d'usage de faire prononcer des discours de louanges officielles, mais que si la S. voulait honorer la mémoire de Mirabeau, elle écouterait sans aucun doute un discours officieux sur l'immortel Riquetti. La S. arrête qu'elle prendra le deuil pendant huit jours pour Mirabeau.

»La S. publie une *Seconde adresse aux habitants des départements du Rhin*, pour leur prouver que les insinuations qu'on leur prodigue, contre l'énormité des contributions, ne sont point fondées.«

»On annonce le départ des trois Commissaires du Roi. La S. ne croit point leur mission achevée, dans un temps où l'effervescence est encore grande, où les différents corps ne sont point encore d'accord, où les tribunaux sont suspects, où l'Évêque constitutionnel n'est point encore généralement reconnu, où, en un mot, la tranquillité publique n'est point encore rétablie. La S. arrête d'envoyer une

---

[1] Le même curé constitutionnel a publié encore un autre ouvrage, intitulé : *Le tableau naturel de l'homme ou observations physionomiques sur les divers caractères des hommes*.

[2] Leorier avait publié un *Mémoire relatif à l'amélioration des prisons*, dans lequel il prend fait et cause pour les prisonniers détenus dans les prisons de Strasbourg et dont il dépeint l'état pitoyable.

adresse au Ministre, pour lui représenter de quelle grande 6
utilité serait encore la présence des Commissaires en Alsace, et décide que la municipalité serait priée d'appuyer cette adresse auprès du Ministre.«

»Un membre lit, devant le buste de Mirabeau, une poésie 9
intitulée : *Aux mânes de Mirabeau.*«

»D'un rapport fait à la S., sur les malheureuses affaires 12
de Wissembourg [1], il appert que les officiers de la garnison en sont l'unique cause.«

»M. Matthieu, Député extraordinaire du Commerce de 19
Strasbourg à Paris, fait part de nouvelles relatives au transit, qui causent un mécontentement complet dans l'assemblée. La mesure projetée par l'Assemblée nationale, de faire plomber les marchandises, passant par transit, colis par colis, au lieu de plomber les voitures entières, causerait tant de frais et de tracasseries, que le transit serait perdu pour la France et se ferait sur la rive droite du Rhin. La S. décide d'envoyer une adresse à l'Assemblée nationale, pour lui exposer le grand mal qui résulterait pour l'Alsace et pour la ville de Strasbourg en particulier, de cette mesure. La S. de Paris sera priée d'appuyer cette adresse auprès de l'Assemblée nationale.

»Une autre nouvelle de Paris, relative au commandement militaire des départements du Rhin, parvient à la S. On lui fait savoir que le Commandant supérieur serait le Général Gelb, que sous lui commanderaient les Généraux Kellermann, Vittinghoffen, Choisy et Wimpffen ; mais que ce dernier ne pouvant quitter l'Assemblée nationale qu'en juin, le Général Affry resterait encore jusqu'à cette époque à Huningue, où il commande une brigade. On annonce aussi que le Général Klinglin vient d'être rappelé.

---

[1] Quelques soldats, voulant se rendre à la S. des amis de la Constitution, avaient été retenus de vive force par leurs officiers ; un soldat fut tué sur place et vingt autres blessés. Un grand nombre de soldats furent jetés en prison, mais remis en liberté, grâce à l'intervention du Maire de Wissembourg.

19 »On annonce que le Ministre vient d'adresser un Décret au Département, qui défend à tous les ecclésiastiques, n'importe de quel culte, de prêcher ou d'enseigner, s'ils n'ont prêté le serment civique.

»Un membre annonce que les Capucins quittent l'un après l'autre la ville, et que les Franciscains ont aussi déclaré vouloir quitter le pays de la liberté avec leur bagage. L'assemblée, en recevant cette nouvelle, exprime un grand plaisir et souhaite à ces »moines bruns« un bon voyage [1].«

26 »L'affiliation demandée par la S. de Ribeauvillé, lui est accordée, sous la réserve cependant, que la S. s'informera, auprès de la S. de Colmar, sur les principes patriotiques de celle de Ribeauvillé. La S. nouvellement établie à Saverne demande également l'affiliation. Accordé.

»Lecture d'une lettre de la S. de Niort, sur l'émancipation des Juifs.

Il est dit dans cette lettre : «Il est digne d'une nation magnanime et libre d'accorder aux Juifs, qui demeurent au milieu d'elle, le droit civique, elle doit les reconnaître comme ses frères aînés. La S. désire savoir si les Français dans les départements du Rhin sont assez éclairés et libres de préjugés, pour souhaiter aux Juifs la dignité civique.»

»La S. décide de remettre la discussion sur cette question à une prochaine séance.

»La municipalité de Pfaffenhoffen annonce que plusieurs receveurs de rentes, dans le ci-devant comté de Hanau, font mettre à l'adjudication les dîmes, et que, dans plusieurs communes, il y a eu des municipaux assez bornés pour se porter adjudicataires. La S. arrête de donner connaissance de ce fait à l'administration départementale.

»Un membre de la S. de Colmar annonce que l'Évêque élu du Haut-Rhin gagne de jour en jour davantage la confiance des catholiques. Un autre membre remarque que la même chose a lieu dans le Bas-Rhin, pour l'Évêque Brendel.

»M. Poncet, adjudant-général du Général Gelb, annonce que plusieurs braves citoyens ayant demandé que des

---

[1] Il parut à cette occasion une carricature, devenue très-rare, représentant le *Départ des Capucins de la ville de Strasbourg*.

patrouilles de nuit se fissent sur les remparts, l'ordre en a 26
été donné de suite.

»On communique à la S. le *Rapport de l'administration des établissements publics, fait au Corps municipal, les 15 et 23 avril 1791, concernant les questions proposées par le Directoire du Département du Bas-Rhin, sur les fonds destinés au soulagement des pauvres infirmes et vieillards, et les moyens de prévenir l'indigence.*

Ce Rapport contient entre autres le dénombrement suivant de la population strasbourgeoise, au commencement de l'année 1791 :

Population dans l'enceinte de la ville		40,267
Couvent des Dames religieuses de Ste-Marguerite .	35	
— — — de la Visitation de Notre-Dame . .	46	
— — — de la Visitation . .	72	
— — — de Ste-Madeleine .	31	
— des RR. PP. Capucins (le grand)	19	
— — — (le petit)	18	
— — Récollets	33	
Commanderie de St-Jean.	24	
Séminaire épiscopal	77	
		355
Collége royal	72	
— de St-Guillaume (protestant)	21	
Hôpital bourgeois	811	
Maison des pauvres	359	
— de correction	130	
— des orphelins	199	
— des enfants illégitimes et pauvres . . .	493	
		2,085
Citadelle		676
Extra-muros		1,480
Robertsau		1,317
Neuhof		584
Population précaire		1,352
Total de la population (non compris la garnison)		48,116

»On annonce qu'une S. d'amis de la Constitution vient 28
d'être fondée à Ste-Marie-aux-mines.

»Lecture d'une lettre de fraternisation, envoyée par la S. révolutionnaire de Londres, contenant les expressions les plus franches d'amitié, adressées aux patriotes français par des patriotes anglais. Cette lettre annonce également la mort d'un des plus zélés défenseurs de la Constitution française, D. Price, décédé le 17 mars dernier.

»Le Président de la S. de Neuf-Brisac annonce que le drapeau tricolore national a été planté sur le rempart de cette forteresse, vis-à-vis du Vieux-Brisac.

»On annonce de Belfort qu'un mandement séditieux, de l'Évêque de Bâle, vient d'être lacéré et brûlé par les mains du bourreau.

»Le Vice-Président de la S., Jean-Chrétien Kienlin, fait distribuer à la S. un *Discours sur l'heureux résultat des élections municipales*, que, faute de temps, il n'a pu prononcer à la dernière séance.«

»MM. Gaspard Noisette, Claude Champy et Claude-Hilaire Laurent émettent leur opinion sur deux jugements rendus par le Tribunal du commerce de Strasbourg, qu'ils considèrent comme attentatoires à la loi, en proposant à la S. de dénoncer ce Tribunal au Ministre de la justice. Adopté.

»M. Joseph-Antoine Maynoni prononce un *Discours sur les assignats*.

L'orateur, après avoir démontré la nécessité des assignats, fait la proposition que la S. nommerait des Commissaires chargés d'aviser aux moyens les plus prompts et les plus faciles, pour rendre à l'assignat toute la faveur possible et de sauver par là les fabriques de la ruine qui les menace.

»Lecture d'une publication faite par Frédéric Schœll, membre du Département, dans laquelle il se plaint avec véhémence d'une adresse de la S., où il est dit entre autres : »qu'il n'est pas permis aux administrations d'avilir le peuple.«

Dans l'écrit de Schœll, intitulé : *Ueber den Despotismus der patriotischen Gesellschaften* (Sur le despotisme des S. patriotiques), il est dit : «Ce ne sont que les calomniateurs qui cherchent à faire accroire au peuple que les administrateurs veulent l'avilir; ce sont, bien au contraire, les faux amis de la Constitution qui exercent le despotisme le plus insupportable ; ce sont eux qui, par leur despotisme le plus effréné, ont remplacé celui dont nous venons de renverser le joug, ce sont eux qui avilissent le peuple, en s'imaginant qu'il supportera encore plus longtemps leur despotisme. » 3

«La S. publie une *Adresse aux électeurs du département du Bas-Rhin sur les devoirs des électeurs*, en réponse aux remarques faites lors des assemblées préparatoires pour les élections des curés. 10

L'auteur de cette adresse dit, en déplorant le mauvais état de l'instruction du peuple de la campagne : «Si nous nous trouvions aujourd'hui mieux instruits des changements survenus dans l'Église, nous saurions que les élections populaires sont un droit naturel, ancien et primitif, dont aucun Prince, aucun Pape, ne peuvent nous déshériter, ni par des décisions arbitraires, ni par des foudres de l'excommunication ; nous saurions que dans les temps primitifs du christianisme, les peuples élisaient leurs Évêques, qui alors n'étaient que des pasteurs supérieurs, et nous saurions en outre que l'on ignorait totalement l'existence de Cardinaux ; l'on saurait encore que ces premiers pasteurs ne possédaient point de grands revenus, ni palais, ni châteaux, ni domestiques à livrée, ni chevaux et carrosses, ni chasseurs et meutes, ni maîtresses, abus qui datent des temps de la stupidité et de la superstition des peuples. » — En examinant pourquoi le clergé frappe d'anathème la Constitution, l'auteur de cette adresse s'exprime ainsi : «Soyez convaincus, mes frères, si la Constitution avait augmenté, au lieu de diminuer la magnificence des Cardinaux et des Évêques, si elle avait porté le traitement des curés des 3,000 à 6,000 livres qu'ils touchent actuellement, à 12,000 livres, et celui des vicaires de 1,000 à 2,000 livres, qu'aucun d'eux se serait obstiné à refuser de prêter le serment à la Constitution. »

«M. Acker, Procureur-syndic du District de Strasbourg, annonce que le Prince de Hohenlohe, ci-devant membre du ci-devant Grand-Chapitre de la Cathédrale de Strasbourg, a répondu à sa lettre, dans laquelle il le priait de lui faire remettre les papiers du ci-devant Grand-Chapitre. Le Prince lui déclare : «Que dans peu de jours l'armée révolutionnaire allemande reconstituera l'ancien ordre des choses et remettra un chacun dans sa position antérieure. » 21

«Plusieurs membres de la S. expriment au Général Gelb le désir qu'il fasse placer des soldats aux avances des portes

21 de la ville. Le Général, touché de cette marque de confiance, donne de suite les ordres nécessaires.«

23 »Lecture d'une lettre du Général Luckner, par laquelle il témoigne la douleur de ne pouvoir accepter la place de Général de la Garde nationale, ayant été nommé par le Roi Général des troupes de ligne, poste qui est incompatible avec celui qu'on lui offre. La S. arrête de publier la belle lettre du Général Luckner, où il est dit entre autres: »Je regarde le titre de citoyen français comme le titre le plus élevé au monde.«

25 »Une adresse de treize communes du canton de Goxwiller annonce à la S. que le Juge de paix de leur canton, dont les quatre assesseurs ne comprennent pas le français, aussi peu que presque tous les habitants du canton, se refuse de rendre ses jugements en langue allemande, et qu'il résulte de ce refus un grand mal pour les habitants. La S. arrête de dénoncer ce Juge de paix au Ministre de la Justice.«

26 »La S. publie une *Adresse à l'Assemblée nationale*, pour lui demander l'abolition des Décrets des 29 octobre et 3 novembre 1789, relatifs aux élections, Décrets qui donnèrent déjà, alors qu'ils furent votés, lieu à de vives réclamations, et contre lesquels on n'a cessé de protester dans toute la France, parce qu'ils sont contraires au principe de l'égalité, sans lequel l'Empire retomberait tôt ou tard sous la verge du despotisme.

«Pénétrés des grands principes que vous avez décrétés,» est-il dit dans cette adresse, «et qui font la base de notre sublime Constitution, nous osons Vous rappeler celui qui porte que «tous les citoyens sont «également admissibles à toutes les dignités, places et emplois publics, «selon leur capacité et sans autres distinctions que celles de leurs «vertus et de leurs talents.» Voilà le vrai *Palladium* de notre liberté. Pourquoi faut-il que des Décrets sur l'éligibilité aux fonctions administratives, et surtout celui concernant l'entrée au Corps législatif, soient en quelque sorte destructifs de ce principe sacré? — Législateurs français, Vous ne permettrez sûrement pas que les bases de notre Constitution soient attaquées dans leur développement! Nous nous bornons en ce moment à Vous demander la suppression du Décret, qui, pour être éligible aux législatures, exige une propriété foncière quelconque et une imposition directe de la valeur d'un marc d'argent... Souvenez-Vous qu'aux termes de Votre Décret, J. J. Rousseau eut été rejeté du temple législatif. » 26

« La S. décide d'envoyer cette adresse à toutes les S., avec prière de l'appuyer auprès de l'Assemblée nationale, ou de présenter un vœu pareil pour la suppression ou du moins la modification du Décret sur le marc d'argent.

« La S. joint à la lettre d'envoi une gravure représentant le portrait du brave Stockmeyer, qui, par son poignet patriotique, a rétabli la tranquillité dans Colmar, conduite qui lui a valu des éloges de l'Assemblée nationale. »

« La S. publie une *Adresse aux habitants de la campagne*, pour les prévenir contre des assertions mensongères et principalement contre celle que l'Assemblée nationale vient de voter la vente des biens communaux comme biens nationaux, assertion que le parti contre-révolutionnaire répand à la campagne, dans l'intention d'émeuter les habitants. » 28

« La S. envoie à l'Assemblée nationale un *Projet de Décret relatif à la prestation du serment que les Députés auraient à prêter à leurs corps électoraux après leur élection.* JUIN. 1er

« On annonce que le tribunal du district d'Altkirch a prononcé un décret de prise de corps contre l'Évêque de Bâle, pour avoir publié un mandement incendiaire.

« On porte des plaintes fort graves contre les Administrateurs du District de Benfeld. La S. arrête de demander immédiatement leur destitution à l'Administration provisoire du Département.

« Une trentaine de sous-officiers et soldats de la garnison de Strasbourg sont reçus. Le Secrétaire de la S. leur déclare que, vu leur solde modique, ils sont affranchis de la cotisation trimestrielle de 6 livres, à quoi ils répondent qu'ils préfèrent ne pas être reçus. »

« Une lettre de la S. de Rochefort annonce qu'elle a engagé sa municipalité d'ouvrir deux registres de souscription, l'un destiné à recevoir les noms des citoyens qui, lors 3

3 d'un danger, s'engagent à voler au secours de la patrie, et l'autre pour recevoir des souscriptions en argent en faveur de ces défenseurs de la patrie. Cette lettre annonce aussi que ces deux listes sont déjà couvertes de noms et que plus de la moitié des citoyens qui se sont engagés à partir, ont offert de supporter eux-mêmes tous les frais. La S., après avoir vivement applaudi à cette mesure, arrête de suite que les administrations du Département seront invités d'ouvrir de semblables registres.

„On annonce qu'au changement des garnisons, celle de Huningue a dû envoyer 250 hommes à Belfort, pour se rendre dans cette forteresse qui se trouvait sans garnison; mais la Garde nationale de Belfort, sachant que Huningue était très-mal garnie de troupes, et que, vu le voisinage d'un si grand nombre d'ennemis, cette forteresse frontière risquait de tomber entre leurs mains, a envoyé un officier au Commandant de Huningue, pour le prier de garder ces 250 hommes, en lui annonçant que les Gardes nationaux répondraient sur leurs têtes de la ville. Le Commandant de Huningue, ne pouvant agir contre les ordres du Général en chef, engagea l'officier d'adresser la demande à celui-ci; il arriva la même nuit à Strasbourg et le Général Gelb accepta avec plaisir l'offre généreuse et patriotique de la Garde nationale de Belfort. Un membre de la S. fait la motion de voter des remerciments à leurs dignes frères d'armes belfortains. „Point de remerciments,“ s'écria un membre, „car ils ont rempli leur devoir comme fidèles citoyens; mais félicitons-les d'avoir eu l'occasion de prouver leur véritable patriotisme, et que la patrie est toujours en droit d'attendre de ses dignes fils.“ Cette proposition est adoptée.“

6 „La S. de Versailles annonce qu'elle a ouvert des registres pareils à ceux de Rochefort, mais qu'il n'y avait qu'un seul mal, c'est qu'il ne resterait plus un seul homme à Versailles en cas de guerre; tous ceux qui sont en état de porter les armes s'étant engagés à marcher sur les frontières du Rhin.

„M. le professeur Kämmerer, arrivé depuis peu de Heidelberg et nommé professeur au Séminaire catholique de Strasbourg, prête le serment à sa réception comme membre de la S. Il annonce qu'il publiera, à l'aide de plusieurs de ses confrères, un journal allemand sur les événements religieux en France [1]. 6

»La S. envoie une adresse à l'Assemblée nationale, rédigée en termes énergiques, pour lui prouver la nécessité d'éloigner de nos frontières les ecclésiastiques non-conformistes, excitant et prêchant la révolte, et de prendre des mesures sévères contre ceux qui seraient reconnus coupables.«

»La S. de Paris annonce que 3000 citoyens de la capitale sont prêts à se rendre à leurs frais aux colonies, pour le maintien des lois, de la tranquillité et de l'ordre public, et que 5000 autres ont déjà signé l'engagement de secourir à leurs propres frais les départements du Rhin. 8

»Le curé de Hauenstein, district de Wissembourg, dénonce à la S. un capucin qui s'introduisit dans son église pour y baptiser, en tenant dans l'une de ses mains un crucifix et dans l'autre un pistolet. La S. en réfère à l'Accusateur public.«

»La S. publie une *Troisième adresse à ses concitoyens de la campagne dans les deux départements du Rhin*.« 13

«Le temps est arrivé,» est-il dit dans cette adresse, «où la liberté sera établie et demeurera à jamais parmi nous, ou que nous nous trouverons de nouveau sous le joug tyrannique dont nous venons de nous débarrasser avec tant d'efforts et de peines. Souvenez-vous, mes amis, des temps passés : Qu'avez-vous été alors, et qu'êtes-vous aujourd'hui, malgré les efforts des traîtres, qui n'ont pas cessé de travailler au renversement de la Constitution.»

A la suite de cette introduction, cette adresse compare toutes les charges qui pesaient sur le peuple avant et après la Révolution.

»Sur l'annonce que dans diverses localités des départements du Rhin des patriotes sont menacés et maltraités et 14

---

[1] Ce journal intéressant, qui, commencé le 1er juillet 1791, a été continué jusqu'au 29 décembre 1792 (3 vol. in-4°), a paru sous le titre de : *Die neucsten Religionsbegebenheiten in Frankreich* (Les événements religieux les plus récents en France).

14 que l'on n'y pouvait compter sur les Gardes nationaux, une demande est adressée à l'Assemblée nationale, qu'elle envoie au plus tôt, d'autres départements, 3000 Gardes nationaux sur lesquels on puisse compter.

15 »Victor Broglie prononce un discours généralement applaudi, auquel le Président répond d'une manière vraiment républicaine.

»Le Maire Dietrich annonce qu'il paraitra sous peu une proclamation du Corps municipal, par laquelle un citoyen sur vingt sera appelé à se dévouer volontairement pour la bonne cause, en combattant contre les aristocrates.

»Un pamphlet contre-révolutionnaire est dénoncé à la S. L'auteur, Achard ci-devant de Bonvouloir, y inculpe, par une série de mensonges et de calomnies, les principes de la S. et le patriotisme des sous-officiers et soldats de la garnison de Strasbourg. La S. décide de faire imprimer des certificats, signés par les corps administratifs et par les Généraux Gelb et Kellermann, en faveur des militaires calomniés.«

20 »Le Président de la S., Noisette, prononce un discours en l'honneur de François-Louis-Théodore Le Barbier, fondateur de la S., décédé le 18 de ce mois. La S. décide de prendre le deuil pour trois jours.«

21 »Le chanoine Rumpler fait parvenir à la S. sa brochure, intitulée : *A mes amis de tous les cultes,* ainsi que la lettre suivante à l'Assemblée nationale :

«Augustes Législateurs !

«Telle est, dans notre contrée, la liberté individuelle déclarée par vos Décrets, que j'ai failli tout à l'heure être assassiné, pour avoir fait des mises, par 5 à 6000 liv. à la fois, sur des domaines nationaux dont le ci-devant chapitre de mon église [1] se voit journellement *dépouiller,* sans qu'il soit possible à aucun de ses anciens membres d'en avoir, en payant, même une légère partie.

«Trente à quarante cultivateurs, associés entre eux, auraient voulu s'approprier nos meilleures terres, moyennant soixante écus par arpent qui, l'un portant l'autre, vaudraient, en tout temps, 12 à 1500 liv.

---

[1] St-Pierre-le-jeune à Strasbourg.

au moins. Ils avaient été alléchés à cette spéculation, par l'exemple 21
des paysans de Mittelhausbergheim et consorts, lesquels, ainsi que j'ai eu l'honneur de vous l'exposer il y a plus d'un mois, avaient obtenu 7 à 800 arpents de semblables terres, pour le demi-quart de leur valeur, attendu qu'alors l'on avait refusé, au District, la demande que j'y avais faite, de même qu'un autre amateur, pour que l'on daignât procéder à la vente partielle de ces terres.

«Aujourd'hui, Messieurs, au moment où je venais de faire, au même District, une troisième mise de 5000 liv. sur 133 1/2 arpents que l'on y vendait, dix de ces cultivateurs se sont détachés de la bande pour venir fondre sur moi, près de M. le Président où j'étais assis. Celui-ci, sur la menace, que me faisaient ces furieux, de m'assommer, m'invita à me retirer par une salle voisine; ce que je fis, après quelques représentations : mais en exigeant toutefois qu'il me fût donné acte de la violence qui m'était faite . . . .

«Si j'ose, Messieurs, vous faire part de ces détails, ce n'est point pour provoquer votre sévérité contre les auteurs du désordre, (ils sont peut-être plus imprudents que méchants), mais c'est pour exciter enfin, à mon égard, vos sentiments de justice et pour en obtenir au moins, dans ma singulière position, une réponse quelconque aux réclamations diverses que j'ai faites, sur plusieurs objets aussi intéressants que l'est celui-ci, et notamment encore, en dernier lieu, au sujet du payement de la pension que la loi m'a garantie et que Messieurs du District me refusent depuis 18 mois sous les prétextes les plus frivoles.

«Je suis avec un profond respect, Messieurs, Votre etc.

«Strasbourg, ce 9 juin 1791. *Rumpler.*»

»Lecture d'une lettre de la S. de Metz, commençant par 23
ces mots : »Amis, aux armes, le Roi et la famille royale sont arrêtés à Varennes, à quatre lieues de Verdun; au nom de la patrie, prenez vos précautions et comptez sur vos frères.« A cette nouvelle, la S. se déclare en permanence jusqu'au moment où la patrie serait hors de danger; elle rédige quelques notes qu'elle envoie aux Administrateurs supérieurs qui s'étaient rassemblés à l'Hôtel-de-ville. Aux différentes mesures de sûreté que prennent ces autorités réunies, la S. propose d'ajouter que l'autorité doit s'emparer de tous les curés récalcitrants qui soulèvent le peuple, et de les mettre en lieux sûrs à Strasbourg.«

23 La S. publia les diverses lettres qui lui furent adressées de Metz, de Remiremont, de Verdun et de Longwy, au sujet de la fuite du Roi, sous le titre : *Lettres reçues à la S. des amis de la Constitution de Strasbourg.* — La nouvelle de la fuite de la famille royale ayant produit une certaine effervescence dans toutes les classes, les citoyens se rassemblèrent sur les places et dans les lieux publics, et un nombre considérable d'entre eux, prenant le nom de Jacobins, se réunirent à l'église de St-Nicolas.

27 »La S. reçoit comme membre Félix Croly, grenadier, qui prononce un discours de réception, que la S. fait imprimer et distribuer.«

30 »On donne lecture d'un extrait d'une lettre de Paris, du 26 de ce mois, annonçant la rentrée du Roi fugitif ramené dans la capitale. La S. arrête que cet extrait sera imprimé dans les deux langues et distribué à 5000 exemplaires.«

Nous reproduisons cet extrait :

«Ceux qui ont vu la première entrée du Roi à Paris, lorsqu'on alla le chercher à Versailles, disent que l'appareil en était plus imposant que celui d'hier ; quoique je n'en ai point été témoin, j'en doute et je crois que celle-ci avait quelque chose de plus terrible. A la première il pouvait y avoir plus de peuple rassemblé, plus de cris, plus de menaces ; mais ici la scène prenait un caractère plus effrayant, par cela même qu'elle était plus paisible ; ce n'était plus une insurrection soudaine, un rassemblement tumultuaire, c'était la majesté du peuple toute entière, avec le calme, qui suit la puissance assurée, c'était la force publique organisée et se commandant à elle même ; partout une sévérité fière, peu d'emportements, un mélange de cette joie que donne l'idée d'un grand péril qu'on vient de courir et de ressentiments contre ceux qui nous y ont livrés ; les formes menaçantes de la loi au lieu des proscriptions de la haine, èt l'attitude de citoyens libres et maîtres, au lieu de l'impétuosité effrénée d'hommes qui viennent de secouer leurs fers, et croient encore les sentir. Au milieu de cela un Roi dans la posture et avec l'air d'un coupable, à côté de lui un Représentant du peuple le tenant sous sa tutelle, et commandant d'un mot aux forces de l'empire, exerçant cette dictature momentanée avec dignité, mais sans orgeuil ; une femme jadis adorée, aujourd'hui couverte des exécrations de ceux qui la bénissaient, et de timides enfants, qui au milieu des images terribles de la guerre, apprennent à cette utile école, mieux que par les leçons des pédagogues, ou par les enséignements surannés de l'histoire, qu'il est un

suprême modérateur des choses humaines, et que son doigt peut aussi 30
marquer le point où doivent cesser l'extension illimitée du pouvoir où ils aspirent, et les dédains de leur orgueil. Sur le devant de la voiture, on gardait trois hommes déguisés en courriers guides de cette fuite ; tandis que derrière eux sur une voiture découverte se tenaient debout les citoyens généreux qui ont arrêté la famille fugitive. Ils étaient chargés de lauriers, et les applaudissements qu'ils recevaient, marquaient un contraste bien triste pour le Monarque avec ce silence mêlé pourtant de murmures étouffés que gardaient sur son passage des milliers de citoyens la tête couverte, et une foule de soldats qui nulle part ne lui rendaient les moindres honneurs. J'aurais bien voulu pour le bonheur des peuples que les Rois de l'Europe eussent pu, placés derrière un rideau, comme le Turc à son Divan, voir cette marche et que là, dépouillant des préjugés qui n'ont plus de force quand il n'y a plus qu'eux qui y croient, ils eussent réfléchi sérieusement sur le sort qui les attend tôt ou tard, s'ils ne rectifient leurs absurdes idées et ne comprennent enfin que leur bonheur privé ne saurait se composer de la haine publique.»

»La S. décide de demander à l'Assemblée nationale JUILLET.
qu'elle fasse imprimer la liste de tous les officiers qui, à la 4
nouvelle de la fuite du Roi, ont quitté le pays.«

»Les Jacobins qui, depuis la fuite du Roi, se réunissent 5
dans l'église de St-Nicolas, après avoir fait entendre dans leur assemblée des invectives contre la famille de Capet et de sa femme, décident d'adresser une lettre à l'Assemblée nationale au sujet de la fuite du Roi, et demandent d'être admis à la S. des amis de la Constitution [1].«

»Lecture de l'adresse suivante, envoyée par les amis de 10
la Constitution et de l'égalité de Montpellier :

«*Les amis de la Constitution et de l'égalité de Montpellier, à l'Assemblée nationale.*

«Représentants,

«Vous avez grand besoin de connaître l'opinion publique, voici quelle est la nôtre.

---

[1] Cette admission, à laquelle, vu la force des circonstances, la S. des amis de la Constitution ne put s'opposer, porta le dissentiment dans la S. et fut plus tard la cause de la scission (voir au mois de février 1792.

«Il ne nous manquait pour être Romains que la haine et l'expulsion des rois : nous avons la première, nous attendons de vous la seconde.

«D'après la manière dont le gouvernement est organisé, un roi est inutile : l'exécution peut marcher sans lui, et cet ornement superflu de la Constitution est tellement dispendieux, qu'il est instant de le détruire, surtout à la veille d'une guerre avec l'étranger. Nous ne la craignons pas cette guerre, parce que nous savons que les grands peuples comme les grands hommes sont les élèves des circonstances difficiles.

Nos conclusions ne seraient peut-être pas aussi sévères, si de simples vues d'économie les avaient dictées : mais nous avons pensé que dans un gouvernement représentatif, trente-cinq millions étaient dangereux dans la main d'un seul homme, lorsque cet homme a intérêt de corrompre.

«Nous savons bien qu'il ne gagnera pas la majorité des élus du peuple, mais il n'a pas besoin de cela pour maîtriser les résultats de leurs assemblées. Jamais votre majorité n'a été corrompue ; cependant vous avez rendu le décret du marc d'argent, celui sur le droit de pétition. Honneur vous soit rendu, les décrets de ce genre sont en petit nombre ; mais qui nous assure que toutes les législatures auront la force sublime que vous avez déployée ? Et si elles sont faibles, et que la race toujours corruptrice des rois s'empare des tacticiens de l'Assemblée (ce qui est possible, vous le savez), que deviendra le peuple ?

«Avouez-le, Représentants, vous avez eu une idée peu philosophique quand vous avez pensé qu'il fallait que le pouvoir exécutif fût riche.

«Vous avez fait dans le principe comme le législateur des Hébreux, vous nous avez donné des lois qui n'étaient pas bonnes ; mais les préjugés vous forçaient la main : aujourd'hui les préjugés sont détruits, le peuple est éclairé, et son opinion vous permet, vous commande de le délivrer du mal des rois, du moment que ce mal n'est plus nécessaire. Saisissez l'occasion, vous n'en aurez jamais d'aussi belle. Faites de la France une république ; cela ne vous sera pas difficile. Un mot ôté de la Constitution et vous nous enflammez de toutes les vertus de la Grèce et de Rome.

«Quelle république vous feriez, Représentants ? Elle débuterait avec vingt-cinq millions d'hommes, et trois millions de soldats ; ouvrez les fastes du monde et vous n'y lirez rien de pareil.

«Que si vous repoussez l'honneur qui vous est offert pour les circonstances ; que si par vous les Capet et leur trône pèsent encore longtemps sur nous ; soyez en sûrs, Représentants, nous vous maudirons de tous les maux qu'ils nous feront : et ils nous en feront sans doute, car la race des rois est malfaisante. 10

«Nous ne vous dirons rien de Louis, il est avili et nous le méprisons trop pour le haïr ou le craindre. Nous remettons aux juges la hache de la vengeance, et nous nous bornons à vous demander que le Français n'ait plus désormais d'autre Roi que lui-même.

«*Cambon*, Président, *J. Gogeut* et *Aigoin*, Secrétaires.»

»La S., après avoir entendu la lecture de cette adresse, en arrête à l'unanimité la réimpression et la traduction en allemand.«

»La S. arrête de demander à la municipalité de faire cesser la sonnerie dans les églises des couvents de femmes. 16

«Quoique,» est-il dit dans cette demande, «tous les ordres religieux soient abolis, sans exception, l'Assemblée nationale tolère encore le culte commun des religieuses, mais non celui d'autres personnes dans leurs églises, et par conséquent les religieuses n'ont plus besoin de cloches, dont on pourra faire des pièces de 2 sols.»

»La S. arrête aussi de demander à la municipalité l'abolition immédiate du *Kräuselhorn* [1].«

»On annonce à la S. que le Tribunal du District vient de rendre un jugement, par lequel les meneurs de la S. du Séminaire, le professeur Ditterich et le procureur Wilhelm, sont condamnés à neuf années d'exil du Royaume, et Mainoni, négociant à l'Aigle, Président de la dite S., a été déclaré déchu, pendant trois années, de ses droits de citoyen.« 18

»Sur la motion de l'officier municipal Thomassin, la S. vote une adresse à l'Assemblée nationale, relative au rappel des ambassadeurs qui seraient à remplacer par des chargés d'affaires. 20

»Le Président de la S., Charles Sicard, prononce le discours suivant, à l'adresse des militaires membres de la S. :

«Messieurs !

«C'est avec confiance que nous vous recevons parmi nous, car nous voyons avec satisfaction combien vous vous êtes pénétrés des prin-

---

[1] Voir à la p. 17. — La municipalité obtempéra enfin à cette demande réitérée, par son arrêté du 18 du même mois.

20 cipes qui dirigent les amis de la Constitution ; aussi nous nous persuadons que vous êtes dignes de prendre place dans le faisceau que doivent former, surtout en ce moment, les défenseurs de la liberté.

«Union et soumission aux lois en sont les liens les plus forts.

«Nous vous regardons maintenant comme frères et amis et nous voulons vous le prouver, en ne vous cachant pas les maux dont nos cœurs sont ulcérés en ce moment.

«Nous savons que nos frères oublient la patrie ; certes, Messieurs, c'est l'oublier que de prodiguer un sang qui lui appartient ; faites-leur part de nos chagrins, dites-leur bien de se défier des suggestions perfides, des menées sourdes, qu'on ne cesse d'employer pour semer parmi eux une dissention d'autant plus terrible, qu'elle est une des espérances des aristocrates.

«Nous vous déclarons, que nous regardons comme mauvais citoyen, celui qui préfere de sacrifier son sang pour une querelle souvent frivole, plutôt que de le réserver à la patrie ; dites-leur, Messieurs, que c'est en face des ennemis de notre liberté que tout Français doit dorénavant terminer ses différends ; demandez-leur s'il n'est pas plus glorieux de dire, j'ai vaincu dix ennemis de la France, que de dire j'ai tué un Français, un homme libre, un frère, un ami !

«Nous aimons à croire que cette idée les rappellera de l'égarement dans lequel ils se trouvent. La haute opinion que nous avons de votre civisme, nous assure que vous emploirez tous vos efforts pour concourir avec nous au rétablissement de la paix parmi nos frères.»

„La S. arrête l'impression de ce discours."

28 „Le carabinier Huguenin, membre de la S., prononce un discours, dans lequel il promet, au nom de ses camarades, de rester fidèles à la Constitution. Il termine son discours en disant :

«....Si nous avons le bonheur de mourir pour la patrie, nos froides cendres ne cesseront de répéter en leur langage muet : Nous sommes les restes d'hommes qui ont vécu et combattu pour la liberté, et qui ont été les martyrs pour établir son règne; suivez leurs traces.»

„La S. vote l'impression de ce discours patriotique."

29 „Un membre de la S., revenant d'un voyage en Allemagne, prononce un discours, dans lequel il dépeint l'esclavage sous lequel gémit le peuple allemand."

»La S. se livre à la discussion de la question : Si les ecclésiastiques doivent continuer de tenir exclusivement les registres de baptêmes, de mariages et de décès, ou si les municipalités ne devraient point en tenir aussi. La S. arrête d'envoyer à ce sujet une adresse à l'Assemblée nationale.« 8

»Lecture de la délibération du Directoire du Département, qui autorise les officiers et les soldats du régiment suisse Vigier d'assister aux séances de la S., malgré l'ordre formel de la République de Fribourg, qui leur défend la fréquentation des soi-disant clubs patriotiques, assemblées qui, suivant elle, leur sont absolument étrangères et qui pourraient devenir funestes à la discipline militaire et à la subordination.« 9

»Le Président adresse un discours de félicitation au Général Luckner. Ce discours est vivement applaudi et suivi des cris de *Vive le Général Luckner*.« 19

»On dénonce un écrit incendiaire intitulé : *Ultimatum*, répandu avec profusion en ville. La S., après en avoir entendu la lecture, arrête qu'il sera envoyé à l'Accusateur public.« 22

Nous nous permettons d'insérer cette pièce littéralement, comme un spécimen du style contre-révolutionnaire :

« *Ultimatum*.

«Infernal club, lâches, persécuteurs, votre règne va finir, l'orage gronde sur vos têtes, la foudre partant des 4 coins de l'Europe va vous réduire en poudre . . . tremblés, l'on vous connaît tous, vos chefs n'échapperont pas à la vengeance de la loi qu'ils ont violé et de l'humanité qu'ils ont outragée, . . . et toi surtout, infâme Dietrich, monstre abhorré de tes propres satellites, va, les 2 portes secrètes cachées par des armoires, que tu t'es fait faire dans ta maison, ne te serviront de rien ; tu n'iras pas en Amérique, comme tu l'as projeté, et les 5 hommes qui sont déjà partis, et tes effets, que tu as déjà fait sécrètement passer le Rhin par un brigadier des douanes, que tu as corrompu et qu'on connaît, ne te reverront plus.

«Vous apprendrés, mais trop tard, motionneurs infâmes et cruels, que la patience outragée des honnêtes gens trouve des vengeurs. Détestés de vos concitoyens, maudits par vos parents, vos amis, vous mordrés la poussière où vous chercherés à vous cacher, et le feu brûlant des regrèts et du désespoir vous rongera les os et vous dévorera le cœur . . . . . . Monstres, ne sentés-vous pas déjà qu'on vous abandonne? . . . Plusieurs sociétés révolutionnaires renoncent à votre correspondance; un très-petit nombre de volontaires se présentent à prendre votre défense en marchant à l'ennemi; les 5000 gardes nationales de l'intérieur ne viennent pas; une terreur universelle au seul mot de guerre se répand parmis vos gens et parmis vous-mêmes, ... eh quoi! vous ne voyés pas que le néant va devenir votre partage? . . . . . aveuglement inconcevable, qui ne peut être que celui du crime! . . . . réveil effroyable que celui du méchant endormi par l'iniquité! . . . . voilà le sort qui vous attend, persécuteurs atroces, pensés-y bien, il vous reste peut-être une lueur de pardon, profités-en; c'est le dernier avis qu'un citoyen, qui pleure sur sa patrie et qui plaint votre destinée, fait imprimer au milieu de vous.

«Et vous catholiques, dont on cherche à pousser la patience à bout, ne vous alarmés pas de l'infâmie commise sur les citoyens paisibles de Gambsheim. . . . ., c'est l'ouvrage des abominables clubs à l'agonie. . . . leur voix n'a perverti que de fanatiques luthériens et de mauvais catholiques; elle en a fait des voleurs et des assassins; mais ils n'y reviendront plus, les mesures sont prises; *les droits impréscriptibles de l'homme sont la propriété, la sûreté, la résistance à l'oppression surtout à la violence* (art. 2 des droits) on sçaura en ville et à la campagne repousser la force par la force, et ces poignées de scélérats, guidés par des maires factieux et de lâches municipalités, menés au carnage par des prêtres parjures et détestables, ne quitteront plus leurs foyers que pour les retrouver en cendre et être traqués comme le loup et la hyène. Strasbourg, le 22 Août 1791.»

«L'inspecteur des douanes nationales, Henri-Jean Perrot, prononce un discours sur les assignats et sur la vente des biens nationaux.

L'orateur commence en ces termes:

«Les ennemis de la Constitution française commencent à reparaître avec l'œil et l'air insolents d'autrefois; déjà ils couvrent du manteau du ridicule les articles les plus saints des droits de l'homme; déjà ils ont l'impudence de dire, que sous peu nous serons obligés de redemander les fers que nous avons brisés; mais ils nourrissent leur coupable espoir de quelques vains succès, qu'ont produits leurs libelles virulents, avec lesquels ils trompent le faible et le préparent au crime et à l'insurrection. Frères et Amis, attisons le courage dont nous brûlions en 1789; occupons-nous sans relâche des moyens de déjouer pour la mille et unième fois des traîtres qui ne connaissent de vrai bonheur qu'en voyant couler le sang de généreux Citoyens, qui réclament les droits sacrés de la nature. Montrons leur qu'ils ne se repaissent que de chimères, et que jamais, non jamais, les vrais Français ne plieront leurs têtes ni sous le joug du despotisme ni sous celui du fanatisme. 23

«Jaloux de pouvoir donner à ma patrie des preuves de mon attachement, et à vous, MM., celles de la reconnaissance que je dois aux bontés que vous avez eu de m'acceuillir dans votre Société, je me suis occupé à rechercher les causes des angoisses où nous nous trouvons; je crois en avoir reconnu les principes et aperçu des remèdes, qui pourront être efficaces, lorsqu'ils auront passé au creuset de votre discussion.»

"La S. applaudit vivement ce discours et en vote l'impression [1]."

"M. Dentzel, pasteur de Landau, prononce un discours sur la situation de la dite ville et de ses environs. 29

«La Garde nationale,» dit-il, «et la garnison de cette forteresse sont des murs de fer auxquels la patrie peut se fier. L'ennemi ne pourrait entrer en France que sur leurs corps.»

"On donne lecture d'une lettre du Général Kellermann, annonçant qu'il a averti le comte d'Oberndorf, Ministre palatin à Mannheim, qu'il vient d'apprendre que des émigrés français se rassemblaient sur les rives du Rhin et principalement à Worms, et qu'ils manifestaient le désir d'entrer en France, les armes à la main. Comme ces tentatives ne pourraient s'opérer sans passer par le Palatinat, il a déclaré à M. d'Oberndorf qu'il poursuivrait partout ces ennemis de leur patrie, sans égard au territoire, et qu'il n'attendrait pas qu'ils fussent arrivés sur le territoire français."

"André Meyer dépose sur le bureau de la S. un ouvrage SEPTEMBRE.
qu'il vient de faire imprimer, ayant pour titre: *Hommage* 3
fait à l'Assemblée nationale, de quelques idées sur un

---

[1] *Opinion de H.-J. Perrot, inspecteur des douanes nationales, prononcé à la S. des amis de la Constitution de Strasbourg, le 3 août an III de la liberté française, imprimée par ordre de la dite S., pour faire diminuer le prix de l'argent.*

3 *vêtement uniforme et raisonné, à l'usage des enfants, par M. Faust, docteur en médecine.*«

Cet intéressant ouvrage porte pour épigraphe : «L'humanité a sa place dans l'ordre des choses ; l'enfance a la sienne dans l'ordre de la vie humaine : il faut considérer l'homme dans l'homme et l'enfant dans l'enfant, assigner à chacun sa place et l'y fixer.»

5 »Communication d'une lettre de Colmar, relative aux élections des membres du Département du Haut-Rhin, et contenant des notes sur les élus et des plaintes contre les cabales, les intrigues et le fanatisme dont ces élections sont entachées.«

14 »Un membre prononce un discours allemand sur le despotisme des prêtres [1].«

OCTOBRE. »Lecture du *Discours de J.-P. Brisot, Député de la*
3 *seconde législation, sur l'utilité des Sociétés patriotiques et populaires, sur la nécessité de les maintenir et de les multiplier partout, prononcé le 28 septembre 1791, à la séance de la S. des amis de la Constitution, séante aux Jacobins.* La S. arrête que ce discours sera imprimé dans les deux langues.«

11 »Le vicaire épiscopal, Euloge Schneider, professeur à l'académie catholique de Strasbourg, prononce un *Discours sur le mariage des prêtres* [2].«

14 »M. Gaspard Noisette prononce un discours contre l'établissement des municipalités centrales. L'impression de ce discours est votée [3].«

23 »La S. décide que dorénavant les séances pour les lectures publiques allemandes, sur la Constitution, tant pour les citoyens que pour les citoyennes, seront tenues à l'Hôtel-

---

[1] *Rede über den Priester-Despotismus, gehalten in der Gesellschaft der Constitution in Strassburg, nach geendigter Deputirtenwahl.*

[2] Voir mes *Notes sur la vie et les écrits d'Euloge Schneider*, p. 19.

[3] *Opinion de Gaspard Noisette sur l'établissement des municipalités centrales, émise à la S. des amis de la Constitution, le* 14 *octobre an III de la Liberté.*

de-ville [1], et celles pour les lectures françaises au Poële des cordonniers. « 23

»M. Claude-Hilaire Laurent prononce un discours sur les appointements alloués aux officiers municipaux de la commune de Strasbourg, par les assemblées primaires convoquées à ce sujet, en conséquence de l'arrêté pris dans la séance du Conseil municipal, du 15 février 1791. « 24

»La S. décide de faire planter des chênes auprès de l'autel de la patrie sur la Plaine de la Fédération [2]. 26

»Le vicaire épiscopal, Dorsch, professeur de morale à l'académie catholique de Strasbourg, prononce à sa réception un discours allemand, sur l'histoire de l'amour de la patrie [3]. Après de vifs applaudissements, l'impression de ce discours éminemment patriotique est votée par la S. «

»La S. vote une adresse de remerciments à l'Assemblée nationale, pour son Décret contre les émigrés, Décret qui fait tout honneur à son patriotisme et à ses lumières. La S. décide, en même temps, qu'elle enverrait une adresse au Roi, signée individuellement par des citoyens de cette ville, pour le prier instamment de sanctionner le susdit Décret, dont dépend le repos de la France et principalement celui des départements limitrophes. NOVEMBRE. 15

»La S. arrête que chaque membre de la S. qui ne se présentera point aux élections primaires, sera rayé de la liste de la S. Un membre observe qu'aux dernières élections il ne se trouvait, sur 5000 électeurs inscrits, que 1800 présents. «

»On donne lecture d'un appel en langue allemande, adressé par un Allemand aux Français de l'Ouest [4]. « DÉCEMBRE. 10

L'auteur de cet appel exhorte les Français à faire la guerre aux Princes allemands. «Aux armes,» s'écrie-t-il, «aux armes! hommes

---

[1] Ancien château épiscopal, actuellement le palais impérial.

[2] Plaine des bouchers. — Voir *Notes sur Schneider,* p. 21.

[3] *Geschichte der Vaterlandsliebe. Eine patriotische Rede, gehalten in der Gesellschaft der Freunde der Constitution zu Strassburg, von Ant. Jos. Dorsch.*

[4] *Zuruf eines Deutschen an die Westfranken.*

10 libres, et même contre la volonté de votre Roi constitutionnel. Vous trembleriez, si vous connaissiez le danger qui plane sur vos têtes, en restant plus longtemps inactifs. Le temps vous est propice maintenant : les Princes allemands et de l'Europe entière ne sont point encore en mesure de vous combattre, et le flambeau de la liberté que vous porteriez dans les pays avoisinants, allumerait la lutte des opprimés contre leurs oppresseurs. Mais, croyez-moi, si vous attendez, on tombera sur vous, et vous vous repentirez, mais trop tard, d'avoir hésité si longtemps.»

12 «La S. vote une adresse de remerciments à l'Assemblée nationale, au sujet de son Décret contre les prêtres séditieux, et décide de prier le Roi de donner sa sanction à ce Décret.»

14 «La S. reçoit plusieurs rapports contre des prêtres refusant de prêter le serment [1] et contre des sage-femmes qui se distinguent par leur fanatisme. La S. dénonce ces personnes à l'Accusateur public.»

17 «Baptiste, soldat, prononce un *Discours sur l'union solennelle de la fédération entre les soldats et les Gardes nationaux*. La S. vote l'impression de ce discours.»

18 «La S. invite ses membres à s'occuper d'un plan d'éducation des femmes, destiné à leur assurer les bienfaits que leur offre la Constitution et à les mettre en état de rendre à celle-ci les services qu'on peut attendre d'elles [2].

«La S. publie une adresse allemande à ses voisins les habitants des rives droites du Rhin [3].»

Nous traduisons les passages suivants de cette adresse : «Vos Princes ont donné asile dans vos villes à de nombreux réfugiés français, ennemis jurés de la liberté, et malgré nos exhortations réitérées de ne point les recevoir, nos prières furent toujours vaines. Les valeureux Français s'exaltent contre les menées de ces aristocrates ; ils attendent avec impatience l'occasion de combattre pour la liberté et d'exterminer leurs ennemis. Le moment approche où le drapeau

---

[1] Appelés alors en allemand : *Eidscheue Priester*.

[2] Voir sous les 31 décembre 1791 et 6 et 10 janvier 1792.

[3] *Die Konstitutions-Freunde allhier thun ihren Nachbarn folgendes zu wissen* (Les amis de la Constitution de cette ville font savoir à leurs voisins ce qui suit).

tricolore de la liberté flottera dans vos pays. Mais nous ne ferons point 18
la guerre aux peuples, nous ne la ferons non plus pour faire des conquêtes, ce sera dans l'unique but de sauvegarder la liberté ! »

« M. Gaspard Noisette proteste contre le discours anti- 27
constitutionnel de Narbonne, Ministre de la Guerre, par lequel il annonce la nomination royale des Généraux Rochambeau et Luckner, comme Maréchaux de France. La S. approuve à l'unanimité les observations de M. Noisette, et ordonne qu'elles seraient insérées dans les feuilles publiques. Elle arrête qu'une adresse serait envoyée à l'Assemblée nationale, pour s'opposer à une nomination, que la Nation serait seule en droit de faire. »

« M. Claude Champy prononce un discours contre l'envoi 31
de l'adresse à l'Assemblée nationale, votée dans la dernière séance; mais après un court débat, la S. se prononce pour l'envoi de cette adresse.

Après avoir essayé de prouver que le Ministre de la guerre n'a pas violé les lois de la Constitution, l'orateur termine son discours :

« . . . Que voulez-vous donc? vous ne le savez pas vous-mêmes. Cessez d'entretenir et de répandre de vaines et dangereuses terreurs ; ou si, détrompés sur leur objet, vous persistez à les reproduire, nous dirons ou que vous ne voulez que brouiller, ou que vous êtes atteints de la manie de ceux dont un homme d'esprit a dit *qu'ils s'imaginent être grands parce qu'ils s'attaquent à quelque chose d'élevé.* Et où s'arrêtera cette fureur de tout suspecter, de tout déchirer?

« Ah ! Messieurs, par de telles dénonciations, par de tels arrêtés nous nous perdons dans l'opinion publique. Si nous voulons que l'on nous respecte, respectons-nous nous-mêmes ; respectons surtout les lois de la justice, de la raison et de la vérité. Que tous les bons esprits se rallient, qu'ils opposent au torrent des passions, à l'aveuglement des préventions, les lumières de la raison et le sang-froid de la sagesse. Souvenons-nous toujours que les amis de la Constitution sont essentiellement les amis de l'ordre et de la justice : et surtout n'oublions pas que toute notre influence repose sur l'opinion, que ce n'est point en l'égarant, ou en la bravant que nous conserverons cet ascendant qu'elle seule nous assure, et que, si les autorités qui ont une existence indépendante d'elle, ont cependant intérêt à la ménager, cet intérêt est tout-puissant pour elles dont l'empire n'est fondé que sur celui de cette reine du monde. »

»M. Chayrou, principal du collége de Strasbourg, communique à la S. un *Projet sur l'éducation des femmes*. La S. nomme une Commission pour lui faire un rapport sur ce projet, dont elle vote l'impression.

»On dénonce une brochure contre-révolutionnaire, qui porte le titre : *Les Pourquois du peuple à ses représentants à leur retour de l'Assemblée nationale*. La S. décide l'envoi à l'Accusateur public.

Ce pamphlet, publié dans les deux langues, contient entre autres le passage suivant, relatif aux clubs : «Pourquoi avez-vous élevé, protégé, défendu cette multitude de Sociétés, connues sous le nom de clubs, dont l'emploi a été de soulever la France, de préparer tous les crimes qui l'ont souillée, et de vous en rendre des actions de grâce, comme aux premiers coopérateurs de ces forfaits?»

1792.

„La S. envoie une députation au Général Luckner, pour le féliciter de son avancement au grade de Maréchal de France. JANVIER. 1er

„Quelques membres désapprouvent le discours prononcé dans la séance du 27 décembre de l'année passée, par M. Noisette.“

„M. Jean-Charles Laveaux prononce un *Discours sur le danger de donner des louanges aux gens en place*. Il termine ce discours par la motion : „Que tout orateur qui louera un fonctionnaire public, sans appuyer ses louanges sur des faits, sera rappelé à l'ordre par le Président, ainsi que tous ceux qui auront applaudi à ces fausses louanges.“ La S. adopte cette motion et vote l'impression du discours.“ 3

„Le Vice-président de la S., Euloge Schneider, prononce un *Discours sur l'éducation des femmes* [1], dans lequel il combat le projet, soumis le 31 décembre passé, à la S. par M. Chayrou, sur le même sujet.“ 6

„Le vicaire général de l'Évêque du Bas-Rhin, Philibert Simond, prononce un *Discours sur l'éducation des femmes*. 10

„Trois officiers municipaux de Saverne sont dénoncés à la S., pour avoir apposé leurs signatures à une protestation contre les Décrets de l'Assemblée nationale.

„Un membre fait la motion de la circonscription des paroisses. Adopté.“

„La question relative à la guerre est vivement agitée. La S. arrête de prier l'Assemblée nationale de rendre un Décret, 1° pour déclarer ennemi de la France chaque Prince qui tolérerait des émigrés français dans ses États, et 2° pour faire confisquer tous les biens des émigrés et de les vendre au profit de la Nation.“ 11

---

[1] Voir *Notes sur Schneider*, p. 23.

»Lecture de la lettre suivante adressée à la S. :

«Lettre d'un carabinier en garnison à Strasbourg, à la S. des amis de la Constitution établie dans cette ville.

«Les meilleurs citoyens ce sont ceux que la révolution n'a pas changés.

«Messieurs,

«Je ne connais point le receveur des dons patriotiques : je vous offre cette petite somme [1] que vous ferez passer dans la caisse publique. Elle est le tiers de ce que je peux donner tous les ans. Oui, Messieurs, j'ai juré au champ de Mars, au pied de l'autel de la patrie, de donner pour ma contribution patriotique, tant que je serai soldat, c'est-à-dire, tant que je pourrai soutenir mes armes, un sixième de ma paie. Je n'ai que cela pour vivre, mais je saurai toujours me priver du superflu pour faire quelqu'acte qui distingue l'honnête homme du mauvais citoyen. Sans espoir dans l'avenir, fait pour toujours rester soldat, que ma vie serait ennuyeuse si je ne sentais dans mon âme quelques-unes des vertus qui font la gloire du héros ! Elles soutiennent mon courage abattu, elles raniment mon espoir, et me font voir dans l'avenir le moment qui doit délivrer ma patrie des maux infinis qui font armer le fils contre le père. Il viendra ce jour heureux, où le Français reprendra son audace et sa noble fierté. Il s'armera, mais ce sera pour exterminer le despotisme ; oui il s'armera pour laver dans le sang des rebelles, la honte de ses aïeux. Qu'il s'arme, qu'il porte dans le camp ennemi la mort et l'effroi. Je sacrifierai volontiers ma vie pour seconder ses efforts guerriers, et je mourrai content si, en exhalant le dernier soupir, je ne vois pas les émigrés victorieux assassiner la vertu de mes compatriotes encore au sein de sa mère. Mes concitoyens, pardonnez-moi ce doute, je craindrais moins pour le succès de vos armes, si j'étais moins attaché à tout ce qui peut faire le bonheur de mes frères. Ne restant plus aucun vestige de l'ancien régime, la confiance va renaître, la cupidité va fuir de tous les cœurs. On ne verra plus le millionnaire insulter à la misère extrême ; le particulier ne cherchera plus son bonheur dans des titres exclusifs ; il n'y aura d'autre félicité pour lui que le bien commun, il aura peu à donner aux pauvres, mais il craindra d'en faire : content de sa médiocrité, il se refusera au désir d'amasser de grands biens, de peur de ressusciter les maux qui désolaient la France depuis si longtemps, et produisirent la révolution.

[1] Douze livres.

«*Vivre libre ou mourir!* C'est le cri unanime, et les carabiniers n'auront jamais d'autres sentiments. On les a inculpés, pour cinq ou six forcenés à qui le vin donne des vertiges ; on veut les faire partir d'ici. Un tel changement serait une expulsion ; estimons les honnêtes gens et punissons les coupables. Les préjugés qui déshonoraient cent personnes pour le crime d'un seul homme étant abolis, ne doivent point renaître pour imputer à un régiment entier les fautes d'une demi-douzaine de fous. *Cariet,* carabinier-citoyen.» 12

"La S. décide que cette belle lettre sera insérée dans son registre des procès-verbaux, et charge son Président, M. Laveaux, d'énoncer à cet excellent patriote les sentiments d'admiration et de reconnaissance de la S. [1]."

"La S. arrête que chacun de ses membres contribuables qui dans quinze jours n'aura pas répondu à la proclamation de la municipalité, en payant un à-compte sur la contribution de 1791, sera rayé de la liste des membres de la S." 15

"On donne communication de l'extrait suivant d'une lettre que M. Koch, Député à l'Assemblée nationale, a adressée au Maire Dietrich, sous la date du 14 de ce mois: 18

«Le Roi a fait écrire à l'Empereur, aux Princes dirigeant le cercle du Haut-Rhin et à d'autres Princes voisins, pour les inviter à faire dissiper dans la quinzaine l'attroupement d'Ettenheim. Faute de quoi il en prendrait lui-même le soin.»

"M. Laurent, secrétaire de l'Évêque, fait la motion d'ouvrir une souscription pour les frais de la guerre. La S. adopte cette motion et nomme une Commission pour la perception de cette souscription." 20

"La motion faite au Conseil général de la commune par le Maire Dietrich, relative à la mise en état de guerre de la ville de Strasbourg, donne lieu à des discussions très-chaleureuses. 24

"La S. envoie une *Circulaire aux citoyens du département du Bas-Rhin,* annonçant que, comme des ennemis de la Constitution menacent le pays intérieurement et que

---

[1] Voir la lettre de M. Laveaux à M. Cariet, *Courrier de Strasbourg,* 1792, p. 70.

la guerre à l'extérieur est à prévoir, il est très-nécessaire de renouer leur correspondance avec la S.

»On dénonce une brochure contre-révolutionnaire, intitulée : *Je vous dirai vos vérités. Aux Alsaciens, par un compatriote*. Avec l'épigraphe : *O insensati Alsatæ!* La S. décide de renvoyer ce pamphlet à l'Accusateur public.«

Nous extrayons le passage suivant de ce pamphlet :

« . . . . Et ces clubs, puis-je les passer sous silence? Il faut bien que je vous en parle, puisque ce sont eux qui véritablement vous gouvernent. C'est un ramassis abominable de gens exercés à toutes les scélératesses et familiers à tous les crimes, qui vous ont donné la Constitution ; qui ont inventé cette exécrable propagande, contre laquelle toutes les puissances de l'Europe sont forcées de se liguer ; qui ont causé les troubles, les dévastations et les persécutions qui nous ont affligés ; qui dirigent toutes les élections et se font donner toutes les places, depuis celle du suprême législateur. Or ces clubistes, qui sont-ils donc? j'en ai quelques listes sous les yeux : ce sont les êtres les plus vils et les plus méprisables qu'on connaisse ; c'est la lie des Alsaciens mise en fermentation par une multitude d'hommes de tous les pays et de toutes les nations, qui n'ont d'autre but que de pervertir nos mœurs ; et ce sont là les gens qui nous font la loi ! quelle honte pour Strasbourg d'être gouvernée par un tas de bouchers, de brasseurs, de cabaretiers, de cafetiers, par des *Noisette,* par des *Rivage,* par des *Schneegans,* par des *Weiler ;* et pour Colmar, de l'être par un *Piperau,* par un *Stockmeyer,* un *Wilhelm,* tandis que l'honnête et respectable bourgeoisie est sous le joug. Si elle sent son oppression et son avilissement, je la méprise pour n'avoir pas fait des efforts généreux pour s'y soustraire ; si elle ne les sent pas, je la méprise bien plus encore, parce qu'elle ne méritait pas l'existence qu'elle a perdue. Sous tous les points de vue je ne puis cesser de m'écrier, avec l'accent du dédain le plus caractérisé, *o insensati Alsatæ!* . . . . . »

»Lecture d'une adresse du Maire Dietrich, intitulée : *Le Maire de Strasbourg à ses concitoyens*. Elle examine s'il serait utile ou nuisible de demander que la ville soit mise en état de guerre par un Décret de l'Assemblée nationale, mesure qui serait justifiée par le grand nombre d'écrits incendiaires distribués à Strasbourg, ainsi que par la présence d'une multitude d'individus inconnus.

»Plusieurs jeunes demoiselles, citoyennes de Strasbourg, envoient une somme d'argent pour être employée aux frais de la guerre.« 25

»La S. exprime son blâme contre le Directoire du Département, pour avoir demandé à l'Assemblée nationale que le département du Bas-Rhin soit excepté de la règle générale interdisant l'exportation du numéraire, sous prétexte que, si l'exportation de l'argent était interdite à ce département, son commerce se trouverait annullé.« 31

»M. Lesserel, Président de la S. de Haguenau, se présente à la séance et demande l'affiliation de sa S. avec celle de Strasbourg et son appui auprès de la S. des Jacobins de Paris, à laquelle sa S. désire également s'affilier. Accordé. FÉVRIER. 2

»On communique une nouvelle disculpation que le Maire Dietrich vient d'adresser à ses concitoyens, relativement à sa motion sur la question de l'opportunité de la mise en état de guerre de la ville de Strasbourg et des places fortes du département.

»On donne lecture d'un article du *Courrier de Strasbourg,* rédigé par Jean-Charles Laveaux, se récriant contre un article de la *Gazette strasbourgeoise,* rédigée par Rodolphe Saltzmann. Ce dernier avait prétendu que dans la S. on avait tenté de soulever, à propos de la mise en état de guerre de la ville de Strasbourg, des soupçons de trahison contre celui qui avait proposé cette mesure.

»Distribution à tous les membres de la S. du libelle suivant, dirigé contre le Maire Dietrich. Cette pièce produit dans l'assemblée des sentiments divers d'approbation et de réprobation.«

«*Réponse des citoyens de Strasbourg à l'adresse de Frédéric Dietrich, leur Maire.*

«Notre cher Maire,

«Nous avons appris par l'adresse imprimée que vous nous avez fait distribuer, que vous aviez proposé dans une séance publique du Conseil de la commune, de discuter s'il serait utile ou nuisible de demander que notre ville fût déclarée *être en état de guerre.* Vous nous apprenez par la même adresse, *que quelques citoyens ont été induits en erreur*, sur la nature et les conséquences de cette motion, et qu'on a eu l'impudence d'avoir sur cet objet trois sentiments différents du vôtre.

«Vous nous peignez ceux qui ont eu la méchanceté *d'être induits dans ces erreurs, comme des gens qui cherchent à nous détacher des magistrats que nous nous sommes choisis, et à nous inspirer par des calomnies et des soupçons, de la défiance contre nos fonctionnaires publics*. Vous nous les peignez *comme les meilleurs soutiens de ceux qui nous menacent du fer et du feu, comme les apôtres les plus dangereux, des exécrables contre-révolutionnaires*.

«Cette proclamation a causé dans nos têtes la fermentation la plus vive; oui des gens assez scélérats *pour se laisser induire en erreur, pour ne pas être de votre avis*, méritent d'être exterminés par le fer et le feu.; ce sont des fourbes, des coquins, des archi-aristocrates, des scélérats dignes du dernier supplice, des monstres qu'il faut étouffer.

«Nos sabres sont effilés, nos broches sont aiguisées, la corde de nos réverbères est savonnée : ils périront, nous l'avons *prononcé* sur l'invitation de notre brave Maire. *Le dernier des scélérats*, selon vous, *ne peut être jugé que sur des preuves ;* mais selon vous aussi, *notre Maire doit être cru sur sa parole ;* dès qu'il indique un coupable, le crime est avéré ; il doit périr.

«Mais où sont-ils ces monstres qui se sont *laissés induire en erreur? ces coquins qui ne sont pas de l'avis de M. Dietrich!* Pourquoi ne les pas nommer? sont-ce les deux officiers municipaux, *Laurent* et *Noisette*, qui ont eu l'audace de se lever, à l'épreuve de votre motion, tandis que tous les autres vous approuvaient en restant assis ; est-ce ce petit mutin d'*Alexandre*, notable de nouvelle création, qui s'avise déjà d'avoir un avis à lui? Parlez, parlez, nommez-nous les traîtres, et vous êtes vengé . . . . Mais nous comprenons votre silence ; nous vous entendons ; ils sont membres du club, et c'est là qu'il faut les aller chercher ; c'est dans cet affreux repaire que vous nous désignez depuis longtemps par votre mépris et votre haine ; c'est au milieu de cette horde de scélérats, qui parlent sans cesse de faire rendre des comptes aux administrateurs, qu'il faut porter le fer et le feu.

«Eh bien! vous serez content, ces clubs pernicieux, comme disait Louis XVI à M. Saule, ces clubs pernicieux seront dispersés ; leurs membres seront massacrés. Nous commencerons par celui de Strasbourg ; assurés de votre protection, encouragés par votre proclamation, nous n'aurons point à craindre de voir arborer contre nous le drapeau rouge ; et quand nous aurons exterminé tous les clubistes de notre ville, nous partirons pour les exterminer dans tout le reste de la France ; nous ne nous reposerons point que nous n'ayons égorgé le dernier des Jacobins ; et alors, les mains dégoûtantes de leur sang, nous irons à Versailles, demander notre récompense au nouveau Ministre des affaires étrangères. » 2

« Un nombre de personnes beaucoup plus considérable que d'ordinaire assiste à cette séance, à laquelle 12 nouveaux membres sont admis. M. Noisette répond au Maire Dietrich au sujet de sa disculpation du 2 de ce mois. 7

« M. Laveaux, Président de la S., prononce un *Discours sur les dangers de la désunion*, dont l'impression dans les deux langues est votée par la S. E. Schneider est chargé de la traduction [1].

Il parut une réponse à ce discours sous le titre : *A Jean-Charles Laveaux, Président du reste du club des Jacobins,* dont nous insérons ici le premier alinéa :

« Frères et amis !

« Je viens de lire avec surprise la jérémiade à 3 sols, que vous avez prononcée, le 7 de ce mois, aux tristes restes du club jacobin ; serait-il donc possible, que la scène de votre séparatiou eût été aussi sérieuse, que votre cerveau troublé nous l'annonce ? je savais que vous vous étiez traités de menteurs, d'imposteurs, de vils délateurs, d'infâmes calomniateurs, de fripons, de voleurs etc., que l'on avait cassé les bancs, les chaises ; que l'on s'était donné patriotiquement force coups de poings, et que les sabres ensuite avaient été tirés ; mais j'étais d'autant plus porté à croire que tout cela s'était borné à une partie de toupet, dans laquelle Laurent avait perdu sa queue et ses faces, que j'étais instruit que la garde avait refusé de se mêler du débat, prétendant que querelle de gueux se raccommodait toujours à l'écuelle, et que le Maire ferait son affaire ; je vois que cela ne s'est point borné là ; vous avez, à coup sûr, le crâne fêlé, mon cher ami, ou tout au moins un épanchement de sang atrabilaire dans le cerveau, et il faut absolument que le magot de la Chine, dont vous êtes le teinturier, vous établisse dans son Kiosque et fasse les frais des couronnes de trépan, qu'il faut vous appliquer en forme de couronnes civiques sans perte de temps. Voyez donc comme toutes vos idées sont noires, vos calculs faux, vos comparaisons maladroites, vos principes dangereux pour la Constitution ! Pourquoi diable allez-vous dire que nous sommes 20 millions de Ja-

---

[1] Voir *Notes sur Schneider*, p. 24.

cobins, tandis qu'il est notoire, calcul fait dans tout le royaume, qu'en comprenant nos sœurs de Constitution, dont le nombre est assurément très-grand, et toutes les bêtes de trait et de somme de nos Sociétés, nous ne formons pas en ce moment la cinquantième partie de ce nombre. — N'avez-vous donc pas senti le furieux croc-en-jambe que vous donnez à la Constitution et à l'Assemblée constituante, sa chère mère, en avançant, qu'un serment subsistait tant qu'on n'en était point relevé par celui auquel on l'a prêté? ne voyez-vous pas, que les aristocrates vont se servir de ce principe, pour soutenir que les premiers Députés n'ayant pu s'écarter de leurs cahiers auxquels ils s'étaient liés par serment, la Constitution qu'ils ont faite est nulle, parce qu'elle n'est point conforme à ces cahiers? qu'ils prétendront encore que le Roi n'ayant relevé aucun de ses sujets du serment d'amour, d'obéissance et de fidélité qu'ils lui avaient juré tant de fois, ce serment subsiste et les oblige encore? vous n'êtes plus dans le sens, mon cher, prenez-y garde . . . . . . »

»Un grand nombre de citoyens donnent leur démission comme membres de la S.

»La S. décide que la page du registre des procès-verbaux de cette séance tumultueuse restera en blanc et que le titre seul ainsi que la date seront insérés, jusqu'à ce que le temps ait apaisé les esprits.

»(8 heures du soir.) Formation d'une nouvelle S. par 137 membres. Les scissionnaires prêtent de nouveau le serment civique, en y ajoutant ces mots : »Que par aucune influence la Constitution ne pourra être altérée et de mourir plutôt que de renoncer à la liberté [1].«

»286 membres restant de la S. tiennent leur première séance sous le titre distinctif de club des Jacobins ou des Sans-culottes. Il est décidé que les séances auraient lieu journellement; les séances françaises au Miroir et les séances allemandes au Poële des cordonniers.

»Les scissionnaires [2] tenant leurs séances à l'Auditoire du

---

[1] La première réunion des scissionnaires eut encore lieu dans la salle du Miroir.

[2] Voir sur la scission de la S. : *Eulogius Schneiders Schicksale in Frankreich*, p. 5-8. — *Geschichte der gegenwärtigen Zeit*, 1792, p. 159. — *Argos, oder der Mann mit hundert Augen*, t. II,

Temple-Neuf [1], forment leur bureau et les divers comités. 8
Il est décidé de ne jamais faire des reproches à l'autre S.«

»S. DE L'AUDITOIRE. Lecture d'une lettre de Laveaux, 10
adressée au Maire Dietrich, relative à la scission.

»S. DES JACOBINS. Publication d'une *Adresse de la S. des amis de la Constitution de Strasbourg à toutes les S. ses affiliées,* leur annonçant la scission.«

Après avoir énuméré plusieurs sujets de dissentiment entre les membres de la S., cette adresse se termine ainsi :

« . . . . Lorsque le Maire de Strasbourg, dans une séance du Conseil général de la commune, proposa une réunion des corps administratifs, pour discuter sur l'avantage ou le danger de l'état de guerre pour la ville de Strasbourg et les villes frontières du département, sous prétexte que les ennemis extérieurs (12 à 1500 émigrés) étaient à nos portes, et que leurs émissaires répandus dans la ville échappaient à la surveillance de la police ordinaire, il démontra ces prétendus avantages, il se tût sur les dangers. Strasbourg en état de guerre, pour une poignée d'émigrés! Strasbourg sous la dictature militaire pour quelques intrigants épars qu'une police surveillante aurait bientôt découverts, dans une ville où tout le monde se connaît! La Société se saisit de cette question, la discuta : plusieurs orateurs présentèrent avec chaleur tous les dangers d'une mesure qui pouvait compromettre la liberté ; ils entraînèrent les suffrages. On fit une adresse à l'Assemblée nationale pour solliciter son refus, dans le cas où cette demande lui serait présentée.

«Nous avions contrarié l'opinion d'un fonctionnaire public ; c'en était assez sans doute pour être coupables. On saisit l'occasion favorable de nous prêter quelques torts ; on sema partout que nous avions calomnié les intentions du Maire de la ville, que nous lui avions prêté des projets de trahison ; toutes ces calomnies furent répétées par mille bouches mensongères, et ce fonctionnaire public qui, depuis longtemps, ainsi que les autres administrateurs, n'avait paru à la Société, crut à toutes les calomnies de ses affidés. Il crut devoir par

---

p. 55. — *Courrier de Strasbourg*, 1792, p. 193. — *Feuille de Strasbourg*, p. 37. — *Strassburgische Zeitung*, 1792, p. 340.

[1] Nous désignerons dorénavant les deux S. par S. DES JACOBINS et S. DE L'AUDITOIRE.

un imprimé se disculper des imputations qu'on ne lui avait pas faites; il se répandit en reproches contre ceux qui, disait-il, chercheraient à lui ôter la confiance; il les désignait comme les véritables ennemis du repos, *génies enfantés dans le désordre*. Qui pouvait-il désigner, si ce n'est ceux qui avaient eu le malheur de ne pas être de son avis? Cet écrit, répandu par milliers, a fait naître l'idée d'y faire une réponse satirique, et de surprendre la bonne foi d'un membre de la Société, qui le distribua dans une séance française.

«Comme cette réponse était faite au nom des citoyens de Strasbourg, et qu'en effet les citoyens ne pouvaient avoir aucune part à un écrit de cette espèce, on a profité de cette occasion pour les irriter contre les séances françaises des amis de la Constitution, quoiqu'on y eût blâmé la distribution du libelle, et qu'on eût témoigné le mépris qu'on faisait du pamphlet. Il a été d'autant plus aisé d'induire en erreur la partie des citoyens de Strasbourg auxquels la langue française n'est pas familière, que ces citoyens n'assistent que peu ou point aux séances françaises, et qu'ils ne pouvaient juger par eux-mêmes de la vérité de toutes les imputations qu'on s'efforçait de leur représenter comme fondées. Le matin on avait affiché un placard où l'on désignait comme auteur de l'écrit, Gaspard Noisette, défenseur intrépide des droits du peuple, ainsi que trois autres membres, comme traducteur, imprimeur et distributeur. Ce placard avait échauffé le peuple : on se porta en foule à la séance allemande.

«Nous désirerions bien pouvoir nous arrêter ici, et vous épargner le tableau de tout ce qui a souillé cette séance : mais il est nécessaire pour vous éclairer, et vous mettre à portée de prononcer. Après la lecture usitée des procès-verbaux et de la correspondance, un membre lut à la tribune une lettre d'un Député à l'Assemblée nationale qui, dans le sein de l'amitié, retraçait énergiquement notre situation actuelle; il ne ménageait pas la cour. C'en fut assez pour attirer sur le lecteur les calomnies, les provocations d'un autre membre, qui dans la langue familière au public, s'abandonna à tout ce que la fureur de parti peut inspirer; il alla jusqu'à reprocher au lecteur d'avoir supposé la lettre, et pour la première fois nous vîmes les tribunes applaudir au mensonge, à la calomnie, aux injures personnelles.

«Alors des orateurs réveillèrent, au milieu du tumulte, la question qui avait déjà été arrêtée dans la séance française. Plusieurs montèrent à la tribune pour lire en allemand de grands discours où ils déduisaient les prétendus griefs qu'ils avaient contre la Société, finissant par déclarer qu'ils ne voulaient plus en être membres.

«Nous avons dit que la distribution du libelle, faite dans la séance

française, fut unanimement improuvée. Cet arrêté ne satisfaisait pas 1
ceux qui voulaient trouver un prétexte pour quitter ; il leur fallait une vengeance plus éclatante. Il fallait chasser de son sein l'imprudent qui avait distribué cet écrit. En vain ce membre représenta-t-il, que le paquet lui avait été donné à la porte, sans qu'il eût le temps de le voir ; en vain des membres firent sentir que le règlement ne prononçait la radiation d'un membre que lorsqu'il aurait agi directement contre la Constitution, et qu'une imprudence ne pouvait être punie de la même peine. Ceux qui parlaient le langage de la douceur, de la justice, étaient hués, sifflés des tribunes où de nouveaux visages semblaient apostés pour exciter le tumulte. Ceux qui ne respiraient que vengeance, obtenaient des applaudissements presqu'unanimes. Enfin on demanda que le distributeur fût nommément censuré. Cet avis parut réunir tous les suffrages : il fut mis aux voix. Ceux qui un moment auparavant avaient opiné pour le renvoi donnèrent eux-mêmes leur assentiment à la censure : et cependant à la voix d'un promoteur, furieux de voir ses vengeances trompées, plusieurs jetèrent au milieu du tumulte, leurs cartes d'entrée, et déclarèrent qu'ils donnaient leur démission. En vain le Président et un honnête ecclésiastique conjuraient les démissionnaires au nom de la patrie et de la liberté, de conserver l'union et la paix si nécessaires dans les circonstances ; tout fut inutile, ils se retirèrent.

« Tous ceux qui n'approuvaient pas cette scission se rassemblèrent autour du bureau, et jurèrent de nouveau de rester unis.

« Ah ! sans doute, Monsieur le Maire ignorait la scène scandaleuse qui troublait alors la Société : s'il en eût été prévenu, il serait venu au milieu de ses frères qu'il semblait avoir abandonnés depuis longtemps ; sa présence, un mot, eussent suffi pour ramener le calme et prévenir la scission.

« Le mardi 7, jour de séance française, on reçut un grand nombre de lettres qui annonçaient la démission de plusieurs autres membres, mais une douzaine de candidats furent admis, et prêtèrent le serment. Cette séance que l'on croyait être la dernière de la Société, fut remarquable par l'énergie et l'enthousiasme de tous ses membres fidèles. Tels sont, frères et amis, les détails affligeants que nous nous empressons de vous faire passer : prononcez.

« Dans ce moment les dissidents viennent de former une nouvelle Société. Il n'entre pas, dit-on, dans leur plan de correspondre avec aucune Société, mais bien avec *tous les citoyens de l'Empire*, avec *les Corps administratifs*. Ils ont employé tous les moyens que la ruse et l'intrigue peuvent suggérer. Des listes ont couru chez des citoyens

10 membres de notre Société qui avaient à choisir entre leurs intérêts, leurs affections et leur conscience. Elle est composée de la majorité des membres des Corps administratifs (plusieurs nous sont restés fidèles), de commis de leurs bureaux, de négociants, de quelques officiers que l'égalité maintenue avec soin entre les militaires, *leurs inférieurs*, et nous, avait empêchés de s'affilier à notre Société.

«C'est ainsi qu'ils se sont renforcés et qu'ils tentent d'écraser une Société qui les a élevés, pour la plupart, aux postes qu'ils occupent, et à laquelle ils doivent tous la confiance de leurs concitoyens.

«Rien, cependant, frères et amis, ne peut diminuer notre courage; mourir pour notre liberté, s'il le faut, voilà le serment dont nous ne nous départirons jamais.»

«*Laveaux*, Président; *Schneider*, Vice-président; *Meniolle, Stamm*, Secrétaires.»

11 «S. DE L'AUDITOIRE. Publication de l'adresse suivante:

«*La S. des amis de la Constitution, qui tient ses séances à l'Auditoire du Temple-Neuf à Strasbourg, à ses concitoyens.*

«Une Société de citoyens réunis sous le nom d'amis de la Constitution existait parmi vous. Née avec la Constitution, elle en a facilité l'établissement, propagé les principes, accéléré les progrès; elle devait en affermir l'empire, en assurer la durée. Tel était l'objet de son institution; elle l'a rempli longtemps en formant l'esprit public, en répandant les lumières, l'amour de la liberté et le respect pour les lois, elle a rendu les plus importants services à cette ville, à ce département dont elle est la capitale, à la France entière dont elle est le boulevard. Dans ces jours de sa gloire et de sa sagesse, nous nous sommes tous fait honneur d'être comptés parmi ses membres, et cet honneur en serait encore un pour nous, si les opinions, qui y dominent, si la manière dont elles sont proposées et accueillies, étaient encore les mêmes qu'à cette époque.

«Le changement opéré dans l'esprit de cette Société a eu ses causes et ses gradations. Nous vous devons, nous nous devons à nous-mêmes d'indiquer celles dont l'exposition nous paraît nécessaire à l'explication de notre démarche.

«La principale de ces causes est l'introduction d'un mode d'admission d'abord trop facile, et bientôt totalement illusoire, qui donna au nombre des membres un accroissement dont il nous fut impossible d'arrêter l'effrayante rapidité au moment où nous en aperçûmes le danger. Cette première faute, dont il était difficile d'abord de prévoir les conséquences, nous est commune avec une partie de ceux dont nous nous sommes séparés, et nous avons, ainsi qu'eux, à nous reprocher cette condescendance et les abus qu'elle a produits. 11

« On connaît la facilité d'émouvoir un grand nombre d'hommes rassemblés ; on ne tarda pas à en apercevoir les funestes effets. Dès lors les déclamations passèrent pour des raisonnements, les cris pour de l'éloquence ; la passion étouffa la raison ; et l'enthousiasme suivit sans examen les écarts de l'enthousiasme. Dès lors les idées furent exagérées, les sentiments exaltés, et l'on chercha en vain dans une Société délibérante cette liberté d'opinions et ce calme qui doivent présider à toutes les délibérations.

« Un des premiers devoirs du citoyen, un de ses intérêts les plus pressants, est la surveillance des autorités constituées. On abusa de ce principe sage, en lui donnant une extension qui en est l'excès ; on confondit la surveillance avec la défiance, et la défiance avec la calomnie. Aucun des agents de l'autorité ne fut à l'abri des soupçons les plus injustes, des inculpations les plus hasardées, des dénonciations les plus destituées de preuves. Ceux mêmes que vous avez honorés de votre confiance, et investis d'un pouvoir momentané qu'ils ne tiennent que de vous, les magistras du peuple, pris dans son sein et qui doivent bientôt y rentrer, vos égaux, vos amis, vos frères, n'ont pu échapper à cette proscription, à laquelle semblaient être devoués tous les dépositaires des autorités légitimes. Enfin dans cette inconcevable fermentation, dans cette funeste inquiétude qui agite quelques esprits, la Constitution elle-même, cet ouvrage de la sagesse de nos législateurs, ce prix de trois années de révolution, de travaux et de souffrances, la Constitution qui doit faire notre bonheur, et que nous avons tous juré de maintenir, a été méconnue dans ses principes, décriée dans ses effets, attaquée dans ses points fondamentaux. Vainement avons-nous tenté d'arrêter ce torrent ; nos efforts ont été impuissants, et l'emportement, fruit de l'esprit de parti, a bientôt forcé au silence ceux qui voulaient opposer le calme de la raison aux éclats de la passion.

« Citoyens, tel est le tableau qu'a trop souvent présenté depuis plusieurs mois cette Société que nous venons de quitter : nous en appelons avec confiance au témoignage de ceux de vous qui ont suivi ses assemblées.

« Ces écarts étaient sans doute les effets de l'erreur, de la prévention et de l'inexpérience. Un zèle aveugle, quoique pur, peut être d'autant plus dangereux qu'il est plus ardent ; et les excès dont nous avons gémi, nous ont convaincus qu'avec les intentions les plus droites, on peut nuire autant qu'avec les plus perfides desseins.

«Mais ces excès, quelle que fût leur source, nous devions enfin ne plus paraître les partager ; dans l'impossibilité de les combattre avec succès, il fallait au moins cesser de les autoriser en apparence, et de leur prêter notre nom. Tel est le motif de la démarche que nous venons de faire ; telles sont les raisons qui depuis longtemps en faisaient un besoin à chacun de nous.

«En renonçant à la qualité de membres d'une Société d'amis de la Constitution, nous n'avons pas renoncé à ce titre pris dans sa généralité, et encore moins aux devoirs qu'il impose.

«C'est au contraire pour en professer le culte dans toute sa pureté, que nous formons une association nouvelle. Vous expliquer cette Constitution, vous en développer toutes les parties, vous en faire apprécier tous les bienfaits, sans vous en dissimuler les imperfections vraies ou présumées qu'elle nous offre les moyens de rectifier, mais vous faire sentir les dangers incalculables d'un changement illégal et prématuré ; vous la faire chérir comme nous la chérissons, vous prévenir contre les manœuvres de ses ennemis, enfin assurer par le concours de notre zèle, de nos lumières et de notre vigilance, sa conservation et son triomphe ; tels sont nos engagements, tel sera le but constant de nos travaux. Leur publicité vous convaincra de notre fidélité à nos serments, et vous jugerez si nous sommes dignes du nom d'*amis de la Constitution*.

«Citoyens, on cherchera peut-être à égarer votre jugement sur notre conduite en appelant notre retraite *une scission, un schisme,* et en nous reprochant une séparation que nous eussions voulu pouvoir éloigner. Nous n'avons qu'une réponse à faire à ceux pour qui les mots ne sont pas des choses. Jetez les yeux sur le tableau de nos signatures, reconnaissez-y la plupart des fondateurs de la Société primitive, reconnaissez-y la très-grande majorité de ceux qui la composaient, il y a un an, c'est-à-dire à l'époque où elle fut si utile, prononcez ensuite ; ou plutôt, retranchez de son existence cette période orageuse que nous voudrions pouvoir effacer de notre souvenir, et dites si notre association n'est pas la continuation de celle qui existait alors.

«Cette observation et la publicité de nos séances ainsi que de toutes nos opérations, voilà les seules réponses que nous nous permettrons jamais de faire aux reproches directs ou indirects par lesquels on pourra nous attaquer. Il nous en a coûté, n'en doutez pas, de vous exposer les vrais motifs de notre séparation, et le sentiment de la nécessité de cette explication, le prix que nous mettons à votre confiance, ont pu seuls nous la dicter. Mais après cette démarche indispensable, le silence le plus absolu sur tout ce qui pourrait compromettre ou inculper une Société à laquelle nous n'appartenons plus, est pour la nôtre une loi sacrée et fondamentale. Inaccessibles à toute autre passion qu'à l'ardent amour de la liberté et de la Constitution, ce sentiment absorbera toutes nos âmes, et nous pourrons voir des émules, mais jamais des rivaux, encore moins des ennemis, dans ceux que nous ne cesserons de regarder comme nos frères. 11

«Citoyens, connaissez notre fidélité aux principes de la Constitution et la droiture de nos intentions. Nous avons juré *d'être fidèles à la Nation, à la Loi et au Roi, de maintenir de tout notre pouvoir la Constitution décrétée par l'Assemblée constituante aux années* 1789, 1790 *et* 1791, *de périr plutôt que de souffrir qu'elle soit altérée par une influence quelconque, de vivre libre ou de mourir*. Tel est notre serment, et pour l'expliquer à ceux qui n'en connaîtraient pas toute la latitude, nous avons spécialement juré *de mourir plutôt que de permettre la dissolution de l'Assemblée nationale, le rétablissement de la noblesse et l'introduction de deux chambres dans le Corps législatif*.

«La Société dont nous avons cessé de faire partie, dans un écrit qu'elle vous a adressé, a inculpé nos intentions, et attribué notre retraite à des motifs aussi faux qu'indignes de nous. Nous connaissons cet écrit, nous l'avons lu avec cette indifférence que devait nous inspirer la conscience de la pureté de nos vues. Cette lecture ne nous a rien fait changer à l'exposé que nous vous destinions de notre conduite et de nos sentiments. Seulement pour vous détromper sur la seule assertion positive que contienne cette adresse, et qu'il est si facile de démentir, nous avons résolu de joindre à nos signatures la désignation de la qualité et de l'emploi ou profession de chacun de nous.

«*Les Citoyens composant la Société des Amis de la Constitution, séante à l'Auditoire près le Temple-Neuf, à Strasbourg.*»

(Suit la liste des membres.)

»S. DES JACOBINS. Euloge Schneider fait sa profession de foi politique, en langue allemande [1]. 12

»On décide d'envoyer à toutes les S. des deux départements du Rhin une traduction allemande du *Manifeste*

---

[1] *Eulogius Schneider's politisches Glaubensbekenntniss, in der Gesellschaft der Constitutionsfreunde abgelegt* (Profession de foi politique d'Euloge Schneider, prononcée à la S. des amis de la Constitution). Voir *Notes sur Schneider*, p. 24.

12 *de la S. des amis de la Constitution du département de la Vendée.*"

Ce manifeste se termine ainsi : «Nous offrons à Louis XVI, s'il reste fidèle à ses serments, la couronne de la liberté. Mais malheur à lui, s'il devient parjure, s'il trahit la confiance d'un grand peuple. Le réveil de la Nation sera terrible ; sa ruine est inséparable du bouleversement de la Constitution.»

14 "IDEM. Un membre prononce un discours sur les dangers de la scission, et propose d'envoyer une députation à la nouvelle S., pour l'engager à se réunir avec ses anciens frères. La S. nomme à cet effet une députation, composée de trois membres délibérants, de trois membres volontaires et de trois soldats, pour se rendre de suite à la S. de l'Auditoire.

"S. DE L'AUDITOIRE. Une députation de la S. des Jacobins, composée de neuf membres, est introduite au milieu des applaudissements les plus vifs des tribunes. Un des députés prononce le discours suivant :

«Chers concitoyens,

«Votre séparation du sein de notre Société, a déchiré nos cœurs, non par des considérations particulières, mais par la grande considération du bien public, la seule qui soit digne d'une Société d'amis de la Constitution. Nous ne chercherons point à nous justifier à vos yeux, nous ne demanderons point de vous de justifications. Vous êtes des hommes, nous sommes des hommes, les erreurs et les fautes sont inhérentes à votre nature et à la nôtre ; mais la première vertu de l'homme, est l'indulgence ; la première vertu du citoyen, est le sacrifice de ses passions à l'intérêt public.

«Cet intérêt nous commande hautement de nous réunir ; nous venons vous exposer ses ordres. La réunion de tous les bons citoyens de l'Empire a fait la Révolution, la réunion de toutes les Sociétés du royaume, a consolidé la Constitution. Si ces Sociétés rompent le lien qui les unit, si elles le rompent au moment où l'ennemi est à nos portes, le peuple se divisera comme nous, et un peuple divisé est vaincu.

«La grande maxime des tyrans, c'est DIVIDE ET IMPERA : *opère des scissions, et tu pourras commander en despote*. La grande maxime des hommes libres, c'est : SOYONS UNIS ET NOUS SERONS INVINCIBLES.

«Chers concitoyens, en vain on voudrait tranquilliser le peuple sur notre scission, il sent qu'il faut de grands efforts, pour rompre

un faisceau bien serré, qu'il n'en faut point pour briser ses parties 14
détachées. Vous voyez dans tout l'Empire les efforts des méchants, pour diviser les amis de la Constitution; voulez-vous que le peuple égaré vous croie leurs complices? Vous voyez l'ennemi prêt à tomber sur nous; voulez-vous que le peuple vous reproche les avantages qu'il peut tirer de notre désunion? Vous voyez nos assignats baisser à proportion des troubles et des divisions; voulez-vous augmenter les divisions?

«Non, chers concitoyens, vous ne le voulez pas; notre cœur nous le dit.

«Un moment d'erreur nous a divisés, oublions-le à jamais; foulons aux pieds toutes les passions particulières; qu'une seule passion nous anime, la passion du bien public. Revenez au milieu de nous, revenez vous asseoir à côté de nos braves militaires de ligne et nationaux, nos égaux en droits, nos supérieurs en sacrifices, à les animer du feu sacré de la liberté; et si vous croyez que l'excès de notre zèle a besoin d'être tempéré; si nous croyons que votre prudence est quelquefois trop timide; modérons l'un par l'autre ces deux extrêmes, et que de leur mélange résulte la vérité et le salut du peuple.»

»Le Président répond par un discours, dans lequel il fait connaitre les raisons qui ont engagé les membres scissionnaires à se séparer. Il ajoute que la S. délibérerait sur l'objet de leur message et invite les députés d'assister à la séance. Ceux-ci n'acceptent point cette invitation, et se retirent au milieu des applaudissements et des bravos des tribunes.»

»S. des Jacobins. On délibère sur les moyens d'organiser 15
la vente du pain au moyen d'assignats au pair.»

»S. de l'Auditoire. M. Blanié prononce un discours, 17
pour disculper le Maire Dietrich, d'avoir proposé la mise en état de guerre de la ville de Strasbourg.

»Lecture d'une lettre de la S. d'Huningue, contre la scission.

»Le comité chargé par la S. de lui présenter ses vues sur la proposition de la S. des Jacobins, fait son rapport [1].»

---

[1] *Rapport fait à la S. séante à l'Auditoire du Temple-Neuf, à Strasbourg, au nom du comité chargé par elle de lui présenter ses vues sur la proposition de la S. séante au Miroir, de la même ville.*

17 Ce rapport se termine ainsi :

«Votre Comité, en se résumant, a donc pensé que la réunion que l'on vous a proposée, n'était pas nécessaire, qu'elle n'était pas même utile ; mais que, fût-elle l'un et l'autre, l'existence de l'adresse du 10 février la rendait impossible, du moins pour le moment.

«Mais il a cru qu'il était de votre devoir et de votre intérêt, c'est-à-dire de l'intérêt de la chose publique, de déférer à la proposition de la Société du Miroir, et au moins autant que les localités, les circonstances pourraient le permettre et que pourrait l'exiger le bien général. Il a cru qu'il était convenable d'annoncer à la Société du Miroir le désir de vivre avec elle en bonne intelligence, l'intention de s'abstenir réciproquement de toute récrimination, de toute personnalité, de se témoigner au contraire mutuellement les égards que nous nous devons ; de lui offrir et de lui demander une correspondance aussi fréquente, une communication aussi intime que nous la jugerons les uns et les autres nécessaire ; et, dans le cas, où la patrie serait menacée de quelque danger imminent, et où la grandeur des circonstances commanderait la grandeur des mesures, une réunion, soit partielle par Commissaires, soit momentanément générale, pour travailler de concert au salut de la chose publique.»

18 „S. des Jacobins. On s'occupe de la défense des soldats inculpés d'indiscipline envers leurs supérieurs.“

19 „S. de l'Auditoire. On décide de ne s'affilier à aucune S., mais de correspondre avec toutes les S. patriotiques, quand cela serait nécessaire.

„Il s'élève une discussion sur les assignats, motivée par un projet d'adresse du Département à l'Assemblée nationale, communiqué à la S. pour le débattre. La S. étant de l'avis du Département, cette adresse est envoyée par un courrier à l'Assemblée nationale.

„Un pauvre tailleur, habitant du Ban-de-la-Roche, père de huit enfants, auquel le vent a fait écrouler sa maison, est recommandé à la S. On fait une collecte, à laquelle participent aussi les galeries, pour l'envoyer au pasteur de Waldersbach [1].“

---

[1] Voir la lettre d'envoi de cette collecte au pasteur Oberlin, *D. E. Stœber, Vie de J. F. Oberlin*, p. 272.

»S. DES JACOBINS. Un membre fait la motion d'envoyer une seconde députation auprès des dissidents, pour tenter la réunion ; un autre membre s'y oppose, en observant que cette démarche serait inutile, vu que la réponse à la première démarche ne paraissait laisser aucun espoir, et qu'il était imprudent de s'avilir par des supplications. Le Président de la S., Philibert Simond, combat cette observation en disant : 24

«On ne s'avilit pas par des députations qui portent le sacrifice de notre amour-propre pour la paix et la réunion ; j'appuie l'envoi de la députation, parce que le bien public le demande et que cette considération nous l'ordonne : la Société des dissidents est composée d'environ cent trente-cinq ou cent quarante membres, et que je divise en trois classes ; dans la première, je comprends cent vingt-cinq ou cent vingt-deux individus, dont je crois les intentions pures et avec lesquels je me ferais l'honneur de délibérer : l'autre classe est forte de deux ou trois personnes sans moralité, dépouillées de toute vertu civique, et que je regarde comme des scélérats, parce qu'ils ont opéré à Strasbourg dans un temps de crise et de complot, une scission funeste dans tous les cas, mais surtout en ce moment que le rapprochement de plusieurs circonstances en montre le grand danger.

«La troisième classe est composée d'une dizaine de marionnettes, de pantins ou de dindons, qui ne vont, n'expriment et ne figurent que d'après l'impulsion qu'ils reçoivent de ceux entre les mains desquels aboutit le fil auquel ils tiennent. J'invite donc la Société à envoyer à nos frères dissidents une députation pour les inviter à se réunir, parce que je suis convaincu que si notre invitation est mise aux voix sans apprêt, elle sera à peu-près généralement adoptée.»

»La S. décide de tenter de nouveau la démarche proposée.«

»S. DE L'AUDITOIRE. Une seconde députation de la S. des Jacobins se présente à la séance, en demandant la réunion dans la même salle. Refusé.« 26

»S. DES JACOBINS. La S. arrête que tous les membres se couvriront pendant les séances du bonnet rouge, et que les femmes qui assistent au club, sur les tribunes, s'en coifferaient également.« 27

28 »S. DE L'AUDITOIRE. La S. décide de faire réimprimer une brochure parue à Paris, sous le titre : *De l'influence et de l'utilité des clubs, par un ami de la Constitution.*«

29 »S. DES JACOBINS. Le Président Simond se disculpe d'avoir dit dans la séance du 24 février, que tous ceux qui se sont séparés de la S. du Miroir étaient ou des scélérats qui mènent ou des marionnettes et des dindons qui se laissent mener.«

MARS. 1er »S. DE L'AUDITOIRE. On annonce la fondation d'une S. de jeunes amis de la Constitution à Strasbourg. Cette S., composée d'une trentaine de jeunes gens, fait connaitre qu'elle a pour but d'apprendre à connaitre la Constitution, et de rester fidèle à la Nation, à la Loi et au Roi constitutionnel.«

2 »IDEM. Un membre prononce un discours contre les reproches que l'on fait à la S. à cause de sa séparation.«

L'orateur termine son discours en disant :

«Nous ferons taire la malignité de nos détracteurs en restant fidèles à nos serments, en nous occupant du seul objet qui autorise notre réunion et qui peut la rendre utile à nos concitoyens. Laissons de côté les exagérations, les dénonciations vagues, les motions inutiles et quelquefois attentatoires à la liberté ; usons, mais sans en abuser, de cette surveillance nécessaire, un des premiers devoirs de tout bon citoyen ; parlons enfin le langage de la raison et de la vérité. Donnons l'exemple du respect pour les lois, de l'obéissance aux autorités chargées de les faire exécuter ; avertissons nos concitoyens de tout ce que la Constitution a fait pour leurs jouissances domestiques ; analysons les Décrets de l'Assemblée nationale sur la justice de paix, sur les successions, les mariages, la justice criminelle, les jurés, la liberté religieuse, l'égalité des conditions, cette précieuse égalité, sans laquelle la liberté n'est qu'un vain mot, et c'est alors que nous nous montrerons ce que nous sommes, de vrais amis de la Constitution.

«C'est alors que nos concitoyens repousseront les craintes chimériques qu'on leur suggère, et qu'ils applaudiront à la fermeté avec laquelle nous nous refusons à une réunion qu'on ne désire pas, et qui ne nous est offerte que pour rejeter sur nous-mêmes tous les torts apparents d'un refus nécessaire.»

4 »IDEM. On vote une seconde réponse à la S. des Jacobins, relativement à la réunion demandée par celle-ci.«

«Dans l'impossibilité d'une réunion totale,» est-il dit dans cette réponse, «nous voyons dans votre S. trop de citoyens estimables, pour ne pas éprouver le besoin et le désir d'une communication qui la supplée.» 4

«IDEM. On donne lecture d'une réponse de la S. de Vesoul à l'adresse des défectionnaires de la S. des Jacobins (la S. de l'Auditoire).» 5

Après avoir exprimé son plus grand étonnement au sujet de cette scission, la S. de Vesoul conseille de se réunir et elle termine sa lettre en disant : «Ne trompez point notre attente, Messieurs ; ne renoncez point à la devise que nous avons tous adoptée : *L'union fait notre force,* et consolez-nous au plus tôt par la nouvelle d'une réunion solide et durable.»

«IDEM. Une pétition est rédigée et signée par tous les membres, pour demander à l'Assemblée nationale la franchise à la sortie du Royaume du chanvre non fabriqué, et la prohibition de l'exportation en cachette de l'argent monnayé. 7

«S. DES JACOBINS. Lecture d'une lettre de Robespierre, Président de la S. de la Constitution séante aux Jacobins à Paris, relative à la scission. Après de vifs applaudissements, la S. décide d'insérer cette lettre au procès-verbal.»

«*Lettre de la Société des amis de la Constitution, séante aux Jacobins de Paris, à la Société de Strasbourg qui lui est affiliée.*

«Paris, le 22 février 1792, l'an 4 de la liberté.

«Frères et Amis,

«Nous avons appris avec douleur la défection d'une partie de ceux qui étaient membres de votre Société ; nous avons reconnu cet esprit de discorde et d'intrigue qui depuis trop longtemps cherche à multiplier les ennemis de la liberté et de la paix publique. Vous avez soutenu dignement le caractère des amis de la patrie, en invitant à la réunion ceux qui avaient eu le tort de se séparer de vous. Nous ne doutons pas que cette démarche ne vous ait déjà ramené tout homme de bonne foi qui n'aurait été que trompé. Si elle était infructueuse, ne perdez point courage. Quels que soient le nombre et le pouvoir de nos ennemis, la justice de votre cause vous reste, et cette cause est celle de la patrie et de l'univers ; le peuple et le ciel seront pour elle. Vous n'en serez pas moins zélés pour le bien public ; et vous serez

7 plus paisibles et plus unis. L'or ne brille pas d'un éclat moins pur, lorsqu'il est dépouillé de tout alliage, et un corps robuste ne perd rien de ses forces lorsqu'il est délivré de l'humeur dangereuse qui le tourmentait. Frères et amis, s'il nous était permis de citer notre propre exemple, nous vous dirions que nous sommes sortis victorieux d'une épreuve aussi rude ; mais le patriotisme aussi infatigable qu'éclairé que vous avez fait éclater jusqu'ici, prouve que vous êtes faits pour donner l'exemple et non pour le recevoir. Amis, que notre zèle et notre courage croissent toujours avec les dangers de la chose publique. — Dans cette lutte pénible à laquelle nous nous sommes voués, nous avons au moins un avantage inestimable, qu'aucune puissance humaine ne saurait nous ravir. Les efforts du patriotisme sont des succès, les défaites mêmes de la vertu qui combat pour l'humanité, sont des titres de gloire ; tandis que les triomphes de l'intrigue et de la tyrannie sont des crimes ; le remords les accompagne, et l'opprobre les suit. Amis, quoiqu'il puisse arriver, ne nous lassons point de défendre la cause du peuple. Continuons de semer dans le cœur des hommes les principes de la justice et de l'égalité ; nos enfants, notre postérité (si ce n'est nous) recueilleront la liberté et la paix, et le bonheur du monde sera notre récompense.

«Nous sommes fraternellement,

«*Robespierre*.

«*P. S.* Nous recevons à l'instant même votre lettre des 16 et 17 ; nous y voyons avec une joie inexprimable les progrès des sentiments patriotiques parmi nos braves soldats dont nous n'avons jamais douté ; la cause du peuple est la leur, eux et le peuple sont l'appui de la liberté. Cette heureuse nouvelle justifie la confiance que nous avons toujours mise dans le pouvoir de la raison et de l'humanité.»

8 »IDEM. Lecture d'une lettre d'un Jacobin de Paris, avec laquelle il envoie à la S. deux piques, qui sont reçues au milieu des plus vifs applaudissements et placées en trophée dans la salle des séances.«

9 »IDEM. Un grand nombre de militaires, et principalement des canonniers, se font recevoir membres de la S. Plusieurs de ces militaires prononcent des discours très-patriotiques.

»Lecture d'un article du *Courrier de Strasbourg*, rédigé par Laveaux, contre la S. de l'Auditoire, qu'il flétrit par le surnom de : *La Feuillantine*.«

Cet article se termine ainsi : 9

« . . . . Oh ! C'est à Strasbourg, dans la Société des Feuillants, que s'est réfugié tout le bon sens de l'Empire et de l'Europe. Je serais d'avis moi, que le peuple se levât, pour ordonner à l'Assemblée nationale de se retirer, et de faire place à la nouvelle Société de Strasbourg. »

Chayrou insère dans son journal, la *Feuille de Strasbourg,* l'article suivant, contre celui de Laveaux :

«Enfin, bon gré, malgré nous, on veut absolument que nous soyons *Feuillants*. C'est une affaire décidée ; du moins au tribunal d'une dizaine de bonnes têtes et surtout de fort honnêtes gens de cette ville, qui s'efforcent tant qu'ils peuvent de troubler l'eau, dans l'espoir d'y pêcher un jour. Il est heureux pour nous que la mode ne soit pas encore venue de brûler les Feuillants, comme jadis on brûlait les sorciers : car bientôt nous serions brûlés sans miséricorde. Nous aurions beau dire que nous ne sommes pas Feuillants ; que nous ne savons pas même ce que c'est ; que nous sommes bien éloignés des principes que quelques-uns leur ont prêtés ; que nous avons juré la Constitution ou la mort ; qu'il est naturel que nous préférions la Constitution que nous aimons, que nous idolâtrons, à la mort que nous n'aimons pas. Tout cela ne servirait à rien et nous serions brûlés sans autre forme de procès.

«Néanmoins comme nous n'avons pas du tout envie d'être brûlés et que d'ailleurs notre réputation nous est chère, nous nous sommes enquis chez ceux qui nous veulent encore un peu de bien, de ce qu'il fallait donc faire pour être aussi excellents patriotes que ceux qui nous accusent. On nous a répondu qu'il fallait calomnier à dire d'expert, injurier à tort et à travers ; qu'il fallait attaquer toutes les administrations, discréditer les magistrats du peuple, faire cause commune avec les fanatiques qui persécutent, quelques torts d'ailleurs qu'ils puissent avoir. On nous a dit que cette marche serait infiniment avantageuse à la chose publique et qu'en notre particulier nous ne laisserions pas d'y trouver notre compte tôt ou tard. On nous a invité à corriger notre épigraphe et à lui substituer celle-ci :

«*Il faut toujours flatter le peuple et lui faire accroire qu'on est pour lui un vigoureux défenseur. Surtout il faut le travailler avec adresse, afin qu'au cas de besoin l'on puisse compter sur lui.*

«Nous convenons de bonne foi que ces principes nous ont paru un peu extraordinaires. Nous avons laissé modestement entrevoir que nous aurions peine à nous convaincre de l'excellence qu'on leur attri-

9 buait et que vraisemblablement nous ne nous laisserions pas séduire par l'appât des belles choses qui, selon ces Messieurs, doivent en résulter.

«Cet air de répugnance nous a valu un congé plein d'humeur, et l'on nous a quittés en nous disant, qu'on voyait bien que nous sommes incorrigibles.»

13 »IDEM. Berruyer, Commandant des carabiniers, prononce un discours à sa réception comme membre de la S.

»La S. arrête de prendre le deuil, pendant trois jours, en l'honneur du patriotique Maire d'Étampes.«

15 »S. DE L'AUDITOIRE. La S. décide de prendre le deuil, pendant trois jours, en l'honneur du Maire d'Étampes.

»Elle arrête de témoigner à l'Assemblée nationale sa satisfaction au sujet du Décret d'accusation contre le Ministre Delessert, mais en déclarant en même temps que Narbonne emportait les regrets de la S. Elle décide qu'une députation serait envoyée à la S. des Jacobins, pour l'inviter à signer avec elle une adresse à l'Assemblée nationale à ce sujet.«

16 »S. DES JACOBINS. La S. refuse de signer l'adresse à l'Assemblée nationale, communiquée à elle par la S. de l'Auditoire, et cela par la raison qu'elle a décidé en principe de ne plus traiter avec une S. qui n'est pas en correspondance avec la S. des Jacobins de Paris.«

18 »IDEM. Une députation de six jeunes gens de 13 à 14 ans, membres de la S. des jeunes amis de la Constitution, demande pour leur S. la permission d'assister à la séance, pour célébrer avec la S. l'anniversaire de la mort de Mirabeau. Cette permission leur est accordée, sous la condition cependant, que chaque jeune homme apporte un certificat, signé par son maitre et ses parents, constatant que c'est avec leur consentement.«

19 »IDEM. Lecture d'une lettre de la S. des jeunes amis de la Constitution, signée : *Ensfelder,* Président, *Schœll* et *Sahler,* Secrétaires, invitant les Jacobins à honorer leurs assemblées de leur présence.«

»S. DE L'AUDITOIRE. Le Maire Dietrich communique plusieurs détails sur les préparatifs que l'on fait en Allemagne contre notre liberté et prononce un discours en faveur de la réunion à la S. du Miroir. Les considérations puissantes que présente ce discours, pour prouver la nécessité d'une réunion, font sur tous les esprits l'effet qu'on devait en attendre. A l'instant même, sans aucune délibération préliminaire, tous les membres présents, au nombre de plus de 120, s'écrient : »Allons tous ensemble pour nous réunir à nos frères du Miroir.« Les tribunes applaudissent à cette manifestation. 1er

»S. DES JACOBINS. A cette séance assistent les députés des S. des départements du Rhin, ainsi que le Maréchal Luckner.

»Les membres de la S. de l'Auditoire entrent dans la salle. Le Maire Dietrich prononce un discours, pour proposer la réunion. Plusieurs députés des S. des départements du Rhin votent dans ce sens, mais le Président de la S., Laveaux, appuyé par Laurent, Alexandre, Rivage, Simond et Schneider, s'y oppose, et après de longs et très-tumultueux débats, qui se prolongent de 6 à 10 heures du soir, la réunion est rejetée par la majorité.«

»IDEM. Séance extraordinaire tenue dans la soirée, dans la grande salle de spectacle[1]. Laveaux prononce un discours en l'honneur de Mirabeau. De nombreux applaudissements attestent la satisfaction de l'Assemblée. L'orchestre exécute l'ouverture d'Iphigénie et un chœur d'Orphée, dont les paroles avaient été adaptées à la circonstance. Pendant ce dernier morceau, douze jeunes citoyennes, vêtues de blanc, avec des ceintures noires, apportent des fleurs au pied du buste du grand homme, et deux d'entre elles posent sur sa tête une couronne civique. Simond 2

---

[1] C'est ainsi que l'on appelait alors la salle de spectacle, qui se trouvait, avant son incendie (11 prairial VIII, 31 mai 1800, représenté par une gravure du peintre Heim), sur la place du Broglie, entre le jardin du Quartier-général et l'École d'artillerie, pour la distinguer de la salle du théâtre allemand, rue Ste-Hélène.

2 s'approche du buste, orne du signe de la liberté la tête de celui qui l'a irrévocablement conquise à ses concitoyens, et prononce un second éloge de Mirabeau. Euloge Schneider retrace dans un discours, prononcé en allemand, les efforts de Mirabeau pour la liberté française et les succès qu'il a obtenus [1]. Ce discours est applaudi à diverses reprises.

»Les membres de la S., les députés des S. des départements du Rhin, ainsi que tous les spectateurs, prêtent avec enthousiasme le serment envoyé par nos frères de la Vendée. Cette cérémonie est suivie de fanfares. Un autre membre de la S. termine cette belle séance en prononçant un discours, souvent interrompu par des applaudissements. En rappelant les bienfaits de Mirabeau, il invite les citoyens à soutenir, par leur bienfaisance, les maux de leurs frères, de nos égaux en droits, mais inégaux en fortune. Trois citoyennes patriotes font une collecte qui rapporte au-delà de 600 livres. L'orchestre exécute plusieurs morceaux appropriés à la fête; l'air *Ça ira* est répété à diverses reprises et toujours vivement applaudi.«

3 »Idem. Quelques membres proposent de nouveau la réunion des deux S. Gloutier et le Maréchal Luckner l'appuient fortement, mais elle est encore combattue par la majorité.

»Un député de Belfort prouve la nécessité de se rendre maitre des gorges de Porentruy. Le Maréchal Luckner se lève et parle avec feu du désir qu'il aurait de s'emparer des gorges de ce pays, s'il pouvait en obtenir l'ordre. »Nous savons,« lui répliqua le député, »que vous ne pouvez marcher sans les ordres du Roi,« »et de l'Assemblée nationale,« ajouta le Maréchal. A ces mots, les cris de *vive Luckner* font retentir la salle, un membre prend la couronne civique, qui se trouvait placée sur le buste de Mirabeau, et la pose sur la tête du Maréchal. La S. décide d'envoyer cette couronne à Luckner par une députation.

---

[1] Voir *Notes sur Schneider*, p. 28.

«Le 4 avril, tous les citoyens et militaires, membres de la Société, s'assemblèrent à la salle. Trois dames, épouses ou filles de Jacobins, avaient été invitées pour présenter elles-mêmes la couronne au Maréchal.

«Le cortége se mit en marche à midi et demi dans l'ordre suivant :

«La musique de tous les régiments de la garnison marchait en tête, puis deux pièces de canon ; les dames entourées de quatre respectables vétérans de la Garde nationale, dont le plus ancien portait la couronne au bout d'une pique surmontée d'un bonnet rouge ; ensuite deux autres pièces de canon, puis venaient les jeunes amis de la liberté qui portaient aussi leur couronne ; enfin les membres de la Société, ainsi que les députés des Sociétés patriotiques des deux départements du Rhin.

«L'ordre qui présidait à cette fête populaire, la joie qui brillait sur tous les visages jacobins, le spectacle imposant d'une foule immense de citoyens, qui augmentait à chaque pas, et dont les acclamations patriotiques se faisaient entendre ; tout prouvait combien le Général possède notre confiance.

«Arrivé chez lui, la musique joua l'air : *Où peut-on être mieux*. Le Général sortit pour recevoir le cortége. Il reçut de la main des dames la couronne civique qu'elles lui posèrent sur la tête, avec le bonnet rouge. Ce brave Général attendri ne savait comment exprimer les sentiments qu'il éprouvait. Il sentait combien les récompenses du peuple sont au-dessus de la faveur des rois. Il chargea le Président d'exprimer à tous les citoyens combien il était pénétré, et l'embrassa pour tous les citoyens présents.

«En posant la couronne civique, une demoiselle lui récita les vers suivants :

«Le vœu des Jacobins t'appela parmi nous,
Et ton patriotisme a rempli notre attente,
Bientôt tu puniras, en dirigeant nos coups,
Des tyrans conjurés la menace insolente.
Ajoute à ta couronne un bonnet jacobin :
Ce signe est l'heureux gage et le prix du civisme ;
Tes lauriers sont celui d'un triomphe certain,
Sur tous les vils suppôts du lâche despotisme.»

«On lit une lettre de Dumouriez, du 27 mars, qui annonce que la rapidité des événements l'a porté au ministère des affaires étrangères.

«Une lettre de la S. de Marseille annonce que 5000 Marseillais et 52 bouches à feu sont sortis de Marseille, tant par terre que par mer, pour faire rentrer dans le chemin de la

3 Révolution plusieurs villes des départements méridionaux qui résistent depuis longtemps.

«Première séance du Comité de sûreté publique, destiné à prendre connaissance des griefs des députés des autres S. Ceux-ci montent successivement à la tribune, pour dénoncer les administrateurs du Bas-Rhin. Le Comité nomme une commission de trois membres, pour rassembler toutes ces plaintes dans un cahier de doléances qui sera envoyé aux Jacobins de Paris.»

4 «IDEM. La question de la réunion des deux S. est de nouveau reproduite; il est décidé que la réunion ne pourra s'effectuer dorénavant que par une réception individuelle des membres scissionnaires. Une députation est nommée pour faire connaître cette décision à la S. de l'Auditoire.»

5 «S. DE L'AUDITOIRE. Une députation de la S. des Jacobins se présente et fait connaître à la S. la décision prise dans la séance d'hier et invite les membres à se faire recevoir individuellement dans la S. des Jacobins. Le Président répond :

«Quand la Société avait témoigné le désir de la réunion, elle avait exprimé les vœux de la majorité; qu'elle savait aussi que le vœu de la majorité de la Société du Miroir était pour cette réunion; qu'en conséquence elle avait regardé la réunion comme faite, et attendait qu'on vînt la lui annoncer.» Un membre prend la parole pour reprocher à la Société des Jacobins, de n'avoir point donné aux dissidents le titre de *Société des amis de la Constitution,* et pour faire encore plusieurs autres reproches à la Société des Jacobins. L'orateur de la députation dit : «Nous avons été envoyés auprès de vous, pour vous communiquer notre arrêté au sujet de la réunion, et non pour disputer sur la rédaction de cet arrêté ou répondre à des reproches : nous croirions sortir du caractère de notre mission, si nous y répondions.»

Là-dessus il se retire.

• «On vote une *Adresse à toutes les S. des amis de la Constitution de l'Empire et à tous les patriotes français.*

Dans cette adresse la Société se plaint de ce que depuis sa séparation elle n'a cessé d'être l'objet des sarcasmes et des calomnies de la Société du Miroir. Après avoir fait connaître les tentatives, répétées à plusieurs reprises, pour la réunion, mais qui toutes ont échoué, elle avertit qu'elle continuera ses séances et qu'elle s'occupera, comme par le passé, des objets de son institution, sans renoncer au désir et à l'espérance de se réunir à ceux de ses frères qui, comme elle, sont animés du pur amour de la Constitution.

"S. DES JACOBINS. La députation, nommée par la S., composée de Simond, Périgny, Alexandre et Genthon, pour porter à la S. des Jacobins de Paris les griefs contre les administrateurs du Bas-Rhin, prend congé de la S."

La *Feuille de Strasbourg*, de Chayrou, contient l'article suivant sur cette députation :

«Les quatre membres députés par la Société des amis de la Constitution séante au Miroir à la Société-mère de Paris, sont : 1° un prêtre piémontais, Vicaire épiscopal, beaucoup plus savant que le Vicaire savoyard de l'Emile et surtout ayant beaucoup plus de mœurs. Cet honnête homme, doué d'une éloquence vraiment orientale, est venu exprès de son pays, après que la Révolution fût faite, pour nous apprendre à être libres. Ce saint homme est si humble, que de sa vie il n'a osé regarder personne en face. Il est révéré de tout le public, comme il le mérite.

«2° Un ci-devant Marquis et Officier de marine. Il est très-connu dans le monde par diverses aventures qui lui ont extrêmement formé l'esprit et le cœur ; et entre autres par une petite querelle qu'il a eue avec leurs EE. de Berne, au moyen de laquelle il aurait eu le plaisir de pourrir dans les prisons de la République, sans le crédit et sans l'argent de ces mêmes coquins de scissionnaires, contre lesquels il va plaider à Paris.

«3° Un employé à la loterie, garçon très-aimable, très-désintéressé, très-modeste et de plus notable en cette ville. Comme il est dévoré d'un ardent amour de la patrie, il n'a pu voir sans indignation qu'on ne mît pas ses talents à leur véritable place ; il se serait contenté, si l'on avait voulu, de celle de Secrétaire-général du Département du Bas-Rhin. Sa juste colère a beaucoup ajouté à son patriotisme. Ce bon citoyen se trouve en outre trésorier de la Société des amis de la Constitution, séante au Miroir, et depuis deux ans qu'il est en possession de la recette, il n'a pu encore saisir le moment de rendre un compte exact de l'état de la caisse ; attendu que la rentrée et la sortie des fonds sont dans un état de mobilité continuelle. On ne doute pas qu'à son retour de Paris, il ne se débarrasse enfin d'un fardeau qui doit lui peser.

«A cette occasion, nous ne devons pas omettre que quelques jours avant son départ, il a été interpellé par quelques membres et sommé en pleine Société de rendre ses comptes avant de partir. Le cher trésorier, au lieu de rendre ses comptes, a fait des contes. Il a assuré qu'il était bon citoyen, bon patriote ; s'est mis sous la sauve-garde de l'opinion publique. Ses amis ont appelé l'ordre du jour.

«Il s'est joint en quatrième un accolyte à ces Messieurs, soit en qualité d'auxiliaire, soit en celle de suppléant. Ce dernier n'a rien de très-remarquable par-devers lui, si ce n'est que le District a été obligé de lui retirer une caisse qu'il lui avait confiée, parce qu'il en faisait un trop bon usage.»

»IDEM. Lecture de l'extrait suivant d'une lettre de Colmar :

«Depuis une semaine,» est-il dit dans cette lettre, «il s'est passé bien peu de jours que nous n'ayons vu passer des troupes par notre ville. Le régiment Royal nous est arrivé avec deux officiers, les neuf qui lui restaient ayant quitté ce corps à Guémar. Celui de Bretagne revenant de Huningue l'a remplacé à Schlestadt. Notre garnison a été complétée par un superbe bataillon de Gardes nationales du Doubs. Celui du Bas-Rhin, qui vient de passer, a frappé tout le monde par sa discipline et sa tenue. Dans un élan de patriotisme, plusieurs volontaires ont arraché les carcans qui se trouvaient encore au coin de nos halles, et auxquels personne n'avait daigné prendre garde. Ils ont porté ces trophées à la maison commune pour en faire hommage à la municipalité.»

»IDEM. On fait la lecture d'une *Adresse du Ministre de l'intérieur, Roland, à ses concitoyens, et particulièrement à ceux qui se réunissent en Sociétés populaires.*»

«Jamais,» dit le Ministre, «il ne fut plus intéressant pour les amis de la liberté, d'étudier et de favoriser tout ce qui peut assurer son règne.

«La carrière du bonheur est ouverte ; la route est tracée : que faut-il à la Nation pour la parcourir ? du courage, des mœurs et de l'instruction.

«Pendant que les masses privilégiées qui pesaient sur la France, se coalisaient pour livrer à la liberté naissante les plus rudes combats, j'ai vu d'une extrémité de l'Empire à l'autre, les hommes doués d'un grand caractère et d'une âme forte, ou distingués par les talents les plus recommandables, s'appeler, se reconnaître, se réunir, former ensemble pour la défense des opprimés, une confédération vraiment sainte. Les *Sociétés patriotiques* se sont établies et multipliées. Sentinelles infatigables, elles ont veillé, elles ont combattu pour leurs concitoyens moins ardents et moins éclairés. Des milliers d'hommes libres ont proclamé dans la France les éternelles vérités que l'Assemblée consti-

tuante avait reconnues aux jours de sa gloire. Ainsi réveillé partout, 8
le peuple sortit de son avilissement ; dès lors j'osai croire avec tous ses amis, qu'il était assez instruit de ses droits, pour qu'il devînt désormais impossible de les lui ravir.

« Cependant, et c'est une vérité que je ne vous dissimulerai point, parce qu'en de telles circonstances, flatter mes concitoyens, ce serait les trahir, le peuple français a encore un ennemi très-redoutable, et il existe un puissant moyen de remettre la Nation sous le joug. Cet ennemi redoutable au peuple, le moyen de lui ravir *ses droits,* c'est l'ignorance de *ses devoirs*.

« En effet, quiconque ne saura pas ou ne voudra pas entendre qu'il est obligé de concourir à faire respecter la propriété d'autrui, devra-t-il se flatter qu'on viendra défendre la sienne ? Quiconque n'a de moyen de subsistance que dans un travail journalier, pourra-t-il échapper à la misère, si le ravage des propriétés lui enlève le garant de son industrie ?

« L'indépendance, le nécessaire et le bonheur appartiennent sans doute à l'homme laborieux qui possède la faculté et le droit de s'adonner à un travail quelconque : mais où les exercera-t-il, et qui lui assurera le prix de ce travail, si le désordre et la méfiance ruinent ou désolent les propriétaires ?

« Tout se tient nécessairement dans la société : la paix ne saurait y être troublée, que tous ses membres n'aient à souffrir, et toujours plus en proportion de ce qu'ils ont moins ; car le propriétaire aisé se cache ou s'expatrie, tandis que l'homme qui n'a que son industrie, languit ou meurt s'il ne peut la développer dans le calme de l'ordre, et sous la protection des lois.

« Quiconque ne sent pas que les maux doivent être supportés en commun, les avantages répartis avec égalité; quiconque ne permet pas qu'une partie des grains, dont son département abonde, soit versé dans tel autre où le besoin se fait sentir, ne s'expose-t-il pas à voir succéder, à quelques mois d'abondance, plusieurs années de disette ?

« Et le citoyen ingrat qui ne s'empresse pas d'acquitter les contributions de la liberté, ne rappelle-t-il pas, autant qu'il est en lui, les impôts ruineux et les charges avilissantes du despotisme ? Et l'homme faible, à qui vous laissez croire que son culte doit dominer, à quelque prix que ce soit, ne pourra-t-il pas devenir, entre les mains du fanatisme et de l'ambition, l'instrument de plus d'un attentat, tandis qu'il lui eût été doux d'apprendre que les cultes doivent être libres comme les consciences, et surtout que le Dieu de paix est le Dieu de tous les hommes vertueux !

8 «Enfin quand les despotes du dehors nous forcent à tirer l'épée ; quand l'univers attentif va retomber avec la France dans le néant de l'esclavage, ou comme elle et par elle, renaître à la liberté ; que devons-nous espérer, si au moment de l'action, chacun de nos guerriers se constituant juge des manœuvres, examine au lieu d'agir, et si quelques traîtres criant à la trahison, peuvent entraîner dans leur défection une foule de compagnons abusés ?

«Voilà ce qu'ont parfaitement senti nos ennemis ouverts ou cachés. Ils ne parlent au peuple que de sa force, afin qu'il en abuse ; pour dénaturer les principes généraux, ils n'en font jamais qu'une application partielle ; ils entretiennent chaque individu de son pouvoir, sans lui retracer ses obligations ; c'est parce qu'ils espèrent encore le despotisme, qu'ils fomentent l'anarchie. Nous, au contraire, nous devons, pour affermir la liberté, faire marcher le Gouvernement ; et puisque c'est par la privation des lumières qu'ils veulent perdre le peuple, il faut nous hâter de le sauver par l'instruction.»

16 «IDEM. Le comité de correspondance recommande aux S. affiliées avec la S. des Jacobins, le *Courrier de Strasbourg,* rédigé par Laveaux, en les avertissant de se défier de la *Feuille de Strasbourg,* dont Chayrou est le rédacteur.»

18 «IDEM. On arrête de demander à l'Assemblée nationale un Décret d'arrestation contre les perturbateurs de Bœrsch [1], d'engager les citoyens de la campagne de rétablir l'ordre, à l'instar des Marseillais, et de demander auprès de l'autorité supérieure l'éloignement du Directoire du Département.

20 «S. DE L'AUDITOIRE. On arrête d'adresser une pétition au Directoire du Département, pour la formation d'une nouvelle circonscription des justices de paix et l'augmentation du nombre des juges de paix.

«Le Maire Dietrich rapporte que dans l'après-midi du même jour l'on a emprisonné un capucin qui distribuait des cocardes blanches et des écrits contre-révolutionnaires.»

22 «S. DES JACOBINS. On annonce la nouvelle que le Président Laveaux est arrêté pour avoir tenu des propos incendiaires dans la séance du 18 avril. Galbaud, Lieutenant-colonel

---

[1] Voir sur l'affaire de Bœrsch, *Feuille de Strasbourg,* p. 15 et 25.

d'artillerie, prononce un discours contre cette arresta- 2
tion [1]. »

La pièce suivante est relative à cette arrestation :

« La Municipalité, en conséquence d'un arrêté qu'elle a pris le 19 de ce mois, s'étant réuni au Directoire du District, s'est présentée à celui du Département et là M. le Maire a dit : que le Corps municipal, affligé des désordres qui paraissent menacer la tranquillité publique, avait cru devoir s'occuper des moyens de les prévenir ; qu'il avait pensé ne pouvoir adopter des mesures plus sages que celles qui résulteraient du concert mutuel des trois corps administratifs, et que c'était dans ces vues qu'il avait invité le Directoire du District à l'accompagner près de celui du Département Que quelques particuliers se sont permis dans la Société des amis de la Constitution séante au Miroir, des provocations aux citoyens de s'armer, de se répandre dans les campagnes, d'y porter le fer et la flamme pour exterminer les prêtres non assermentés, et détruire les repaires de l'aristocratie, pour, à l'exemple des Marseillais, faire exécuter des lois auxquelles les corps administratifs refusent d'obéir, et se rendre enfin à eux-mêmes une justice éclatante, en les forçant de remettre les fonctions entre les mains de citoyens plus patriotes, dans le cas où le Corps législatif ne prononcerait pas contre eux le Décret d'accusation qu'elle serait sollicitée de décréter.

« D'un autre côté, le rédacteur de la feuille intitulée : *Courrier de Strasbourg,* du 17 avril courant, entre autres inculpations contre les membres des corps constitués, les accuse de lâche trahison, de scélératesse, d'être soudoyés par les anciens Ministres de la liste civile, et d'exercer un système de tolérance incendiaire et mercenaire.

« Les discours séditieux tenus par quelques individus à la Société des amis de la Constitution séante au Miroir, les calomnies publiées par le Sr Laveaux, ne peuvent tenir qu'à un système combiné et tramé par des malveillants ou des factieux, pour enlever aux corps administratifs la confiance publique si nécessaire aux élus du peuple, pour provoquer leur désorganisation et pour établir l'anarchie sur la ruine des autorités constituées, en faisant servir à leurs coupables projets, des citoyens égarés qui confondent facilement les complots de la cupidité et de la jalousie avec l'énergie courageuse du patriotisme.

« Pour prévenir les suites de cette conduite, il faut mettre en vigueur les dispositions des lois qui doivent la réprimer : pour ramener

---

[1] Voir *Notes sur Schneider*, p. 28.

22 l'opinion publique égarée, il faut dévoiler et faire punir les calomniateurs.

«Ayant donc rappelé les textes des différentes lois portées contre les perturbateurs et en conséquence de tout ce qui est énoncé ci-dessus ; les administrateurs des trois corps réunis ont arrêté unaninement :

«Que le Corps municipal dénoncera, à l'officier de la police qui doit en connaître, les discours incendiaires tenus le jour d'hier à la Société réunie au Miroir, avec invitation d'en informer, ce qui fut exécuté par M. le Maire.

«Que le Corps municipal rappellera par une délibération, aux citoyens, les dispositions des lois relatives aux écrits et propos séditieux et les peines qu'elles prononcent.

«Que le Directoire du Département fera pareillement une adresse à ses concitoyens.

«Que le Procureur-général-syndic, celui du District et le Procureur de la commune, se rendront chez M. le Maréchal Luckner, pour lui remettre au nom des trois Corps réunis une invitation, d'user de toute son influence pour engager les troupes de ligne et les Gardes nationaux volontaires à ne prendre aucune part aux discussions d'opinions qui peuvent s'élever entre les citoyens et à se rappeler dans toutes les occasions les devoirs de la force armée.

«L'assemblée a enfin pensé qu'il serait utile que ses membres respectifs, comme élus du peuple, et pour justifier sa confiance, se pourvoient individuellement contre le Sr Laveaux, aux termes de l'article 17 du chapitre 5 de la Constitution.

«Le juge de paix ayant reçu la dénonciation du Corps municipal a fait des informations ; et les charges qui ont résulté de la déposition de 14 citoyens connus et bien-famés, ont paru exiger le mandat d'amener contre le Sr Laveaux, rédacteur du *Courrier de Strasbourg*. Ce mandat a été suivi de celui d'arrêt en conséquence des propres aveux du prévenu. L'affaire est renvoyée au directeur du jury, qui fera prononcer s'il y a lieu ou non à l'accusation.»

23 „S. DE L'AUDITOIRE. Un membre prononce un discours, intitulé : *Vérités*. L'orateur s'oppose à la dénomination de S. des Feuillants, que la S. des Jacobins donne à celle de l'Auditoire.“

24 „S. DES JACOBINS. Lecture d'une lettre de la S. de Haguenau, qui se plaint d'avoir été menacée par la S. des Jacobins de l'excommunication civique non méritée; elle déclare que la perte de la confiance de sa part l'affligeait, mais ne

la décourageait cependant point et que ses membres continueraient d'être Jacobins.

»Lecture de la lettre suivante :

«Frères et amis,

«Notre digne frère Laveaux est en prison : la Providence va récompenser la noblesse de son âme et la sincérité de son civisme : elle l'a trouvé digne de devenir une victime pour notre sainte liberté ; c'est contre lui que devaient se briser les derniers efforts de l'aristocratie expirante. Oui, frères et amis, c'est à Laveaux que fut réservé ce sort heureux. Laveaux est en prison ! . . . . Mais non ; pour l'homme libre, pour l'homme sage et vertueux, il n'y a point de prison. Les tyrans n'ont pas encore pu imaginer une prison assez terrible pour décourager l'homme vraiment libre, vraiment patriote. Et vous, mes frères, vous me permettrez de vous adresser ces mots mémorables que l'abbé Syeyes prononça le 23 juin, au milieu de l'Assemblée nationale : il disait aux Législateurs de la France : «Messieurs, vous êtes encore aujourd'hui ce que vous fûtes hier.» Oui, vous êtes encore Jacobins, vous êtes les prêtres de la liberté, seule divinité des Français. Vous êtes les dépositaires et les gardiens de la flamme céleste du patriotisme. Elle vous a été confiée, cette flamme sacrée : rien ne pourra l'éteindre. Vous avez juré de vivre libre ou de mourir : vous ne vous repentirez jamais de votre serment.

«Tout ce qui se passe à l'égard de notre digne frère Laveaux, vous le regardez avec la fermeté des Jacobins. Vos cœurs souffrent : mais vous ne perdez pas la contenance que vous prescrit la loi ; cette loi pour laquelle vous êtes prêts à sacrifier vos biens et votre vie. Vous prononceriez la sentence de mort sur vos enfants, si jamais ils agissaient contre la loi. Rome n'a eu qu'un Junius Curtius, la France en a autant qu'elle a de vrais Jacobins.

«Mais, en attendant, que pourrions-nous faire, jusqu'à ce que la loi ait décidé sur le sort de notre frère Laveaux ? Je vais faire une démarche qui m'est inspirée par le génie des Jacobins.

«Agréez, frères et amis, l'offrande de 400 livres, que je dépose sur l'autel de la liberté, pour en être fait l'usage que je vais avoir l'honneur de vous indiquer.

«100 livres seront remis au frère Laveaux, pour l'indemniser de l'interruption de ses travaux littéraires.

«100 livres pour celui qui, pendant la détention du frère Laveaux, voudra bien continuer son journal, en cas qu'il ne le puisse continuer lui-même.

24 «100 livres pour une fête civique qui doit avoir lieu dès l'élargissement et l'absolution complète de notre digne frère Laveaux; à l'exemple de la fête donnée par les Jacobins de Paris, aux martyrs de Château-Vieux. Je conseille d'en faire les préparatifs; car le moment qui constatera son innocence ne peut être éloigné. Enfin

«100 livres comme une petite contribution pour les frais de l'expédition marseillaise proposée par le frère Laveaux, dès qu'elle sera autorisée par la loi, conformément à sa motion.

«Quant à moi, Messieurs, il serait inutile de connaître mon nom; qu'il vous suffise de savoir que je fais partie de ces armées nombreuses qui, de l'autre côté du Rhin, se préparent à combattre pour votre Constitution, vos principes, votre liberté. Jusqu'ici, les circonstances ne nous ont pas permis, de prêter dans votre sein le serment des Jacobins; mais il est gravé dans nos cœurs. Loin de vous, nous nous levâmes, dans le silence majestueux de la nuit, et nous jurâmes, en face du ciel, LA LIBERTÉ OU LA MORT. Le ciel nous entendit, les tyrans tremblèrent, l'humanité applaudit.»

«La S. applaudit vivement cette lettre.»

26 «IDEM. On communique une copie de la lettre du 16 avril, envoyée à l'Assemblée nationale et au Ministre de l'intérieur, par le Directoire du Département du Bas-Rhin, calomniant la S. des Jacobins de Strasbourg et celles des deux départements du Rhin, comme étant excitées sourdement par les ennemis de la patrie, pour faire déconsidérer toutes les autorités constituées et faire dissoudre l'organisation politique de l'Empire. Cette lettre indigne très-vivement tous les membres de la S.»

27 «IDEM. Lecture d'une lettre de P. B. Beurnonville, aide-de-camp colonel du Maréchal Luckner, adressée à la S., déclarant qu'il a envoyé les plaintes de la S. au sujet de l'indiscipline du régiment ci-devant Royal-Allemand, au Général Lafayette, que le Maréchal Luckner n'a aucune part à l'arrestation de M. de Laveaux (sic), et qu'il serait très-flatté que M. de Laveaux en fût tout-à-fait convaincu, ainsi que tous les citoyens et soldats qui lui sont attachés.

Beurnonville termine cette lettre ainsi:

«Je m'estimerai toujours très-heureux, Messieurs, d'être à portée de présenter à M. le Maréchal les résultats de vos sages délibérations;

vous ne pouvez, Amis de la Constitution, lui en adresser aucune que 27
son cœur patriote ne s'empresse à accueillir, et je partagerai vivement les transports de notre Général dans l'exécution des grands moyens que vous lui offrirez [1].»

»S. DE L'AUDITOIRE. Il est arrêté d'envoyer une adresse à l'Assemblée nationale, pour lui demander qu'elle décide, qu'à dater du premier parjure qu'ont commis les officiers de l'armée, qui ont déserté leur poste jusqu'à ce jour, les appointements qu'ils auraient touchés seraient repris sur les biens qu'ils possèdent en France, et que cet argent serait versé dans le trésor public.

»M. Thomassin, Directeur général de la régie, prononce un discours éloquent et patriotique, et dépose sur le bureau un bon nombre de pièces d'or et d'argent, pour contribuer aux frais de la guerre.«

»S. DES JACOBINS. Le Maréchal Luckner, présent à la 28
séance, invite la S. à écrire à toutes les S. qui lui sont affiliées dans les départements du Rhin, pour les engager à s'occuper activement de tout ce qui sera nécessaire pour la guerre et à la secourir en cas de besoin.

»S. DE L'AUDITOIRE. On vote trois adresses à l'Assemblée nationale; 1° une adresse de félicitation de sa déclaration de guerre; 2° une autre pour l'inviter à faire connaître publiquement les noms des Généraux qui, à l'occasion de la déclaration de la guerre, ont donné leur démission; enfin 3° une adresse relative au cours forcé des assignats.«

»IDEM. On décide d'annoncer que la S. tiendra deux 29
séances populaires par semaine, dans lesquelles des membres feront des lectures sur la Constitution, sur les nouvelles du jour et sur les nouveaux Décrets de l'Assemblée nationale.«

»IDEM. Publication d'une *Adresse aux citoyens du dépar-* 30
tement du Bas-Rhin, pour les exhorter à courir aux armes.«

---

[1] Voir les observations sur cette lettre, *Feuille de Strasbourg*, p. 97.

Extrait de cette adresse.

«*Les citoyens de la Société des amis de la Constitution, séante à l'Auditoire à Strasbourg, à leurs concitoyens des Départements du Rhin.*

«Aux armes concitoyens! l'étendard de la guerre est déployé, le signal est donné, aux armes! il faut combattre, vaincre ou mourir.

«C'est à présent que nous distinguerons les lâches et les traîtres d'avec ceux qui sont fidèles à la religion du serment: aux armes! c'est pour la liberté, c'est pour la sainteté de nos lois que nous allons combattre. Qu'au nom de la Patrie, toutes divisions cessent entre nous; ne soyons plus animés que d'un même sentiment, celui de périr plutôt que de renoncer à notre Constitution; réunissons-nous et marchons d'un pas intrépide contre l'Autrichien.

«Vous n'avez point perdu votre antique valeur; n'êtes-vous pas les enfants des braves Alsaciens qui chassèrent du pays ces bandes hongroises, croates, esclavonnes, que ce même Autrichien avait déchaînées contre vos pères: c'est pour la liberté que vous êtes armés, c'est contre la tyrannie qu'il faut diriger vos coups.

«On ne manquera pas, pour faire chanceler votre patriotisme, de vous présenter les dangers d'une guerre; elle est sans doute un fléau pour les nations; mais toutes ces guerres, qui moissonnèrent les peuples, étaient-elles dirigées par l'intérêt des nations?

«Aux armes, concitoyens! il faut combattre, pour savoir si des Ministres ne seront plus que les organes de la loi et soumis à la loi, ou s'ils pourront encore sacrifier le sang des nations à leur caprice et à leur ambition. Cette guerre sainte de notre part, impie de celle de nos ennemis, décidera si nous serons à jamais affranchis des anciens signes de l'esclavage qui nous assujétissaient à ces hommes qu'on appelait nos seigneurs, ou si ceux-ci nous imposeront encore le joug de la corvée et celui de leurs odieuses taxes féodales; si nous continuerons à choisir librement ceux d'entre nous que nous estimerons les plus dignes, pour être nos Représentants, nos Municipaux, nos Juges; ou si les ci-devant nobles nous donneront pour juges des hommes mercenaires à leurs gages, avec le droit de nous vexer impitoyablement. Rappelez-vous ce qui en était encore il y a trois ans et choisissez: nous combattrons pour savoir, si nos maisons nous appartiendront comme notre légitime propriété, ou si un gibier farouche comme ceux qui se l'étaient réservé, ravagera impunément nos champs, sans que nous puissions l'en chasser à moins que d'être criminels; enfin nous

combattrons, pour savoir si les hommes connus sous les noms d'inten- 30
dants, subdélégués, baillis de département viendront de rechef nous surcharger de corvées pour les chemins, nous accabler de leurs extorsions, ou si tout continuera d'être distribué sous la loi équitable de l'égalité, par des adminstrateurs, que nous choisissons, qui sont nos frères, nos amis, qui nous doivent compte de leur gestion; non, jamais de plus grands intérêts n'armèrent les nations.

« Quels sont vos ennemis? apprenez à les connaître :

« L'Autrichien, ce Monarque séduit et égaré par la perfidie d'un Ministre despote, qui, sur son déclin, voit avec peine échapper de ses mains débiles les rênes diplomatiques de l'Europe, et qui ne craint pas de faire couler le sang des hommes auxquels il commande pour des succès incertains.

« Vos ennemis, ce sont ceux dont vous eûtes si longtemps à vous plaindre, ces ci-devant Princes, Ducs, Comtes, Marquis, Barons, Nobles, désespérés de ne pouvoir plus engloutir les trésors de l'État, les places de la Cour et du ministère, les emplois militaires, les ambassades, les évêchés, les abbayes, les pensions provenant des impôts; voilà les griefs de ces hommes dédaigneux, c'est l'extirpation des abus, sous lesquels nous succombions : tous ces hommes ont horreur du saint nom de frère; ils nous méprisent, ils se croient d'une essence supérieure, eux, nés d'une femme comme nous.

« Qu'ils succombent sous nos coups, les despotes et leurs satellites, les vils esclaves des cours, tous ces hommes arrogants et cruels; qu'ils succombent, ceux qui ont soulevé les nations contre leur patrie.

« Réfléchissez, concitoyens, sur ce qu'étaient vos ennemis avant la Révolution : ils parlent de religion; eh! qui est-ce qui l'outrageait plus qu'eux! en avaient-ils, de la religion, eux qui s'en déclarent aujourd'hui les défenseurs; en avait-il, de la religion, ce prélat orgueilleux que la cour de Versailles vous avait donné; comment le connaissiez-vous? par le faste dont il était environné, par une cour voluptueuse, par des parcs magnifiques construits au détriment de vos propriétés, par une profusion insensée; accueillit-il jamais le pauvre? s'arrêta-t-il jamais sous sa cabane? non, cet homme superbe croyait que ses égaux devaient ramper sous lui; a-t-il jamais rempli les fonctions de l'épiscopat? il gageait des prêtres pour le faire à sa place : et voilà de ces hommes que l'on voudrait que vous regrettiez? Eh! défiez-vous d'eux et de leurs émissaires; ces derniers brûlent de redevenir les bas valets de cet homme méprisable, connu par les aventures les plus scandaleuses, afin de pouvoir être encore une fois nos tyrans : que tous leurs discours vous soient suspects; la religion dont ils parlent n'est qu'un masque pour voiler leurs détestables complots.

«Aux armes, concitoyens! si nous persistons à être libres, toutes les puissances de l'Europe réunies contre nous, verront échouer leurs sinistres complots ; toujours la cause de la liberté triomphera. Qu'ils tremblent donc, ces despotes couronnés ; l'éclat de la liberté luira pour tous les hommes, le moment n'est pas loin où les descendants du généreux Arménius secoueront leurs chaînes et proclameront notre Constitution.

«Vous vous montrez dignes enfants de la liberté, courez à la victoire, dissipez les armées des despotes, immolez sans remords les traîtres, ces rebelles, qui, armés contre la patrie, ne veulent y rentrer que pour y faire couler le sang de leurs compatriotes. Guerre à toute outrance aux traîtres, aux despotes ; la paix à tous les hommes, et en proclamant la victoire, ressouvenez-vous que le seul avantage que vous vouliez en retirer, c'est une confraternité générale entre tous les peuples. Marchons, soyons libres jusqu'au dernier soupir, et que nos vœux soient constamment pour la félicité de la patrie et le bonheur de tout le genre humain.»

»Idem. On arrête de demander à la municipalité qu'elle classe parmi les gens suspects les officiers, qui ont donné leur démission, et qu'il ne leur soit pas permis de séjourner aux mêmes endroits où se trouvent leurs anciens régiments.«

»S. des Jacobins. Envoi d'une lettre, avec 500 livres en argent, par un citoyen étranger, avec la prière d'employer 400 livres en faveur de Laveaux et 100 livres pour les blessés.«

»Idem. Lecture d'une lettre de Bentabole, Commissaire du Roi, à Saverne, renfermant des conseils au sujet de l'arrestation illégale de Laveaux [1].

»Jung, maitre cordonnier à Strasbourg, prononce un discours allemand sur la conversion politique [2].«

---

[1] Voir *Courrier de Strasbourg*, 1792, p. 428.

[2] *Politische Bekehrung. Rede gesprochen in der Gesellschaft der Jakobiner zu Strassburg, von Jung* (Conversion politique. Discours prononcé à la Société des Jacobins de Strasbourg, par Jung).

"S. DE L'AUDITOIRE. Une soixantaine d'écoliers déposent une somme d'argent provenant de leurs épargnes, en la destinant aux enfants du premier Garde national strasbourgeois qui tombera en combattant pour la liberté. Un des élèves prononce un discours touchant. 8

"On dénonce une brochure contre-révolutionnaire, intitulée : *Les Non-conformistes de Strasbourg aux corps administratifs du département du Bas-Rhin*. La S. envoie cette brochure à l'Accusateur public.

Il est dit entre autres dans ce pamphlet :

«Depuis longtemps malheureusement, tout ce qu'il y a d'honnêtes citoyens ici et dans ce département, gémit des excès et des fureurs vomis et propagés avec une morgue insultante par l'antre abominable des Jacobins du Miroir et leurs affiliés, ennemis du repos et des lois. Culte outragé, ministres insultés, cérémonies religieuses interrompues, trâmes odieuses ourdies et excitées contre les propriétés, la sûreté et la vie même des citoyens; l'insidieuse persuasion, la calomnie et les promesses, appuyées d'un or corrupteur, semé adroitement chez la troupe de ligne, pour égarer sa bonne foi, la pervertir et s'en faire des soutiens, ... tout a été employé par lui, pour troubler la tranquillité, qui, par un prodige inconcevable, règne encore dans ce département. . . .

«Encore une fois, ne craignez rien : une poignée de scélérats n'est pas faite pour vous en imposer ; comptez sur nous ; comptez sur tous les honnêtes gens de la campagne, nous vous en garantissons. Nos maux sont déjà trop grands, pour que le vœu général ne soit pas *d'écarter les scènes d'horreur qui déchirent le cœur de l'Empire*, et de maintenir la tranquillité dans notre département.»

S. DES JACOBINS. Réunion extraordinaire pour approfondir les motifs du départ précipité du Maréchal Luckner et de son aide-de-camp Berruyer, commandant des carabiniers."

"S. DE L'AUDITOIRE. Lecture d'une brochure allemande, publiée par Frédéric Schœll, membre du Département, dirigée contre le despotisme des S. patriotiques [1]. 10

"Les citoyens Christiani, Schur, Pasquay et Lippin et la

[1] *Ueber den Despotismus der patriotischen Gesellschaften* (Sur le despotisme des Sociétés patriotiques).

10 veuve Baillet déposent de l'argent et des objets d'or et d'argent, pour contribuer aux frais de guerre.«

11 »S. des Jacobins. Baruch-Cerf Berr dépose 300 livres, dont 200 livres destinées aux frais de la guerre et 100 livres à la veuve du premier citoyen qui périra au premier combat que notre brave Luckner livrera aux ennemis de la liberté.«

12 »Idem. Alexandre et Simond, de retour de leur députation à l'Assemblée nationale, rendent compte de leur mission. Simond lit le discours, prononcé par lui à la S.-mère à Paris, pour signaler les perfidies et les trahisons du Maire Dietrich.

L'orateur termine son discours en disant: «Continuez, ennemis absurdes et féroces de la paix et du repos des citoyens, continuez, l'exécration vous attend.»

»S. de l'Auditoire. A propos de la désertion de presque tout le régiment des hussards de Saxe, du camp de Neukirch, sous la conduite de son colonel de Gottesheim, la S. fait une adresse au Département, afin qu'il soit pris des mesures pour que les biens de tous les officiers du régiment de Saxe soient aussitôt mis en séquestre.«

14 »S. des Jacobins. Le 10me régiment de chasseurs, arrivé de Schlestadt, dépose une pique surmontée d'un bonnet rouge, pour la reprendre dès qu'il sera appelé à combattre.«

16 »Idem. Le citoyen Frey envoie une somme d'argent pour en faire frapper des médailles, destinées aux Jurés qui ont acquitté Laveaux, ainsi qu'à ses défenseurs [1].

»La S. adresse une lettre au Ministre Dumouriez, pour lui témoigner l'estime et l'attachement dont tous les bons citoyens sont pénétrés pour lui, et pour l'engager à résister aux cabales et aux intrigues de ses ennemis qui voudraient le forcer à quitter son poste [2].«

---

[1] Voir sur l'acquittement de Laveaux la *Feuille de Strasbourg*, p. 161 et suivantes.

[2] Voir la réponse du Ministre, sous le 3 juin suivant.

»S. DE L'AUDITOIRE. Le citoyen Fries, professeur au Gymnase protestant, adresse à la S. une brochure allemande contre les clubs des Jacobins [1]. La S. se prononce en faveur de cette brochure.« 20

»S. DES JACOBINS. On publie une liste des dons patriotiques pour les frais de guerre; elle se monte à 1555 livres 5 sols. 21

»Simond dénonce le Maire Dietrich, comme s'étant vendu à Lafayette.«

»IDEM. On envoie úne circulaire à toutes les S. affiliées, sur le procès de Laveaux.« 22

Cette circulaire se trouvait accompagnée de la lettre suivante :

«Frères et amis !

«Nous profitons de cette occasion pour vous peindre la situation politique de notre frontière.

«Nous avons perdu depuis quelques jours nos braves Généraux Luckner, Valence et Berruyer, La Morlière va aussi nous quitter; il nous restera MM. Darembur [2] et Victor Broglie. On nous avait fait espérer d'Estaing et Biron, mais nous désirerions beaucoup d'avoir le brave Montesquiou, employé dans l'armée du Midi. Nous avons aussi sur notre frontière un Général qui mérite notre confiance, c'est le Prince de Hesse-Rheinfels, Maréchal-de-camp, que l'aristocratie la plus détestable avait confiné à Lauterbourg, avec 124 hommes en partie malades; observez que Lauterbourg est une place frontière intéressante vers le Palatinat, elle n'est qu'à 15 lieues de Worms, où les émigrés ont un rassemblement considérable. Cette place est en outre à la tête des fameuses lignes de Vauban; si elles étaient bien gardées et entretenues, nous serions entièrement garantis de toutes invasions de ce côté-là; il serait même à désirer que l'Assemblée nationale adoptât la mesure proposée par M. Lasource, pour mettre la Garde nationale sédentaire en pleine activité, et aucun emploi ne serait plus utile à la sûreté de l'Empire, que de se servir de cette Garde pour défendre les lignes, les bords du Rhin et les défilés du

---

[1] *Ueber die Jakobiner-Clubs. Von einem Freunde der auf Ordnung und Gesetze gegründeten Freiheit* (Sur les clubs des Jacobins. Par un ami de la liberté fondée sur l'ordre et les lois).

[2] De Harambure.

côté de la Suisse. Cette mesure nous paraît d'autant plus nécessaire, que nos troupes et nos Gardes nationales ne sont pas assez nombreuses sur cette frontière, que si nous étions attaqués, ceux-ci formeraient la première ligne, la Garde nationale sédentaire la seconde. On pourrait prendre de préférence les Gardes nationales des villes et départements les plus voisins, pour éviter les trop fortes dépenses et être plus vite à son poste. Nous vous ajouterons en outre que nos Gardes nationaux volontaires sont assez bien instruits et se défendront bien, surtout quand il s'agira de défendre l'entrée de l'Empire; il faut que la Nation, dans ce moment critique, ne fasse pas attention à une dépense forte, mais nécessaire pour le triomphe de la liberté. Appuyez, frères et amis, de toutes vos forces et moyens cette mesure auprès de l'Assemblée nationale ; c'est par là que nous déjouerons les projets sinistres du comité autrichien, qui a peut-être déjà vendu l'Alsace et la Lorraine ; aucune frontière n'est plus facile à défendre que la nôtre, aucune n'est plus intéressante pour la sûreté de l'Empire ; mais il nous faut des forces, et des forces nationales, et non pas des étrangers qui ne peuvent jamais avoir autant d'intérêt à défendre nos foyers que nous-mêmes. L'expérience de la désertion des régiments de Royal-Allemand, Saxe et Bercheni hussards, doit faire ouvrir les yeux et adopter enfin des mesures plus prudentes.

«Nos départements, bien loin d'être dans le sens de la Révolution, deux tiers au moins, sont dans le sens contraire, pour avoir, par une négligence impardonnable des Corps administratifs, laissé prendre le dessus au fanatisme. Notre département, et principalement notre ville, fourmille de prêtres réfractaires, d'officiers démissionnaires, émigrés et espions. Notre force publique n'est pas bien considérable, et notre armée disponible se monte à 25,000 hommes au plus. Nous comptons beaucoup sur les Protestants, qui sont presque tous, sauf la partie riche, d'excellents patriotes et bons guerriers. Nos ennemis se renforcent sur la rive droite du Rhin. Nous sommes instruits que, dans ce moment, ils y ont au moins une vingtaine de mille hommes en bonnes troupes ; ils ont à Fribourg, à 18 lieues d'ici, un dépôt considérable d'artillerie, dépôt que nous aurions pu prendre, si dans le temps de la déclaration on avait agi en conséquence ; mais on a négligé le bon moment, nous ne savons pas pourquoi. Les patrouilles des ennemis arrivent jusqu'à notre pont ; mais jusqu'ici elles n'ont rien tenté d'hostile. Une troupe étrangère est passée sur notre territoire du côté de Candel, composée de soldats palatins, sans y faire aucun mal et sans avoir trouvé aucun obstacle de notre part. Nous avons dénoncé le fait au Ministre, pour en demander raison.

«Nous avons un camp commandé par Kellermann, qui va bien ; 22
on en forme un dans ce moment sur les glacis de Neuf-Brisac, où commande M. Wimpfen, excellent patriote. Victor Broglie vient d'en faire tracer un pour 10,000 hommes, à une demi-lieue de cette ville : il paraît que l'ennemi porte ses vues sur le département du Haut-Rhin et du côté de Bitche, dans la Lorraine allemande ; nous ne manquerons pas de surveiller ses démarches et de veiller dans l'intérieur, où l'aristocratie et le fanatisme veulent absolument exciter la guerre civile ; cette guerre civile a même déjà éclaté à 6 lieues de Colmar, dans un endroit nommé Rouffach ; on s'est permis, il y a quelques jours, de crier *vive Artois, vivent les émigrés ;* et le Maire patriote, qui a voulu s'y opposer, en a été la victime. On l'a massacré impitoyablement, ainsi que deux hommes qui voulaient le soutenir, dont un était père de huit enfants. Il y a eu en outre quelques volontaires de blessés. Le brave Reibel, ex-Député et Procureur-syndic du Département du Haut-Rhin, a sur-le-champ envoyé une force imposante qui a rétabli le calme. Ce bon patriote fait le plus grand bien dans le Haut-Rhin ; il serait à souhaiter qu'on suive le même exemple dans les autres départements travaillés par les fanatiques.

«Nous continuerons, frères et amis, à vous communiquer de temps à autre tout ce qui se passera chez nous d'intéressant, persuadés que vous en ferez autant de votre côté, et que vous prendrez à tâche de soutenir nos demandes auprès du Corps législatif, afin que notre frontière soit toujours dans un état de défense respectable.

«Nous sommes avec dévouement, frères et amis, les membres des comités réunis :

«*J. A. Mainoni, Teterel, Rivage, Taffin, Sarez, Leorier, Willmaar, Massé, Philibert, Simond, J. Ch. Kienlin, Monet, Martin, Alexandre, Dorsch, Laurent, Schneider, C. Jacob.*»

»S. DE L'AUDITOIRE. Le trésorier Pasquay annonce que 24
les dernières souscriptions des membres de la S. dépassent 5000 livres, non compris les dons en or et argent.«

»S. DES JACOBINS. Le Lieutenant-général de Hesse pro- JUIN. 2
nonce le discours suivant :

«Je viens au milieu de vous, frères et amis, vous prier de m'aider de vos lumières et de votre patriotisme. Je suis homme et par cela même sujet à l'erreur. J'ai le malheur d'être né Prince, et c'est encore un grand préjugé contre moi. Mais je vous conjure, toutes les fois qu'il m'arrivera de m'écarter des principes, veuillez m'y rappeler, et soyez convaincus de la satisfaction avec laquelle je recevrai vos avis.

Mes principes sont assez connus ; depuis la Révolution je les ai souvent manifestés ; ils m'ont fait beaucoup d'ennemis, ils m'ont attiré des persécutions ; n'importe, ils sont invariables. Je sacrifierai tout pour le maintien de la Constitution. Une fortune immense m'attend dans ma patrie, au premier jour un grand héritage peut m'être dévolu; eh bien, je l'abandonne, je vivrai plus content avec dix-mille livres que la France me paye, qu'avec des richesses immenses, fruit de l'oppression sur des hommes qu'on appelle sujets. Le Ministre vient de me nommer Lieutenant-général dans l'armée du Rhin sous M. Lamorlière. Je me suis présenté ce matin au Département, j'y ai fait en peu de mots ma profession de foi. Messieurs, leur ai-je dit, il y a beaucoup de traîtres parmi nous. Je déclare que je ne combattrai pas seulement les Autrichiens, mais les ennemis intérieurs, mais les *Feuillants*. J'avais demandé au Ministre à retourner dans le Midi ; si ses ordres me retiennent ici, j'y maintiendrai la liberté aux dépens de ma vie et je mourrai au milieu des Jacobins. Officiers, soldats de toutes les armes, qui m'écoutez : aidez-moi de vos conseils, de vos lumières, de votre confiance, ne m'abandonnez point et nos ennemis sont vaincus. »

«Ce discours éminemment jacobin est vivement applaudi par les membres de la S. et par les tribunes. Le Président, après avoir retracé tous les dangers qui nous environnent, répond à ce brave Général :

«Les Jacobins de Strasbourg, lassés de parler des traîtres, finiront par vous dire, que dans ce pays vous êtes notre Luckner ; comme lui, vous êtes né étranger; comme lui, vous êtes patriote et brave militaire. Peut-être la gloire de sauver la France n'est-elle réservée qu'à un de ses enfants adoptifs.»

«La séance continue par une discussion sur des objets militaires, à laquelle M. de Hesse prend part. Il engage la S. à adresser au Général commandant en chef plusieurs demandes nécessaires à la défense de la place. A la clôture de la séance, le citoyen Frey offre au Général patriote un sabre d'honneur de la valeur de cent louis d'or [1].«

«Idem. Lecture de la lettre suivante du Ministre Dumouriez, en réponse à celle que la S. lui avait adressée sous le 15 mai.«

---

[1] M. le Prince de Hesse-Rheinfels, à peine sorti de la séance, reçoit l'ordre du Ministre de la guerre de partir pour Besançon.

«Paris, 22 mai 1792, l'an IV de la liberté. 3

«Frères et amis,

«Les témoignages d'attachement des amis de la Constitution, les calomnies, la haine de ses ennemis sont pour moi la plus douce et la plus honorable récompense : en acceptant le ministère, dans un moment où les opinions sont si divisées, je savais, qu'un citoyen, quelque pures que soient ses intentions, ne pouvait satisfaire tout le monde ; mes fonctions devaient me paraître plus pénibles, mais ces difficultés ne m'ont pas arrêté : fidèle aux principes sacrés sur lesquels notre Constitution est établie, résolu à servir le peuple, aucune considération, aucun ménagement ne me portera à changer de direction ; mais si à force d'intrigues, d'obstacles, j'étais forcé de céder, j'emporterais avec moi cette satisfaction intérieure qui naît de la conviction qu'on a voulu le bien, et avec elle j'irai à mon poste défendre ma patrie ou mourir pour elle. Le Ministre des affaires étrangères,

«*Dumouriez.*»

»IDEM. Simond s'élève contre la négligence avec laquelle on traite les moyens de défense de la place de Strasbourg.« 6

»IDEM. On dénonce une pétition, signée par un grand nombre de personnes de Strasbourg, pour demander l'abolition de la S. des Jacobins en cette ville [1]. 12

»Un membre affirme savoir, en garantissant la vérité sur sa tête, que le Maire Dietrich est en relation et communication intime avec le comte d'Artois.«

»IDEM. Custine, membre de l'Assemblée constituante, Lieutenant-général de l'armée du Rhin, se défend contre les soupçons répandus contre lui au sujet d'un discours adressé aux canonniers, lors des troubles de la garnison. Les paroles du Général sont à plusieurs reprises interrompues par des applaudissements unanimes. Le Président de la S. lui répond : 14

«Monsieur,

« . . . . La Société de Jacobins des Strasbourg entend volontiers les protestations de civisme que les chefs militaires viennent déposer dans son sein, à l'exemple des militaires de tout grade. Tous ceux qui ont

[1] Voir *Notes sur Schneider*, p. 34.

14 étudié notre conduite depuis l'établissement de nôtre Société, ne peuvent se dissimuler que le but constant auquel nous avons concouru, n'ait été de maintenir parmi les braves défenseurs de la patrie, l'amour de la discipline. Toujours occupés du salut public, nous allons donner toute la publicité possible à une vérité qui paraît ne vous avoir point échappée. Un Général ferme sera toujours obéi en parlant au nom de la loi ; mais la confiance des militaires, il ne l'obtiendra qu'en observant la plus scrupuleuse impartialité auprès des militaires de tout grade, en les traitant avec les égards que la loi exige, en étant véritablement leur ami, en les soulageant dans les peines et fatigues inséparables du métier de la guerre, en les visitant dans les hôpitaux et en veillant à ce que tout ce que la loi leur donne, leur soit accordé ; surtout en professant un sincère amour pour la Constitution et la liberté française. Avec ces sentiments, Monsieur, vous trouverez toujours les Jacobins réunis à vous, pour vous maintenir la confiance publique. »

18 «S. DE L'AUDITOIRE. On communique l'ordre du jour suivant du Général Lamorlière :

«Soldats,

«Vous avez juré mille fois la Constitution ou la mort : la patrie a reçu vos serments, elle vous a inscrits au nombre de ses soldats. Votre Général veut vous les rappeler sans cesse, et persuadé que le *signe de la liberté* [1] sera pour ceux qui ont juré de la conquérir *le signe de la discipline,* il veut que vous l'ayez sans cesse sous les yeux ; en conséquence, il ordonne ce qui suit :

«1° Le signe de la liberté sera arboré dans chacun des camps de l'armée du Rhin.

«2° A l'époque du rassemblement complet des troupes dans un camp, et d'après l'ordre du Général, le signe de la liberté sera placé au centre de l'armée.

«3° Lorsqu'un corps se sera distingué par des actions éclatantes, ou par une bonne conduite soutenue, le Général de l'armée pourra lui décerner l'honneur d'avoir le signe de la liberté placé devant son front pendant un nombre de jours déterminé, et qui ne sera porté à 8 jours que pour les actions de guerre les plus brillantes.

«4° Dans les marches, le signe de la liberté sera porté par un sous-officier, pris tour à tour dans tous les corps de la ligne, sans distinction d'arme. Si la marche a lieu pendant le temps où un des corps de

[1] La pique surmontée du bonnet rouge.

l'armée a l'honneur d'avoir le signe de la liberté devant son front, ce signe sera placé dans la marche au centre de ce corps, et sera porté par un de ses sous-officiers. 18

«Le Lieutenant-général, commandant l'armée du Rhin,

«*Lamorlière*.

«Pour copie conforme à l'original,

«Le Maréchal-de-camp, Chef de l'état-major de l'armée du Rhin,

«*Victor Broglie*.»

»S. des Jacobins. Envoi de l'adresse suivante à l'Assemblée nationale : 19

«Législateurs !

«Votre Décret qui ordonne la levée d'un camp de 20,000 hommes, a mérité notre reconnaissance ; il a excité les criailleries des factieux, les déclamations des intrigants ; c'est parce qu'il est favorable à la liberté, c'est parce qu'il sauvera la patrie des dangers qu'ils ont accumulés sur elle. Gardes nationaux de Paris ! Ne sommes-nous donc plus vos frères ? et que pouvez-vous craindre de nous ? Voler à votre secours, partager vos dangers, resserrer, par une mesure imposante, les liens qui doivent à jamais nous unir, voilà ce que nous demandions depuis longtemps, voilà ce que vous désiriez vous-mêmes, et cependant voilà ce que l'Assemblée nationale a décrété. C'est bien aussi ce que nos ennemis redoutent ; mais ne soyons plus la dupe de leurs craintes mensongères, exprimons hautement notre volonté ferme, et ils seront anéantis. Législateurs ! Chaque jour nous conduit à de nouveaux dangers. Louis XVI, à qui la vérité fait peur, a renvoyé ses Ministres, parce qu'ils ont eu le courage de la lui dire. Le choix seul qu'il en avait fait lui avait ramené la confiance du peuple ; l'injustice dont il les a frappés la lui retire. Oui, ces Ministres avaient notre confiance, ils avaient celle de la Nation entière, et certes la confiance du peuple français est bien au-dessus de celle d'un Prince abusé par les traîtres, dont il est le jouet et l'instrument.

«Législateurs ! c'est vers vous seuls que se portent maintenant nos espérances ; sauvez la France, écrasez la tyrannie qui ose se montrer encore ; nos efforts vous soutiendront, nos bras vous défendront, ou nous périrons avec la liberté.»

»Idem. Lecture d'une *Lettre adressée par Geofroi-Louis Edelmann à ses concitoyens*. Cette lettre est destinée à combattre les attaques dirigées contre la S. des Jacobins dans une brochure anonyme distribuée à Strasbourg. 20

20 Edelmann reproche à l'auteur de cet écrit d'avoir par trop généralisé, en y disant entre autres : «Les Jacobins au Miroir ne sont pas les sources, mais les bourbiers, qui répandent et nourrissent la méfiance, la discorde, la haine entre les citoyens, la scission des patriotes et l'anarchie. On est obligé d'avouer,» ajoute Edelmann dans sa lettre, «qu'il existe malheureusement dans ce club des hommes qui, malgré leurs talents, se laissent entraîner par leurs passions et auxquels les dénonciations sont la plus grande jouissance.»

»Envoi d'une pétition à l'Assemblée nationale, pour l'encourager à frapper du glaive de la loi les ennemis de la loi [1].«

21 »Idem. Lecture d'une *Adresse des Marseillais à l'Assemblée nationale.* Il est décidé que la S. en fera une semblable.

»La S. envoie l'adresse suivante à l'Assemblée nationale et décide que cette adresse serait envoyée à toutes les S. affiliées.

«Législateurs,

«Le peuple a remis en vos mains l'exercice de ses droits ; c'est vous qui devez sauver la patrie menacée de toutes parts ; c'est vous qui devez frapper du glaive de la loi les ennemis de la loi. Il en existe dans les campagnes, il en existe dans les villes ; mais les plus perfides, les plus astucieux, les plus redoutables, ceux sur lesquels vous devez sans cesse avoir les yeux ouverts, sont à la Cour du Roi des Français ; ce sont ceux qu'il appelle ses amis.

«Les hypocrites et les intrigants pensent-ils donc nous tromper toujours? pensent-ils que des serments suffisent pour nous rassurer, quand on s'est fait un jeu de les violer tant de fois? pensent-ils que l'Assemblée nationale législative, comme l'Assemblée constituante, renferme dans son sein une majorité indulgente pour les plus grands coupables? pensent-ils que le peuple lui-même, las enfin de pardonner, ne fera pas entendre sa volonté suprême à tous les fonctionnaires publics prévaricateurs?

«Nous vous le disons avec franchise, la Cour est la cause de tous nos malheurs. C'est elle qui depuis la Révolution a sans cesse conspiré contre les droits du peuple ; c'est elle qui a donné des preuves de son estime aux ennemis les plus déclarés de la Constitution ; c'est elle qui a nourri et encouragé cet essaim gangrené de journalistes, qui chaque jour vomissent dans leurs feuilles, le poison distillé par le comité autrichien ; c'est elle qui, par ses *veto,* a paralysé les lois les plus salutaires à la prospérité et à la paix de l'Empire ; c'est elle qui, en entretenant des correspondances coupables avec les tyrans de l'Europe, a préparé, autant qu'il était en son pouvoir, l'asservissement de la France, si la France pouvait être asservie. C'est encore la Cour qui, desespérée de voir des Ministres patriotes s'opposer à ses vues perfides, à ses lâches trahisons, vient d'insulter à l'opinion de la France entière, en éloignant du ministère des hommes respectables, faits pour honorer les places qu'ils occupaient, tandis que des Duportail, des Montmorin, des Lessart et tant d'autres, ont obtenu ses caresses et ses regrets. C'est toujours la Cour qui a sollicité l'extinction des Sociétés populaires, sentinelles incorruptibles de la liberté ; c'est elle qui n'a cessé de chercher à avilir le Corps législatif ; enfin c'est la Cour qui veut la dissolution de l'Assemblée nationale.

«Mais avant qu'un tel attentat soit mis à exécution, tous les conspirateurs auraient arrosé la terre de leur sang. Oui nobles, oui prêtres, oui Princes et Roi, nos armes sont prêtes ; tremblez. Nous voyons dans la lutte qui se prépare, d'un côté, l'Assemblée nationale, de l'autre, le trône. *Le choix des patriotes n'est pas douteux.*

«C'est contre la Cour que nous avons pris les armes au mois de juillet 1789 ; c'est pour nous opposer aux projets de la Cour que nous sommes restés armés ; c'est pour défendre la liberté et l'Assemblée nationale contre la Cour, que nous saurons vaincre ou mourir.

«Si le chef du pouvoir exécutif est de bonne foi, qu'il prouve sa franchise par ses actions. Qu'il prouve sa franchise en sanctionnant le Décret rendu contre les prêtres insermentés ; qu'il la prouve en sanctionnant celui pour le camp de 20,000 Gardes nationaux près Paris, Décret qui peut-être sauvera la chose publique. Que Louis XVI nous prouve qu'il est honnête homme, en apprenant à son épouse, que loin de conspirer sans cesse en faveur de la maison d'Autriche, en faveur des Français rebelles et traîtres à la patrie, elle doit faire des vœux pour la gloire et les succès du peuple généreux qui, en pardonnant à un Roi parjure, lui a donné la couronne constitutionnelle, et l'a assurée à son fils et à ses descendants.

«Il n'est plus temps de rien dissimuler ; le salut de la France, plus puissant que toutes les considérations, nous ordonne de manifester nos craintes et nos vœux. Ce ne sont point des factieux qui vous parlent, Législateurs ; ce sont des citoyens libres, indignés de voir leur confiance trop souvent trahie.

«Tout annonce des complots dont le cabinet des Tuileries est le foyer ; tout nous prouve que le Roi des Français ne chérit pas plus la Constitution que lors de son arrestation à Varennes. Il est trompé ;

21 nous aimons à croire que son cœur serait indigné, s'il réfléchissait aux maux affreux que sa conduite, plus que suspecte, peut produire. Mais faut-il que vingt millions d'hommes soient sacrifiés par la faiblesse ou la corruption d'un seul? l'an IV de la liberté, un Roi serait-il plus qu'un homme? un Roi serait-il plus précieux que le peuple dont il tient son pouvoir? Loin de nous cette idée humiliante pour l'humanité. Le Roi des Français est le délégué du peuple : le peuple doit obéir, lorsque ce Roi commande au nom de la loi ; mais l'organe de la loi, le premier des fonctionnaires publics est un monstre quand, chargé de veiller à la sûreté de tous, au bonheur de tous, à la prospérité nationale, il est d'accord avec les ennemis du peuple, et n'use des trésors immenses que celui-ci lui prodigue, que pour le malheur et l'asservissement de ses bienfaiteurs.

«Nous n'avons pas les preuves judiciairement convaincantes que Louis XVI soit, *de nouveau*, parjure à ses serments ; mais nous assurons que la France est perdue si l'Assemblée nationale, en qui reposent la force et la confiance du peuple, ne cesse de traîter d'égal à égal avec un pouvoir nécessairement subordonné à la puissance législative.

«Le salut du peuple, dit l'immortel ROUSSEAU, le salut du peuple est la suprême loi.

«Législateurs, le peuple est là ; il a les yeux ouverts sur vous ; tout ce que vous ferez pour l'intérêt général sera bien fait ; le peuple est là pour vous défendre, il est là prêt à mourir ou à exterminer les tyrans.»

24 (Par ordre du Maire Dietrich, la salle de lectures de la S. des Jacobins est fermée par les officiers de police [1]. La municipalité fait citer devant le juge les Jacobins : Perigny, Mainoni, Taffin, Alexandre, Philibert Simond, Kienlin, Sarrez, Rivage, Monet, Martin, Laurent, Dorsch, Willmar, Massé et Jacob, pour avoir signé une adresse incendiaire à l'Assemblée nationale, envoyée à toutes les S. affiliées aux Jacobins.)

---

[1] Dans l'accusation que porta le Député Rühl à l'Assemblée nationale, contre le Maire Dietrich, cette mesure forme le quatrième grief ; il y est dit : «4° Que contre la teneur claire et positive de la loi, Dietrich a défendu aux citoyens de Strasbourg, membres de la Société populaire de cette ville, affiliée à la Société des Jacobins de Paris, de s'assembler, et qu'il a arbitrairement fait apposer les scellés sur leurs livres, papiers et correspondance, et tout ceci pour avoir vainement tenté de revenir à eux après s'en être séparé.»

»S. DE L'AUDITOIRE. Lecture d'un *Appel à ses concitoyens*, publié par Frédéric Schœll, contre l'émeute jacobine à Paris, du 20 juin. L'assemblée entend cette lecture en donnant des signes d'approbation à l'auteur.« 26

»IDEM. On communique une adresse que le Conseil général de la commune de Strasbourg vient d'envoyer à l'Assemblée nationale au sujet des séances qui ont eu lieu à Paris le 20 juin. 27

A la fin de cette adresse, le Conseil supplie l'Assemblée nationale de voter enfin une loi contre cette corporation conspirante et anarchiste, connue sous le nom de Jacobins, qui ne tarderait pas, si elle devait durer encore quelque temps, à précipiter la France dans un abîme de malheurs.

»La S. arrête de discontinuer ses séances et de faire fermer sa salle, en continuant cependant encore ses lectures publiques, pour l'instruction du peuple.«

(Les extraits suivants des procès-verbaux seront ceux du club des Jacobins ou des Sans-culottes, nom que la Société des Jacobins se donne dorénavant. Depuis la clôture de la salle du Miroir, le club tenait ses séances dans la salle de la Comédie allemande, rue Ste-Hélène.)

CLUB DES JACOBINS OU DES SANS-CULOTTES.

»Sur l'invitation de la S. de Langres, d'envoyer, malgré le *veto* du Roi, le 14 juillet prochain, une députation armée dans le camp des Gardes nationaux à Paris, le club décide l'envoi d'une pareille députation. 28

»On annonce que la municipalité de Strasbourg vient d'interdire à Simond ses lectures publiques, pour avoir proféré des discours excitant à la révolte, et qu'elle l'a dénoncé au Procureur pour être traduit devant la justice.

»On communique encore un arrêté du Maire Dietrich, portant : 1° que les S. populaires établies à Strasbourg seront tenues de notifier au corps de la municipalité les lieux et heures de leurs séances et de leurs assemblées de lectures ; 2° que les officiers municipaux y assisteront, à tour

28 de rôle ; 3° que chaque officier municipal pourra se faire représenter tous les registres généraux de la S., ainsi que ceux de leurs comités particuliers.«

29 »La municipalité de Strasbourg invite le Président de faire connaître à la S. l'illégalité de sa décision relative à l'envoi d'une députation à Paris, pour le 14 juillet. Le club persiste d'envoyer cette députation, mais sans armes.

»On dénonce la lettre suivante :

«*Lettre de M. Luckner, Maréchal de France, au Roi.*

«Sire,

«Le Général La Fayette a eu l'honneur d'écrire à Votre Majesté et à l'Assemblée nationale, sur la funeste influence des clubs dans l'armée, et sur la nécessité de les détruire.

«L'insubordination des soldats et les obstacles que je trouve à chaque pas dans toutes mes opérations, n'ayant pas d'autre source, je me vois forcé de vous dire, Sire, et par Votre Majesté, à toute la Nation, qu'il n'y a ni succès à espérer pour les armées, ni gloire à acquérir pour la France, tant que ces corporations subsisteront.

«Vous le savez, Sire, ce sont les clubs qui, au mépris de la plus sage Constitution, ont fait déclarer la guerre ; ce sont les clubs qui endoctrinent les soldats, en leur prêchant une égalité indépendante de la loi et de l'obéissance que l'inférieur doit à son supérieur ; ce sont les clubs qui cherchent à deviner nos plans de campagne, qui les publient, les contrarient, et entravent tous mes projets.

«Je ne me plains, Sire, d'aucun club en particulier, je les comprends tous sous le même anathême ; Jacobins ou Feuillants, Républicains ou Monarchiens, toutes ces associations sont également nuisibles, et influent avec le même empire sur les malheurs de l'État. Tant qu'il existera un seul club dans le Royaume, votre personne sacrée et inviolable ne pourra espérer ni pour elle, ni pour sa famille, ni pour aucun de ses sujets, un seul jour de vie, de paix et de bonheur.

«La Fayette a cru devoir porter ses plaintes à l'Assemblée nationale : au lieu d'examiner la vérité des faits graves contenus dans sa dénonciation, on s'est amusé à en contester l'authenticité ; et par cette puérile et insidieuse discussion, sa lettre n'a obtenu aucune attention sérieuse. Eh ! comment l'eut-on reçue avec fruit? La majeure partie de ses membres fait partie des clubs ; et par cette majorité, les Représentants du peuple ne sont que les échos des clubs, et les vils esclaves des clubistes.

«C'est à vous seul, Sire, à qui je m'adresse ; c'est de Votre Majesté seule qu'on peut attendre le remède, absolument nécessaire à un si grand mal ; c'est auprès du seul pouvoir exécutif que je dois réclamer contre une puissance qui s'élève contre sa seule puissance légitime. C'est à Votre Majesté seule que sont donnés les droits, qu'est confiée la force d'exécution, pour respecter la Constitution, et réprimer ces clubs qui ne tendent qu'à l'anéantir.

«Déjà, Sire, vous avez apposé le *Veto* à quelques Décrets inconstitutionnels, en vertu du serment de soutenir cette Constitution, ou de mourir en la défendant.

«Mais, permettez-moi de le dire à Votre Majesté ; mon âge, mes longs services, j'aurais presque dit ma gloire et ma place, m'en donnent le droit, et votre confiance en moi m'en fait un devoir ; votre fermeté ne sera qu'un jeu d'enfant, votre liberté ne *sera* qu'un fantôme, tant que vous laisserez s'élever dans l'État, au mépris de la plus sage des Constitutions, une corporation dont les efforts tendent visiblement, et chaque jour, à envahir tous les pouvoirs de l'autorité suprême.

«La Constitution a construit tous les Corps : Noblesse, Clergé, Parlements, Ordres religieux, rien de tout cela n'existe plus que dans un douloureux souvenir. La Nation ayant fait tant de sacrifices à l'égalité ; immolé à regret tant de victimes ; épuisé toutes ses ressources, pour faire des remboursements légitimes, et à cette seule fin ; laissera-t-elle se former et se perpétuer dans son sein une corporation à cent mille bras, la plus étendue qu'on ait jamais vue, la plus fatale à cette même Constitution, base essentielle de notre bonheur !

«Oui, Sire, les clubs sont autant de corporations dans l'État : et cependant, par ses lois, l'État n'en souffre aucune. Les clubs sont régis par leurs lois particulières, différentes de celles de l'État, rédigées par leurs propres Magistrats; elles forment entre tous les clubistes et chacun d'eux, des liens d'union et d'intérêt, des rapports exclusifs entre tous et chacun de ses membres ; s'ils se disent citoyens, par-dessus tout Jacobins ou Feuillants, Républicains ou Monarchiens, à leur manière.

«Dans cet esprit de corps, ils sacrifient l'intérêt de la Patrie à l'intérêt de leur secte : hors de sa secte, le clubiste ne voit que ses ennemis ; les co-associés ne reconnaissent que le parti auquel ils sont attachés. Les membres des clubs, ces frères anti-constitutionnels, se prêtent, absents ou présents, un appui réciproque. Le désir et l'espoir de la domination étouffent les droits de l'homme et du citoyen : ces clubs forment dans le Royaume, chacun sous ses lois propres, un Royaume particulier, plus ou moins étendu, suivant l'étendue de l'affiliation ;

29 conséquemment une faction inconstitutionnelle, générale dans tout l'État, particulière dans chaque ville, dans chaque bourg, dans chaque village, où il existe des clubs, et où ils ont établi leur signe de ralliement. De là, Sire, ces armées de Marseillais et d'Avignonais ; de là tous ces meurtres, tous ces assassinats, tous ces incendies, tous ces vols, ces pillages, ces incarcérations de sujets fidèles à leur Dieu, à leur Roi, à cette Constitution qui laisse la liberté des opinions religieuses et reconnaît un Roi dans un État monarchique ; de là encore ces attentats des 5 et 6 octobre 1789, renouvelés plus criminellement dans ce mois, le 20 juin 1792, et avec la même impunité, à la honte de votre Garde nationale; pour l'opprobre éternel de deux faubourgs de Paris et des Magistrats de cette ville ; le tout pour forcer Votre Majesté à retirer un *Veto,* dont, aux termes de la Constitution, Elle ne doit compte à personne.

« Les Corps, les Communautés, les Parlements mêmes, tant redoutés, et si solennellement proscrits, offrirent-ils jamais tant de sujets de reproches et d'inculpations aussi atroces, aussi graves, que ces clubs si coupables ? Menacèrent-ils jamais les lois d'un renversement aussi prochain et aussi inévitable.

« Oui, Sire, c'est aux clubs, et plus particulièrement aux Jacobins, qu'on doit imputer ces attentats contre la Constitution, contre l'autorité royale, contre la personne et l'asile sacré de Votre Majesté. Les autres clubs ne sont pas aussi criminels, parce qu'ils sont moins étendus : mais il ne leur manque que les moyens, que la force.

« Les membres de ces corporations n'étant arrêtés ni par l'amour de la vertu, ni par l'horreur du crime, il serait impossible de dire où leur scélératesse s'arrêtera.

« Je n'ignore pas, Sire, que ces brigands se donnent le nom de *Société d'amis de la Constitution* ; mais quelle Société, que celle qui salarie tous les crimes, depuis l'insubordination jusqu'au meurtre ? Quels amis de la Constitution, que des hommes qui sont contre elle en guerre ouverte et continuelle, qui ont en horreur LA TOLÉRANCE, de toutes les lois, la plus faite pour des hommes, la plus propre à les réunir dans un même esprit et dans un même intérêt ? L'union, Sire, peut seule sauver l'État, et toute union est impossible parmi les Français, tant qu'il existera en France un seul club, une horde conjurée contre les lois, les Rois, la sûreté individuelle, les propriétés.

« Usez, Sire, de toute l'étendue du pouvoir que vous donne la Constitution, pour anéantir cette secte scélérate et inconstitutionnelle.

« Que l'Assemblée nationale, appelée pour faire des lois et uniquement salariée à cet effet, ne reconnaisse plus pour ses membres, ne solde plus comme tels, tous et chacun des Députés qui oserait dans la suite, mettre le pied dans cette *caverne*, où se sont imaginées tant de calomnies contre l'innocence, d'où sont partis tant d'ordres contre l'ordre public et les propriétés individuelles ; si l'Assemblée refusait un pareil Décret, on pourrait en regarder chaque membre, comme autant d'ennemis de la Constitution et du bien public. 29

«Convoquez tous les anciens militaires qui sont à Paris, appelez auprès de votre personne cette partie de la garde dont la fidélité vous est connue, invitez tous les bons bourgeois, négociants, et autres ; que Votre Majesté les rassemble tous au nom de l'honneur, de l'intérêt personnel et général ; mettez-vous à leur tête.

«Placé sur les frontières pour combattre les ennemis du dehors, je suis prêt, Sire, à voler auprès de vous, pour attaquer les ennemis intérieurs, braquer tous les canons de Paris contre la horde clubiste, jusqu'à ce que la terre surchargée de chacun des membres de cette infernale corporation, en ait englouti jusqu'au dernier ; et ne pas laisser pierre sur pierre à ces antres aussi immoraux qu'inconstitutionnels.

«Les troupes de ligne réunies aux Gardes nationaux fidèles, faisant la même opération dans les 83 départements : Votre Majesté et tous les bons Français verront naître ces beaux jours promis par la Constitution, et trop longtemps éclipsés par les clubs.

«Je ne regretterai que de ne pouvoir me trouver par tout le Royaume en même temps et de n'avoir à combattre que des ennemis qui, comme des voleurs de grand chemin, n'ont du courage que dix contre un, et n'opposent qu'une fuite honteuse à la plus légère résistance.

«Je suis avec le plus profond respect, de Votre Majesté, le très-fidèle sujet,

Luckner [1].»

„Jung prononce un discours allemand [2], dans lequel, en donnant un aperçu rapide sur la situation politique des temps actuels, il proteste en faveur du maintien des droits de l'homme opprimés. Le club arrête l'impression de ce discours vivement applaudi.“ JUILLET. 1er

---

[1] Il n'est pas dit dans le procès-verbal du club quelle sensation la lecture de ce discours y a fait.

[2] *Rede gehalten von Johannes Jung. Eine kurze Uebersicht über unsere jetzige politische Lage, zur Aufrechthaltung der unterdrückten Menschenrechte.*

„Cinq cents citoyens, presque tous artisans et Sans-culottes, signent une adresse à l'Assemblée nationale [1], pour se plaindre des Modérés, qui portent toujours le mot de Constitution sur leurs lèvres, mais qui renferment dans leurs cœurs la contre-révolution, et qui ont le front de calomnier les défenseurs incorruptibles de la liberté auprès de l'Assemblée nationale, en nommant les meilleurs citoyens des perturbateurs et des émeutiers. Dans la même adresse le club demande le châtiment du Prince-Évêque de Bâle, à Porentruy.

„Le club envoie une lettre à Pethion, Maire de Paris, pour l'assurer de son amour et de son admiration.“

„On dénonce l'adresse suivante, envoyée à l'Assemblée nationale par les administrateurs du Département du Bas-Rhin, du District et de la municipalité de Strasbourg réunis.“

«Messieurs,

«La fermentation qui agite toutes les parties du Royaume, les circulaires que des municipalités se permettent d'adresser aux grandes cités pour provoquer des coalitions et des rassemblements inconstitutionnels, l'audace des factieux et la joie de tous les ennemis de la Constitution, semblent présager la désunion des Français, le déchirement de la Constitution et la dissolution de l'Empire.

«Lorsque, dans des circonstances aussi alarmantes, les instigateurs du crime et leurs adhérents osent parler au nom du Peuple Français, il est du devoir de tous les citoyens qui s'intéressent à sa gloire, d'élever aussi la voix, et de manifester les sentiments de douleur et d'indignation dont les ont pénétrés les attentats de la journée du 20 juin ; il est du devoir de tous les amis de la Constitution, d'opposer le vœu d'une majorité formidable à ces parjures ambitieux, qui, sous le prétexte d'établir la liberté sur des bases plus solides, travaillent à l'anéantir avec le gouvernement monarchique.

«Éloigné du centre des factions et des intrigues, le peuple de ces frontières nomme déjà les auteurs des malheurs dont la patrie est menacée : les citoyens de cette ville, et, nous osons de dire, la presque totalité des patriotes de ce département, n'ont appris qu'avec la plus profonde indignation, que l'asile du Roi ait été violé, que la personne

---

[1] Voir *Notes sur Schneider*, p. 33. — Voir cette adresse, *Geschichte der gegenwärtigen Zeit*, 1792, p. 669-681.

du chef suprême du pouvoir exécutif ait été outragée. Ils ont craint 3
pour vous-mêmes. Qui pourrait en effet garantir que la horde qui s'est portée avec violence dans le château des Tuileries, le 20 juin, pour attenter à la liberté de la volonté royale, n'ira pas, entraînée par les mêmes factieux, attenter à l'indépendance de vos opinions !

«Quels sont donc les moyens de ces hommes qui voudraient bouleverser l'Empire et nous enchaîner à un système qu'ils n'osent même déclarer hautement? Quels titres ont-ils acquis à notre confiance? Ont-ils assez réfléchi que la Nation ne veut ni ne peut soutenir les fatigues et les hasards d'une seconde Révolution ?

«C'est à vous surtout, Législateurs, à arrêter les progrès d'une secte anti-constitutionnelle, qui domine dans un grand nombre de Sociétés populaires ; à resserrer les liens qui unissent encore les Français, et à faire respecter leur représentant héréditaire.

«Les usurpations des Rois sur les droits des peuples sont aussi l'objet continuel de nos craintes ; nous demandons que l'autorité royale soit surveillée, mais non qu'elle soit avilie.

«Mirabeau, dont les dernières paroles semblent s'accomplir ; Mirabeau, dont le réveil ferait bientôt rentrer dans leur nullité tous ces intrigants, disait à vos prédécesseurs : *Détruisez le caractère sacré qui appartient au premier magistrat du Royaume, il ne vous reste plus, pour enchaîner les peuples à la subordination légale, que la force et la terreur.*

«Pénétrés de cette grande vérité, laissant au temps et à l'expérience à découvrir les imperfections de notre Constitution, à la raison à les corriger ; nous regardons comme ennemis de la patrie, tous ceux qui tenteraient de porter atteinte à l'organisation de l'Empire, soit en voulant anéantir, restreindre ou étendre l'autorité que la Nation a juré de conserver au Roi, soit en voulant rétablir la noblesse et créer deux chambres ou un ordre privilégié quelconque.

«Les armées des puissances liguées s'avancent vers nos frontières ; les rives du Rhin vont bientôt devenir le théâtre principal de la guerre ; la maison d'Autriche ambitionne la conquête de la ci-devant Alsace ; l'armée de Coblentz compte sur nos divisions intestines et sur les entreprises des factieux : hâtez-vous de nous délivrer de ces derniers ennemis, pour que nos frères de l'intérieur puissent voler à notre secours, sans craindre pour leurs propres foyers. Quels que soient les événements, comptez, Messieurs, sur la fidélité des Strasbourgeois et de tous les patriotes du Bas-Rhin, à la France et à la cause de la liberté.

«Guerre aux tyrans, haine aux factieux, amour de l'égalité, respect pour les propriétés, dévouement à la Constitution toute entière ; tels sont leurs principes et leurs sentiments : tels sont les nôtres : nous ne les perdrons qu'avec la vie.

« Législateurs, nous vous demandons, nous vous conjurons au nom de la patrie, qui ne fut jamais exposée à de plus grands dangers :

« 1° D'ordonner la poursuite et la punition des auteurs et fauteurs des attentats commis dans la journée du 20 juin :

« 2° D'anéantir l'action politique et l'espèce d'autorité qu'exercent des associations auxquelles le peuple n'a délégué aucune fonction, et de tracer aux administrateurs de la police, les mesures qu'ils doivent prendre pour empêcher que ces rassemblements ne compromettent la tranquillité publique par des discussions inconstitutionnelles et des discours incendiaires : ces mesures sont urgentes, surtout pour les villes qui sont en état de guerre ;

« 3° De rappeler aux autorités constituées les lois qui leur défendent toute correspondance qui tendrait à former des coalitions ;

« 4° D'inviter le pouvoir exécutif à renforcer l'armée du Rhin.

« Signé : *Louis*, administrateur du Directoire du Département du Bas-Rin ; *Kuhn*, idem ; *Kauffmann*, idem ; *Gloutier*, idem ; *Burger*, idem ; *Braun*, idem ; *Stœber*, idem ; *Xavier Levrault*, Procureur-général-syndic ; *Hoffmann*, Secrétaire-général du Département.

« *Christiani*, administrateur du Directoire du District de Strasbourg ; *Breu*, idem ; *L. Wangen*, idem ; *Charles Popp*, Procureur-syndic ; *Christmann*, Secrétaire.

« *Fr. Dietrich*, Maire ; *Frœreisen*, *Brackenhofer*, *Grün*, *Saltzmann*, *Metz*, *Beykert*, *Beyer*, *Kratz*, *Schweighæuser*, *Blessig*, *Maurer*, *Arnold*, *Rœderer*, *Wehrlen*, *Kammerer*, *Thomassin*, *Pasquai*, *Laquiante*, *Reinbold*, *Lix*, *Kolb*, *Marchand*, *Hebeisen*, *Brunck*, *Revel*, *Weiler*, *Stempel*, *Heitz*, *Mathieu*, tous officiers municipaux membres du Conseil général de la commune de Strasbourg. »

« Euloge Schneider donne lecture d'un mémoire contre la pétition adressée à l'Assemblée nationale, sur l'instigation du Maire Dietrich, par les différentes administrations et un grand nombre de citoyens de Strasbourg, pour demander la suppression des S. populaires [1].

« Edelmann lit une brochure en langue allemande [2], publiée par lui, sur la nécessité de maintenir les clubs. »

---

[1] Voir *Notes sur Schneider*, p. 34.

[2] *Noch ein Wort über die Clubs* (Encore un mot sur les clubs).

«On donne lecture de l'avis suivant: 13

«*Avis aux citoyens.*

«Du 12 juillet 1792, l'an IV de la liberté.

«Les malveillants répandent de différentes manières que j'ai quitté la ville ou que je suis intentionné de sortir du Royaume, sous le prétexte d'aller aux eaux. Malgré mes souffrances, ma porte est ouverte à tous les citoyens qui veulent me voir et m'entretenir de leurs affaires, ils peuvent s'assurer par eux-mêmes que je ne suis pas parti. Personne ne m'a ordonné l'usage des eaux; et quand on les regarderait comme nécessaires, je périrais plutôt que de quitter mon poste. J'invite tout bon citoyen à dénoncer ceux qui répandent ces calomies.

«*Dietrich,* Maire.»

«Le club envoie une députation, composée de neuf membres, afin de féliciter le Général Biron, arrivé à Strasbourg pour prendre le commandement de l'armée du Rhin.« 14

«Lecture d'une lettre de Simond, de Paris, accompagnée d'une *Adresse des fédérés à tous les citoyens français,* faisant un appel à la Nation de se sauver elle-même. 21

«Une nouvelle S. de jeunes amis de la Constitution annonce au club qu'elle vient de se former à Strasbourg, d'après les principes des Jacobins [1].«

«Le club adresse une pétition à la municipalité de Strasbourg, pour demander l'ouverture d'une liste de souscription, tant pour des engagements volontaires que pour des sommes d'argent, destinés à la défense contre l'ennemi. 22

«Des Jacobines envoient au club un bonnet phrygien, sur lequel se trouve brodé le verset suivant :

Auch Weiber haben Heldenmuth,
Auch ihnen stünden Picken gut.
(Les femmes aussi sont héroïques,
A elles aussi conviendraient les piques.)

---

[1] Le 27 juillet, l'ancienne Société des jeunes amis de la Constitution fit insérer dans les *Affiches de Strasbourg,* que plusieurs de ses membres, atteints du jacobinisme, se sont séparés de la Société. Cette adresse est signée : *Kuntz,* Président ; *Fahlmer,* Secrétaire.

22 »Ce présent est accompagné d'une lettre de remerciment au club du courage qu'il a déployé jusqu'à présent, en défendant les droits des femmes ainsi que ceux des enfants.

»E. Schneider prononce un *Discours sur la question: Si le Roi n'est pas dans le cas d'être censé d'avoir abdiqué la couronne?* Le club vote l'impression de ce discours ainsi que sa publication en allemand [1].«

26 »Mainoni fait un appel aux femmes et aux filles de se munir de piques.«

30 »Le club envoie deux députés à l'Assemblée nationale, pour lui remettre la somme de 7000 livres comme don patriotique.

»Il adresse une pétition à la municipalité, pour l'engager à ouvrir un registre pour y insérer les dénonciations.«

31 »Le club public l'adresse suivante :

«Les Jacobins de Strasbourg à tous les patriotes du Royaume et surtout à ceux des départements voisins.

«Les départements du Rhin sont entièrement investis, nous ne voyons partout qu'Autrichiens, Prussiens et émigrés ; Landau est au moment d'être attaqué, Bitsche environné, et nous entourés ; déjà notre pont fait la seule séparation de nos soldats avec les Autrichiens. Nous manquons de troupes, nous sommes obsédés des fanatiques, royalistes, fayettistes et traîtres, enfin nous sommes au moment d'être conquis ou vendus : on en veut aux patriotes, aux hommes éclairés, et surtout aux Jacobins, défenseurs intrépides du peuple et de la liberté. Nos Généraux, les braves Biron, Kellermann et Ferrière, nous donnent quelques espérances, mais ils sont sans des forces proportionnées à la masse considérable de nos ennemis; le Général a requis votre Département à engager les bons citoyens à venir à notre secours. Par la présente nous vous invitons à seconder de toute votre influence cette urgente mesure ; tâchez que l'on vienne au plus vite s'unir avec nous pour faire face à cette horrible invasion. Il s'agit de défendre l'entrée du Royaume et par conséquent nos propriétés et les vôtres. Nous voudrions être de force pour repousser seuls nos ennemis communs, mais nous suffisons à peine pour contenir les malveillants du dedans, sans vous, nous serions indubitablement écrasés.

---

[1] Voir *Notes sur Schneider,* p. 37.

Arrivez donc, frères et amis, le plus tôt possible, l'heure est là pour faire connaître à toutes les nations que nous sommes dignes de la liberté. Elles n'attendent que bonne contenance de notre part pour se déclarer pour nous et devenir libres à leur tour. Nous comptons sur votre civisme, nous vous tendons les bras et sommes fraternellement. » 31

»Un membre propose de former à Strasbourg une légion de demoiselles, qui se voueraient à la défense de cette forteresse quand les hommes voleront à l'armée. Le club arrête que cette proposition serait envoyée à la municipalité, afin qu'elle autorise la formation de cette légion et s'en occupe.

»La S. adresse la lettre suivante à Treuttel, imprimeur-éditeur du *Courrier de Strasbourg :*

«Monsieur,

«La Société des amis de la Constitution s'est chargée, par amitié pour M. Laveaux, de rédiger le *Courrier de Strasbourg*. Périgny part demain matin : c'est dorénavant chez M. Mainoni que vous enverrez toutes les pièces. Nous voulons que rien ne soit inséré dans ce journal sans avoir passé sous nos yeux ; nous voulons de même que vous ne vous permettiez jamais de retrancher un seul mot des articles qui vous seront adressés par nous. Le *Courrier de Strasbourg* n'est pas un Journal de contre-révolution, et nous vous prions, surtout, de vous souvenir qu'un imprimeur n'a pas le droit de censurer ce qui est fait par les rédacteurs. Nous espérons que vous vous conformerez en tout et très-rigoureusement à ce que nous exigeons.

«*J. A. Mainoni, Rivage, Boy, P. F. Monet.*»

»E. Schneider prononce un second *Discours sur la* AOUT.
question : si le Roi n'est pas, d'après l'acte constitutionnel, 1er
censé d'avoir abdiqué la couronne [1]. Le club vote l'impression de ce discours dans les deux langues.«

»Quatre séminaristes constitutionnels se présentent au club, en déclarant être prêts à combattre pour la liberté ; à cet effet ils se sont fait enrôler comme volontaires. Plusieurs autres jeunes citoyens, parmi lesquels se trouvaient trois israélites, font la même déclaration. 2

---

[1] Voir *Notes sur Schneider*, p. 38.

»Lecture des deux lettres suivantes, adressées au club par les S. de Bordeaux et de Châlons-sur-Saône.

«Frères et amis,

«En apprenant les dangers de la patrie, en lisant le Décret qui vient d'appeler sur les frontières tous les soldats prêts à braver la mort pour conserver la liberté, notre Société a résolu de faire tous les efforts qui seraient en elle, pour former, avec célérité, cette armée citoyenne.

«Parmi les mesures que nous avons adoptées, il en est une que nous avons cru devoir vous faire connaître, en vous engageant à la mettre promptement en usage.

«Nous avons nommé dans notre sein quatre Commissaires pour chaque district de notre département, nous en avons présenté la liste au Conseil du Département, il l'a agréée et a autorisé ces Commissaires à se transporter aux lieux de leur destination, pour augmenter le nombre des enrôlés par tous les moyens que pourra suggérer l'amour de la patrie.

«Ces Commissaires ont reçu de nous une instruction particulière ; elle vous apprendra, sans entrer ici dans de plus longues explications, quel est notre projet et tous les détails de son exécution.

«Hâtez-vous, frères et amis, de suivre notre exemple, si vous ne l'avez déjà prévenu. Hâtez-vous de répandre dans la campagne des missionnaires de la liberté ; que le nombre de leurs prosélytes honore leur zèle et le vôtre, et que les ennemis des Sociétés populaires rugissent encore en apprenant le bien qu'elles auront fait.

«Nous sommes vos frères et amis,

«Les membres de la Société des amis de la Constitution de Bordeaux.»

«Frères et amis,

«La patrie est déclarée en danger, toutes nos frontières sont prêtes à être envahies par les soldats mercenaires des tyrans, ligués contre nous : vous aurez besoin de secours, et nous vous en offrons. Mais avant de partir, nous voulons désarmer et séquestrer tous nos ennemis de l'intérieur : femmes, enfants, parents et adhérents des émigrés. Dès que vous serez attaqués, que vos cloches sonnent le tocsin, et que dans peu d'heures nous soyons avertis ; ce sera le signal pour purger l'Empire de tous ses ennemis internes, et nous volerons à votre secours avec la gaîté française et le courage des hommes libres. Nous avons donné cet avis à nos frères les Jacobins de Paris, et aux Sociétés tant de notre département de Saône-et-Loire, qu'à celles des départements voisins. Donnez-le à toutes les petites villes frontières qui vous environnent. 2

«Nous sommes très-cordialement, frères et amis,

«*Les membres du club de Châlons-sur-Saône.*»

»Après la lecture de ces deux lettres, Mainoni dit : »Voilà comme les Français de l'intérieur se conduisent, ils vont droit au mal : c'est par là que l'on fera triompher la liberté.«

»E. Schneider prononce un troisième *Discours sur la déchéance de Louis XVI*. Le club vote également l'impression de ce discours [1].« 8

»E. Schneider annonce que, sur la demande du Général La Morlière, Commandant de Strasbourg, Laveaux et Simond ont reçu ordre du Comité permanent de la commune de quitter la ville.« 9

»E. Schneider prononce un *Discours contre la pétition du Conseil général de la commune de Strasbourg contre la destitution de Louis XVI*. Le club ordonne l'impression de ce discours [2].« 11

»Lecture d'une adresse individuellement signée par un grand nombre de citoyens de Strasbourg, envoyée au Conseil municipal de cette ville, relative aux adresses envoyées récemment par lui à l'Assemblée nationale et au Roi. A l'exception de Noisette, tous les membres du club apposent leurs signatures à cette adresse.« 12

»Lecture de la lettre suivante, adressée au club par Laveaux : 13

«Frères et amis,

«Arrivé de Paris avant-hier au soir, je croyais pouvoir jouir aujourd'hui de vos embrassements fraternels ; mais à peine avais-je embrassé ma famille et quelques-uns de nos frères, qu'un ordre signé par le Maire Dietrich et plusieurs officiers municipaux m'ordonne de quitter dans 24 heures l'enceinte et banlieue de Strasbourg, sous peine d'être mis en état d'arrestation. J'obéis, je pars ; pour l'amour de la Constitution j'ai quitté en Allemagne une place fixe et lucrative, je l'ai

---

[1] Voir *Notes sur Schneider*, p. 39.

[2] Voir *Notes sur Schneider*, p. 39.

13 sacrifiée à la cause de la liberté que j'ai défendue avec force dans un Journal patriotique de ma rédaction ; toutes mes paroles, toutes mes actions, tous mes écrits ont respiré le patriotisme le plus pur ; et pour ma récompense j'ai été emprisonné pendant quatre semaines, exposé à voir tomber ma tête sur un échafaud ; et à peine mon innocence triomphe-t-elle aux yeux de tous les bons citoyens, que je suis proscrit comme un scélérat, et qu'en me forçant à sortir de la ville, on réduit un citoyen, une femme et deux enfants, qui ont sacrifié leur bien-être pour la Révolution, à errer comme des proscrits sans moyens de subsistance. Les prêtres réfractaires qui ont troublé l'État ont eu huit jours pour sortir de vos murs, les aristocrates les plus féroces y restent, et Laveaux n'a eu que 24 heures. Frères et amis, je ne m'étends point sur l'acte qui vient de me frapper, vous en sentez sans doute l'injustice, puisqu'il menace aussi vos têtes. Je vous embrasse en pleurant sur ma patrie, sur ma famille et sur vous. »

14 «On annonce au club qu'à l'arrivée à Strasbourg de la nouvelle de la suspension du Roi, le Directoire du Département et le Conseil général de la commune de Strasbourg se sont déclarés en permanence, et ont arrêté que toute assemblée populaire serait provisoirement suspendue et qu'aucun rassemblement de citoyens ne pourrait avoir lieu qu'à la maison commune, où chacun serait admis à donner son avis et à entendre la lecture de toutes les nouvelles qui pourraient arriver. De vifs murmures de mécontentement remplissent la salle.«

20 «Après une semaine de suspension du club, le Président prononce un discours contre le despotisme des administrations qui défendaient la réunion des S. populaires, dans un temps où elles étaient le plus nécessaires.

«Lecture de plusieurs lettres, annonçant la satisfaction qui se manifeste partout sur le Décret de la suspension rendu contre Louis le traitre.

«Le club arrête qu'en ces temps critiques il tiendra tous les jours, de 5 à 7 heures du soir, une séance française, et de 7 à 8 heures, une séance allemande. Il est décidé qu'on s'appliquera principalement dans ces séances à prouver l'importance du bon choix des Députés à envoyer à la Convention nationale, et d'empêcher les aristocrates de cette ville de faire du mal.

»Un membre dénonce au club la conduite inconstitutionnelle de plusieurs administrateurs, et il demande qu'il soit interdit aux journalistes Saltzmann et Chayrou, qui jusqu'ici répandaient impunément leur poison royalistico-aristocratique, de continuer à semer l'ivraie. Le club adopte à l'unanimité ces deux propositions, au milieu de l'applaudissement général des tribunes. 20

»Le portrait du sanguinaire Louis XVI, qui se trouve dans la salle, est couvert d'un voile.«

»Les Représentants L. Carnot, A. P. Coustard, C. A. Prieur, et F. J. Ritter, envoyés par l'Assemblée législative comme Commissaires à l'armée du Rhin [1], assistent à la séance. Ils demandent à être reçus membres du club et prêtent le serment en cette qualité. Ce serment est répété par tous les assistants. Dans cette séance on s'occupe principalement de l'exposé des plaintes portées contre le Maire Dietrich, de l'importance de la Convention nationale et des devoirs des électeurs. Les Commissaires assurent que l'Assemblée législative procéderait dans l'affaire Dietrich avec la plus scrupuleuse attention.« 23

»On annonce que le frère Laveaux, pour le venger des indignes traitements que lui a fait essuyer à Strasbourg le Maire Dietrich, vient d'être nommé par l'Assemblée législative, Commissaire auprès des 83 départements, pour y répandre les lumières et le patriotisme.« SEPTEMBRE. 3

»Lecture d'une lettre du frère Rivage, à Paris, mandant qu'il a eu une conférence avec le Ministre de l'intérieur, qu'il a remis à l'Assemblée nationale la pétition dont l'avait chargé M. Lachausse, que l'Assemblée y avait fait droit et avait donné un Décret d'accusation contre Frédéric Dietrich. 8

»Un membre lit une lettre sur l'expédition des 2 et 3 septembre, faite par les Parisiens contre les prisonniers coupables de trahison. Le Président ajoute qu'on a immolé

[1] Loi portant qu'il sera envoyé des Commissaires aux différentes armées françaises, relativement aux événements qui se sont passés à Paris, le 10 août 1792.

8 des prêtres sur lesquels on a trouvé des pistolets et des poignards.

»Un membre dit que les ennemis du bien public ont attaqué le Ministre Rolland par des calomnies, mais que l'Assemblée nationale l'a pleinement justifié. La S. arrête qu'il sera écrit à ce Ministre patriote, et de l'informer qu'il a toujours eu la confiance des citoyens.

»Un autre membre fait les motions suivantes : 1° Démission de l'État-major de la Garde nationale ; 2° Exercices journaliers d'un bataillon de la dite Garde ; 3° Visite domiciliaire, désarmement et expulsion de la ville des suspects ; 4° Mesures contre les prêtres non assermentés ; 5° Commission à envoyer dans le département, pour y répandre les lumières et l'amour de la liberté par la force armée ; 6° Destitution des administrateurs du District de Benfeld ; et 7° Obligation de faire tous les achats avec des assignats, et menace de punir d'une amende chacun qui fait une différence entre le papier-monnaie et celle en argent.«

9 »Plusieurs des Députés à la Convention nationale, dont l'élection, par le département du Bas-Rhin, vient d'avoir lieu [1], sont reçus au club par de vifs applaudissements. Simond raconte les faits qui ont eu lieu à l'assemblée des électeurs à Haguenau, et fait la motion de ne plus choisir aux prochaines élections municipales, ni des savants, ni des riches, mais les citoyens les plus pauvres, qui certainement pourront aussi remplir ces fonctions. Il ajoute que l'on a actuellement de tristes preuves de ce qui résulte des élections des riches et des savants.

»Bentabole fait le récit des trahisons du Roi dans les Tuileries, contre lesquelles les amis de la Constitution se tinrent consécutivement fermes, de même que la Nation se doit trouver ferme à son tour ; il dit que Dietrich et Lafayette furent toujours en relation intime avec le Roi et

---

[1] Les Députés élus à Haguenau furent les suivants : Rühl, Arbogast, Louis, Laurent, Bentabole, d'Épinage, Denzel, Philibert Simond, Jean Bertram. Suppléants : François Ehrmann, Christiani, Grimmer. Voir sur les élections à Haguenau, *Notes sur Schneider*, p. 43.

avec la cour, et que les Jacobins ont été continuellement 9
poursuivis, mais que sans eux une guerre civile aurait éclatée, et que ce sont aussi eux qui accélérèrent la révolution du 10 août.«

»Lecture d'une lettre du frère Rivage à Paris, qui donne 10
quelques détails sur les exécutions des prisonniers de haute trahison; il dit que le frère Perigny est chef des bureaux de la marine et qu'à Paris les aristocrates font à l'envi des dons patriotiques pour les frais de la guerre.

»Un membre raconte, en allemand, ce qui s'est passé dernièrement à Paris à l'égard des prisonniers, il signale l'ardeur avec laquelle on y travaille à équiper les défenseurs de la patrie, et énumère les forces innombrables qui s'avancent de tous côtés contre les Prussiens et les Autrichiens.

»Un autre membre donne une liste de plusieurs riches citoyens, dont il croit le patriotisme mal prononcé, parce que depuis que la patrie est en danger, on n'a vu de leur part aucune démarche pour la sauver, soit en payant de leur personne, soit en contribuant aux frais de la guerre.«

»La séance est employée tout entière à développer les 11
moyens par lesquels la patrie pourra être sauvée et les mesures à prendre pour préserver le département gangréné des ennemis cachés qu'il renferme.«

«On a d'abord dénoncé les régisseurs des vivres, qui laissent affamer l'armée du Haut-Rhin; on a dénoncé les Commissaires de guerre; on a proposé la cassation de l'état-major de la Garde nationale de cette ville. On a demandé la formation d'une légion strasbourgeoise, composée de 300 à 400 patriotes, et qui aurait des pièces de canon. Cette légion, accompagnée de trois Commissaires du département, se rendrait dans les villes et villages, pour animer le patriotisme des citoyens, désarmer les aristocrates, expulser les hommes suspects, destituer les fonctionnaires publics corrompus, prêcher la liberté et l'égalité et encourager à la défense jusqu'à la mort.

«On a fait sentir aux aristocrates qu'il est de leur intérêt de se joindre aux patriotes, pendant qu'il en est encore temps, pour repousser l'ennemi, qui ne les épargnerait pas plus, s'il était vainqueur, qu'il n'épargnerait les patriotes.

«On a fait voir à ces vils égoïstes, à ces stupides avares, qui ne

11 font rien pour la patrie en danger, qui fait tout pour eux, combien ils s'exposaient à être sacrifiés dans un instant de crise par le désespoir d'un peuple trahi et trop confiant.» — — —

13 »Velten et un autre Jacobin font la dénonciation suivante: Étant allés chez le tonnelier Jost, pour se désaltérer, ils ont entendu faire par plusieurs convives l'éloge du Maire; alors Velten leur dit que Dietrich était un traître, un homme faux, parce que, il y a plus d'un an, il avait refusé de faire droit à une pétition signée par 150 Jacobins, relative au partage des biens communaux. A quoi le tonnelier Jost répliqua que les Jacobins n'étaient que des coquins et des gens sans aveu.«

20 »Daniel Stamm, guide près l'armée du Rhin, prononce un discours sur les devoirs des militaires combattant pour la liberté. Le club vote l'impression de ce discours vivement applaudi par les membres du club et des tribunes.«

27 »Le club envoie une lettre de félicitation au citoyen Kienlin, à Paris, de ses nombreuses preuves de patriotisme éprouvé, qu'il a couronné en décidant les fédérés à ne pas quitter la capitale avant d'avoir renversé la tyrannie [1].«

30 »Le club publie une *Liste des candidats proposés pour les élections des administrateurs de la commune* [2].

»Fête célébrée par le club des Jacobins en l'honneur de l'enterrement de la royauté.«

Le frère Massé donne dans le *Courrier de Strasbourg* la relation suivante de cette fête:

«Dimanche dernier (30 septembre), les Jacobins ont enterré avec grande pompe la royauté. Louis dernier y suivait le cercueil, ainsi que grand nombre de princes et de capucins, de gros barons et de

---

[1] Voir p. 241 la réponse de Kienlin, du 6 octobre.

[2] Une satire dirigée contre cette *Liste* parut sous ce titre: *Eine hohe und gestrenge Obrigkeit, die Gesellschaft der Verläumdung und der Zügellosigkeit, in der deutschen Komödie, bei öffentlicher Sitzung,* 1792, *im Jahr vor dem Ackergesetz* (Une haute et sévère magistrature, la Société de la calomnie et de la licence, dans la Comédie allemande, en séance publique, 1792, l'année avant la loi agraire).

recollets, de gentilshommes et de docteurs de Sorbonne, de cordons 30
bleus et rouges, de suppôts de la chicane, de reines et de courtisanes, de princesses et de religieuses, de cardinaux, chanoines et sœurs grises, d'un groupe d'aristocrates à longues oreilles et d'une centaine de feuillants à longs nez, en un mot de tous les êtres à représentation que l'égalité a renvoyés *ad patres*. 20,000 citoyens et citoyennes précédaient ou suivaient le convoi; une musique bruyante exécutait tantôt un air lugubre et tantôt le *Ça ira*. Un chœur nombreux de basse-taille et de haute-contre chantait alternativement des chants d'églises et des chansons bachiques. Le cortége s'est promené l'espace de 3 heures dans les principales rues et places de la ville, et on a enterré *la royauté* dans une boëte de Pandore et *Louis dernier* dans un tonneau de Bourgogne. La ville a été illuminée, et la nuit s'est passée gaiement à boire, à manger et à danser.»

«On annonce au club que les 3000 Autrichiens, faits OCTOBRE.
prisonniers par l'armée du Rhin, lors de son entrée dans le 2
Palatinat, sont attendus demain à Strasbourg et que déjà les mesures convenables sont prises pour les recevoir: trois couvents de religieuses et le quartier récemment évacué des Suisses serviront de logis aux simples soldats, et l'hôtel de Deux-Ponts [1] aux officiers.»

«Lecture d'une réponse du citoyen Kienlin, à Paris, à 6
la lettre du club, du 27 septembre passé. Il remercie ses frères de l'intérêt qu'ils lui portent et dit n'avoir fait que ce que tout homme libre doit faire pour sa patrie.»

Cette réponse se termine ainsi: «Nos frères d'ici vous saluent; ils ont appris avec satisfaction le triomphe des Sans-culottes dans votre ville, et ils vous invitent à continuer avec ardeur vos travaux, pour affermir à jamais l'empire de la liberté et de l'égalité.»

«Le Représentant Rühl prononce un discours sur les 7
affaires de Paris.

«Chrétien Gintzrot prononce, à l'occasion de sa seconde élection comme Président du club, un discours allemand [2].»

[1] Actuellement Quartier-général de la 6e division.

[2] *Christian Gintzrot, in der Gesellschaft der Jakobiner, an seine Mitbürger* (Chrétien Gintzrot, dans la S. des Jacobins, à ses concitoyens).

7 Dans ce discours, dont le club ordonne l'impression, l'auteur, après avoir fait l'apologie des Jacobins, et énuméré «les énormes bienfaits que la patrie leur doit,» dit entre autres : «Malgré tout cela, on nous appelle des furibonds et des criards ; serait-ce par la raison que nous rappelons sans cesse aux administrateurs leurs devoirs ? — Eh bien, faites-nous taire, et vous prononcerez la sentence de mort de nos libertés !»

8 «Laveaux proteste contre la délibération de la municipalité de Strasbourg, qui défend l'entrée des hôpitaux et établissements publics aux membres du club.»

14 «J. F. Kiechel, membre du club, prononce un discours patriotique en langue allemande.»

15 «Lecture d'une adresse des prisonniers autrichiens mayençais, envoyée par le Général Beauharnais, exprimant leur gratitude pour l'accueil fraternel qu'ils ont reçu des habitants de Strasbourg.»

17 «Kiechel prononce un second discours en langue allemande, vivement applaudi [1].»

30 «Le club adresse une pétition à la Convention nationale, pour protester contre l'alliance projetée avec le roi de Prusse.

«On vote une lettre de félicitation aux Lillois, pour les complimenter sur leur défense courageuse.»

NOVEMBRE. 6 «Lecture d'une lettre de la S. de Porentruy, témoignant le désir de s'affilier au club, ainsi qu'à la S. des Jacobins de Paris.»

8 «Le club dénonce au Ministre le principal du collége de Strasbourg, Chayrou, rédacteur de la *Feuille de Strasbourg*, en insistant pour qu'il soit destitué comme principal [2].»

---

[1] Ce discours, ainsi que celui prononcé le 14, furent imprimés aux frais du club, et parurent sous le titre : *J. F. Kiechel, in der Gesellschaft der Jakobiner, an seine Mitbürger. Erste und zweite Rede* (J. F. Kiechel, premier et second discours, adressés à ses concitoyens, dans la S. des Jacobins).

[2] Voir sous le 20 août passé, p. 237.

»Le club se plaint auprès du Ministre de ce que la dénonciation contre Thomassin n'ait pas eu de suite. Le club décide de le nommer dorénavant, au lieu de citoyen Thomassin : sire Thomassin.« 13

»Le club envoie une *Circulaire à tous les habitants du département du Bas-Rhin, de quel âge, état, sexe et religion qu'ils soient*, pour les prier de faire parvenir au club, par l'entremise des frères Edelmann, des habillements pour l'armée.« 14

»Le club arrête d'envoyer une dénonciation au Conseil exécutif provisoire et au Comité de sûreté générale et de surveillance de la Convention nationale, contre le pouvoir exécutif de Paris, pour sa publication de l'arrêté sur la hiérarchie des autorités constituées, du 28 octobre passé.« 15

»On charge un membre du club, Leorier, de remettre une pétition à la Convention nationale, demandant que Dietrich ne soit pas jugé à Strasbourg.« 17

»Lecture d'une lettre de la S. républicaine de Langres, relative aux mesures à prendre aux frontières.« 19

Nous extrayons le passage suivant de cette lettre :

«Frères et amis, un nouvel orage se forme sur nos têtes et nous ne le conjurons pas. Les émigrés, ces cannibales, dont l'existence fait horreur à la nature, rentrent de toutes parts dans le sein de la patrie, pour en déchirer les entrailles. Des municipalités traîtresses et perfides, fixées sur les frontières, facilitent leur rentrée par des certificats de résidence. Ne nous étudions point à découvrir les mouvements qui déterminent ces administrations ; pénétrés des maux qu'elles nous préparent, dont le moindre est la guerre civile, portons nos douleurs et nos justes alarmes à la Convention nationale, et que par un décret de vigueur elle arrête les progrès du fléau.»

»Le club envoie 660 livres en argent et sept caisses, contenant 700 paires de bas de laine, aux sept bataillons du Bas-Rhin.« 20

»Les volontaires nationaux, à Strasbourg, s'adressent au club pour recevoir des armes et l'ordre de marcher contre l'ennemi.« 22

25 »Lecture d'une lettre de Simond, de Paris, faisant l'éloge du club de Strasbourg et donnant des nouvelles de la capitale.«

Il est entre autres dit dans cette lettre :

«Je suis maintenant rendu à mon poste, et je correspondrai avec vous tout ce que vous jugerez à propos de me mander. Vous avez sans doute mis à l'ordre du jour la question sur le Roi, sur les républiques fédératives, sur les avantages ou inconvénients des incorporations, sur les bases les plus sûres des gouvernements, tant pour police que finance, administration et ordre judiciaire : Société de Strasbourg, conserve ton antique et habituelle considération ! Vous étiez de tout le royaume l'endroit le plus persécuté, et celui où les délibérations étaient cependant les plus sages ; il vous est libre encore de conserver cette glorieuse prépondérance par un attachement également énergique au droit de l'homme et à tout ce qui peut servir à établir imperturbablement la souveraineté du peuple.

«Les factions sont toutes détruites à Paris : plus d'illusion sur les Ministres, plus d'hommes privilégiés et de croyants sur parole, chacun songe à la Convention, au bonheur de son pays, et tel qui ne voulait que cabale, n'a vécu que jusqu'au premier novembre, et mourront successivement de même tous les intrigants, à mesure que nous pourrons les démasquer. Soyez *vous*, et ne soyez personne autre.

«Je répète aux tribunes mon respect pour leur impartialité, mon dévouement à la cause, surtout de ceux qui vivent en travaillant. Je me rappelle avec plaisir d'avoir vu au Département, à mon départ, Monet, Teterel, Edelmann et quelques autres bons Jacobins. Je conserverai un mépris éternel pour ceux qui ont nommé pour l'Assemblée électorale, les Noisette, les Brunck, les Thomassin, et pour tous ceux qui croient encore au marchand de province Dietrich ; le citoyen Laveaux est près de vous, et ne vous sera pas inutile ; Dietrich est à l'Abbaye, et fait vaquer l'hypocrite Gloutier auprès de Condorcet et autres pour se faire laver, mais ses taches me paraissent trop profondes pour être si vite effacées. Rühl en parlera aujourd'hui à la Convention, et le fera décréter, nous nous sommes vu hier pour cela ; ainsi je vous salue tous et vous recommande les droits de ceux qui ne savent les soutenir, et la souveraineté du peuple.»

28 »E. Schneider, Gambs, Edelmann, Martin, Teterel et Wolf, font des motions relatives au jugement de Dietrich [1].«

---

[1] Voir *Notes sur Schneider*, p. 48, et *Livre bleu* allemand, t. II, p. 312.

»Lecture d'une lettre de Laurent, de Paris, donnant des nouvelles sur les affaires de la capitale, et adressant différentes questions au club.«

Nous donnons les extraits suivants de cette lettre :

«Je m'empresse de vous annoncer qu'hier on a enfin terminé la fameuse et trop longue question, *si Louis XVI est jugeable*, par un décret qui porte que *Louis XVI sera jugé par la Convention nationale*.

«Au fonds et définitivement je crois pouvoir vous assurer que Louis Capet est très-malade, et que pour cette fois, malgré l'intrigue de ses médecins, il n'en reviendra pas. Ce sera probablement le remède de M. Guillotin qui terminera la crise.

«MM. Blessig [1], Fries et Fritz sont-ils encore en place, malgré la demande de leur destitution ? je vous prie de me le mander.

«Mandez-moi aussi, et cela bien certifié, le propos qu'a tenu M. Mathieu d'Eidolsheim, *que les Commissaires de la législature étaient des brigands envoyés par d'autres brigands*. Mandez-moi ce qui en est de la translation du District de Benfeld ; mandez-moi tout et n'omettez rien d'intéressant. J'ai envie de canonner les mauvais Ministres.»

»On dénonce au club que plusieurs gens se rendaient, toutes les nuits, armés, dans les environs de la prison où est enfermé Frédéric Dietrich ; on sait que l'on a été dans certains endroits, demander des signatures et des soumissions pour la garde de cet homme ; on sait que vendredi dernier plusieurs bâteaux remplis d'hommes armés ont passé la nuit sur l'eau qui baigne les murs de la prison.«

»Lecture d'une lettre de Leorier, de Paris, rendant compte de ses démarches au sujet de la translation de Dietrich devant un autre tribunal que celui de Strasbourg.«

---

[1] Une année après, le 2 décembre 1793, Blessig fut arrêté par ordre du Procureur-syndic, Stamm, et incarcéré au Séminaire, où il resta enfermé jusqu'au 3 novembre 1794. La correspondance qu'il entretint durant ce temps avec son épouse, se trouve insérée dans les feuilles mensuelles de la Fondation Blessig (*Monatblätter der Blessig-Stiftung. Herausgegeben von F. W. Edel*). Strasbourg, chez F. C. Heitz, 1847-1850. 4 vol. in-8°.

9 Il termine sa lettre en disant :

«On craint que le Roi n'arrive pas jusqu'à la barre de la Convention, tellement le peuple est en fureur ; on a déjà commandé toute la Garde nationale pour prendre les armes mardi ; on lui prépare un logement à côté de la salle des séances, afin qu'il ne sorte plus de la barre, que pour être conduit à la guillotine ; il est séparé de sa chère moitié depuis plusieurs jours.

«Je vous envoie l'opinion de Marat, une des opinions qui a fait le plus de sensation à Paris, afin que vous en fassiez lecture à la Société ; je vous donnerai, si vous le jugez à propos, le détail de tout ce qui se passera ici, que j'aurai soin de recueillir auprès du citoyen Laurent, qui est présentement un des juges du Roi.

«Je vous salue, frères et amis. Le citoyen *Leorier*.»

11 «Lecture d'une nouvelle lettre de Leorier, de Paris, faisant connaitre au club de nouvelles dénonciations contre Dietrich [1].»

13 «Lecture d'une lettre de Probst, Président de la S. des amis de la liberté et de l'égalité de Schlestadt, relative au changement de l'esprit public dans le département [2].»

14 «Le club demande à la Convention nationale de former un corps, pris dans les 84 départements, qui porterait le nom de Légion des Frontières.»

18 «Le club envoie la réponse suivante à la *Circulaire des Jacobins de Paris à toutes les S. de la République :*

«Républicains frères et amis !

«Nous avons entendu avec plaisir la lecture de la circulaire que vous nous avez adressée en date du 30 novembre dernier. Nous n'avions pas besoin de ces détails, pour former un jugement sur les événements dont vous nous détaillez, avec tant de vérité et de franchise, les causes et les circonstances. Depuis longtemps nous connaissons et les tyrans et les manœuvres des intrigants qui voudraient le devenir. Nous avons pénétré dans les intrigues des malveillants les mêmes ruses et les mêmes desseins, que dans celles qui précédèrent le massacre du champ de Mars, la fuite de Louis à Varennes, et tous les massacres que les ennemis du peuple ont préparés contre les pauvres

[1] Voir *Livre bleu*, II, p. 82.

[2] Voir *Livre bleu*, II, p. 159.

Sans-culottes depuis le commencement de la Révolution. Alors, comme 1
aujourd'hui, on nous calomniait, on nous persécutait ; alors on nous traitait de factieux et de républicains, aujourd'hui on nous traite d'agitateurs et de royalistes ; alors, comme aujourd'hui, on n'a voulu et on ne veut que nous désunir et nous désorganiser, parce qu'ils savent bien, les traîtres, que tant qu'il existera des Jacobins, la cause du peuple triomphera toujours. Mais les Jacobins de Strasbourg ne jugent point d'après des criailleries et des imputations vagues, ils jugent d'après les principes et les faits. Ils savent que sans les Jacobins le joug de l'esclavage pèserait encore sur nos têtes, ils savent que les Jacobins ont été les plus redoutables ennemis des tyrans intérieurs et extérieurs, les plus chauds amis du peuple. Les Jacobins de Strasbourg ne voient point les hommes, mais les choses. La haine des tyrans, l'amour de la liberté et de l'égalité, voilà la boussole qui les a dirigés jusqu'à présent, et qui les dirigera toujours dans leur conduite. Tant qu'ils verront en vous ces nobles passions, ils vous resteront inviolablement attachés, et ils repousseront avec horreur de leur affiliation tous ceux qui n'en seront pas animés.

« Frères et amis, le danger s'augmente autour de nous, comme autour de vous, mais nous ne nous laisserons point abattre, et nous renoncerons plutôt à la vie qu'à nos principes. Eh ! que nous importe que quelques Sociétés égarées, ou plutôt les meneurs perfides de ces Sociétés, profitant de l'éloignement des braves patriotes qui sont allés combattre les tyrans du dehors ou juger ceux du dedans ; que nous importe que quelques hommes trompeurs ou trompés, travaillent à déchirer le sein de leur mère, et à opérer entre nous une division ! Leurs efforts ne serviront qu'à nous épurer, qu'à séparer l'ivraie du bon grain, l'alliage de l'or pur. Nous dirons sans cesse au peuple : nos ennemis veulent nous diviser et nous voulons rester unis ; et le peuple, qui tôt ou tard revient de ses erreurs, sentira que ses vrais amis sont ceux qui aiment l'union ; et ses ennemis, ceux qui veulent semer parmi nous la défiance et les haines. Jacobins, rappelez-vous le temps où quelques membres seulement restaient dans votre Société; où dans toute la France, nous étions persécutés comme des criminels ; eh bien ! nous avons opposé un front d'airain à la fureur de nos ennemis, et ils ont mordu la poussière. Aujourd'hui qu'ils se relèvent, reprenons aussi notre antique énergie, serrons-nous les uns contre les autres, sans calculer le nombre de nos frères. Les patriotes ne se comptent pas, ils se pèsent ; et c'est toujours par leur poids qu'ils écraseront et l'intrigue et la tyrannie.

« Frères et amis, nous vous le répétons : notre désir le plus ardent, notre vœu le plus cher, notre serment irrévocable, est de vivre libres ou mourir, et de ne jamais nous séparer de ceux qui, comme nous, soutiendront toujours avec courage les droits sacrés de l'homme, et l'égalité, sans laquelle la liberté n'est qu'une monstrueuse chimère.»

«Le Procureur-syndic du Département annonce que la nouvelle municipalité avait invité le Général Coustard, Commandant de la place de Strasbourg, à se rendre à la première séance du Conseil général de la commune, tenue la veille, et que le Maire [1] lui demanda s'il y avait des troubles dans la ville, et si l'esprit public n'y était pas excellent. Le Commandant ayant répondu et prouvé par des faits que la présence du ci-devant Maire Dietrich troublait la ville, quelques municipaux le dénoncèrent avec véhémence au peuple, comme un calomniateur; enfin il fut traité dans ce premier conseil de la commune d'une manière indigne et séditieuse. Quelques membres invitent le Général Coustard, présent à la séance, à faire part au club de ce qui lui était arrivé au Conseil général. Le Général se rend à cette invitation, et communique au club la lettre écrite à ce sujet à la Convention nationale.

Nous donnons ici un extrait de cette lettre :

« . . . . Après les compliments d'usage, le nouveau Maire m'adressa un discours préparé, très-astucieux, qui tendait à me faire déclarer que l'esprit public était excellent à Strasbourg, que la commune était composée d'excellents républicains, et que la plus grande tranquillité régnait dans la ville. Je répondis d'après ma conscience et les faits : que depuis un mois, c'est-à-dire depuis l'arrivée de Frédéric Dietrich dans les prisons de cette ville, je m'étais aperçu avec un vrai chagrin que l'esprit public était considérablement affaibli; que je savais qu'on avait ouvert des souscriptions pour former pendant la nuit des patrouilles, des rassemblements armés et un corps de garde particulier, sans ma participation; que je savais que ces patrouilles et les rassemblements armés avaient eu lieu auprès de la prison, et même jusque dans l'intérieur de la prison du sieur Dietrich; que j'avais été informé que les séances des amis de la liberté et de l'égalité, si tranquilles auparavant, avaient été fréquemment troublées par des cris tumultueux

[1] Türckheim, élu, ainsi que tout le Conseil municipal, le 9 et installé le 27 décembre 1792.

et des provocations au meurtre, et qu'on avait même crié : *à la lanterne !* aux membres qui voulaient énoncer leur opinion ; que plusieurs particuliers m'avaient été dénoncés nominativement comme coupables de ces excès, ce qui m'avait engagé à en donner avis au respectable Lachausse, faisant alors les fonctions de Commissaire municipal ; lequel avait fait venir les dénoncés, et avait cru, d'après leurs réponses, devoir leur enjoindre sérieusement d'être plus circonspects à l'avenir ; que je n'ignorais pas qu'il existait dans la ville un certain nombre d'hommes connus sous le nom de Feuillants, qui étaient très-dangereux à la chose publique, puisque dernièrement, une insurrection ayant éclaté dans la compagnie des grenadiers du second bataillon de l'Aube, plusieurs de ces volontaires, pris de vin, me dirent : *Si les Jacobins ne nous soutiennent pas, nous serons soutenus par les Feuillants, qui nous tendent les bras*. Je finis en déclarant que, d'après ces faits, il m'était impossible de dire que la ville de Strasbourg était dans un état de tranquillité.... 19

« Alors le sieur Noisette, officier municipal, se leva avec beaucoup de vivacité, et s'adressant aux citoyens des tribunes, il leur parla avec beaucoup de véhémence, m'accusant d'avoir calomnié la commune de Strasbourg, et me sommant de fournir les preuves de ce que j'avançais, ce qui fut applaudi par les tribunes avec une grande approbation.

« Je lui répondis : que je n'avais point eu dessein de calomnier la commune de Strasbourg, mais seulement de dire l'exacte vérité ; qu'à moins d'être aveugle, on ne pouvait se dissimuler que depuis l'arrivée de Frédéric Dietrich, les aristocrates et les feuillants levaient prodigieusement la tête ; mais que, du reste, je savais qu'il y avait à Strasbourg un grand nombre de bons citoyens ; que j'étais persuadé que si l'ennemi était aux portes de la ville, ils marcheraient à sa défense, et que s'il y en avait quelqu'un qui refusât de le faire, les bons citoyens sauraient bien l'y engager.

« A ces mots le sieur Thomassin, directeur des droits du timbre et officier municipal, suspendu et réintégré dans ces deux places, se leva, ainsi qu'un de ses collègues, et demanda avec des gestes très-véhéments que l'on prît note de ce que je venais de dire. Tous les membres de la commune l'imitèrent, le plus grand tumulte en résulta, et je saisis le moment où il fut un peu apaisé, pour déclarer que je savais le respect qui était dû aux magistrats du peuple et que jamais je ne m'en écarterais ; que j'avais cru avoir été invité à leur séance, pour leur dire librement la vérité, et non pour subir un interrogatoire ; que je croyais indigne d'un républicain, Général des armées françaises, de subir un interrogatoire sans avoir été accusé. Si le Conseil de la com-

19 mune, ajoutai-je, a quelque chose à me communiquer pour le bien du service et de la chose publique, je suis prêt à faire tout ce que le zèle et le devoir exigent de moi; si non, je me retire. A ces mots les cris ont recommencé; mais j'ai tiré ma révérence au Conseil de la commune et je me suis retiré.

«Dans l'instant je me suis transporté au Conseil général du département, qui était assemblé; j'y ai fait le récit fidèle de ce qui s'était passé, et j'ai eu la satisfaction de voir tous les membres de ce Conseil approuver ma conduite et me donner tous le baiser de fraternité et de paix, au milieu des plus vifs applaudissements des tribunes, qui sûrement n'étaient pas préparées à cette scène.

«Je m'abstiens de toute réflexion sur la conduite du Conseil général de la commune à mon égard; elles viendront naturellement à l'esprit de tous les bons citoyens qui rapprocheront les faits et pèseront les circonstances.»

«Lorsque le Général Coustard eut achevé de parler, il fut couvert des applaudissements de la S. et des tribunes. Le Président l'assure, au nom de tous les amis de la liberté et de l'égalité, de la part que l'on prenait à la manière dont il avait été traité par le nouveau Conseil général de la commune; il est arrêté qu'il serait fait mention au procès-verbal de l'approbation unanime que la S. donnait au civisme et à la conduite ferme du brave Commandant; que douze membres seraient nommés pour le reconduire dans sa maison, lorsqu'il lui plairait de se retirer, et que copie du dit procès-verbal lui serait envoyée.

«Tous ces arrêtés sont pris au milieu des plus vifs applaudissements et des cris de *Vive Coustard! Vive notre brave Commandant!*»

23 «Lecture d'une troisième lettre de Leorier, de Paris, relativement à Dietrich.

Il est dit entre autres dans cette lettre: «C'est l'Évêque de Valence, son ancien camarade de collége, qui est parvenu, pour la seconde fois, à faire adopter l'ordre du jour par la Convention, et Dietrich, qui a sa pipe cassée pour la seconde fois, sera obligé de partir pour Besançon, pour y être jugé et y recevoir la récompense de ses forfaitures.»

«Par la même lettre, Leorier annonce aussi l'envoi dans

le département du Bas-Rhin des Commissaires de la Convention, Rühl, Merlin et Osselin [1]. 23

Il termine sa lettre en disant :

«Ainsi donc, Jacobins, réveillez-vous, ne vous laissez pas abattre par le mauvais choix de vos assemblées primaires, vous allez recevoir dans votre sein de vrais amis de la liberté et de l'égalité, qui écraseront l'hydre du Feuillantisme; du courage, frères et amis, nous avons déjà triomphé sur les intrigants, la tête de leur chef est sous le glaive de la justice, et le bon peuple de Strasbourg, égaré pour un moment, ne tardera pas à reconnaître que les Jacobins sont les vrais amis de la République, les seuls capables de les éclairer sur leurs intérêts, et les seuls enfin qui méritent leur affection ; oui, citoyens, les Feuillants peuvent bien pendant un instant lever la tête de la fange où ils croupissent, mais l'œil perçant de la vérité et l'arme de la raison saura toujours les plonger dans les cloaques de la turpitude ; mes pressentiments, frères et amis, furent toujours couronnés par un heureux succès ; déjà je vois d'ici l'arc de triomphe s'élever devant vous, et déjà la main de Leorier s'apprête à vous ceindre de lauriers ; puisse cette jouissance s'éterniser avec tous les Jacobins.»

»Le Commandant, des officiers et des soldats du premier régiment de la Corrèze, se présentent au club. Ils jurent qu'aussi longtemps que la citadelle de Strasbourg leur sera confiée, l'ennemi ne pourra s'en rendre maître qu'en passant sur leurs corps.«

»Lecture d'une lettre de Teterel, à Paris, annonçant entre autres, que les trois Commissaires, envoyés par la Convention nationale à Strasbourg, ont tous les pouvoirs imaginables sur les Corps administratifs et sur les militaires [2]. 27

Il termine sa lettre en disant :

«....J'entrevois de nouvelles trahisons et je n'ai été que trop confirmé dans mon opinion à Paris ; et ce qui est pire pour moi, c'est que le foyer de toutes ces horreurs serait, si on ne prenait garde, à Strasbourg ; la prudence me fait taire le reste. Jacobins, surveillons, et tous les scélérats seront bientôt à leur place, c'est-à-dire de l'autre côté du Rhin ou dedans. La liberté ou la mort, c'est notre devise : qu'ils le sachent.

---

[1] Rühl fut remplacé par Reubel et Osselin par Haussmann.

[2] Voir *Livre bleu*, II, p. 88.

27 «Tout est en mouvement pour blanchir Capet; le faubourg St-Antoine est là, et il aura ce qu'il mérite, malgré tous les avocats du ci-devant Parlement. Adieu mes bons amis Jacobins.»

«Les Commissaires envoyés par la Convention nationale, Reubel, Merlin et Haussmann, assistent à la séance extraordinaire du club. On y prononce deux discours, présentant les opinions dangereuses, les crimes, les atrocités des anciens magistrats, sous leurs couleurs naturelles. Un des orateurs somme tous les assistants de déclarer si un seul fait avancé n'est de la plus exacte vérité. Il invite aussi la nombreuse tribune à le réfuter, mais tous les assistants s'écrient: «Tout est vrai! tout est vrai!» L'impression de ce discours est demandée à grands cris, afin que le monde apprenne les désordres auxquels les Commissaires doivent remédier, et que l'on se convainque des dangers que l'on courrait en ne point le faisant.»

29 **«Le club reçoit communication de l'arrêté suivant:**

«Strasbourg, le 9 nivose II.

«Provisoirement et jusqu'à l'établissement de l'instruction publique, il sera formé dans chaque commune de canton du département du Bas-Rhin, une école gratuite de langue française.

«Le Département du Bas-Rhin prendra sur les fonds provenant de l'emprunt sur les riches, une somme de six cent mille livres, pour organiser promptement cet établissement, et en rendra compte à la Convention nationale.

30 «Les Représentants du peuple, *Lebas, St-Just.*»

«La S. de la liberté et de l'égalité de Châtenois, district de Schlestadt, envoie au club des secours pour les frais de la guerre.»

1793.

«Alexandre Beauharnais, Major-général en chef de l'État-major de l'armée du Rhin, annonce à la S. qu'il a fixé un prix de 300 livres en argent pour celui qui fera le meilleur mémoire sur la question : Quels sont les meilleurs moyens de former l'esprit public dans les départements du Haut- et du Bas-Rhin ? Le Général nomme la S. juge des mémoires qui devront lui être adressés.» JANVIER. 3

«Le club envoie une circulaire adressée à toutes les S. affiliées, pour les rendre attentives à un arrêté du Conseil général de la Haute-Loire. 6

Extrait de cette circulaire.

«Frères et amis,

«Les vrais Républicains, les vrais amis de la liberté et de l'égalité sont aussi les amis des lois, sont les ennemis de ceux qui les violent et engagent les citoyens à les violer. D'après ces sentiments, qui sont le lien le plus solide des Jacobins entre eux, nous avons été indignés en lisant l'arrêté du Conseil général du département de la Haute-Loire, que la Société du Puy nous a envoyé.

«Dans cet arrêté, quatorze de ces administrateurs, sans s'appuyer sur aucun fait, sur aucune preuve, prétendent que la Convention nationale est journellement influée par des intrigants, des agitateurs, dont la capitale est remplie, et arrêtent de leur propre autorité :

«*Qu'il sera organisé dans leur département une force qui sera appelée départementale, pour se rendre à Paris, et y rester sous les ordres de la Convention nationale.*

«A cet arrêté est jointe une adresse des mêmes administrateurs à la Convention nationale, où ils disent entre autres :

«*Expulsez de votre sein les désorganisateurs et ces monstres que tous les Français doivent abhorrer.*

«*Employez la force armée pour les réprimer ou pour les contenir ; elle est formée et elle vole.*

«*Quittez enfin Paris, si la commune de Paris, continuant d'être rebelle à la voix de la raison et de la justice, s'oubliait encore au point de vouloir maîtriser les Représentants de la France entière.*

6 *«Voilà, Législateurs, le vœu de vos commettants, ayez le courage de le remplir; ils vous l'ordonnent par notre organe, et auront celui de vous faire respecter et de se faire obéir.»*

«Il est évident, frères et amis, qu'il existe un projet perfide d'exciter une guerre civile, de désorganiser la force publique nationale, en la morcelant en *force départementale*; il est évident que plusieurs administrateurs de Département sont encore coalisés aujourd'hui, comme avant le 10 août, pour nous ramener sous l'esclavage. Notre silence ferait croire aux conspirateurs que nous approuvons leurs complots, et déjà quelques Sociétés perverses ou aveuglées ont donné lieu à cette idée révoltante. Il serait criminel, ce silence, frères et amis; il est temps que nous parlions, que nous parlions tout haut, afin que les traîtres n'aient pas l'audace de compter sur nous et que tous les bons citoyens soient rassurés par notre constante fermeté dans les principes.

«En conséquence nous vous faisons passer copie de la pétition que nous avons envoyée à ce sujet à la Convention nationale, en vous invitant à l'appuyer de tout votre pouvoir et du plus grand nombre de signatures qu'il vous sera possible. Nous croyons que ce moyen est propre à déjouer les projets des conspirateurs, parce qu'alors ils verront que les bons citoyens sont déterminés à rester fermes et inébranlables dans leurs principes, et que tous les efforts des traîtres se briseront encore contre l'éternelle montagne des patriotes réunis.

«Nous vous avertissons que nous avons écrit à la Société Du Puy, que nous rompions toute correspondance avec elle, si elle nous avait réellement envoyé cette révoltante adresse et l'arrêté plus révoltant encore du Département, et nous vous invitons à en faire autant.»

»Le club envoie une adresse à la Convention nationale, pour lui dénoncer ces mêmes pièces.«

12 »Lecture d'une lettre de Neumann, administrateur de la Commission départementale, datée de Schlestadt, par laquelle il annonce entre autres au Président de la S., que si les Commissaires ne frappent pas un grand coup, le département sera, après leur départ, dans un état plus dangereux qu'il n'a jamais été [1].

»Le Commissaire de la Convention nationale, Couturier, prononce un discours en faveur des Jacobins, qui est vivement applaudi et dont l'impression est arrêtée.«

---

[1] Voir *Livre bleu*, II, p. 89.

«Les Jacobins,» ainsi s'exprime l'orateur, «ne prêchent, suivant 12
les aristocrates, que l'accusation et que des propos incendiaires. Ils ne disent point que ces discours sont presque toujours prononcés par des hommes francs et sincères, qui ne connaissent pas plus l'art de la politique que celui des phrases ornées de fleurs de rhétorique et dénuées de franchise et de loyauté; ils ne disent pas, que si quelquefois il sort de la bouche vérace d'un patriote ardent un terme vigoureux, que jamais il n'est lancé que contre les ennemis de la République, et non pour provoquer le système destructeur de l'anarchie; ils ne disent pas, que jamais l'effet n'a suivi les paroles de ces bons patriotes, et que s'il y a eu par-ci et par-là quelques exemples de justice, statués par l'exercice de la légitime souveraineté du peuple, ces exemples n'ont jamais frappé que sur des têtes vraiment criminelles, et non sur des innocents, qui pendant le régime du despotisme étaient pour l'ordinaire les seules victimes de l'arbitraire; ils ne disent pas, enfin, que ce qui leur fait craindre les motions des Sociétés populaires, est leur condamnable incivisme, qui les tient toujours hors de la ligne de l'égalité qu'ils ne peuvent supporter, et qui leur fait désirer le retour d'un régime aux faveurs duquel ils pouvaient participer, à l'exclusion des frères dont ils dépriment tant les motions; je suis éloigné, à la vérité, d'applaudir à des motions sanguinaires, lorsqu'elles ne sont pas impérieusement commandées pour le maintien du salut public, comme différentes circonstances en ont démontré la nécessité.

«Le peuple français a voulu devenir libre, il n'a pu y réussir qu'en brisant le sceptre de fer par de justes et légitimes insurrections; et au moment que l'insurrection n'était plus nécessaire, le peuple français s'est-il livré à l'anarchie, avait-il besoin d'autres pouvoirs et de lois que celles que lui dictait son cœur, pour rentrer dans le calme et reconnaître l'hiérarchie des pouvoirs constitués par ses Représentants?

«D'après des preuves aussi convaincantes et sans répliques, la calomnie, qui ne cesse de lancer ses traits envenimés contre les Sociétés populaires, doit disparaître de la surface du territoire de la République, et couvrir d'opprobre, aux yeux de l'univers, ces vils et lâches calomniateurs.

«Braves et courageux citoyens, continuez votre surveillance; réglez-la sur les bases éternelles de la justice; que la soumission aveugle à la loi promulguée soit votre égide contre les traits de la calomnie; ne faites à autrui que ce que vous voudriez qu'on vous fît; purgez votre sein des mauvais citoyens qui pourraient s'y être glissés; censurez fraternellement les membres qui, par un zèle mal entendu et outré,

12 passeraient les bornes des principes sur lesquels reposent la garantie de la déclaration des droits de l'homme.

«Votre surveillance a sauvé la patrie ; c'est encore à elle à la préserver contre les tentatives des tyrans, qui s'efforcent encore de nous préparer une dernière lutte, avant de renoncer à leurs projets sanguinaires et insensés ; et répétez avec moi : «Vivre libre ou mourir, plutôt que de renoncer à la République une et indivisible.»

22 »L. Edelmann annonce qu'il vient d'envoyer de nouveau des chemises, des souliers, des bas, des pantalons, des gants etc. et une somme d'argent, aux défenseurs de la patrie.«

29 »Lecture d'une lettre écrite, par ordre du Ministre de la guerre, par Cattoire, Capitaine-ingénieur, Inspecteur-général des fortifications de Strasbourg, pour prier le club de lui venir en aide par tous les moyens, et de prendre des mesures pour la défense de la place.«

31 »Le club demande aux Représentants Couturier et Dentzel de faire déporter le prêtre contre-révolutionnaire Menges.«

FÉVRIER. 8 »Le Comité de surveillance, institué par le club, composé de Jos. Waghette et Gürsching, Présidents, Martin et Rudloff, Secrétaires, Dangler, Gambs, Schwahn, Léonhard, Moyaux, Jost et Kirn, reçoit des dénonciations contre Thiebolt [1].«

MARS. 2 »Lecture d'une lettre adressée aux citoyens Sans-culottes de Strasbourg, par Louis et Bentabole, députés de Strasbourg à la Convention nationale, assurant qu'eux et leur collègue Rühl, feront tous leurs efforts pour soutenir les opérations des Commissaires de la Convention nationale et pour démontrer combien il a été utile à la commune de Strasbourg, d'être délivrée de ces cabaleurs dangereux qui auraient pu compromettre, dans les circonstances actuelles, la tranquillité publique, ainsi que la sûreté de cette place importante de la République [2].«

---

[1] Un grand nombre d'autres dénonciations, faites à ce Comité, pendant les trois mois suivants, se trouvent consignées en partie dans le *Livre bleu*, édition allemande, II, p. 315-332.

[2] Voir *Livre bleu*, II, p. 93.

»Le Commissaire chargé de faire la collecte pour un vaisseau jacobin, donne lecture de la liste des souscripteurs. Il fait l'éloge de la libéralité des citoyens strasbourgeois en général, mais se récrie sur l'avarice feuillantine de quelques personnes riches. Le club arrête que les noms des riches qui refuseraient de participer à cette œuvre, seraient écrits sur un tableau noir et exposés ainsi à l'exécration publique.« 6

»Le club décide que tous ses membres jeunes et robustes doivent voler aux frontières pour combattre contre les ennemis.« 8

»L'un des Présidents du Comité de surveillance, Waghette, est destitué comme Président et rayé de la liste des membres du club, pour avoir traité les signataires d'un règlement du club de j . . . f . . . . dont il se f . . . .« 11

»Un membre prononce un discours dans le but de rallier les citoyens et d'employer tous les moyens pour maintenir la République dans sa splendeur. Un autre membre se plaint de la nonchalance avec laquelle une partie des citoyens de Strasbourg envisagent les dangers actuels de la patrie. Un mot qui lui échappe dans son enthousiasme, cause un tumulte terrible dans l'assemblée. Plusieurs membres du club, voulant rétablir l'ordre, sont maltraités de la manière la plus horrible, et même un officier municipal, qui s'était décoré de son écharpe, et qui parle au nom de la loi, n'est point épargné. Comme le tumulte ne discontinua point et que les droits sacrés du club se trouvaient deshonorés de la manière la plus abominable, la séance est levée à 9 heures du soir.« 17

»Les douze sections de la commune de Strasbourg tiennent une assemblée générale et arrêtent qu'il sera formé un Comité permanent, composé de deux Commissaires de chaque section, dont le lieu de réunion sera au Miroir [1].« 21

---

[1] Voir *Notes sur Schneider*, note de la p. 57.

31 »Le Comité révolutionnaire des Jacobins adopte un nouveau serment rédigé en ces termes :

«Je jure de garder un secret inviolable des personnes qui composent le Comité révolutionnaire, de même que celles qui feront des dénonciations, et de ne jamais parler des personnes dénoncées, que lorsqu'elles seront réellement connues pour être traîtres à la patrie ; et les membres s'engagent à ne rien taire de tout ce qu'ils pourront découvrir être nuisible à la République.»

»Le Comité arrête de demander au Département l'exécution de la loi qui oblige les pères des émigrés de payer des hommes en remplacement de leurs fils, sous peine de comptabilité pour les corps administratifs qui n'auraient pas exécuté la loi.«

AVRIL. 2 »Les membres du Comité révolutionnaire prêtent le serment proposé dans la dernière séance.

»On fait une dénonciation importante; les ennemis intérieurs de la ville, comptant sur le succès des Prussiens et des Autrichiens, se proposent de mettre lors de leur entrée dans la ville des affiches à leurs maisons et de porter des cartes distinctives qui les excmpteront du massacre qu'on fera des patriotes ; on a même offert une de ces cartes à l'un des membres. Il est invité à la prendre.

»Cette dénonciation est suivie de six autres contre des personnes suspectes [1].

»Sur l'observation d'un membre du Comité, que les assemblées des sections de la ville ne sont que des ramas de quelques jeunes Feuillants et de quelques meneurs de la même horde, qui prennent néanmoins des arrêtés et font des adresses à la Convention nationale, pouvant l'égarer et n'exprimant point du tout le vœu des citoyens, le Comité arrête que l'on fera passer à la Convention nationale et au Comité de surveillance de Paris le tableau véritable de ces assemblées, afin de l'éclairer sur la position patriotique de Strasbourg.«

4 »Lecture d'une seconde lettre de Téterel, priant le club

[1] Voir *Livre bleu,* II, p. 268.

de se réunir de suite, pour délibérer s'il doit rester à Paris 4
ou revenir à Strasbourg.»

Il se plaint dans cette lettre «de ce que Rühl l'a reçu fort impoliment, qu'il l'a prié de f.... le camp de chez lui ou bien qu'il le ferait jeter par la fenêtre.» Il mande encore : «Simond nous a trahis à Besançon et Rühl nous tue à Paris [1].»

«Lecture d'une troisième lettre de Téterel, annonçant 5
que Dumouriez est un traître, que Dietrich ne reviendra plus à Strasbourg et qu'il n'y a dans cette ville que cinquante têtes pour la guillotine [2].»

«Zimmermann, ancien professeur à Mayence, nommé 7
Commissaire du Comité exécutif de l'administration provisoire du département du Bas-Rhin, prononce un discours en allemand sur les dangers de la patrie [3]. Il parle au nom de ses concitoyens chassés des pays allemands, nouvellement conquis par les hordes autrichiennes et prusiennes. Le club vote l'impression de ce discours.»

«Lecture d'une quatrième lettre de Téterel, se récriant 8
encore contre Dumouriez, Dietrich et Rühl.»

Pour sauver son pays, dit-il en terminant, il aura le courage d'immoler les traîtres [4].»

«Le club envoie l'adresse suivante à la Convention 20
nationale :

«*Adresse des Sans-culottes de Strasbourg à la Convention nationale.*

«Citoyens Législateurs !

«Le cœur navré de douleur, les citoyens Sans-culottes de Strasbourg font un dernier effort pour vous rappeler à vos devoirs, et pour faire, à la face de la République et de l'univers entier, leur profession de foi politique.

«En vous confiant le salut de la République, nous comptions sur votre zèle, sur votre vigilance, sur votre incorruptibilité ; nous espérions qu'en étouffant tout ressentiment personnel, vous ne vous occu-

---

[1] Voir *Livre bleu,* II, p. 94.

[2] Voir *Livre bleu,* II, p. 97.

[3] *Rede über die gegenwärtige Gefahr des Vaterlandes.*

[4] Voir *Livre bleu,* II, p. 99.

periez qu'à juger le dernier de nos tyrans et à fonder une Constitution qui mettrait un terme à nos dissensions et à nos malheurs. Qu'avez-vous fait ?

« Au lieu de soigner les intérêts généraux de la patrie, vous avez perdu un temps précieux à discuter s'il fallait juger un traître couronné. Tandis que la salle de vos séances retentissait de déclamations et de dénonciations personnelles, l'Autriche et la Prusse recrutèrent leurs légions et ramassèrent de nouvelles forces pour égorger la République dans son berceau. Le sanctuaire de la Loi fut transformé en une arène de gladiateurs.

« Le traître Dumouriez nous mena à deux doigts du précipice. C'était le moment où vous deviez renoncer à tout ce qui vous est personnel, et vous réunir tous pour écraser les conspirateurs du dedans et les tyrans du dehors. C'était le moment où le glaive de la Loi devait s'appesantir sur les têtes criminelles qui, par leur connivence coupable, ont secondé les trames liberticides de ce Général rebelle, livré nos frontières aux invasions des ennemis, et nos départements maritimes aux flammes dévorantes de la guerre civile.

« Les dernières scènes qui ont eu lieu dans votre sein, ont enfin déchiré le voile qui jusqu'ici couvrait aux yeux du peuple les plans des conspirateurs. Les sections de Paris et l'opinion publique vous désignèrent les scélérats qui, par leur liaison intime et par leur marche parallèle, se montrèrent les partisans de Dumouriez, et ces monstres respirent encore ! Que dis-je ? Ils accusent comme les complices de la trahison ceux qui ont constamment combattu les traîtres.

« Permettez, Législateurs, que des citoyens qui ne tiennent à aucun parti et qui ne veulent que la République, vous disent la vérité toute entière.

« Nous regardons comme complices de Dumouriez les meneurs de ce parti, qui vous a proposé une garde armée pour entourer vos séances. La confiance doit être réciproque ; ceux qui ont besoin de bayonnettes pour délibérer ne sont pas les amis du peuple.

« Nous regardons comme complices de Dumouriez les meneurs qui, en sollicitant l'appel au peuple, ont provoqué la guerre civile et plaidé la cause du tyran.

« Nous regardons comme complices de Dumouriez les meneurs qui se sont constamment attachés à calomnier le peuple de Paris, à semer la discorde dans les départements, et à décrier les défenseurs imperturbables de la République.

« Nous regardons comme complices de Dumouriez les meneurs qui nous ont donné un ministère convaincu d'une inertie ou impéritie

inexcusables ou d'une perfidie manifeste ; ceux enfin qui ont culbuté 20
un Pache pour le remplacer par un Beurnonville.

« Nous regardons comme complices de Dumouriez les meneurs qui ont l'impudence de soutenir à la face de l'Europe, que c'est pour le nommé Philippe Égalité que les patriotes les plus zélés ont porté la tête du tyran sur l'échafaud.

« Nous regardons comme les vrais amis du peuple ceux qui, en prononçant la mort du tyran, se sont volontairement mis dans l'alternative de soutenir la République ou de périr avec elle.

« Nous ne savons pas si Égalité a effectivement aspiré au trône que le peuple a renversé. S'il est coupable, que sa tête tombe ! Les Sans-culottes de Strasbourg l'ont toujours méprisé, et ils périront plutôt que de souffrir un Roi ou Dictateur. Mais ce que nous savons positivement, c'est que Dumouriez et les Autrichiens ne se battent pas pour la cause de celui qui a puissamment contribué à ruiner la race ci-devant régnante des Bourbons. Ce que nous savons positivement, c'est que c'est au nom de Louis XVII, et non pas au nom de Philippe Égalité, que les Princes fugitifs et les émigrés nous font la guerre.

« Vous avez décrété Marat d'accusation. Qu'il périsse sur l'échafaud, s'il est traître. Nous ne connaissons ni Brissot ni Marat ; nous ne connaissons et ne voulons que la République. Mais ce n'est pas pour une phrase isolée d'un écrit, ce n'est pas pour un propos proféré dans l'effervescence d'une discussion, ce n'est pas à la suite d'une altercation déchirante, c'est d'après un examen froid et impartial, qu'il faut décréter un Représentant de la nation. La fureur avec laquelle ses accusateurs l'ont attaqué, ressemble à la foudre qui, en frappant, éclaire l'horizon et fait voir la nuée qui l'a enfantée.

« Législateurs, ne vous abusez pas plus longtemps. Oui ! nous osons vous le dire : Il y a des traîtres dans votre sein ! Où l'on professe les mêmes principes, persécute les mêmes hommes, emploie les mêmes moyens, là on a le même but. Appliquez cette vérité irréfragable à votre position actuelle, et vous trouverez les vrais complices de Dumouriez. Tant que vous ne prononcez pas le Décret d'accusation contre Brissot, Vergniaud et consorts, vous n'aurez pas toute notre confiance.

« Nous le voulons, ce Décret, et vous le devez au peuple, dont vous êtes les mandataires. L'un des deux : ou vous avez le courage de frapper les conspirateurs ou vous ne l'avez pas. Dans le premier cas, sévissez contre les correspondants, amis et commensaux de Dumouriez. Dans le second cas, quittez vos places. Il est temps enfin que la Convention, purgée de tous les traîtres, achève la Révolution et nous donne une Constitution calquée sur les principes éternels de la Liberté et de l'Égalité.

«Voilà, Législateurs, notre façon de penser; voilà le vœu des Sans-culottes de Strasbourg, qui ont juré et jurent encore de s'ensevelir plutôt sous les ruines de l'univers que de retourner à l'esclavage.

«Strasbourg, le 20 avril 1793, l'an second de la République une et indivisible.

«*Frouard*, Président; *Euloge Schneider*, Vice-président; *Wolf Levi, Guirschin, Schwahn, Français*, Secrétaires; *Massé*, Archiviste des Sans-culottes.»

»Lecture d'une lettre de Bentabole, de Paris, annonçant que Dietrich est déclaré émigré sans appel, et qu'il sera déporté, et que Laveaux est placé comme chef de bureau au ministère de la guerre [1].

»Dénonciation faite au club, par la S. de Porentruy, contre le Général Desprez-Crassier. Le club arrête d'envoyer des adresses à la Convention nationale et au Ministre de la guerre, pour demander que ce Général soit jugé sans perdre de temps [2].

»Il est arrêté qu'il sera fait un recueil des faits d'incivisme de tous les Commissaires de guerre qui sont dans cette ville, pour qu'il leur soit impossible d'être réélus.

»Les Commissaires envoyés aux Représentants du peuple à Strasbourg font leur rapport, constatant que ces Représentants ont bien voulu les assurer qu'ils feront tous leurs efforts pour faire baisser le prix des blés et du pain, mais qu'ils trouvent la taxation contraire à leurs principes.»

»E. Schneider invite le club à adopter l'adresse du Dépar-

---

[1] Voir *Livre bleu*, II, p. 108.

[2] Nous trouvons dans les procès-verbaux manuscrits du Comité central des XII sections de la commune de Strasbourg, sous le 21 avril, le passage suivant: «Il a été donné lecture d'une lettre adressée au Comité central par le Général de division Desprez-Crassier, qui demande ce qui peut lui avoir fait perdre la confiance des citoyens de Strasbourg. L'assemblée a arrêté à l'unanimité qu'il sera déclaré en son nom, qu'elle reconnaît le citoyen Desprez-Crassier pour un bon Général et un bon citoyen, et qu'il n'a point perdu la confiance des citoyens des sections.»

tement de Paris à la Convention nationale, parce que, dit-il, 30
cette adresse renferme les mesures les plus efficaces pour réprimer les forfaits des accapareurs des grains. Arrêté.

»Le même membre fait la motion de demander à la Convention nationale, qu'un tribunal révolutionnaire soit établi à Strasbourg. Arrêté [1].«

»E. Schneider demande que le club dresse une liste MAI.
exacte de tous les gens suspects de la ville et du départe- 1er
ment, pour pouvoir la présenter au Département et aux Représentants du peuple en mission, afin que les plus dangereux de ces hommes pervers soient chassés le plus tôt possible. Il propose encore de prendre en ôtages les paysans les plus notés, les plus riches, des villages qui ont désobéi aux lois de la République, ou qui ont manifesté hautement l'esprit funeste du fanatisme [2].«

»Lecture d'une seconde lettre de Bentabole, de Paris, 2
relative à des calomnies de la part de Rühl, contre l'auteur de la lettre et contre Téterel [3].

»E. Schneider réitère sa demande que la liste des suspects, surtout des étrangers, soit dressée le plus tôt possible. Il propose leur déportation, et renouvelle son vœu qu'on invite la Convention nationale à décréter des tribunaux révolutionnaires, qui n'auraient qu'à prononcer d'autres peines que la déportation ou la mort.«

»Les Comités permanents des douze sections de la com- 12
mune de Strasbourg rédigent, dans leur assemblée générale de ce jour, une circulaire adressée aux citoyens des douze sections.«

Nous donnons l'extrait suivant de cette circulaire :

«L'objet le plus intéressant, celui qui peut assurer le plus efficacement la tranquillité dans nos murs, doit être soumis à votre délibération. Effrayés des progrès rapides que faisait l'anarchie dans l'intérieur de la République, les citoyens de Strasbourg se sont dit : le

---

[1] Voir *Notes sur Schneider,* p. 60 et 61.

[2] Voir *Notes sur Schneider,* p. 62.

[3] Voir *Livre bleu,* II, p. 110.

salut de la République est en danger ; des ennemis intérieurs, en semant la division, minent la base sur laquelle elle est assise ; les lois sont violées ; la sûreté des personnes n'est plus respectée ; le droit sacré de propriété est menacé ; rallions-nous à l'entour de la loi ; rassemblons-nous, pour aviser aux moyens de conserver la paix dans nos murs ; resserrons le lien de la fraternité qui nous unit ; et ils ont déclaré les sections permanentes. Un Comité, nommé dans chaque section, devait la représenter dans les intervalles de ses assemblées, et lui proposer ses vues tendant à la prospérité de la commune et au bien général de la République. Un Comité appelé central, composé de deux Commissaires de chaque section, formait un point de réunion, pour se communiquer d'autant plus facilement les vœux des sections. Ces Comités, occupés dès leur origine presque exclusivement du recrutement, auquel ils étaient en même temps chargés de pourvoir, furent renouvelés au mois d'avril, après que les sections eurent adopté un règlement qui déterminait l'ordre de leurs délibérations et les fonctions des Comités. Les citoyens allaient jouir des avantages attachés à cette mesure ferme et sage, lorsqu'une lettre du citoyen Maire, en date du 8 de ce mois, en réponse à celle qui avait été adressée à la municipalité par le Comité central, aux fins d'obtenir 12 exemplaires du bulletin de la Convention nationale, dont il devait être donné lecture aux sections ; lorsque, disons-nous, cette lettre du citoyen Maire menaça de paralyser les opérations des sections, en frappant de nullité l'assemblée des Commissaires ou le Comité central ; car, sans l'existence de celui-ci, la permanence de celles-là devient illusoire. La lettre du citoyen Maire, adressée aux membres qui avaient signé celle écrite à la municipalité, est conçue en ces termes :

«La municipalité, citoyens, ne reconnaît que les comités élus par les sections ; elle s'empressera toujours de communiquer avec eux, elle ne peut reconnaître des Commissaires auxquels ces Comités auraient délégué leurs pouvoirs, car ils n'en ont pas le droit.

«Je ne vous dissimulerai même pas, citoyens, que j'ai de la peine à croire que tous ceux, qui ont signé la lettre que je viens de recevoir, soient membres des Comités des sections; car j'y remarque des hommes de l'exécrable race des prêtres (deux ministres sermentés), à qui les Français ont juré une haine éternelle.

«Au reste, je soumettrai votre demande à la municipalité, pour qu'elle y ait égard comme à une pétition présentée par des citoyens.

«Le Maire de Strasbourg, *Monet* [1].»

---

[1] Voir au sujet de cette lettre, *Notes sur Schneider*, p. 72.

«Nous devons respecter le fonctionnaire public qui nous commande au nom de la loi ; lui obéir est le premier devoir de l'homme libre ; mais, en obéissant, l'homme libre, le républicain, conserve le droit sacré de censure, il ose tenir le langage austère de la vérité. 12

«Une classe estimée de nos concitoyens, qui n'ont cessé de donner l'exemple de la soumission aux lois ; qui les premiers ont prêché la liberté et l'égalité ; qui, avec tant de zèle, ont coopéré au succès de la Révolution, sont englobés dans la dénomination avilissante de *race exécrable!* Des citoyens qui, par état, doivent travailler à épurer les mœurs, sans lesquelles l'édifice de la République s'écroule, sont présentés comme des objets dignes de la haine universelle ! et par qui ?... Non, citoyens, on ne le croirait pas, si les yeux n'en portaient la conviction dans l'âme. Mais laissons à ces citoyens le soin de convaincre, par leur conduite patriotique, le chef de la commune de son erreur ; il est trop juste pour n'en pas revenir. Tout citoyen qui sert utilement sa patrie, quel que soit son état, est digne de notre estime.

«Le Maire annonce que la municipalité ne reconnaît pas les Commissaires de sections. Sans doute vous pensez qu'il n'aura pas emprunté l'autorité de la municipalité et manifesté l'intention de celle-ci, sans qu'il existe une délibération de cette dernière. Vous vous trompez, citoyens, il n'en existe point ; mais ce qui existe, c'est une correspondance suivie de la municipalité avec cette même assemblée de Commissaires, correspondance qui prouve qu'elle les reconnaît ; ce qui existe, ce sont les Décrets, dont elle envoie à cette assemblée des exemplaires pour être lus aux sections ; ce qui existe enfin, c'est une conférence du chef de la commune lui-même avec ces Commissaires, dans le lieu de leur assemblée ordinaire.

«Le Maire envisage cette assemblée comme illégale, parce que, dit-il, les Comités ne peuvent déléguer leurs pouvoirs. Il est dans l'erreur, lorsqu'il pense que des pouvoirs attribués aux Comités ont été délégués à des Commissaires. S'il s'était rappelé le passage du règlement qui fixe les fonctions du Comité central, dont il a été adressé dans e temps copie à la municipalité, il aurait reconnu qu'elles sont bornées à recueillir le vœu des sections, et à préparer, en cas de besoin, les objets à soumettre à leurs délibérations.

«Ces observations, citoyens, ne sont que préliminaires. L'assemblée des Commissaires, frappée du contenu de la lettre du citoyen Maire, a cru de son devoir de la communiquer aux sections, consulter leur vœu sur son objet, après en avoir donné connaissance aux Comités réunis ; ceux-ci, pour éclairer vos discussions, ont cru devoir vous présenter, sur la permanence des sections et sur l'assemblée de leurs

Commissaires, les idées qui pourraient vous guider dans vos délibérations.

«Étrangers à tout parti, portons dans cet examen l'impartialité, la vérité, le calme, la fermeté, qui caractérisent l'homme libre. Amis de la loi, amis de l'ordre, disons avec franchise ce que nous croyons propre à établir son règne; notre unique but est le salut de la République, le bonheur de nos concitoyens; et une telle intention ne peut que recevoir l'approbation de ceux qui aiment la patrie.

«La permanence des sections, arrêtée le 21 mars dernier, confirmée le 21 avril suivant, est légale.

«Elle est nécessaire et utile.

«Elle serait infructueuse, sans une assemblée de Commissaires des XII sections, circonscrite dans les bornes de la loi.

«Telles sont, citoyens, les bases sur lesquelles vous pouvez asseoir vos délibérations, et qu'il s'agit de développer.

«La permanence des sections est formellement ordonnée par les Décrets des 21 et 28 mars derniers, qui attribuent aux sections et aux Comités, nommés par elles, l'exercice de fonctions déterminées et continues, telles que la surveillance sur les étrangers, la délivrance des certificats de résidence, d'autorisation de résidence, etc.

«Sans doute cette mesure n'est point nécessaire à l'heureuse époque où le vaisseau de l'État, après avoir été agité par les orages révolutionnaires, est ramené au port et amarré à l'ancre de la loi; à l'époque où une Constitution légalement acceptée a tracé au Gouvernement sa marche, et que celui-ci chemine paisiblement d'après la route qui lui est indiquée; où tous les ressorts de l'administration agissent régulièrement; où des autorités débarrassées d'entraves et légalement instituées, peuvent suffire à veiller à l'exécution des lois; où enfin le citoyen, vivant tranquillement à l'ombre de ces lois, jouit dans ses heureux foyers de la sûreté de sa personne, de ses propriétés et de tous les droits que lui garantit une bienfaisante Constitution.

«Mais dans une crise révolutionnaire, où l'État sans Constitution est attaqué à la fois par les ennemis du dehors et par ceux plus dangereux encore de l'intérieur, déchiré par des troubles intestins; où des malveillants, couverts du masque d'un patriotisme hypocrite, cherchent à propager l'anarchie sur la surface du territoire de la République, et par là à la conduire à sa ruine; dans cette crise, dis-je, n'est-il pas du devoir de tout citoyen de prendre une part active à surveiller les agitateurs, à réprimer leurs efforts criminels, à aviser aux moyens de conserver dans la cité où il demeure la paix et l'heureuse fraternité, à propager l'esprit public, l'amour des lois, qui ser peut sauver la patrie. Et quel moyen plus efficace pour parvenir à ce but, que les assemblées de sections, où les citoyens d'un même arrondissement se réunissent pour se communiquer réciproquement leurs vues tendant à la prospérité générale et à leur bonheur individuel; où ils surveillent ceux qui cherchent à semer des troubles en divisant les citoyens; où ils discutent sur les grands intérêts de la chose publique, afin de faire rejaillir du choc des opinions une lumière propre à éclairer les autorités constituées sur les mesures à prendre pour la sauver. Quel spectacle imposant, que celui d'une assemblée de citoyens qui, formant pour ainsi dire une famille de frères, se rassemblent à des heures de repos, pour prendre une connaissance particulière des lois, s'éclairer mutuellement sur leur sens, se promettre assistance mutuelle pour garantir, contre les anarchistes, la sûreté de leurs personnes et de leurs propriétés, et former par leur union un colosse contre lequel viendraient se briser tous les efforts des malveillants. 12

«Mais, citoyens, vous vous promettriez en vain ces avantages, s'il n'y avait pas un point de réunion où les vœux des citoyens, émis dans leurs sections respectives, se concentrent comme dans un foyer commun et reçoivent par leur union le degré de force qui leur est nécessaire, et c'est là le but d'une assemblée de Commissaires de chaque section. Un citoyen peut émettre dans sa section un vœu propre à consolider le salut public; mais, restant isolé, circonscrit dans l'enceinte d'une section, ou ne recevant point par la discussion un assez grand développement, il reste stérile, infructueux. Établissez au contraire une assemblée de Commissaires, ce vœu y sera énoncé par l'organe des Commissaires de la section; discuté de nouveau dans cette assemblée, il sera développé, environné de plus de lumières, transmis à la discussion des autres sections, reporté de nouveau, avec le vœu de celles-ci, dans l'assemblée générale des Commissaires, qui la transmet enfin, suivant le vœu de la majorité, à l'autorité constituée; c'est ainsi que la voix de la commune, de cette portion du souverain, faible, si elle reste dispersée dans les sections, éclate avec force, lorsque ses rayons se concentrent dans un foyer commun, et en impose à ceux qui voudraient troubler sa tranquillité.

«Citoyens de Strasbourg, il faut que l'assiduité, la sagesse, la fermeté caractérisent vos assemblées. Lorsque la patrie est en danger, l'intérêt personnel doit céder à l'intérêt général. En vain votre bonheur individuel absorberait-il tous vos soins; en vain vous le chercheriez dans l'intérieur de vos foyers; ce bonheur n'est que dans la prospérité générale, dans le salut de la patrie. Rendez-vous donc à vos sections, pour concourir avec vos frères, vos amis, à assurer la

12 tranquillité publique, à cimenter le règne de la Loi, qui protège vos personnes, vos propriétés, qui sauvera la République, laquelle ne peut être inébranlablement assise que sur l'exécution des lois. Manifestez vos sentiments, vos vœux, avec énergie aux autorités constituées, qui envisagent comme illégales les assemblées de vos Commissaires; manifestez-les aux Représentants de la nation, qui se trouvent au milieu de vous. La voix de la commune sera écoutée, car la vérité et la justice triompheront toujours [1].»

13 »Les membres des assemblées des douze sections de la commune de Strasbourg prêtent le serment suivant :

«Nous jurons de maintenir la liberté et l'indivisibilité de la République; de ne jamais permettre qu'aucun tyran ou despote, sous quelque dénomination que ce soit, nous ravisse la liberté légale, les droits de l'homme et du citoyen; d'obéir à la loi, sous la réserve des objections permises par elle; de soutenir la Convention nationale par notre confiance; de ne jamais manquer au respect dû aux pouvoirs constitués; de n'appartenir à aucun parti, si ce n'est celui de la loi; de maintenir la sûreté des personnes et des propriétés; de faire résistance à toutes les attaques contre la liberté de la République; d'assister régulièrement aux assemblées des sections, dans lesquelles nous exerçons nos droits les plus importants, et de ne jamais permettre que quelques intrigants [2], sous le masque du patriotisme, oppriment les citoyens paisibles et nous molestent dans l'exercice de nos droits, ou bien maltraitent l'un ou l'autre citoyen, soit par des actions arbitraires, soit par la calomnie; et de rester Français libres, même si toute l'Europe se conjurait contre nous et si toutes les villes frontières devenaient traîtresses à la France.»

17 »A la nouvelle des progrès des rebelles de la Vendée, les membres du club jurent unanimement de voler au secours de leurs frères en danger, malgré l'éloignement de 200 lieues [3].«

---

[1] Voir sur les assemblées des douze sections la note sur la page 57 des *Notes sur Schneider*.

[2] L'exemplaire de ce serment, que nous possédons, porte à ce mot un renvoi écrit à la main : *les Jacobins*.

[3] La *Liste des citoyens qui se sont volontairement inscrits dans l'après-diner du 17 mai, pour combattre les rebelles de la Vendée,* publiée par ordre du Département, comprend 70 noms.

„Brutus Benoît, officier au premier régiment d'infanterie, 20
prononce un discours sur la guerre de la Vendée.“

„La Commission réunie des douze sections de la commune 22
de Strasbourg envoie, par l'entremise du député Rühl, une adresse à la Convention nationale, pour se plaindre des manœuvres des intrigants qui, en soufflant le feu de la discorde, veulent conduire, par la division et les crimes, la République à sa ruine. Elle demande encore à la Convention nationale qu'elle impose le silence aux tribunes populaires, „car, dit-elle, elles n'expriment pas le vœu populaire.“

„Le club adresse aux Représentants Couturier et Dentzel JUIN.
des remarques ou observations sur les corps civils : 1° sur 1er
les membres du Département : Braun, Monet, Burger, Edelmann, Téterel et Popp; 2° sur le Conseil général du Directoire du Département; et 3° sur les membres de la municipalité : Türckheim, Michel Matthieu, Schœll, Noisette, Kratz et Fischer [1].

„Le club dénonce à la municipalité le receveur de la 8
Maison des Orphelins, comme suspect d'aristocratie.

„Lecture d'une lettre adressée au club par la S. des 14
Jacobins de Paris, relativement à la journée du 31 mai [2].“

„Le club vote la rédaction d'une lettre aux citoyens composant les douze sections de la commune de Strasbourg,

---

Un corps assez considérable, qui avait pris le nom de *Bataillon de la Vendée*, était prêt à partir ; mais sur la représentation du député Rühl, que ce bataillon rendrait, dans les circonstances actuelles, de meilleurs services sur les bords du Rhin, la Convention nationale arrêta le départ de ces volontaires.

Il parut à ce sujet une satire violente contre les Jacobins, sous le titre : *Allgemeiner Aufstand der Strassburger Jakobiner gegen die Rebellen der Vendee. Eine komische Heldengeschichte, von Anton Georg Gugel, von Mainz* (Insurrection générale des Jacobins de Strasbourg contre les rebelles de la Vendée. Histoire héroï-comique, par A. G. Gugel, de Mayence).

[1] Voir *Livre bleu*, II, p. 270.

[2] Voir *Livre bleu*, II, p. 155.

14 les engageant à ne pas croire aux méchantes calomnies que l'on se plait à répandre contre lui [1]. »

17 « Lecture du Décret de la Convention nationale, ordonnant que les membres du Comité de salut public et des S. populaires, mis en état d'arrestation, seront immédiatement et provisoirement élargis, et défendant aux autorités constituées de troubler les citoyens dans le droit qu'ils ont de se réunir en S. populaires. »

27 « Lecture d'une lettre de Ginzrot, capitaine au bataillon de l'Union, adressée au club. Datée de Gien, près d'Orléans, elle donne des nouvelles de la guerre de la Vendée [2]. »

28 « Lecture d'une lettre de Simond, de Paris, adressée au club, pour se disculper de l'accusation d'avoir jamais écrit ou dit quelque chose qui puisse être interprété à la justification de la conduite de Dietrich [3]. »

JUILLET.
6 « Le Maire Monet soumet au club le projet d'une adresse destinée à être envoyée aux autres S. Le club applaudit et approuve le projet, dont l'impression est votée. »

Dans cette adresse, parue sous le titre : *Les Sans-culottes de Strasbourg à leurs frères,* le club se félicite des événements qui viennent de se passer à Paris. Elle se termine ainsi : « Concitoyens, nos frères, il n'est plus temps de céder ; au milieu des dangers l'homme libre ne craint plus rien ; il affronte la foudre et l'ouragan qui menacent sa tête, et voit de sang-froid couler le sang des traîtres et immoler sans miséricorde les factieux ; voilà le type des Sociétés populaires. Si la Convention nationale fait arrêter des députés rebelles, nous sommes bien éloignés de la désapprouver ; nous déclarons, au contraire, qu'elle n'aura accompli son devoir, que lorsque, après les avoir fait juger par le tribunal révolutionnaire, ils auront lavé leurs forfaits de leur sang. Quand même ils auraient momentanément mérité de leur patrie, elle devra oublier leurs services rendus, du moment qu'ils ont cessé de lui être fidèles ; le glaive de la loi doit alors tomber sur eux.

« *Petit,* Président ; *Gürsching, Charles Clauer, Zimmermann, Leonhard,* Secrétaires. »

---

[1] Voir *Argos,* II, p. 513.

[2] Voir *Argos,* III, p. 1.

[3] Voir *Livre bleu,* II, p. 117.

„Le club célèbre une fête à l'occasion de la promulgation de la nouvelle Constitution [1]." 12

„Des demoiselles de Barr adressent une lettre de félicitation au club." 19

Cette lettre se termine ainsi : «Nous sommes de véritables Sans-culottes, vous êtes des Français, et par conséquent toujours galants.»

„Butenschœn prononce, à sa réception au club, un discours allemand sur sa profession de foi. Le club arrête de faire imprimer ce discours vivement applaudi [2]. 23

„Le club décide de célébrer le lendemain une cérémonie funèbre en l'honneur de Marat.

„Lecture d'une seconde lettre de Ginzrot, datée du bivouac de St-Just, près Saumur, et donnant des nouvelles de la guerre. Le club arrête que cette lettre serait imprimée."

„Séance extraordinaire pour la célébration de la fête funèbre en l'honneur de Marat [3]." 24

„Lecture d'une lettre de Laveaux, de Paris, conseillant au club d'exclure de ses suffrages aux élections les Saltzmann, Ulrich, Thomassin et Brunck." 27

Il exhorte dans cette lettre le club «de nommer des Sans-culottes, mais des Sans-culottes *réfléchis*, instruits et sages, point de Messieurs, point de phraseurs à beaux gestes, point de ces hommes qui flagornent le peuple, mais des hommes fermes, énergiques, qui louent le peuple à propos, et qui lui disent ses vérités avec courage, au risque de lui déplaire [4].»

„Le club demande à la municipalité l'arrestation de Brunck, pour avoir cherché à jeter la terreur dans presque tout le département." 28

„Lecture d'une lettre du Général Beauharnais, datée du 29 juillet et adressée au club. On arrête de demander à 30

---

[1] Voir *Notes sur Schneider*, p. 74.

[2] *Rede nach Ablegung des Eides in der Gesellschaft der Freunde der Freiheit und Gleichheit, von Friedrich Butenschœn.*

[3] Voir la description de cette fête, *Livre bleu*, II, p. 297.

[4] Voir *Livre bleu*, II, p. 118.

30 la Convention nationale que l'on fasse tomber la tête des traitres de Mayence et qu'on les envoie au Roi de Prusse.

„Lecture du Décret de la Convention nationale, portant des peines contre ceux qui empêcheraient les S. populaires de se réunir, ou tenteraient de les dissoudre.“

L'article 1er de ce Décret porte: «Toute autorité, tout individu qui se permettrait, sous quelque prétexte que ce soit, de porter obstacle à la réunion ou d'employer quelques moyens pour dissoudre les Sociétés populaires, seront poursuivis comme coupables d'attentats contre la liberté, et punis comme tels.»

AOUT. 1er „Le club arrête d'envoyer une adresse à la Convention nationale, pour lui demander qu'elle décrète que tous les ci-devant nobles n'occupent plus de place quelconque dans toute la République.

„Il est arrêté encore que le peuple et le militaire se portent en-masse au Département, pour le sommer d'exécuter les lois et lui exposer toutes leurs plaintes sur la grande cherté des denrées; et, si le Département ne veut lui rendre justice en y portant remède, que le peuple se déclare en insurrection, fondée sur le droit sacré de l'homme: la résistance à l'oppression.

„Le club invite les douze sections de la commune de Strasbourg à fournir tous les jours 30 hommes pour travailler aux fortifications de la place; il propose que tous les bons citoyens s'assembleront sur la place d'Armes, pour se rendre, les Représentants à leur tête, aux endroits qui leur seront indiqués, afin que la ville soit mise en état de défense respectable.“

7 „Le club vote l'adresse suivante:

«*La Société des amis de la nouvelle Constitution, séante à Strasbourg, aux Républicains, défenseurs de Mayence.*

«Soldats républicains,

«Quand l'injustice et la calomnie poursuivent les défenseurs de la liberté, c'est du sein des Sociétés populaires que doit s'élever la voix de la vérité: c'est cette voix terrible qui doit faire rentrer dans le néant les lâches détracteurs de la vertu.

«De toute part nous avons entendu adresser des reproches à la garnison de Mayence; cette garnison intrépide a été indignement ou-

tragée en rentrant sur le territoire de la République, et des patriotes 7
eux-mêmes, séduits par des rapports mensongers, se sont rendus complices d'un pareil attentat.

«Serait-ce donc là le prix de cinq mois de travaux, de fatigue et de dangers? Non, braves soldats! vos concitoyens ne souffriront pas qu'une odieuse imposture flétrisse la plus belle gloire; ils ne souffriront pas que des héros soient traités comme des lâches, et peut-être ne pardonneront-ils jamais à ce Général qui a eu l'infâmie de refuser l'entrée de Landau à vos camarades blessés et leur a fait passer une nuit entière au milieu de la campagne.

«Le nom de Delmas, de ce Général, n'a pas été trompé; lui-même, le nom de Delmas, doit être en exécration à tous les amis de l'humanité, et nous espérons que la Convention nationale ne verra pas avec indifférence un si grand crime.

«Une Société de Républicains vous adresse aujourd'hui les témoignages authentiques de son estime et de sa reconnaissance; elle jure de ne jamais oublier que, dévoués à la chose sacrée de la liberté, vous avez soutenu le siége le plus barbare que la férocité des Rois puisse imaginer; elle jure de ne jamais oublier que la moitié de vos frères d'armes a payé le tribut à la nature pour s'acquitter envers la patrie.

«Laissez des hommes égarés ou corrompus vous calomnier; fiers de la conduite que vous avez tenue, heureux d'avoir prouvé que vous êtes des Français, reposez-vous sur l'avenir du soin de votre renommée. La vérité sous peu de jours sera connue, une funeste erreur va s'évanouir, et vous jouirez au sein de vos frères de la récompense qui vous est due. L'aristocratie a voulu vous perdre, et l'aristocratie sera encore une fois confondue.

«Soldats défenseurs de Mayence, vous tous que nous voudrions serrer contre notre sein, ne vous repentez pas d'avoir consacré vos jours à la défense de la liberté; une nouvelle carrière s'ouvre devant vous; de nouveaux lauriers vous attendent à la Vendée; marchez, et soyez là ce que vous avez été à Mayence.

«Pardonnez, braves amis, à ceux des patriotes qui ont pu se laisser tromper sur votre compte. Ah! la France n'a que trop rencontré de traîtres à punir, et la défiance est devenue une vertu pour celui qui aime la chose publique.

«Nous ne sommes pas encore bien assurés si la capitulation de Mayence est due à une trahison; mais ce que nous savons bien, c'est que ce ne sont pas les soldats qui ont trahi.

«Nous attendons, pour juger les Généraux, les renseignements les plus circonstanciés. La justice est la première vertu de l'homme libre.

7 «Recevez de nouveau, intrépides soldats, le témoignage de l'estime éternelle qui unit à vous vos frères de la Société populaire, séante à Strasbourg.

«Vivent les défenseurs de Mayence ! Haine et vengeance contre les lâches qui auraient pu trahir la patrie !

«Arrêté le 7 août 1793, l'an 2 de la République une et indivisible.

«*Moyaux*, Président; *Haupt*, *Leonard*, Secrétaires; *Petit*, *Klein*.»

15 «Lecture d'une lettre de Téterel, de Paris, relative aux événements de la capitale.»

Cette lettre contient les passages suivants :

«Je n'entends point pardonner aux traîtres, ni les faire sortir de prison, comme on l'a fait. J'entends qu'à l'exemple de Paris, le peuple, c'est-à-dire les ouvriers et ceux qui en ont les vertus, ne soient plus Jacobins ou Feuillants; il ne faut plus être que Républicain, et partant heureux; quant à ceux qui depuis quatre ans nous trahissent, vendent nos canons, nous font égorger à la Vendée et aux frontières, il faut (malgré que la douceur française s'y oppose) faire tomber sans miséricorde leur tête, et cela par principe d'humanité, afin de conserver en entier le peuple souverain. Voilà mon vœu le plus cher, voilà ma profession de foi.

«Je me suis traîné hier au Comité de salut public, pour y démontrer que Custine a trahi la République et qu'au moins il doit être guillotiné, pour expier une partie de ses forfaits. J'irai au tribunal révolutionnaire, déposer contre ce monstre qui a tant fait couler de sang pour emporter toutes nos richesses dans une contrée ennemie. Quand ce coquin sera exterminé, j'irai, chers concitoyens, défendre avec les braves Strasbourgeois les remparts de notre belle cité, que les scélérats ont tenté trois fois de donner aux Autrichiens.»

22 «Arnet rend compte au club de la manière cruelle dont on a maltraité son épouse et ses enfants, ainsi que la citoyenne Lehgut, âgée de 70 ans [1].»

24 § «Louis Edelmann prononce un discours, renfermant des sorties contre Euloge Schneider; ce membre, présent à la séance, somme l'auteur de ce discours de prouver ses inculpations; l'orateur promet de le faire dans une prochaine séance.»

---

[1] Mère de la prétendue maîtresse d'Euloge Schneider.

»Lecture de la circulaire suivante :

ÉGALITÉ. LIBERTÉ. VERTU.

«Le Directoire du District de Haguenau aux municipalités, Sociétés populaires et citoyens de l'arrondissement.

«Concitoyens,

«Nos frères d'armes prisonniers à Francfort gémissent dans les liens de la captivité et de la misère la plus effrayante.

«Ce n'est pas assez pour le barbare Autrichien de priver un Français de sa liberté, à l'esclavage il ajoute la cruauté et l'ignominie.

«Tigres dénaturés, frémissez dans vos antres dégoûtants des victimes humaines sacrifiées à votre rage ; on peut un instant insulter à l'humanité souffrante, mais ses droits sont imprescriptibles comme ceux de la nature, son empire est sacré ; celui de la tyrannie, que vous exercez, est le règne de l'erreur, un rayon de lumière peut tout faire disparaître.

«Français, que vos cœurs s'ouvrent à cette douce sensibilité, à ces émotions tendres, qui ont tant de liaison avec l'amour de la patrie.

«Voyez ce généreux soldat triste, languissant au milieu d'un peuple sauvage et féroce, c'est pour vous qu'il s'est séparé de sa femme, de ses enfants et de ses amis ; c'est pour assurer votre bonheur qu'il est privé du sien; c'est pour vous délivrer du joug honteux de l'esclavage, qu'il vit dans ce moment isolé de sa patrie dans les liens d'une servitude déshonorante. Entendez-le lui-même : courbé sous le poids de la chaleur, livré à des travaux pénibles, il ne se plaint pas de son sort, tous ses sentiments se rapportent au salut de son pays, toutes ses affections sont pour ses frères d'armes, tous ses soupirs, tous ses vœux sont pour la prospérité de la République ; venez, accourez à son secours, que la générosité française déploie la grandeur de son caractère. Que la vertu modeste offre ici à l'infortune les dons de la bienfaisance, que la mollesse perde un instant de ses droits et que le luxe s'humilie, pour couvrir de ses vêtements superflus nos généreux captifs.

«Riches ! ouvrez vos trésors au malheur ! pères de famille, épouses attendries ! ce sont vos enfants ; jeunes citoyennes, ce sont vos frères, vos amants, qui implorent votre sensibilité.

«Voyez l'autel de la patrie ; c'est là que la liberté, la couronne de la reconnaissance à la main, attend vos offrandes précieuses ; venez à ses pieds déposer les bas, les chemises, les souliers, les habits de toutes espèces, l'argent même et tous les effets nécessaires à l'humanité. La patrie ne fit pas entendre en vain ses cris, lorsqu'opprimée par des tyrans, elle demanda vos bras pour voler à son secours ; seraient-il

25 moins entendus aujourd'hui que le malheur, aux prises avec la servitude, réclame votre attendrissement, implore votre sollicitude.

«*Vilvot*, Président; *Coulmann* et *Charpentier*, Administrateurs; *Prost*, Agent national, et *Hallez*, Secrétaire.

«Le magasin établi pour recevoir les effets qui proviendront de la générosité des citoyens, est dans la maison de Würtenbecher, ci-devant Mohrstein.»

27 «Lecture d'une lettre de Louis Edelmann, confirmant les accusations portées par lui contre Euloge Schneider, dans la précédente séance [1].«

SEPTEMBRE. 2 «Laveaux, actuellement rédacteur du Journal de la *Montagne*, publié à Paris, envoie un rapport inséré dans ce Journal, et disant que les patriotes sont subjugués à Strasbourg, comme à Lyon, à Bordeaux, et, il y a quelques jours encore, à Marseille; que le club de Strasbourg, dans les derniers temps, depuis qu'il ne s'y trouve plus de forte garnison, a perdu beaucoup de la liberté de ses délibérations, et que cet état des choses a encore empiré depuis la permanence des douze sections.«

«Aussitôt,» dit-il, «que les ennemis sont entrés dans le pays, les sections ont voulu disperser les Sociétés populaires, et ont maltraité, à la manière des brigands autrichiens, les femmes et les filles qui fréquentaient les clubs.»

Laveaux propose de placer une garnison à Strasbourg, de chasser sans miséricorde tous les suspects de cette ville, et de traduire les scélérats qui ont maltraité les femmes patriotiques, ainsi que tous ceux qui ont troublé la S. populaire, devant un autre tribunal que celui de Strasbourg, celui-ci étant, à l'exception de l'Accusateur public, horriblement mal composé. Il demande que l'on guillotine Noisette, qu'il accuse d'être l'agent des Strasbourgeois contre-révolutionnaires; que l'on arrête Gloutier et que l'on déporte Dietrich, qui s'esquive nuitamment de sa prison à Besançon, pour prendre part aux assemblées secrètes. Il termine son rapport en dénonçant les personnes suivantes, qui ont entretenu des correspondances avec l'ennemi: Ostertag et Guérin, avec Bösner, le pharmacien de l'armée de Condé; Mad. Daigue, avec l'abbé d'Eymar, et Marchal et Schär, qui se trouvaient dans le complot pour la reddition de la ville.

---

[1] Voir *Livre bleu*, p. 121.

»Le comité de surveillance adresse une lettre à la municipalité, demandant qu'elle chasse *Monsieur* Gombault, préposé à la chambre du logement, parce qu'il insulte journellement les soldats d'une manière atroce et révoltante.« 8

»Le club envoie à la municipalité une députation, composée des membres Adorne, Fibich, Clavel, Haupt, Schilling et Bernard, pour l'inviter à faire incarcérer, sans hésitation, le professeur Dieterich, parce qu'il a insulté l'écharpe tricolore; de même MM. Noisette et Wild, qui depuis longtemps ont mérité l'incarcération. Le club arrête que cette même députation se rendra chez le Commandant de la place, afin qu'il prenne des mesures pour que ces oiseaux ne s'évadent pas; malheur à celui qui leur donnera asile.« 10

»Le club envoie aux Représentants du peuple, Guyardin et Milhaud, une adresse déclarant que dans le moment où la ville se trouve menacée par de fortes armées, enivrées par quelques succès, que la trahison a facilités, il est de toute impossibilité de laisser en place des magistrats qui ne possèdent plus la confiance du peuple [1]. 19

»Un membre annonce que les corps administratifs viennent de prendre des mesures pour l'approvisionnement de la ville, mais il observe qu'il y a encore bien des travaux à exécuter aux fortifications. Le club arrête d'adresser une lettre au Comité réuni des sections, pour l'inviter à tenir toujours 100 hommes de chaque section aux ordres du Général, pour mettre la place dans un état de défense respectable.«

»Le club adresse la circulaire suivante aux S. affiliées: 28

«Frères et amis,

«Rien n'est étranger aux occupations utiles des Sociétés patriotiques; vengeresses des lois, fléau des traîtres, sentinelles vigilantes de la République, elles doivent environner de leur influence les mesures propres à l'affermir et ne point dédaigner le soin des subsistances.

«Distraits jusqu'à ce jour par des objets majeurs, nous avons abandonné aux Directeurs des vivres l'approvisionnement des magasins.

---

[1] Voir sous le 8 octobre 1793.

28 publics, et un dénûment absolu est le prix de notre facile confiance ; l'enthousiasme de la liberté peut seul combler l'abîme et réparer les maux de l'insouciance et de l'inertie.

«Frères et amis ! il n'y a plus de temps à perdre ; chaque instant est précieux ; l'urgence des besoins est extrême ; notre première sollicitude doit être les subsistances ; la seconde encore les subsistances et toujours les subsistances.... La victoire souvent incertaine peut abandonner nos drapeaux, et la liberté gémissante nous reprocherait alors d'avoir délaissé, sans défense, les places capables d'arrêter les progrès des ennemis ; les lignes de Wissembourg peuvent être forcées par eux, mais Strasbourg présentera encore un point où viendront se briser leurs efforts ; que cette place soit approvisionnée en tout genre, et le courage de nos guerriers en fera une barrière invincible.

«Le Département du Bas-Rhin a envoyé dans vos campagnes des Commissaires chargés de se procurer des grains ; joignez vos travaux aux leurs ; qu'ils trouvent en vous des coopérateurs zélés, actifs et fidèles ; pressez le battage, couvrez les voies publiques de transports ; que le civisme ouvre les greniers et que Strasbourg devienne en peu de temps, par vos soins, la terreur et l'effroi des puissances coalisées.

«Appréciez, frères et amis, l'importance et la nécessité d'approvisionner cette forteresse ; abandonnons tout, jusqu'à ce que nous ayons atteint ce but ; si la mission des envoyés du Département n'éprouve point d'entrave, si elle est couronnée d'un plein succès, les départements du Rhin seront préservés d'une invasion funeste à la France entière. Faites retentir cette vérité parmi vos concitoyens, et sortir des lieux qui les recèlent, les grains soustraits à nos besoins par l'avarice et l'avidité des riches ; payons tous à la patrie la dette dont nous devons nous acquitter envers elle.

«*Hassenfratz*, Président ; *Butenschœn, Leonard,* Secrétaires.»

OCTOBRE. «On annonce que les Représentants du peuple, Guyardin
8 et Milhaud, ont arrêté qu'il sera établi à Strasbourg un Comité de surveillance et de sûreté générale, composé de 12 membres ordinaires et de 4 membres suppléants ; tous les seize sont pris parmi les membres du club [1].

«Un membre fait la motion qu'il faut purger l'administration des juges de paix, comme on a fait des autres admi-

---

[1] Cet arrêté se trouve à la page 3 de la *Copie figurée des procès-verbaux du Comité de surveillance et de sûreté générale du département du Bas-Rhin.* Les procès-verbaux se trouvent consignés dans

nistrations. La S. arrête qu'elle presserait les Représentants 8
du peuple de remplir ce devoir important le plus promptement possible.

»Un membre fait la motion d'instruire la Convention nationale de la régénération des corps constitués. Arrêté.

»Un membre fait la motion de remplacer les commandants et officiers des bataillons de la Garde nationale, qui sont reconnus comme mauvais citoyens; il demande de plus, que ces commandants et officiers soient remplacés par de vrais Sans-culottes, et qu'ils ne portent plus d'épaulettes en or. Arrêté.

»Le club arrête aussi l'organisation de la seconde classe dans toute l'étendue du département.«

»Un membre rend compte des mesures suivantes, que 10
la municipalité a prises pour assurer les subsistances:

»1° Toutes les femmes suspectes seront tenues de quitter la ville; 2° les séminaristes seront traduits à Dijon; 3° tous ceux qui achèteront ou vendront du pain de munition seront punis.«

»Le club arrête d'inviter les corps administratifs à prendre 17
la mesure la plus prompte pour saisir tous les gens riches de la campagne qui pourront servir d'ôtages.

»On arrête d'écrire au Département qu'il serait très-sage de faire sortir de la ville tous les juifs qui n'y sont pas domiciliés, ou plutôt toutes les bouches inutiles; d'inviter tous les bons citoyens à indiquer les personnes qui sont dans le cas d'évacuer la ville, et de prendre des mesures décisives pour que les anciens prévôts soient mis en état d'arrestation, pour être transportés dans l'intérieur.

»On dresse une liste de proscription, composée de 20 citoyens très-dangereux, ennemis jurés des Jacobins, feuillants séducteurs, traitres et feuillants enragés [1].«

---

cette copie figurée, commençant le 9 octobre et finissant au 25 décembre 1793. Jusqu'au 14 décembre ce Comité fut présidé par Monet et depuis le 15 au 25 décembre par Mainoni.

[1] Voir cette liste, *Livre bleu,* II, p. 304.

»Lecture de la lettre suivante, adressée au Comité de sûreté générale :

«On nous avertit, citoyens, que vous n'avez pas encore donné les ordres aux femmes de mauvaise vie de sortir de la ville, et que cependant un grand nombre de pères de famille, ouvriers, artisans, et gens en état de pourvoir à leur subsistance, font partir leurs femmes et leurs enfants, et que ces dispositions excitent quelques murmures ; nous avons peine à croire que ces rapports soient fidèles. Les faits contrarieraient les arrêtés pris, en exécution desquels les femmes de mauvaise vie et les gens suspects doivent être les premiers congédiés. Vous voudrez bien nous rendre compte des dispositions prises, et les rendre assez publiques pour détruire les faux bruits que les malveillants font circuler.

«Salut et fraternité. *J. B. Milhaud* et *Guyardin.*»

»Un membre propose de rédiger une adresse à l'armée du Rhin, pour relever et fortifier son courage. Le Représentant Milhaud monte à la tribune et dit :

«Que les Représentants du peuple ont eux-mêmes senti la nécessité d'adresser une proclamation à l'armée, et que dès qu'elle sortirait de la presse, ils en feront part à la Société ; il assure en outre, qu'ayant visité les lignes depuis Strasbourg jusqu'à ...., ils avaient trouvé à leur grande satisfaction que l'armée reprenait une assiette respectable, et qu'ils avaient encouragé les défenseurs, en leur apprenant que leur armée serait aussitôt renforcée par plusieurs bataillons dont plusieurs sont déjà arrivés à Saverne, et d'autres ne tarderont pas à venir de Lyon, où ils ont fait des prodiges de valeur. Il assure qu'ils avaient donné les ordres les plus efficaces pour punir rigoureusement les officiers et soldats qui abandonneront leurs drapeaux.

«La position de l'armée est excellente, le courage du soldat commence à renaître, et lorsque les Représentants leur ont demandé ce qui leur manquait, ils ont répondu : rien que de nous battre.»

»Un membre dit :

«Que depuis le commencement de la Révolution le peuple a si souvent été trahi, qu'à chaque revers nous l'attribuons à la trahison ; que l'on en avait accusé les Représentants et les Généraux ; que surtout les Feuillants se servaient de ces termes : des soldats parlant patriotisme, qui revenaient de l'armée, l'avaient assuré ; mais que, d'après les éclaircissements nécessaires et d'après les explications avec les Représentants du peuple, il est prouvé que l'échec que nous avons eu

n'est pas à attribuer à la trahison, mais bien à l'ineptie de nos Généraux. 20
Il exhorte le peuple à rendre la confiance aux Représentants du peuple, sans laquelle notre cité ne peut exister ; il assure que lui-même s'était trompé sur leur compte, mais dès qu'il avait vu le piége, que les Feuillants et les aristocrates......, ses yeux se sont déssillés, et il avoue qu'il a eu tort. Ce sont les hommes qui ont voté la mort du tyran ; je suis garant de leurs principes, et je sais qu'ils mourront avec nous, plutôt que de permettre que l'ennemi envahisse notre cité.»

»Le Représentant du peuple Mallarmé monte à la tribune et dit :»

«Étant revenu de Paris, où je m'étais rendu avec mon collègue Lacoste, pour nous concerter avec le Comité de salut public des moyens à prendre pour sauver les lignes de Wissembourg, nous étions frappés du revers que nous avions eu ; nous ne nous contenterons pas de faire des proclamations, mais nous ferons punir les lâches qui ne se seront pas trouvés à leur poste lors de l'attaque de l'ennemi ; il est grand, ce revers, mais le courage républicain ne s'abat jamais.

«J'ai à vous rendre compte des mesures que nous avons prises pour étouffer l'accaparement ; depuis longtemps nos défenseurs vivaient au jour le jour ; pour réprimer ces infâmes abus, qui n'ont jamais fléchi d'après tous les arrêtés antérieurs de nos collègues, nous avons créé une armée révolutionnaire de 1000 hommes, suivie d'un tribunal et d'une guillotine, qui frappera le premier des égoïstes qui aura l'audace de cacher ou gâter les subsistances qu'ils doivent livrer à la dite armée ; une autre mesure que nous avons prise, est à Saarbrück, où aussi les assignats étaient méprisés. Nous avons ordonné à la municipalité de fournir dans la première demi-heure un million en espèces contre pareille somme en assignats.»

»Le Représentant ayant demandé si la taxe était exécutée, plusieurs voix s'élèvent en criant : non ! »Eh bien !« dit-il, »que les bons Républicains viennent chez nous, nous trouverons les moyens de la faire aller ; l'union, la bonne harmonie sont notre force, et notre ville sera sauvée.« Il remet ses pouvoirs, qui sont illimités, au Président, qui en donne lecture ; il commence après à parler sur Landremont, que quelques citoyens ont cherché à disculper ; il cite comme un fait que cet ex-Général a sacrifié maint Républicain dans la forêt de Bienenwald ; il a en outre déposé des sommes immenses dans les pays ennemis, même des couverts mar-

20 qués des armes d'une princesse allemande, notamment à Saarbrück; il annonce qu'il a été arrêté et envoyé à Paris, où les rigueurs de la loi s'appesantiront sur sa tête criminelle.

21 »Lecture de la proclamation suivante :

«*Proclamation des Représentants du peuple à l'armée du Rhin.*

«Républicains,

«C'est au milieu des revers, c'est au milieu des dangers les plus grands, que les hommes libres doivent montrer plus de courage. Les peuples de l'antiquité nous en ont donné l'exemple, dans les guerres qu'ils furent obligés de soutenir contre les rois coalisés. Jamais l'aigle romaine n'éleva son essor à tant de hauteur, que lorsqu'il fallait rallier sous ses ailes majestueuses les colonnes républicaines, quelquefois dispersées par le nombre et par l'art des esclaves.

«Le Sénat de Rome augmentait les prix des biens nationaux, qu'il vendait, lorsqu'ils étaient envahis par les armées des tyrans.

«Les Français philanthropes, les Français, armés pour la liberté, doivent être plus intrépides et plus grands, dans la cause sublime qu'ils défendent.

«Les lignes de la Lauter, que vous aviez défendues, pendant plusieurs mois, avec une opiniâtreté spartiate, viennent d'être forcées ou plutôt surprises par des armées combinées, supérieures en nombre, et favorisées par des intelligences secrètes et perfides.

«Ce revers, bien loin de vous décourager, doit vous faire redoubler d'énergie, d'ardeur à combattre un ramas de brigands, et surtout à surveiller, pour votre propre sûreté, les avant-postes et les sentinelles, qui doivent être la sauvegarde des camps.

«Frappez de mort le lâche qui fuit; exterminez l'infâme conspirateur, stipendié par Pitt et Cobourg, et qui va criant : *sauve qui peut*. Ce désorganisateur mercenaire jette l'alarme dans vos rangs et vous livre, épars et sans force, à la rage d'un ennemi barbare, qui sait profiter de votre méfiance, de votre désordre, et vous égorge, lors même que vous êtes désarmés. Dénoncez aux Représentants du peuple le Général, l'officier, le soldat, qui n'est pas à son poste le jour du combat : et sa tête tombera sous le glaive de la loi. Que la sainte fraternité vous unisse dans les périls, comme l'amour de l'indépendance.

«N'obéissez que pour conserver la liberté nationale. Que cette grande vérité soit toujours gravée dans vos âmes. Une petite armée, bien disciplinée, d'hommes libres, doit exterminer la foule innombrable des sentinelles du despotisme, que la crainte de la verge de fer mène au combat. Une grande armée insubordonnée n'est qu'un faible troupeau qu'on livre à la boucherie. 21

«Si votre contenance guerrière n'était pas toujours à la hauteur des circonstances, nous vous dirions que la guerre offre un cours varié de défaites et de victoires, et que tôt ou tard une nation libre et belliqueuse terrasse tous ses ennemis ; nous vous dirions que quatorze mille hommes, qui ont été envoyés de l'armée du Rhin à l'armée du Nord, ont puissamment contribué à arrêter le torrent désastreux qui menaçait le cœur de la République.

«Nos armes triomphent du côté de l'Espagne ; la ville rebelle de Lyon vient d'être frappée et réduite par la foudre nationale.

«L'armée victorieuse qui vient d'affranchir cette cité, dont une partie va marcher contre Toulon, pourra aussi vous fournir de grands renforts.

«La nation française n'est jamais si près d'une grande victoire, que lorsqu'elle vient d'éprouver un échec.

«Les contrées du midi viennent de reprendre toute leur première énergie. Les lois bienfaisantes de la Convention nationale, qui taxent toutes les denrées de première nécessité, arrachent le peuple à la misère, à la barbare cupidité des accapareurs, et vos familles, qui jouissent de ce bienfait, trouvent encore dans les pensions nationales des secours assurés.

«Les Représentants du peuple travaillent sans relâche à faire préparer tout ce qui vous est nécessaire pour adoucir les rigueurs d'une pénible campagne. Des sommes immenses sont employées par la Nation, pour assurer vos subsistances et votre habillement. Malheur aux prévaricateurs qui font manquer quelque chose à vos besoins ! La Convention nationale, convaincue des malversations affreuses de la plupart des fournisseurs, vient de les frapper par une loi, qui les met au rang des conspirateurs et leur fait subir la même peine.

«La tête de la mégère autrichienne vient de tomber sur le même échafaud où le tyran a reçu le châtiment dû à leurs forfaits communs.

«Enfin le Gouvernement français est déclaré, légalement révolutionnaire, jusqu'au moment où l'indépendance de la République sera reconnue par les puissances en guerre avec elle.

«Une longue chaîne de trahisons a trop longtemps retardé le triomphe de la liberté. Les Représentants du peuple, pénétrés, comme vous, d'une juste indignation contre les traîtres, ont fait tous leurs efforts pour purger les armées des chefs perfides qui ont compromis vos lauriers et le salut de la patrie.

« Leur espoir et le vôtre ont été souvent trompés. La malveillance et l'aristocratie ont semblé se reproduire sans cesse dans le généralat. Le moment est donc arrivé où ce qui tenait à l'habitude de l'ancien régime doit être séparé de toutes fonctions militaires.

« Que n'est-il aussi facile de trouver des Généraux que de bons soldats ! La régénération de tous les États-majors serait déjà parfaite.

« Mais pour conduire à la victoire les défenseurs de la liberté, il faut trouver des hommes incorruptibles qui réunissent le génie de la guerre au républicanisme, et qui n'ambitionnent que la gloire de sauver le peuple.

« Gardez-vous cependant de confondre la trahison avec l'incapacité. Quand il n'existera plus de traîtres, vos chefs temporaires commenceront peut-être leur carrière par des défaites; mais l'expérience qu'ils acquerront tous les jours leur méritera la confiance, et ils feront enfin triompher la République de tous ses ennemis.

« Que tous les soldats apprennent donc l'art de la guerre ; que dans les moments de repos l'un d'entre eux lise l'histoire des anciens guerriers au milieu de ses camarades.

« Les Représentants du peuple prennent l'engagement d'obtenir de la Convention nationale, qu'il soit distribué à toutes les armées des abrégés d'ouvrages militaires. Ils ont vu avec douleur que les défenseurs de la patrie marchaient depuis le commencement de la Révolution entre deux extrémités également fatales, l'ignorance et la trahison. Mais la masse des armées est indestructible comme celle du peuple ; le peuple et les armées ne forment qu'un tout indivisible, qui finira par écraser tous les despotes et les hordes de leurs esclaves.

« Il faut cependant, pour avancer cette heureuse époque, il faut que ces masses soient bien organisées et bien dirigées.

« Pour accomplir cette grande destinée, les Représentants du peuple n'ont rien tant à cœur que d'arracher le mérite, les talents et les vertus civiques au rang obscur et glorieux à la fois, qui les cache depuis trop longtemps.

« Oui, parmi les soldats innombrables de la liberté qui couvrent le sol de la France, il existe sans doute des hommes dignes de les commander et capables de les rendre invincibles.

« Plus d'un Washington est peut-être ignoré sous la tente et au bivouac. Qu'ils paraissent, ces hommes simples et vertueux, et la Convention nationale les fera marcher à votre tête. C'est à vous tous, officiers et soldats, d'indiquer aux Représentants du peuple, qui sont au milieu de vous, les frères d'armes qui méritent votre confiance et la nôtre; que ceux qui savent écrire nous donnent des renseignements par écrit; que les autres, que tous viennent auprès de nous, ou, quand nous sommes au milieu de vous, parlez-nous en frères; nous vous entendrons dans cette mission importante avec le même zèle, avec le même intérêt que nous voyons les défenseurs de la République, qui réclament de nous la sévérité de la justice contre les traîtres et les malveillants, ou les bienfaits de la reconnaissance nationale pour les héros qui l'ont méritée. 21

«Braves combattants, pensez surtout que les Représentants de la République, envoyés par la sainte Montagne, ne peuvent transiger avec la tyrannie, et ne se sauveront qu'en triomphant avec vous et en sauvant le peuple.

«A Strasbourg, le 10e jour de la 3e décade du 1er mois de la République française une et indivisible.

«*J. B. Milhaud, Guyardin, Lacoste, Mallarmé, Ruams, Borie* et *Nion.*»

»Un membre observe au club que chaque jour des intrigants, des émigrés, cachés dans des tombereaux ou des caissons, s'introduisent dans cette ville, pour y fomenter l'esprit de contre-révolution; qu'il faut donc surveiller avec une exactitude scrupuleuse les voitures qui entrent. Le club arrête d'inviter le Général à faire doubler la garde aux premières barrières pour fouiller toutes les voitures. 22

»Le Représentant du peuple St-Just annonce l'intention de créer une Commission militaire, dont la mission serait la punition prompte et terrible de tous ceux qui auraient prévariqué ou se seraient montrés traitres et incapables; il demande au club huit hommes révolutionnaires et incorruptibles, en ajoutant que le club est seul capable de lui indiquer, à lui qui ne connaissait pas encore la ville et ses ressources, où se trouvaient le patriotisme et la vigueur.»

»Séance extraordinaire du Comité de sûreté générale et des membres de la S. populaire de Strasbourg. La séance s'ouvre par l'exposé des motifs de la réunion. 23

»On procède à l'élection des six juges composant la Commission de l'armée. Les suffrages unanimes se portent sur les citoyens: Brost, Vilvot, Neumann, Simon, Propst, et le Maire de Bergzabern.

23 «Sont désignés par les suffrages unanimes comme juges du Tribunal à la suite de l'armée révolutionnaire, les citoyens : Nestlin, Wolff et Taffin ; Clavel, suppléant.

«Ont réuni les suffrages unanimes pour composer le Conseil demandé par les Représentants du peuple, les citoyens : Teterel, Edelmann, Schneider, Monet, Jung, Emahl, Massé, Bois, André, Grimmer, Genet et Cunier.

«On arrête que le Directeur des étapes et convois militaires sera requis de fournir neuf voitures à quatre roues, pour se trouver demain matin à cinq heures devant le Séminaire, pour y prendre les prêtres détenus et pour les conduire à Besançon.

«Monet donne lecture de la lettre suivante à lui adressée :

«Au quartier-général à Châtillon, le 26 du premier mois de l'an 2 de la République.

«*Vive la République une et indivisible.*

«Mortagne, Cholet et toute l'artillerie des brigands sont pris; leurs foyers sont brûlés, on les taille en pièces; bientôt il n'en existera plus. Je m'empresse à vous donner le premier cette heureuse nouvelle. Salut et fraternité.

«L'adjudant-général, chef de brigade, *Joseph Amey*.»

«Les membres du club, ainsi que les tribunes, couvrent cette lecture de vifs applaudissements.»

24 «Le club arrête, d'après le vœu des Représentants, qu'il proposerait les citoyens pris dans son sein pour l'administration révolutionnaire.

«Il arrête en outre, que le Comité de surveillance de la S., joint à huit membres, Bois, Emahl, Massé, Brost, Rochas, Cotta, Gallay, Hirschinger, se réunirait à dix heures du soir au Comité de sûreté générale, pour procéder à la nomination de vingt-et-un citoyens, pour composer les trois Corps administratifs révolutionnaires.»

26 «Un membre du Tribunal révolutionnaire fait le rapport sur les premiers succès de ce Tribunal, rapport qui a été fort bien accueilli en général par toute la S. ; le même membre ajoute que dans vingt-quatre heures les brasseurs et tous ceux qui se trouvent dans les mêmes principes

seront jugés en masse et ensuite individuellement; il invite 26
les braves Sans-culottes à lui donner des renseignements sur tous les différents abus que ces individus ont pu se permettre depuis la Révolution.«

»On donne lecture de la lettre suivante adressée au club: 27

«Je vous invite, citoyens, à engager les douze Commissaires de la Société populaire à se réunir le plus tôt possible et à m'en prévenir, pour que je me joigne à eux, et sans autre retard mettre la main à l'œuvre; c'est le temps d'agir, et promptement.

«Salut et fraternité. *J. B. Lacoste.*»

»La S. arrête qu'elle enverra une adresse au Directoire 30
du Département, pour l'inviter à prendre en considération que les signes de la féodalité et du fanatisme, qui abondent encore dans les églises de Strasbourg, doivent être anéantis, et qu'en même temps on doit enlever les grilles de fer dans la Cathédrale et ailleurs, pour les convertir en instruments de mort, destinés à terrasser nos ennemis.

»Un membre invite tous les citoyens présents à se rendre fréquemment au Tribunal révolutionnaire.

»On donne lecture de la lettre suivante:

«Frères et amis,

«Nous vous invitons de nous donner votre opinion sur le patriotisme et les vertus républicaines de chacun des membres qui composent l'Administration du Département du Bas-Rhin [1].

«Salut et Fraternité. *St-Just. Lebas.*»

»On annonce au club que le produit de la collecte des 31
citoyennes pour nos braves frères d'armes, présente la somme de 3,693 livres, employée à acheter de gros bons souliers d'hiver; cette somme produira 508 paires.

»Un membre, agissant vraiment dans le sens des élus républicains, ne voulant pas faire sonner la trompette de la vanité dans les rues et carrefours, en donnant vingt mesures de bon vin pour nos frères d'armes blessés ou infirmes dans les hôpitaux, a refusé de faire connaitre son nom.«

---

[1] Trois jours après presque tous ces membres furent arrêtés.

»Le club reçoit l'arrêté de St-Just et Lebas, du 12 brumaire II (2 novembre), qui casse l'Administration du Département, le District et la municipalité de Strasbourg, déporte les membres de ces trois administrations, et charge la S. populaire de remplacer la municipalité par une Commission provisoire de douze membres, sous le Maire Monet [1].

»Le club envoie une lettre à St-Just et Lebas, pour solliciter ces Représentants de rappeler les membres de la municipalité de Strasbourg, punis de la déportation [2].«

»On donne lecture de la lettre suivante, de St-Just et Lebas, en réponse à la sollicitation adressée hier à ces Représentants par le club.

«Frères et amis,

«Nous sommes convaincus qu'il s'est tramé une conjuration pour livrer la ci-devant Alsace, comme il s'en est tramée pour livrer les autres parties du territoire de la République ; nous sommes convaincus qu'après la prise de Wissembourg, l'ennemi a fait sur Strasbourg les mêmes tentatives pour s'y procurer des intelligences et surprendre la ville.

«Quand nous y arrivâmes, l'armée semblait désespérée ; elle était sans vivres, sans vêtements, sans discipline, sans chefs. Il ne règnait dans la ville aucune police ; le pauvre peuple y gémissait sous le joug des riches, dont l'aristocratie et l'opulence avaient fait le malheur, en dépréciant la monnaie nationale, et en disputant à l'enchère les denrées à l'homme indigent.

«Les portes de la ville se fermaient tard ; le spectacle, les lieux de débauches, les rues étaient remplis d'officiers, les campagnes étaient couvertes de militaires vagabonds.

«Quand donc le peuple était malheureux, quand l'armée était trahie et périssait de misère, quand le crime et la contre-révolution marchaient en triomphe dans cette ville, que faisaient ses autorités constituées ? Le compte qu'elles ont à rendre au peuple français est terrible, elles négligeaient les réquisitions de grains, celles des charrois, des

---

1 Voir cet arrêté, *Livre bleu*, I, p. 11.

2 St-Just révoqua le lendemain l'arrestation de plusieurs membres du District, et celle de Jung et de Schatz de la municipalité.

bois de chauffage ; elles passaient des marchés de chandelles à sept 4
francs la livre ; les soldats de la liberté pourrissaient dans les hôpitaux ; elles négligeaient tellement leurs devoirs qu'il est impossible de se procurer le témoignage d'aucun acte de surveillance et d'énergie patriotique de leur part, quelle âme fut sensible dans un pays où tout fut malheureux ?

«Cependant, on surprend des lettres qui annoncent les intelligences de l'ennemi : et cet ennemi est aux portes! nous bannissons, au nom du salut public, les autorités constituées, nous imposons les riches pour faire baisser les denrées ; le tribunal militaire fait fusiller plusieurs conspirateurs sur lesquels on trouve des cocardes blanches ; on surprend des postes où il manque jusqu'à vingt-et-un hommes de garde par la faute du chef de légion qui nous est conduit par le commandant de la place ; on trouve dans les guérites des remparts, des couronnes empreintes sur des étoffes ; on arrête dans la ville des émigrés, des scélérats, des partisans du fédéralisme, qui jusqu'alors y avaient vécu dans la plus profonde sécurité. Nous prenons diverses mesures de police ; le peuple rentre dans ses droits ; l'indigence est soulagée ; l'armée est vêtue, elle est nourrie ; elle est renforcée ; l'aristocratie se tait ; l'or et le papier sont au pair.

«Pourquoi ce bien n'avait-il pas été fait ? de quels hommes publics peut-on dire qu'ils sont innocents du malheur du peuple? or, étiez-vous heureux ; avait-on versé une larme, une seule larme sur la patrie ?

«Tous les hommes se doivent la vérité ; nous vous la dirons. Vous êtes indulgents pour des magistrats qui n'ont rien fait pour la patrie. Votre lettre nous demande leur retour, vous nous parlez de leurs talents administratifs ; vous ne nous dites rien de leurs vertus révolutionnaires, de leur amour du peuple, de leur dévouement héroïque à la liberté. Nous avons eu confiance en vous ; nous vous avons demandé de vos membres pour veiller à la sûreté des postes, pour remplacer les autorités expulsées. Nous avons écouté jour et nuit les soldats et les citoyens ; nous avons soutenu le faible contre le fort. Ce sont les mêmes cœurs qui vous parlent en ce moment. Ce n'est point du retour de vos magistrats indifférents que vous devez vous occuper, mais de l'expulsion d'un ennemi qui dévore vos campagnes et de la découverte des conspirateurs cachés sous toutes les formes.

«Il a existé une conjuration pour livrer Strasbourg. Nous venons de recevoir la dénonciation qu'il existait deux millions en or entre les mains de l'Administration du Département ; ce fait doit vous surprendre ; nous en donnons avis à la Convention nationale. Il est important que ce fait soit vérifié. Frères et amis, c'est la patrie, c'est

4 le peuple qu'il faut plaindre ; c'est l'ennemi qu'il faut poursuivre. La pitié pour le crime est faite pour ses complices, et non point pour vous. Le temps démêlera peut-être la vérité ; nous examinons tout avec sang froid, et nous avons acquis le droit d'être soupçonneux. Notre devoir est d'être inflexibles dans les principes. Nous vous devons de l'amitié ; nous ne vous devons point de faiblesse. Nous devons tout à la patrie ; nous persistons, jusqu'après le péril, dans notre arrêté.

«Salut et fraternité.

«Les Représentants du peuple envoyés extraordinairement à l'armée du Rhin, St-*Just* et *Lebas*.»

»On donne également lecture de la lettre suivante de ces mêmes Représentants :

«Frères et amis,

«Nous vous prions de faire parvenir au Maire de Strasbourg la liste des citoyens que vous avez choisis pour composer la nouvelle municipalité, afin qu'il les installe sur le champ et que le service public ne souffre pas d'interruption.

«Les Représentants du peuple près l'armée du Rhin,
«*Lebas*. *St-Just*.

«Expédié par Butenschœn à l'heure, *Robinot*, Secrétaire.»

6 »On communique au club l'arrêté suivant des Représentants St-Just et Lebas :

«La municipalité de Strasbourg fera arrêter sous vingt-quatre heures, tous les Présidents et Secrétaires des sections lors du 31 mai, et tous ceux qui ont manifesté quelques connivences avec les fédéralistes.

«Strasbourg, le 16 du 2e mois, l'an IIe de la République une et indivisible.

«Les Représentants du peuple près l'armée du Rhin,
«*St-Just* et *Lebas*.»

7 »On fait une collecte en faveur du Général Sparre ; elle se monte à 1,135 livres 15 sols.»

10 »Le club vote l'adresse suivante aux Représentants du peuple près les armées du Rhin :

«Vous êtes venus dans l'enceinte de notre ville pour écraser les traîtres, pour régénérer l'esprit public, et enfin pour faire la révolution, car il faut le dire : jusqu'ici elle n'était point encore faite à Strasbourg. 10

«Déjà le peuple se félicite des heureux effets que lui ont causé les mesures révolutionnaires que vous venez de prendre. Le costume gothique, les signes de la féodalité, les noms qui rappellent toujours le régime allemand, sont proscrits.

«Mais il faut, Représentants, que tous les vestiges de l'ancien despotisme disparaissent ; il faut qu'il n'existe plus à Strasbourg d'établissement particulier dont il n'y a pas d'exemple en France.

«Jusqu'ici les *Ministres et Professeurs protestants* jouissaient des revenus de certains biens connus sous le nom de chapitre de St-Thomas et autres, les biens ecclésiastiques sont une propriété nationale. Nous demandons que ces biens soient déclarés, ce qu'ils sont, propriété nationale, et mis en séquestre, sauf à donner des pensions à ceux des membres supprimés, qui seraient dans le cas d'en avoir besoin.»

»Un membre monte à la tribune et annonce que la dernière heure des prêtres constitutionnels est arrivée. La S., impatiente depuis longtemps de voir le sol de la liberté purgé de cette vermine, s'associe aux vues de l'orateur et approuve les moyens proposés par lui. Elle applaudit également à l'idée de faire imprimer sur cet objet un petit travail dans les deux langues.«

»Le club arrête que dorénavant le nouveau calendrier 11
républicain sera adopté par lui et que les séances régulières auront lieu les 1er, 2e, 4e, 5e, 6e, 8e et 9e jours de chaque décade en langue française, et les 3e, 7e et 10e jours, en langue allemande.

»Scherer, jusqu'à présent prêtre à Bischheim-au-Saum, renouvelle solennellement l'assurance qu'il a abjuré la prêtrise [1]. Le Président lui donne l'accolade fraternelle et le déclare citoyen. L'assemblée décide de donner la plus grande publicité à cette abjuration, afin qu'elle puisse servir

---

[1] Le procès-verbal, rédigé en allemand, porte : «*Er wiederholte feierlich seinen Uebertritt vom Pfaffthum zum vollen Menschen- und Bürgersinn.*» (Il réitéra solennellement son passage de la prêtrise au sens commun des hommes et des citoyens.)

11 d'exemple à tous les prêtres évangéliques, israélites, catholiques et réformés [1].

«Le club arrête de célébrer, le 20 de ce mois, la fête de la destruction de la prêtrise.»

13 «Le club vote l'adresse suivante :

«*Les Sans-culottes de Strasbourg, aux Sociétés affiliées.*

«Frères et amis,

«La justice nationale et le salut de la République sont enfin à l'ordre du jour : nous avons juré la République une et indivisible : qu'elle triomphe, ou que nous périssons tous ! . . . . Son salut tient en bonne partie au sort de cette frontière ; c'est donc ici où il faut que les amis de la chose publique se réunissent.

«Plus à portée de juger du besoin que nous avons de patriotes francs et loyaux dans les frontières, nous vous appelons vers nous. Déjà les

---

[1] Le Maire Monet a publié, dans un recueil intitulé : *Les prêtres abjurant l'imposture,* les déclarations faites par différents ecclésiastiques. Il fait précéder ces déclarations de la préface suivante :

«Tous les prêtres ne sont pas fripons ou dupes ; il en est à qui la tâche du sacerdoce n'a pas flétri l'âme, et qui s'étant conservés purs dans la fange des préjugés, rendront encore des services importants à leurs pays. En dévoilant les fourberies de leurs ministères, ils guériront les plaies sanglantes faites à l'humanité et le sacerdoce tombera sous les coups qu'il se portera lui-même.

«C'est dans les aveux mêmes des prêtres que le peuple apprendra à connaître des hommes astucieusement hypocrites qui pour l'enrichir dans le ciel, le dépouillaient sur la terre et le dirigeaient à leur gré avec le bandeau de l'ignorance : je rendrai publiques les déclarations qui renfermeront le plus de bonne foi et de lumières.»

A la suite de ces 20 déclarations le Maire ajoute :

«Des volumes suffiraient à peine pour recueillir les expressions du repentir des prêtres qui abjurent leurs erreurs, ou les déclarations de ceux, qui ayant constamment été les ministres de la vérité, se proposent de devenir plus que jamais les fléaux du charlatanisme sacerdotal ; leurs déclarations se multipliant de jour en jour, on se bornera à faire connaître leurs noms au public ; c'est les présenter à son estime.» (Suivent 15 noms d'ecclésiastiques.)

Ce même recueil publié en allemand porte le titre : *Die Priester wollen Menschen werden* (Les Prêtres veulent devenir des hommes).

braves Sans-culottes St-Just et Lebas, vous ont fait entendre la voix 13
de la patrie : déjà ils vous ont demandé des colonies de vrais patriotes pour les aider dans l'exécution des grandes mesures qu'ont nécessité les circonstances : venez, frères, sauvons ensemble la chose publique ou sachons nous ensevelir sous ses décombres.

«Nous vous invitons donc à nous envoyer des Commissaires pris dans le sein de votre Société : ils nous aideront de leurs lumières et de leur énergie ; ils partageront nos délibérations : ils se sacrifieront avec nous pour la République ; et tous ensemble nous la ferons triompher, ou bien nous périrons avec elle.

«Cette adresse a été approuvée, l'impression et l'envoi arrêté par la Société, le 23 du second mois de la deuxième année de la République française une et indivisible.

«*Emale*, Président ; *Tisserant*, Secrétaire ; *Butenschœn*, Secrétaire ; *Robinot*, Secrétaire Archiviste.»

»Le club ayant déclaré, il y a quelques temps, à ses con- 16
citoyens, que l'on ne devait pas seulement reconnaitre le vrai Républicain à ses discours et à ses actions, mais aussi à son habillement, en leur disant : »Dans ces temps, où toutes les couronnes sont mises dans le creuset national, celles aussi que nos femmes portent sous le nom de *Schneppenhauben* doivent être mises de côté, étant le spectacle de mœurs raides et esclaves,« plusieurs citoyennes répondent à ce vœu, en déposant au club ces coiffures comme un tribut national[1].«

»Plusieurs députations des différentes S. de Metz, de 17
Nancy et de Lunéville se présentent au club, en vertu de son invitation du 13 de ce mois[2]. Un de ces députés monte à la tribune et développe les démarches civiques qui les conduisent dans nos murs pour la défense de la patrie. L'affluence de monde et de dons patriotiques étant extraordinaire, on arrête qu'il en serait fait mention à une

---

[1] Depuis lors ces coiffures, qui étaient d'or et d'argent, ont totalement disparu. Voir à ce sujet, *Notes sur Schneider*, notes p. 107 et 108.

[2] Voir l'adresse des Sans-culottes de Strasbourg aux Sociétés affiliées, p. 292.

autre heure et on continue à recevoir les offrandes. Toute la séance, mêlée de chants allégoriques appropriés à la circonstance, est ainsi remplie.

»Le club et les députés des S. affiliées se rendent processionnellement au Temple de la Raison pour la célébration de la fête de la Raison.»

«*Procès-verbal de l'Assemblée générale des autorités constituées, de la Société populaire et du peuple de Strasbourg et des membres des Sociétés populaires des départements voisins, réunis au Temple de la Raison, le 27e jour de l'an II de la République une et indivisible.*

«Les députés des Sociétés populaires de Pont-à-Mousson, Nancy, Lunéville, Sarrebourg et Phalsbourg, accrédités par les Représentants du peuple, Lacoste et Mallarmé, réunis à ceux des Sociétés populaires de Châlons-sur-Saône et Beaune, ont demandé la convocation d'une assemblée générale des autorités constituées et de la Société populaire de Strasbourg dans le local le plus vaste de cette commune, afin d'y rassembler le plus grand nombre de citoyens. Ils en ont été prévenus dans les différentes sections, et l'église cathédrale indiquée comme lieu de rassemblement. Il a été annoncé à 3 heures de l'après midi au son du tocsin, et à 4 heures, les membres des autorités, de la Société et de la Propagande révolutionnaire [1], ont ouvert la séance au milieu de la masse du peuple, qui se pressa dans l'enceinte de cet édifice.

«Le Maire de la commune a dit à ses concitoyens, que leurs frères des départements voisins, informés des dangers de cette frontière, avaient envoyé les plus dévoués d'entre eux à la Révolution, pour leur en développer les principes, et porter le département du Bas-Rhin à la hauteur des circonstances : que la commune de Strasbourg, débarrassée des traîtres qui s'entendaient avec l'étranger, des modérés qui facilitaient leur complot, en endormant le peuple, et des riches qui comprimaient ses efforts, profiterait sans doute du tribut de lumières, que ces apôtres de la liberté et de l'égalité apportaient dans son sein au nom des cités, qui les avaient députés et des Représentants du peuple. Il a lu leurs différents pouvoirs.

«Plusieurs d'entre ces zélateurs de la Révolution sont successivement montés à la tribune. Ils ont fait au peuple le tableau de ces dangers, de ceux particulièrement, auxquels cette commune venait d'échap-

---

[1] Voir sur la Propagande, *Livre bleu,* I, Appel etc. p. 11.

per. Les députés de la Moselle et de la Meurthe ont tracé celui des 17
élans patriotiques et sublimes, que le cri de la patrie, énoncé par les Représentants du peuple avait produit chez eux ; le départ des Sans-culottes, pères de famille, oubliant leurs jouissances les plus douces, leurs affections les plus chères pour voler à l'armée et la mettre en état de repousser un ennemi féroce, les mesures de sûreté prises avec la plus grande sévérité contre ceux de l'intérieur, la taxe révolutionnaire levée sur eux, pour armer et équiper ces généreux défenseurs, pourvoir à leurs besoins et assurer des secours à leurs familles. Ils ont rappelé aux Strasbourgeois les serments civiques, qui les avaient liés à leurs frères aux fédérations générales et particulières ; ils leur ont déclaré, que le moment était venu de les tenir que plus près des points menacés, ils auraient dû donner l'exemple, que leur présentent les Messins et les Sans-culottes de la Meurthe, campés sur les hauteurs de Saverne. Ils n'ont attribué leur retard qu'aux manœuvres des aristocrates, des modérés, des feuillants, des égoïstes, des agioteurs, des fanatiques, qui fourmillaient dans cette contrée et qui étaient parvenus à surprendre la confiance du peuple. Ils ont ajouté, qu'ils avaient celle de le trouver bon, grand et généreux, comme il l'est toujours, lorsqu'il n'est point égaré, que les meneurs perfides, qui le conduisaient à sa perte, étant démasqués, l'égoïsme et l'agiotage déjà frappés par des mesures révolutionnaires, il ne fallait pour rendre ce peuple à la raison, à la philosophie, que déchirer le bandeau du fanatisme, dont l'ignorance ceignait doublement les esprits sur cette frontière. Ils ont démasqué ces monstres, ils en ont fait voir la laideur. Ils ont montré le prêtre toujours d'accord avec le tyran pour enchaîner le genre humain, et le premier abusant du nom du ciel pour empêcher l'homme d'user des droits de la nature. Ils ont peint le bonheur, auquel elle l'appelait et dont la superstition, autant que le despotisme, l'avait privé, pendant tant de siècles. Ils ont dit, que celui de la vérité était arrivé, qu'il ne fallait plus émousser les traits de son flambeau, que ceux, qui jusqu'alors avaient voulu en dérober au peuple quelques rayons, avaient été ses plus cruels ennemis, qu'il n'était plus temps de composer avec l'erreur, que celle, qu'on avait rendue sacrée était la plus funeste. Ils en ont fait sentir le ridicule et, remontant à sa source, ils ont montré, que l'ambition et l'intérêt avaient créé tous les dogmes, dont les prêtres avaient fasciné l'imagination des peuples. Ils ont déclaré, qu'il n'en était aucun de bonne foi, à moins qu'il ne fût imbécille, et que tous n'étaient que d'habiles charlatans, dont il était temps de détruire les prestiges : que ceux des prêtres sermentés n'étaient pas plus respectables que ceux des réfractaires ; que les

ministres de tous les cultes ne pourraient prouver, qu'ils étaient vraiment amis de la liberté et de l'égalité, qu'en apportant sur l'autel de la raison et de la philosophie les titres, que la superstition avaient inventés et, en faisant l'aveu, que leurs dogmes sont autant d'impostures, et qu'il n'y a de vrai dans leurs principes que ceux qui sont d'accord avec la morale universelle.

«Ces vérités, développées avec le caractère brûlant du patriotisme et de la vérité, ont été vivement applaudies. Les orateurs français ont été souvent interrompus par les acclamations du peuple. Il a ensuite entendu en langue allemande un officier municipal avec le même enthousiasme ; il a été pénétré de cette vérité, que l'être suprême n'a d'autre temple digne de lui que l'univers et le cœur de l'homme de bien.

«Enfin un des membres de la Propagande révolutionnaire a demandé que le peuple énonçât son vœu sur les prêtres ; il a été consulté dans les deux langues, et des acclamations générales ont annoncé qu'il ne voulait plus en reconnaître. Il en a prêté le serment ; le citoyen Maire l'a reçu à la tribune et a annoncé, qu'au premier jour décadaire on consacrerait le lieu de la séance à un temple de la raison. De nouvelles acclamations ont couvert ces avis. On a demandé si quelqu'un avait à proposer des réclamations ? Personne n'a voulu en faire, et un prêtre sermenté fit aussitôt la remise entre les mains du Maire de ses lettres de prêtrise.

«L'Assemblée s'est levée, suivie de tout le peuple. Ce cortège majestueux s'est rendu à la Société populaire, en chantant l'hymne à la liberté. Là, plusieurs membres ont rendu compte de la scène importante, qui venait d'avoir lieu ; ils ont répété les maximes éternelles, qui avaient électrisé le peuple au temple de la raison. Elles y ont été accueillies avec les mêmes transports, le serment y a été répété avec la même force. Différentes mesures révolutionnaires ont été proposées, mais les sentiments de la vérité, de la liberté, de l'égalité, qui enflammaient le peuple, l'avaient confondu dans l'enceinte avec les membres de la Société, des autorités et de la Propagande révolutionnaire. Il n'a été possible de poursuivre aucune délibération ; tous se sont retirés chez eux avec la joie, qu'inspire un événement aussi important. Elle s'est manifestée par une illumination générale et spontanée qui a terminé cette belle journée.

«Les Administrateurs de la Commission départementale,
«*Mougeat, Neumann.*

«Les Administrateurs de la Commission du District,
«*Clauer,* Président ; *Daum, Dorn, Tisserant,* Procureur-Syndic.

«Les membres de la Commission municipale, 17
«*P. F. Monet*, Maire; *Bierlin*, *Cotta*, *Butenschœn*, *Martin*, *Grimmer*, *Gerold*, *Schatz*, Procureur de la commune.

«Les membres de la propagande révolutionnaire,
«*Ch. Richard*, *J. B. Müller*, *A. F. Delattre*, *J. F. Bajot*, *C. Caion*, *J. Vullier*, *L. H. Dubois*, *J. Jardet*, *C. L. Lavran*, *F. J. Schuller*, *Girou*, *Mengue*, *Radès*, *Nanti*, *Aymal*, Président de la Société populaire de Strasbourg; *Wolff*, *Robinot*, Secrétaires.»

«Vient se présenter à la S. une très-louable députation des 18
sections réunies; des phrases se font entendre, des grands mots sont accueillis avec joie par ceux qui ne connâissent pas l'astucieux orateur, et avec horreur par ceux qui savent que, dans sa bouche impure, même les expressions les plus républicaines se transforment en un poison des plus dangereux.

«Un membre monte à la tribune pour foudroyer ces vils hypocrites, ces hydres, qu'on doit s'empresser de terrasser et d'écraser. Depuis longtemps ils ont cherché à retarder la révolution dans nos murs, étant les meneurs perfides de ces vils sectionnaires, qui ont égaré le bon peuple, qui ont voulu préparer sa ruine, en professant avec impudence, ou avec une astuce diabolique, les principes sacrés de son bonheur.

«On propose de prendre les mesures les plus pressantes pour savoir d'où est venu ce poison funeste qui a travaillé les sections de la ville de Strasbourg; si leurs meneurs ont eu des rapports avec les rebelles de Lyon et de la Vendée, quel était leur affreux dessein, et par quels moyens terribles ou séduisants ils ont pu parvenir à égarer le bon peuple de Strasbourg, qui certainement connaitra trop bien ses intérêts réels, pour s'agenouiller devant des fourbes travestis en patriotes sectionnaires.

«On propose un scrutin épuratoire de tous les citoyens de Strasbourg, afin que les bons puissent être discernés d'avec cette vermine qui a toujours menacé les droits sacrés de l'homme pour établir le système honteux et abominable du feuillantisme et du fédéralisme.

«Quant à la demande des sections réunies, la S. passe à l'ordre du jour.

18 »La S. arrête que des Commissaires seront envoyés aux Représentants du peuple, pour les inviter à prononcer la suppression de la permanence des sections, et à rendre responsables de cette clôture le Président et les Secrétaires desdites sections en permanence.

»Ces mêmes Commissaires seront chargés de sommer les Représentants du peuple, au nom de la patrie, à demander à la Convention que Dietrich et tous ses agents perfides soient amenés ici en poste, pour être jugés révolutionnairement dans les vingt-quatre heures. Arrêté.

»Le frère Richard, de Metz, rappelle les propositions faites dans l'assemblée générale, tendant à opérer en cette commune une levée de citoyens, indépendamment de la première réquisition, pour aller s'unir aux Radès, Taffin, Nestlin, Wasmer, Laclef, Sans-culottes, pères de famille des départements de la Moselle et de la Meurthe, qui sont allés renforcer l'armée du Rhin. Il propose de nommer une Commission, pour se concerter à ce sujet avec les autorités constituées.«

20 »Les Propagandistes adressent la lettre suivante aux Représentants du peuple M. A. Baudot et Lemane :

«Le peuple de cette grande cité savoure enfin les délicieux fruits de la vérité ; il se porte en foule dans le temple qui lui est consacré, pour entendre ses doux accents. Le temple [1] n'est plus assez vaste pour le contenir commodément ; il est donc très-important de lui en assigner un autre.

«Celui de St-Thomas est très-propre pour un établissement aussi utile ; ainsi les Représentants sont invités de lui accorder ce local, et de lui délivrer un mandat sur le coffre des riches aristocrates, pour faire les frais qui y seront nécessaires.

«*Wulliot, Richard, Bajo, Menler, Jardet, Jean Claude Schwartz, Schueller, Dubois, Giroux.*»

(Les Représentants du peuple arrêtent que cette demande sera accordée; cependant à la suite d'une seconde demande des Propagandistes, on substitua le temple réformé à l'église de St-Thomas [2].)

---

[1] L'ancienne salle de spectacle allemande, rue Ste-Hélène.

[2] Voir *Livre bleu,* I, p. 28 et 29.

«Célébration au Temple de la Raison de la fête de la destruction de la prêtrise, ou fête de la Raison [1]. Le Propagandiste Boy prononce à ce sujet un discours vivement applaudi, se terminant ainsi : 20

«Ce sont les prêtres surtout, qui, jusqu'à ce jour, vous ont égaré ; ce sont ceux qui, sous le prétexte de servir le ciel, ont voulu conserver leur influence dangereuse. Eh bien qu'ils la perdent pour jamais, cette influence, et que la raison seule avec la liberté, deviennent les objets de vos hommages.

«Unissez-vous à nous, citoyens de Strasbourg et des départements du Rhin ; nous voulons vous rendre libres. Il faut le dire : vous vous êtes tenus couchés jusqu'à présent ; eh bien, levez-vous en révolutionnaires et marchez avec nous.

«Voici notre devise :

«Point de grâce aux fripons, aux aristocrates, aux intrigants et aux modérés. S'ils sont connus la fille de Guillotin leur tend les bras ; nous le demandons ; nous le voulons.

«Marchons ensemble et marchons à grands pas à la liberté.

«Les Représentants du peuple sont à notre tête. Ils tiennent d'une main la foudre nationale et de l'autre le rameau d'olivier. Secondons leurs efforts républicains. Achevons en ces contrées le grand œuvre de la Révolution, et jurons tous de nouveau, sur l'autel de la liberté, que nous vaincrons pour elle.»

«Baudot, Représentant du peuple, tonne contre la tyrannie des rois; il tonne contre les scélérats, qui regrettaient l'ancien régime; il invite ceux qui entendraient le moindre discours, qui verraient le moindre signe en faveur de la royauté, à poignarder sur-le-champ ceux qui seraient coupables de ce forfait. Il peint en traits de feu la liberté et le bonheur de ceux qui vivent sous le gouvernement républicain de la France ; il voue à l'exécration des gens de bien les modérés, les feuillants, les partisans du gouvernement fédéraliste, et pénètre tous les cœurs des membres de la S., du saint enthousiasme, du feu sacré de l'amour de la patrie dont il est lui-même enflammé. Il appelle surtout la surveillance de la S. sur toutes les espèces de traitres. Des applau- 22

[1] Voir *Notes sur Schneider*, note p. 110 et 111.

dissements universels font connaître à Baudot la satisfaction avec laquelle son discours a été entendu.

»Un membre dénonce l'improbation manifestée par un particulier au spectacle d'un passage patriotique de la tragédie de Guillaume Tell, et demande, attendu qu'il est probable que ce particulier avait avec lui des acolytes, que la S. arrête qu'il sera envoyé à l'instant des Commissaires, à l'effet d'engager la municipalité et le Commandant de la place à faire entourer la salle de spectacle d'une force suffisante pour arrêter tous les gens suspects. Arrêté. Quatre Commissaires sont nommés à cet effet.

»Le même membre demande que les membres des Comités de surveillance suspects soient soumis au scrutin épuratoire, et il propose de faire à ce sujet une pétition aux Représentants du peuple.

»Lacoste propose à la S. de prendre le plus beau local de la ville pour y tenir les séances, et de l'orner aux dépens des aristocrates. Arrêté et applaudi. Il annonce que les citoyens de chaque quartier seront à l'avenir obligés d'assister tour à tour aux séances de la S.

»La S. nomme les citoyens Pageot et Ortlieb Commissaires à l'effet de faire l'examen de tous les livres de cagoterie qui se trouvent chez les libraires, pour en faire ensuite un *auto-da-fé* [1].

»Le club adresse les deux lettres suivantes aux Représentants du peuple près les armées du Rhin et de la Moselle :

PREMIÈRE LETTRE.

«En déclarant le gouvernement de la République révolutionnaire, la Convention a voulu délivrer le peuple des ennemis de la Révolution. La permanence des sections a été pour eux un moyen d'anéantir

---

[1] Ce jour-là tous les livres de piété destinés à des protestants furent enlevés des magasins du grand-père de l'éditeur de ce volume, conduits dans neuf voitures sur la place de la Cathédrale, nommée alors place de la Responsabilité, et brûlés au même endroit où, sous la Restauration, fut élevée la croix de la mission. Cet *auto-da-fé* eut lieu pendant que le chef de l'imprimerie se trouvait enfermé au Séminaire et ses deux fils comme volontaires au bataillon de la 1re classe à l'armée.

la liberté partout où leur influence existait. C'est elle qui dans cette commune a attiédi l'esprit public, l'a égaré même, et a exposé ce boulevard important à la trahison. 22

«Supprimez donc cette permanence dangereuse, rendez la présidence responsable de toute assemblée ultérieure de sections. Vous garantirez le peuple d'un grand moyen de l'induire en erreur, il lui restera celui d'entendre la vérité dans le temple de la liberté. Nous veillerons toujours pour lui! Il ne sera jamais trompé lorsqu'il ne sera assemblé qu'avec ses amis.»

SECONDE LETTRE.

«L'influence funeste de l'aristocratie et du modérantisme dans les sections a fait élire dans les Comités de surveillance un grand nombre d'êtres entachés de ces deux vices corrupteurs; nous vous demandons d'ordonner l'épurement dans notre sein, et d'après la censure des Sans-culottes, nous purgerons ces Comités des personnes suspectes et dangereuses; alors elles seront sapées toutes, et les mesures de santé seront pleinement exécutées.

«*Monet*, Président; *Mainoni, L. H. Dubois, Pougenet, Gürsching, Keil, Leorier, G. Schneider, Wittelsbach, Ulrich, Knecht, Vogt, Gaucher, Beck, Bierlin, Matthæus, Lemaître, Boy, Schwartz, Baudrillon, Ries, Marchand, J. G. Vix, Ortlieb, Schuller, Monnet, Baumgartner, J. B. Meuler, Grosse, Robinot*, Secrétaire-archiviste.»

«Lecture des deux arrêtés suivants : 24

«Du 4me jour de la 1re décade du 3me mois de la 2me année de la République française une et indivisible.

«Les Représentants du peuple près l'armée du Rhin et de la Moselle arrêtent: que sur la demande de la Société populaire, les sections de Strasbourg ne seront plus assemblées en permanence, mais seulement dans les cas prévus par la loi.

«*Lemane* et *M. A. Baudot*.»

«A Strasbourg, le 4 frimaire l'an II de la République française une et indivisible.

«Les Représentants du peuple près l'armée du Rhin, chargent la municipalité de Strasbourg de faire abattre, dans la huitaine, toutes les statues de pierre qui sont autour du Temple de la Raison, et d'entretenir un drapeau tricolore sur la tour du Temple [1].

«*St-Just* et *Lebas*.»

---

[1] Voir les différentes pièces se rattachant à cet arrêté, *Livre bleu*, I, p. 30-33, et *Etwas vom Vandalismus in Strassburg, verübt im*

24 „Téterel fait la motion de faire abattre la tour de la Cathédrale jusqu'à la plate-forme. Les Représentants et Bierlin, membre du club, appuient cette motion, par la raison que les Strasbourgeois regardent avec fierté cette pyramide élevée par la superstition du peuple, et qu'elle rappelle les anciennes erreurs [1].“

25 „Une Commission est nommée pour présenter des moyens d'opérer la levée des citoyens du Bas-Rhin; cette Commission se réunira le lendemain à 9 heures à la Maison commune, pour se concerter avec les autorités constituées; les membres de cette Commission sont: Jung, officier municipal, Vaghette, Plagnier, Schwartz, Guirsching et Sarez.

„La Commission provisoire du Département instruit la S. d'un arrêté qu'elle a pris, pour inviter la municipalité à clore les temples du culte, et à les destiner à l'utilité de la République [2].

„La raison remporte tous les jours une nouvelle victoire sur le fanatisme et les préjugés, et le temple de la liberté retentissait encore aujourd'hui des applaudissements accordés aux abjurations faites par les ci-devant prêtres. Ils s'accordent tous à dire qu'ils étaient des charlatans salariés. La S. arrête d'insérer leurs noms dans les procès-verbaux.

„La discussion s'ouvre au sujet des Alsaciens qui ne connaissent point la langue française, et que leur idiome isole du reste de la République. Plusieurs orateurs prononcent des discours très-énergiques; les uns demandent

---

andern Jahr der französischen Republik. Schreiben an Bürger Gregoire, Volksrepräsentant zu Paris, von G. Wedekind (Sur le vandalisme exercé à Strasbourg dans la seconde année de la République française. Lettre adressée au citoyen Grégoire, Représentant du peuple à Paris, par G. Wedekind).

[1] Voir sous le 25 juillet 1794.

[2] Ce fut alors que l'église du Temple-Neuf servit de magasin de grains et plus tard de porcherie; que l'église de St-Guillaume fut changée en hôpital militaire, et que l'on établit dans l'église de St-Pierre-le-jeune un magasin de foin et dans l'église de St-Thomas un magasin de paille. (Voir *Heitz, Die Thomaskirche in Strassburg*, p. 62.)

qu'on les déporte et qu'on transplante en Alsace une colonie de Sans-culottes ; d'autres que l'on leur fasse faire une promenade à la guillotine, pour opérer leur conversion.

« Un des Secrétaires fait lecture du procès-verbal de la précédente séance. Un membre demande que les faits, qui ont provoqué l'expulsion des individus rayés de la S., soient ajoutés. Le Secrétaire observe qu'il pense qu'après l'épurement la Commission des douze déposera ses arrêtés sur le bureau, et qu'ils seront insérés dans les registres de la S. ; de plus, il offre de les ajouter en marge. Le procès-verbal est adopté avec les amendements ci-dessus.

« Un orateur parle de la nécessité pour tout ami du peuple de fréquenter ce même peuple dans les S. populaires; après avoir fait remarquer, que plusieurs individus ne se faisaient recevoir dans lesdites S., que pour avoir un diplôme et obtenir des places, grâce au nom de Jacobins, il propose, pour parer à cet inconvénient, d'examiner avec attention ceux qui se trouvent assidûment aux séances ; il demande que si quelqu'un des sociétaires laisse passer une décade sans paraître à la S., il soit censuré ; s'il en laisse passer deux, qu'il soit rayé impitoyablement. Il propose en conséquence, pour agir avec sûreté et connaissance de cause, de tenir un registre, où tout membre sera obligé d'écrire son nom chaque fois qu'il paraîtra.

« Un autre membre relève les inconvénients qui résulteraient d'une simple apparition, puisqu'il serait facile d'entrer pour écrire son nom et de ressortir sur-le-champ ; il demande que tous les mois il soit fait un scrutin épuratoire. La discussion s'engageait sur cette affaire, lorsque le rapporteur du Comité des douze arrive. Le principal motionnaire demande l'ajournement de sa proposition ; il est appuyé. On passe à l'ordre du jour.

« Avant que le rapporteur commence, on demande par motion d'ordre que les tribunes et l'assemblée soient invitées au plus grand silence, et à ne donner aucune marque d'improbation ou d'approbation. On invite à se prononcer librement pour ou contre les accusés, ceux qui savent quelque chose, ou en leur faveur, ou à leur désavantage. Un membre

25 fait la motion que chaque accusé soit obligé de répondre catégoriquement aux faits à lui imputés, sans faire une apologie fastidieuse, qui enlève un temps précieux. D'autres observent, que ce serait souvent les empêcher de développer leurs raisons et d'atténuer un fait à leur charge par un autre en leur faveur. La S. leur accorde toute liberté de parler, sauf au Président à les rappeler à la question, s'ils s'en écartaient, et à fermer une discussion trop longue et qui ne procurerait aucun éclaircissement.

»La S. s'occupe de son épurement et raye onze de ses membres.

»Un membre monte à la tribune et fait sentir la nécessité, pour la réorganisation complète de la S., du renouvellement du Comité de surveillance, dont plusieurs membres viennent d'être rejetés; il propose que le nombre en soit fixé à cinq membres, nommés sur-le-champ. On demande que cette nomination soit remise au Comité d'épuration. Cette motion est adoptée. Le Comité, en conséquence, nomme Téterel, Mougeat, Berger, Alexandre et Dièche. Le nouveau Comité est invité à se réunir demain à celui de la Propagande [1].«

29 »Lecture d'une lettre de Simond, de Besançon, témoignant son étonnement au sujet de l'incarcération des Jacobins Edelmann et André.«

DÉCEMBRE. 6 »E. Schneider demande que la tête de Dietrich tombe dans la ville qui a été témoin de ses scélératesses, et qu'en conséquence le club s'adresse de nouveau au Comité de salut public, pour l'inviter à condescendre à ce vœu.«

«Les circonstances,» dit Schneider, «dans lesquelles on se trouve, exigent qu'aucun membre d'une caste ci-devant privilégiée ne puisse conserver de place; je puis me trouver, comme prêtre, obligé de me retirer et d'abandonner les fonctions d'Accusateur public, où la confiance de mes concitoyens m'a employé; je ne désire conserver cet emploi que jusqu'au moment où j'aurai contribué à faire tomber la tête de Dietrich et de ses complices.»

---

[1] Voir *Livre bleu,* I, p. 169-173.

»Le club raye de la liste de ses membres Jean Hummel, canonnier de la 4me compagnie, pour s'être caché dans une cave lorsque la Garde nationale a marché vers le Rhin.« 7

»Les citoyennes, ci-devant nobles, Landsperg et Bock, de Blæsheim, envoient, par l'entremise de Frédérique Beyer, rue du Savon, 4, plusieurs objets d'or et d'argent.« 8

»Le Représentant du peuple Baudot prononce le discours suivant : 9

»La grande affaire, est la République; tout doit concourir à sa confection, et cependant une infinité de gens s'occupent à en retarder les opérations. Dans un gouvernement républicain, où tout doit tendre au bien public, on est surpris de voir une infinité de gens suspects en gérer les fonds, en dispenser les revenus ; depuis le moment de leur suspicion ils sont hors de la loi, hors du corps politique, ils ne doivent y avoir aucune part, ils s'emparent d'un bien qui doit appartenir aux Sans-culottes. Pour remédier à cet abus, quel serait le moyen de ne laisser dans la République que des Républicains ? Point d'amalgame d'ancien régime avec un gouvernement naissant ; il faut conséquemment faire abstraction de tous les membres gangrénés, qui n'ont pas l'esprit du bien public. Les égoïstes, les insouciants, les ennemis de la liberté, ennemis de la nature entière, ne doivent pas compter parmi ses enfants. Quel est celui d'entre nous, qui pourrait supporter les regards d'un ennemi du genre humain, qui ne chercherait pas à le détruire ? et ne sont-ils pas dans ce cas tous ceux qui s'opposent au bien général, ou même, qui n'y concourent pas ! guerre ouverte, guerre éternelle avec eux, ou bien renonçons de sauver la patrie. C'est actuellement que tout Républicain doit se montrer, c'est dans les difficultés qu'il doit se prononcer ; il n'y a point de mérite à être patriote dans la paix, c'est dans les moments de crise que l'on doit agir. La Révolution est faite pour le peuple, c'est un accumulement de bien et la destruction des préjugés qui faisaient son malheur. Quel que soit le nombre des égoïstes, des lâches, des ennemis du peuple, ne les redoutons pas ; ce n'est pas le nombre qui fait la force, c'est l'union et la vertu. Si quatre années n'ont pas suffi pour les éclairer, ils ne le seront jamais ; ils étaient nés pour l'esclavage, ils prendront les masques, les dehors du patriotisme, et ne l'auront jamais dans le cœur. Détruisons-les donc entièrement. Faisons-les disparaître d'un sol qu'ils ont souillé ; fussent-ils un million, ne sacrificrait-on pas la vingt-quatrième partie de soi-même, pour détruire une gangrène, qui pourrait infecter tout le reste du corps ; mais par là, dira-t-on, nous

9 nous attirerons l'exécration des despotes ; — et ne les exécrons-nous pas nous-mêmes, eux et leurs enfants, et leurs infâmes suppôts les nobles et les prêtres. Jamais d'autre idée, d'autre pensée, que pour la liberté. Élevons un mur de séparation entre le royalisme et la patrie ; ce mur s'écroulera sur la tête des coupables, et forçons tout individu à n'avoir pas un instant de sa vie, qui ne le rappelle à la République. Punissons ceux qui oseraient former le vœu de s'en séparer. Qu'ils n'oublient jamais, que la République s'appartient en entier, et que dès qu'ils n'en sont plus membres, leurs propriétés ne sont plus à eux, ils ne peuvent en détacher une partie de la masse générale.»

»L'orateur invite la S. à demander à la Convention nationale une mesure générale contre tous les gens suspects ; il pense que la République devrait dans un seul instant et d'un seul coup faire disparaitre de son sol les amis des rois et de la féodalité. Il demande que tout citoyen soit obligé d'avoir une carte, où d'un côté serait écrit et signé de sa main : Un tel exècre les rois et leurs adhérents, les prêtres et les nobles, et de l'autre : Il sera puni de mort s'il manque à son serment. — D'après l'avis de l'orateur et sur la demande de différents membres, le club ajourne la discussion de ces propositions.«

11 »Lecture d'une lettre de Besançon, annonçant qu'une S. de personnes du sexe vient de décider qu'elle monterait la garde à l'hôpital militaire, pour porter des secours aux défenseurs de la patrie.«

12 »Un membre fait la motion suivante :

«Une question d'une grande importance,» dit-il, «doit occuper la Société : c'est la calomnie et le modérantisme dont je veux parler ; de la calomnie qui, défigurant tous les faits, crée ce qui n'existe pas, et détruit ce qui existe, qui noircit la réputation des patriotes les plus prononcés, pour faire triompher le modérantisme ; je sais que déjà elle s'est attachée aux membres de la Propagande; ils ont juré ici dans le temple de la vérité, la liberté, l'égalité ou la mort, guerre aux tyrans et secours aux opprimés; il faut que tous les Sans-culottes soient connus.»

»A cet effet il rappelle la proposition faite par Baudot, et il demande que les noms de tous ceux qui signeraient cette carte soient imprimés et affichés dans toute la ville ; il propose ensuite par amendement, de demander à la Convention nationale qu'elle expulse de son sein tous les membres qui n'ont pas voté la mort du dernier tyran. En rappelant encore à la S. que parmi tous les scélérats qui sont incarcérés il peut se trouver des patriotes égarés, il propose de faire une adresse à la Convention nationale, pour l'inviter à établir une Commission populaire, qui fera justice des coupables et rendra à la société les bons citoyens. Un autre orateur énonce son opinion sur le même objet; il appuie d'abord la première proposition, celle faite par Baudot; mais il pense que les autres doivent être discutées dans le calme et la réflexion; il distingue trois classes d'hommes parmi ceux qui sont détenus : le conspirateur; l'homme qui ne peut être convaincu du crime de contre-révolution pour être privé de la vie; l'homme faible, qui n'a pas de grandes vues, qui est facilement égaré et qui peut comprimer l'énergie des patriotes révolutionnaires. La première classe doit passer de droit à la guillotine; la seconde, dans laquelle on ne peut jamais avoir de la confiance, doit être séparée de nous par l'immensité des mers et travailler dans les colonies; la troisième doit expier sa faiblesse dans un lieu de sûreté et être enfermée jusqu'à la paix. Il demande, comme le préopinant, qu'il soit établi une Commission populaire, pour examiner les délits imputés aux détenus et délivrer ceux qui ont été les victimes ou des passions particulières, ou de l'erreur.

»Le club reçoit communication de l'avis suivant :

«*Avis*.

«Les maîtrises des arts et métiers n'existent plus, et cependant des artistes et des artisans affichent encore à leurs boutiques ou ateliers le titre de maître.

«Ces titres abolis par la loi disparaîtront dans les vingt-quatre heures.

«Les maisons où l'on reçoit les voyageurs prendront le titre d'auberge et non celui d'hôtel, qui est un terme féodal et de l'ancien régime.

«Les nouvelles enseignes seront en langue française.

«Fait dans la maison commune de Strasbourg, le 22 Frimaire an II de la République française une et indivisible.

«Le Maire de Strasbourg, *P. F. Monet*.»

»Un membre dénonce au club le mauvais traitement des blessés par les chirurgiens et les infirmiers dans les hôpitaux. Un médecin, également membre du club, parle en leur faveur. Le club renvoie cette question importante à une prochaine séance.

»Le Président Alexandre prononce le discours suivant :

«Hérode ne fit-il pas sur une . . . . . [1] massacrer tous les enfants qui étaient dans ses États? l'église faible dans ses commencements, ne devint-elle pas persécutrice, quand elle fut plus forte? Vous connaissez l'histoire de Constantin, le massacre des Albigeois ; combien de sang l'ambition des rois de Portugal et d'Espagne n'a-t-elle pas coûté aux peuples du nouveau monde? Vous parlera-t-on des milliers d'infortunés que l'inquisition fait périr au nom d'un Dieu de bonté ; la révocation de l'édit de Nantes de cet infâme Louis XIV et sa bégueule de maîtresse n'a-t-il pas enlevé par le fer, les prisons, l'exportation, 150,000 familles? Qu'ils parlent après ces exemples, les tyrans. Cette mesure d'exterminer les gens suspects est nécessaire, vigoureuse, atterre les malveillants et forcera tous les traîtres à rentrer dans la poussière ; quel sera le mode pour hâter son exécution? Il est possible que des patriotes se trouvent confondus avec ces misérables ; il faut savoir les distinguer. Que dans chaque canton l'on nomme une Commission de douze membres ; que ce soit le peuple qui fasse cette nomination, et que les Sociétés populaires les surveillent ; ils examineraient la cause des détenus, et les conduiraient devant le peuple en masse ; point d'orateur, défenseur officieux ; l'accusé serait interrogé, jugé et puni par le peuple ; ainsi agissaient les Romains dans les beaux jours de la République ; l'accusé interrogé, chacun à haute voix prononcerait son arrêt. Cette mesure est fondée sur la nature ; toutes les Sociétés sont de convention, tout homme qui y manque rompt le pacte social ; c'est à ceux avec lesquels il a traîté, c'est à ceux à en faire justice ; mais le peuple perdra son temps, s'il est obligé de passer pour des causes de . . . . . [2] des journées entières hors de ses ateliers, et de suspendre ses travaux. On pourrait l'indemniser sur les biens des coupables et d'ailleurs ne gagne-t-il pas beaucoup en travaillant lui-même d'une manière assurée à consolider sa liberté?»

»L'orateur descend au milieu des applaudissements. Différents membres se succèdent à la tribune et en d'autres termes appuient et développent les mêmes principes.

---

[1] [2] Lacunes dans le procès-verbal.

»L'un d'eux rappelle ce qui a été dit dans une séance précédente et demande une distribution de cartes. 13

»Un autre demande une adresse à la Convention, pour hâter l'exécution de ce qui vient d'être proposé.

»Quelques-uns s'arrêtent sur l'acte de la justice nationale au mois de septembre 1792.

»L'on demande que l'adresse à la Convention soit délibérée de suite. Un membre désire que l'on ferme la discussion et que l'on ajourne le mode d'exécution. Un autre demande que la question mentionnée soit ajournée, autant pour éclairer le peuple sur une question aussi importante, que pour l'offrir sous différents points de vue, sous lesquels elle n'a pas encore été traitée. Un dernier enfin, en appuyant l'ajournement, invite, et les membres qui ont déjà parlé, et ceux qui veulent le faire encore, à présenter leur opinion par écrit, pour la livrer à l'impression.«

»L'ordre du jour ramène la discussion sur les détenus. 14
Un orateur monte à la tribune; après avoir démontré qu'il ne peut exister dans la République que des Républicains ou des traitres, qu'il est impossible d'admettre aucune modification, il conclut à ce que les modérés, les feuillants, les égoïstes et tous les ennemis de la patrie tombent sous le glaive de la loi.

»Un sociétaire lui succède, et distingue trois classes d'hommes dans les détenus: les modérés, les suspects et les fanatiques; il demande la reclusion pour ces derniers, une Commission populaire pour juger les autres, et que la peine de mort soit la seule qui leur soit applicable.

»Tout ce qui n'est pas pour le peuple est contre le peuple,« s'écrie un troisième orateur; »que tous ceux qui n'ont rien fait pour la chose publique soient retranchés de la société;« il distingue ensuite deux classes dans les fanatiques: les hommes faibles et imbéciles et ceux qui, sous le masque de la religion, ne sont rien moins que des contre-révolutionnaires. La guillotine doit nous faire justice de ces derniers et les autres doivent être enfermés pour expier leur faiblesse. Pour ce qui est du jugement, il se range à la proposition du préopinant. Un autre, en développant les mêmes principes, demande que la Commission populaire, qui sera nommée examinera tous les principes, et qu'au peuple seul soit réservé le droit de prononcer le jugement.

«Un autre, en partant du principe que la première vertu d'un peuple libre est la justice, pense que tous les détenus ne méritent pas également les mêmes peines; qu'un homme faible et trompé ne peut être assimilé au conspirateur; il pense qu'il serait dangereux de laisser à une Commission le soin de décider du sort des détenus. Il ne faut pas, dit-il, accoutumer le peuple à verser le sang du peuple; il pense qu'il conviendrait de ne s'occuper du mode d'exécution que dans des moments plus calmes et plus tranquilles. L'orateur qui succède ne distingue que deux classes : les conspirateurs et les patriotes égarés; le nombre de ces derniers est très-rare et déjà le peuple les a désignés; frappez de mort les uns et rendez les autres à la société [1].

«On donne lecture de l'arrêté des Représentants du peuple Lebas et St-Just, qui porte qu'Euloge Schneider, Accusateur près le tribunal révolutionnaire, sera exposé, le 15 décembre, à la guillotine, depuis 10 heures du matin jusqu'à 2 heures du soir, et qu'il sera ensuite conduit de brigade en brigade au Comité de salut public de la Convention nationale [2].

«Mainoni, Monet et Mougeat exposent au Comité de sûreté qu'il doit faire arrêter les citoyens Taffin, Wolff, Clavel, Anstett, Martin, Nestlin et Zimmermann. Le Comité nomme des Commissaires pour les interroger.

«Le Comité de sûreté arrête que les personnes étrangères au Comité apportent un certificat signé par six

---

[1] A cette séance, dit l'auteur du *Livre bleu*, tous les membres présents, excepté trois, montèrent à la tribune, et votèrent individuellement la mort de tous les détenus avec ou sans jugement. Les tribunes, composées en grande partie des parents et amis des détenus, étaient forcées par la terreur d'applaudir et d'adhérer à cette mesure sanguinaire.

[2] Voir *Notes sur Schneider*, p. 115.

membres de la S. populaire, qui atteste leur civisme avant qu'il soit approuvé par le Comité [1]." 14

"Les Représentants du peuple St-Just et Lebas invitent les Jacobins de leur proposer un Accusateur public, à la place de Schneider, pour le tribunal révolutionnaire. — Le Comité propose Neumann." 15

"St-Just et Lebas invitent les Jacobins de leur présenter une liste de huit personnes pour compléter le Directoire du Bas-Rhin. Le Comité leur propose : Mougeat, Ulrich, Saget, Striffler, Wagner, Jäggi, Lacclaie et Correy." 16

"Il est décidé que toute la S. célébrerait, à la décade prochaine, une fête en commémoration des martyrs. On nomme trois orateurs, qui doivent prononcer des discours en mémoire de Marat, de Pelletier, de Beauvais et d'autres, qui moururent pour la liberté. Deux discours ayant dû être prononcés en français et le troisième en allemand, le Représentant Beaudot fait l'observation qu'il serait ridicule de prononcer des discours en l'honneur des martyrs de la liberté dans le langage des Autrichiens et des Prussiens, les ennemis de notre liberté. Le club décide que tous les trois discours seront prononcés en langue française, malgré l'observation que l'on fait, que l'assemblée est principalement composée de citoyens qui n'entendent pas l'idiome français, et que cependant l'instruction est le plus nécessaire à ceux-ci." 17

"Sur la motion d'un de ses membres, le club arrête qu'on continuera l'appel nominal au sujet des gens suspects, afin que ceux qui n'ont point voté puissent le faire. 18

"Un membre de la Propagande fait la motion de forcer les juifs à épouser des chrétiennes."

"Delâtre vote la mort de tous les gens suspects, après qu'une Commission populaire aurait été établie par la Convention; Monet, de Besançon, vote de même; Sarrez, Dièche, Tœrdel, Bleink, de même; Kefein, Langler, Toppet, 19

---

[1] On appelait alors ces certificats : Cartes de civisme. Voir à ce sujet, *Friesé, Vaterländische Geschichte*, t. V, p. 283.

19 Kotelot, la mort après le triage; Vincent et Galey, la mort des contre-révolutionnaires et des suspects; Delleville, Schuller, Vogue, Keil, Duzel, Bouillon, la mort des suspects, après le triage fait; Dupont, la mort des suspects, sans distinction; Grillet, Tissert, Lauer, Thomas, Clerc, Courtin, Meyer, Hochtörffer, la mort des suspects reconnus.«

21 »Hérault de Séchelles, Représentant du peuple, revenant de sa mission dans le Haut-Rhin, rend compte au club de ses travaux dans le dit département.

«C'est presqu'incroyable,» dit-il, «à quels excès le fanatisme a conduit les habitants de ce département; j'ai employé tous les moyens de mettre un frein à ce monstre, et ce n'est que dans quelques localités que j'ai réussi à l'écraser. Sous mes auspices plusieurs Sociétés populaires furent fondées et celles qui existaient furent purgées de leurs faux membres. Je vous recommande les nouveaux frères qui entreront en correspondance avec vous. Moi aussi j'étais, il y a trois ans, membre de votre Société, et je vous répète aujourd'hui le serment que j'ai prêté alors, de préférer de mourir que de ne vivre libre.»

»Sur l'observation de plusieurs membres, que les assignats recommencent à diminuer en valeur, Téterel assure que le Tribunal révolutionnaire a pris les mesures les plus sévères contre les agioteurs et les dépréciateurs de la monnaie nationale.

»Delâtre fixe l'attention du club sur quelques moyens de renforcer notre armée.«

22 »Sur la motion de quelques membres de la Propagande, le club décide de nommer un Comité exécutif composé de quatre membres.

»Un membre de la Propagande monte à la tribune et dit :

«Chaque jour les accusations contre Schneider se grossissent. L'on nous accuse, nous qui avons été appelés ici des départements avoisinants, que nous soyons la cause de l'arrestation de Schneider. Je déclare publiquement que nous n'y avons pris aucune part. Lebas et St-Just n'ont pu voir sans indifférence l'entrée illégale et anti-républicaine de cet homme, il fallait qu'ils punissent ce crime. Mais il est surprenant qu'à sa punition ce furent justement cette même classe d'hommes, contre l'esprit d'agiotage desquels Schneider s'opposait le plus, qui témoignèrent publiquement l'expression de leur joie. Mais elle sera en vain, le Tribunal de révolution nous le garantira, car il nous promet qu'il a pris les dispositions les plus sévères de punir les détracteurs de la monnaie nationale.» 22

«Un Représentant du peuple près l'armée de la Moselle monte à la tribune et dit qu'il vient au milieu de ses frères pour répéter le serment prêté il y a plusieurs années. 23

«Mes sentiments,» ajoute-t-il, «vous sont connus; je crois avoir été toujours fidèle aux principes de la liberté, j'ai voté pour la mort du tyran, et c'était mon plaisir d'aider à sauver mon pays.»

«Le club déclare que ce Représentant s'est toujours comporté en bon Sans-culotte, et le Président lui donne l'accolade, aux applaudissements des tribunes.

«Lemane, Représentant du peuple, annonce que les soldats de l'armée du Rhin et de la Moselle ont battu l'ennemi et se sont rendus maîtres de Haguenau. A l'occasion de cette nouvelle, Delâtre dit:

«Frères, quoique la nouvelle de la victoire remportée doive réjouir tout Républicain, cette joie ne doit pas le laisser s'endormir. Les attaques des Prussiens et des Autrichiens ne sont que des ombres, en comparaison du plan d'une grande partie des suspects que nous avons dans notre ville, renfermés dans l'édifice que nous nommons Séminaire. Je fais donc la motion de demander au Représentant de faire conduire ces personnes à l'intérieur de la République.»

«La S. populaire [1] envoie une adresse à la Convention nationale, pour lui exposer le bien que la ci-devant Propagande a fait en cette cité et le chagrin que cause son départ aux Sans-culottes. 24

«Un membre expose que le Représentant du peuple qui est ici ne peut pas prendre sur lui l'internement des prisonniers du Séminaire; il dénonce plusieurs abus qui existent dans les prisons. Un autre membre fait des dénonciations pareilles; on observe que le Représentant du peuple a promis qu'il ferait fermer toutes les croisées du Séminaire.

«Un membre demande qu'il soit fait, séance tenante, une adresse au Général commandant la place de Strasbourg, pour lui demander que dans la journée de demain il parte

---

[1] Ce fut ainsi que se nomma alors le club des Jacobins.

de la ville un bataillon de la Garde nationale, pris parmi les jeunes gens les mieux exercés et les plus vigoureux. Arrêté. Téterel s'inscrit le premier.

»La S. envoie l'adresse suivante à la Convention nationale :

LIBERTÉ. FRATERNITÉ. ÉGALITÉ.

«*La République ou la mort.*

«*La Société populaire de Strasbourg à la Convention nationale.*

«Législateurs !

«Nos frères des départements voisins et de l'intérieur sont venus au secours des patriotes menacés sur les bords du Rhin, en députant ici ceux d'entre eux qu'ils ont cru les plus propres à raviver l'esprit public, presqu'anéanti par l'influence liberticide de l'aristocratie et du fanatisme.

«Aux premiers accents des apôtres de la vérité les monuments de l'erreur sont tombés, les ministres de la superstition ont eux-mêmes aidé à déchirer son masque, et le peuple qu'ils divisèrent trop longtemps s'est réuni au culte de la raison.

«Les intrigants qui serpentaient jusqu'au sein de cette Société sont démasqués ; la permanence des sections détruite, leur ôte un des principaux moyens d'égarer le peuple, dont la régénération est l'heureux résultat de la nôtre.

«Toutes les grandes mesures qui doivent la consolider et s'élever à la hauteur de la montagne ont depuis constamment été l'objet de nos discussions. Renforcées de l'énergie de nos frères, elles avaient ce caractère révolutionnaire qui échauffe le peuple, intimide ses ennemis, rallie tous les Français à ce centre d'unité qui a sauvé la République et peut seul assurer son triomphe.

«La loi qui les rappelle dans leurs Sociétés nous prive d'un concours bien précieux dans la suite de nos travaux. Nous sommes convaincus que cette mesure générale n'a été provoquée par aucun égard des principes républicains dont la propagation a été le but constant de leurs efforts. Ce témoignage est aussi celui des Représentants montagnards qu'ils n'ont cessé de seconder et qui nous ont souvent fortifiés de leurs lumières et de la force de leurs principes.

«Nos regrets en perdant nos frères sont adoucis par la présence de Lacoste et Baudot, vos dignes collègues, dont l'activité égale le dévouement à la cause sacrée pour laquelle nous sommes tous résolus à périr. A leur civisme brûlant on reconnaît l'habitant de la montagne.

«Législateurs, gardez-vous d'ébranler cette roche sainte, contre laquelle sont venues se briser les têtes du despotisme, du fédéralisme, du fanatisme, avant d'avoir affermi le bonheur du peuple ; continuez à frapper tout ce qui tient à ces hydres affreuses. Ne quittez votre poste que lorsque vous pourrez déclarer que la patrie n'est plus en danger. 2

«Quant à nous, nous remplirons nos serments ; la liberté, l'égalité, l'unité, l'indivisibilité de la République : tels sont les cris des Jacobins de Strasbourg et de leurs frères au moment de leur séparation. Bientôt nous ferons connaître nos communes opérations ; elles n'ont eu que ces principes pour base. Eux seuls nous dirigeront dans la carrière que nous poursuivrons avec le courage et la vigilance qui distingue les ardents amis de la liberté.»

«Lecture de la proclamation suivante :

«*L'agent national du District de Strasbourg, à ses concitoyens.*

«Strasbourg, le 4 nivose an II de la République française, une et indivisible.

«Les traîtres ne sont plus ; l'ennemi est exterminé ; nos troupes sont vainqueurs. Les laisseriez-vous manquer de la moindre des choses ? Il leur faut souliers, habits, chemises ; il faut avoine, foin, paille, grains. Quelle serait la commune qui ne se dépouillerait pas volontiers pour ceux qui ont sauvé notre République ?

«La commune qui se distinguera le plus, sera inscrite sur la liste de celles qui ont bien mérité de la patrie : le mépris public désignera celles qui par trahison ou par indolence pourraient rester en inaction. Choisissez.

D. Stamm.»

«Un membre demande qu'on visite la garde-robe de MM. les incarcérés et qu'il leur soit enlevé d'autorité nationale tout ce qui ne leur est pas nécessaire. Il ajoute que, pour rester dans leur grotte, ils n'ont besoin que de l'habit qui les couvre. Cette proposition est arrêtée au milieu des plus vifs applaudissements. 2

«Un membre rappelle l'arrêté de la S. pour l'évacuation du Séminaire. On nomme Delâtre et Richard pour se transporter à cet effet auprès des Représentants du peuple.

«On décide, en conformité de l'arrêté des Représentants du peuple St-Just et Lebas, du 3 nivose II, de faire raser la maison de quiconque sera convaincu d'agiotage ou d'avoir vendu à un prix au-dessus du maximum [1].

---

[1] Le 27 du même mois le tribunal criminel extraordinaire ordonne

25 »Delâtre prononce un discours, dans lequel il dit entre autres que Jésus-Christ était le plus grand charlatan qui ait jamais existé. Les officiers municipaux Jung et Butenschœn prennent la défense, non de Jésus catholique, apostolique et romain, mais de Jésus-Christ sans-culotte, prêchant les principes sacrés de l'égalité et une morale sévère [2].«

29 »La S. reçoit l'arrêté suivant :

«*Arrêté des Représentants du peuple près les armées du Rhin et de la Moselle.*

«Strasbourg, le 9 nivose an II de la République française, une et indivisible.

«Provisoirement et jusqu'à l'établissement de l'instruction publique, il sera formé dans chaque commune ou canton du département du Bas-Rhin une école gratuite de langue française.

«Le département du Bas-Rhin prendra sur les fonds provenant de l'emprunt sur les riches une somme de six-cent-mille livres, pour organiser promptement cet établissement, et en rendra compte à la Convention nationale.

«Les Représentants du peuple, *Lebas*, *St-Just*.»

---

la démolition de la maison du citoyen Schauer, n° 76, Vieux-Marché-aux-Poissons (*Livre bleu*, I, p. 42).

[2] Voir à ce sujet, Butenschœn, *Argos*, IV, p. 17, article rapporté dans *Friesé*, *Neue vaterländische Geschichte*, t. V, p. 351.

1794.

„Un membre fait la motion que toutes les filles doivent être invitées à ne donner leur main en mariage qu'à des citoyens qui ont donné des preuves de leur patriotisme, soit en ayant défendu la République, soit en ayant occupé ou occupant un poste utile à la République.“ JANVIER. 1er

„Lecture du *Résumé des interrogatoires subis par les complices de Schneider: Taffin, Clavel, Anstett et Nestlin*[1]. La S. arrête l'impression de ce Résumé dans les deux langues. 2

„Un membre rapporte que les assignats sont de nouveau dépréciés par les agioteurs. Bois déclare que les assignats sont le gage de notre liberté que chaque citoyen doit garantir, et que celui qui les méprise insulte la Nation et est un scélérat.

„Le Représentant Lacoste, qui, ainsi que son collègue Baudot, vient de quitter l'armée, rend compte des victoires remportées par l'armée du Rhin et de la Moselle sur les valets des despotes. Ce dernier Représentant exprime son étonnement au club, que les défenseurs de Landau n'aient pas trouvé un accueil plus favorable à leur arrivée à Strasbourg. Il se plaint encore que dans cette ville un assignat de 100 livres ne valait qu'un écu de 6 livres. Baudot avertit le club que le Représentant Dentzel, envoyé par la Convention nationale pour l'organisation du District à Landau, a dénoncé le Général Laubadère; mais que c'est au contraire à ce Général que la République doit la conservation de la forteresse de Landau, et qu'elle ne soit pas tombée par trahison entre les mains de l'ennemi.“

„Bois propose, en sa qualité de médecin, que les soldats convalescents, pour pouvoir se remettre tout-à-fait, soient reçus dans les maisons des citoyens, qui leur serviront de 3

---

[1] Voir *Notes sur Schneider*, p. 133, et *Livre bleu*, I, p. 6.

3 bons mets et les mettront par là à même de pouvoir bientôt reprendre les armes pour la défense de la République. La S. invite la municipalité à aviser aux moyens de mettre cette proposition à exécution [1]. »

6 « Le club s'occupe de la question : Par quels moyens les blessés pourraient-ils être le plus commodément conduits dans les hôpitaux [2] ? Gintzroth [3] annonce au club qu'il a inventé une voiture expresse pour la conduite de plusieurs blessés et qu'il a envoyé un petit modèle de cette voiture au Ministre de la guerre. Le club arrête d'écrire à ce Ministre pour qu'il fasse examiner ce modèle.

« Delâtre annonce que le frère Richard vient d'être arrêté par le Représentant du peuple Fort, en mission dans le département de la Moselle. La S. décide de faire savoir à ce Représentant que Richard est un bon patriote et que probablement il a été calomnié par ses ennemis.

« Le même membre, remarquant au club que le spectacle est une de ces écoles qui corrigent l'esprit public par des représentations qui encouragent les citoyens aux actions républicaines, fait les motions suivantes :

« 1° Que le club doit inviter le Directeur du spectacle à délivrer à chaque représentation un certain nombre de billets gratis aux troupes; 2° que la garde du théâtre doit être supprimée et qu'un membre de la municipalité en écharpe doit suffire à maintenir l'ordre; et 3° que

---

[1] Déjà le 9 nivose II (29 décembre 1793) St-Just et Lebas avaient rendu l'arrêté suivant : « Tous les citoyens aisés de Strasbourg, Saverne, Haguenau, Landau, Wissembourg, et des cantons du Bas-Rhin, sont invités à donner, pendant l'hiver, l'hospitalité à un soldat mutilé pendant la campagne pour le service de la patrie. Le Département du Bas-Rhin est chargé de publier le présent arrêté et d'en rendre compte à la Convention nationale. »

[2] Déjà par arrêté du 25 novembre 1793, de St-Just et Lebas, les voitures des riches sont mises en réquisition pour le transport des blessés et des chirurgiens.

[3] Sellier-carrossier à Strasbourg, qui, par les belles voitures sorties de ses ateliers et par un excellent ouvrage sur les véhicules des Anciens, avait acquis une réputation européenne.

toutes les places de la salle doivent être égales, parce que chez un 6
peuple où toute distinction a été abolie, cela ne serait pas convenable autrement.»

«Sur la remarque faite au club par Planier, que nos 10
guerriers malades sont traités dans les mêmes salles avec les blessés ennemis et que les premiers ne pourraient guérir dans l'air pestiféré des Autrichiens et des Prussiens, le club arrête de demander aux Représentants du peuple que cet état des choses soit changé.

«Communication faite au club de l'arrêté suivant :

«Les Représentants du peuple, révoltés que les exemples frappants qui ont eu lieu dans la ville de Strasbourg depuis quelques mois, n'ont pu corriger plusieurs contre-révolutionnaires qui résident encore dans cette commune, et qui osent encore conspirer et enfreindre les arrêtés des Représentants du peuple ; arrêtent que les nommés Cotta, Martin et Boch, prévenus d'avoir cherché à renouveler la permanence des sections, afin d'exciter plus facilement une insurrection dans cette place, seront sur le champ mis en état d'arrestation, les scellés posés sur leurs papiers et effets, et traduits au tribunal révolutionnaire à Paris.

«Les nommés Butenschœn, Wolff, Jung, Massé, Vogt, employé dans les greniers de la commune, Clauer, Daum, Berghauer, de Barr, reconnus pour gens suspects et dangereux, seront pareillement mis en état d'arrestation dans la nuit ; leurs papiers seront visités, et de suite ils seront transférés à Dijon, pour y être mis en état d'arrestation.

«Toutes les autorités constituées, civiles et militaires, sont requises de se concerter pour prendre les mesures nécessaires pour en imposer aux malveillants, et principalement pour empêcher que les sections ne se réunissent ; elles feront dissiper tout attroupement ou assemblée, autres que celle de la Société populaire, ou réunion des citoyens au Temple de la Raison.

«Chargent le général Dièche, commandant de la place, de l'exécution du présent arrêté, qui sera imprimé dans les deux langues, affiché et proclamé à son de trompe.

«A Strasbourg, le 21 nivose, l'an II de la République une et indivisible.
M. A. Baudot et *J. B. Lacoste*.»

«Planier prononce un discours, dans lequel il se plaint 11
amèrement de la non-valeur toujours croissante des assignats ; il propose de déclarer les personnes qui ne les res-

11 pectent point, indignes du nom de Républicains et de les exclure de la société des hommes libres. Adopté.

»Téterel rend compte des arrestations faites la nuit passée; il annonce qu'une partie des personnes arrêtées ont été conduites à Dijon et une autre partie à Paris.

»Sur l'observation faite au club que Massé s'est toujours conduit en bon Républicain, mais que par son caractère vif il a perdu la bonne opinion que l'on avait de lui, le club décide de soutenir sa famille pendant son incarcération. Le Général Dièche est chargé de ce soin.«

12 »Un membre avertit le club que les hôpitaux sont très-mal tenus sous le rapport des garde-malades. Le club arrête de rechercher les moyens de faire cesser les divers abus qui existent dans ces établissements. Monet signale la malpropreté comme étant la principale cause du malaise dans les hôpitaux militaires; selon lui le meilleur moyen serait de placer des femmes comme surveillantes des garde-malades.

«Ne serait-il pas possible,» dit-il, «que pendant que les maris montent la garde, les femmes monteraient aussi, à tour de rôle, la garde dans les hôpitaux, pour surveiller la propreté et les soins à donner aux guerriers malades? moyen par lequel tout ira au mieux.»

»Il demande encore que les Représentants seraient priés d'augmenter le nombre des garde-malades par des soldats de la première réquisition au-dessus de 25 ans.

»Sur l'observation de Richard que la question des hôpitaux militaires étant pour ainsi dire permanente, le club devra nommer une Commission *ad hoc*, Monet, Richard et un autre membre sont nommés, pour visiter journellement ces hôpitaux.«

13 »Le club arrête qu'il n'y aura dorénavant plus que trois séances par décade : les primidi, quartidi et septidi; les autres jours seront destinés aux lectures publiques.«

19 »On donne lecture de l'adresse suivante :

«*Adresse des cinq Sans-culottes de Strasbourg, déportés à Dijon, au Comité de sûreté générale de la Convention.*

«Cinq Jacobins de 89, de la Société populaire de Strasbourg, qui venait d'être épurée par un scrutin épuratoire, ont été arrêtés la nuit

du 21 au 22 nivose, par la force armée, le Général Dièche en tête, 19
conduits aux Ponts-couverts, et le lendemain, sous l'escorte de quatre gendarmes, dans la commune de Dijon, pour y être en état d'arrestation sous la surveillance des autorités constituées.

«L'ordre de leur arrestation ne leur a pas été communiqué, il n'y a pas eu de procès-verbal de dressé, et ils ont été enlevés de Strasbourg sans connaître les griefs qu'on pouvait leur imputer. Ce n'est qu'après quelques jours de marche qu'ils ont obtenu la lecture de l'ordre de leur déportation; mais quelle a été la surprise de ces cinq Républicains, qui depuis cinq ans n'ont cessé de bien mériter de la patrie, par leurs actions et leurs discours, de se voir tout-à-coup déclarés suspects par des Représentants qui sans doute ne les connaissaient pas, puisque dans leur arrêté ils ne les désignent que par leurs noms de famille, sans prénoms, et sous une fausse désignation d'état!

«Les citoyens Wolff, Jung, Massé et Vogt, y sont désignés comme employés dans les greniers de la commune; tandis que le premier est juge du tribunal, le second, officier municipal, le troisième, chef de l'État-major de la place, et le quatrième, employé dans les bureaux de la commune. Comment était-il possible d'arrêter comme suspects, dans le grand nombre des personnes qui portent le même nom dans Strasbourg, précisément ceux que tout le peuple de cette commune reconnaît pour des patriotes les plus chauds, les plus purs et les mieux prononcés? C'est donc la guerre aux Sans-culottes que l'on fait à présent.

«Voici les hommes arrêtés, déportés et incarcérés comme suspects.

«Wolff, juge du tribunal civil et criminel de Strasbourg, est Jacobin de 89. Il s'est depuis le moment de la Révolution fortement prononcé pour elle. Il s'est rendu utile à la Société populaire, et a propagé dans le peuple les principes sacrés de liberté et d'égalité qui l'animent. Il a été choisi par les Représentants du peuple et par les autorités constituées pour remplir plusieurs emplois civils, entre autres celui de Maire d'une commune, de membre du Comité de sûreté générale du département du Bas-Rhin, de juge du tribunal révolutionnaire, jusqu'au moment où la loi sur le gouvernement provisoire a aboli ce tribunal: alors il est rentré au tribunal civil et criminel.

«Jung, officier municipal, Jacobin de 89: il n'a jamais un seul instant dévié des principes; il a montré un courage inébranlable dans les moments les plus orageux; il a été le premier à demander à la Société la mort du tyran, dans un discours populaire. Il s'est montré Républicain, dans le temps qu'un grand nombre de nos patriotes du jour se traînaient servilement dans la fange du royalisme. Il a le plus

19 contribué à démasquer le traître Dietrich. Il a été nommé deux fois, par les Représentants du peuple, membre de la municipalité et du Comité de sûreté générale du département du Bas-Rhin; ensuite il fut choisi par ce même Comité pour la distribution des bons civiques, et la Société le nomma du Comité qui fut chargé de son scrutin épuratoire.

«Vogt est père de cinq enfants, dont un, âgé de treize ans, fait la guerre dans la Vendée ; il est Jacobin de 89 ; c'est l'homme du peuple avec tout son nerf et ses vertus ; il jouit de l'estime de tous les vrais Sans-culottes de Strasbourg.

«Massé, chef de l'État-major de la place de Strasbourg, Jacobin de 89, trésorier de la Société, et élu Vice-président depuis le dernier scrutin épuratoire. Il est père de six enfants tous en bas âge ; l'aîné a douze ans. Il a failli en 91 être lanterné par le peuple, pour avoir voulu arrêter une femme qui appelait le peuple à la révolte, pour empêcher la mise de scellés sur les archives du ci-devant chapitre de St-Pierre-le-vieux. A été le premier à démasquer le traître Dietrich, qui fut depuis, ainsi que ses valets et complices, ses plus cruels ennemis. Massé quitta en juin dernier l'administration du Bas-Rhin, sa femme et ses enfants, pour voler dans la Vendée à la destruction des rebelles. Dans sa route il donna l'éveil à toutes les Sociétés populaires des départements du Doubs, de la Côte-d'or, de la Haute-Saône et de la Nièvre, sur le monstre du fédéralisme qui menaçait en ce moment la République. Ce fut d'après les témoignages de ses chefs et de la Société populaire de Strasbourg, que le Conseil du Pouvoir exécutif le nomma adjudant de place il y a deux mois.

Daum, membre du District, non moins connu par son ardent patriotisme que par les principes qu'il a développés dans les occasions les plus épineuses : il a été nommé à cette place depuis l'épurement des administrations.

«Voilà, Représentants du peuple, les cinq citoyens déclarés suspects, et arrêtés sans qu'on puisse leur reprocher aucune faute, même aucune erreur. Ils ne demandent point de grâce, l'homme libre doit conserver son caractère même dans les fers ; mais ils demandent que leurs dénonciateurs, s'il y en a, soient tenus de se présenter avec eux devant un tribunal, et les détenus prouveront que leurs ennemis sont, ou des contre-révolutionnaires, ou des coquins.

«Les hommes libres qui ont bien servi la République, et qui mourront pour la maintenir, *Massé, Jung, Daum, Vogt, Wolff.*»

21 «De nouvelles plaintes sur l'avilissement des assignats se font entendre au club. Un membre propose, pour punir

l'aristocratie et l'égoïsme d'un grand nombre d'habitants de ce département parlant le langage allemand, qu'on les transporte dans l'intérieur de la France et qu'on les remplace par des patriotes éprouvés de l'intérieur [1]. Monet prétend que généralement les habitants parlant l'allemand étaient bons, mais qu'ils étaient induits en erreur par des hommes rétrogrades; il propose à cet effet d'envoyer des adresses aux différentes S. du département, pour les engager à faire tout leur possible afin de travailler à l'éducation des habitants et de répandre les lumières parmi eux.» 21

«Le plus grand nombre des hommes,» continue Monet, «fait souvent le mal parce qu'il lui manque l'éducation nécessaire. Le fanatisme soulève encore sa tête dans la plupart des localités; que l'on instruise le peuple et qu'on l'arrache des écueils de la superstition, pour le conduire sur le chemin de la saine raison et de la vertu; qu'aussitôt que les préjugés nourris par la prêtrise seront remplacés par l'instruction, et que le peuple aura compris les principes de la Constitution, les citoyens parlant l'allemand s'efforceront d'imiter leurs frères français. Mais si toutefois ces moyens ne porteraient pas de fruits, alors il faudrait recourir à la proposition du préopinant.»

«Schwartz annonce au club qu'il existe à l'hôpital civil un émigré attaqué du scorbut, et demande que, sans attendre plus longtemps, il soit guillotiné, pour rendre sa guérison plus prompte.» 23

«Un membre du club fait la motion que parce que les séances sont toujours de plus en plus moins fréquentées, quoique le nombre en ait été diminué, les jours des séances 26

---

[1] Dans une brochure publiée alors sous le titre: *Dissertation sur la Francilisation de la ci-devant Alsace, par Rousseville,* se trouve p. 13 le passage suivant:

«.....J'ai vu avec satisfaction qu'une partie des familles patriotes envoyaient leurs enfants dans les contrées voisines où la langue française est usitée, et j'ai dit: Pourquoi ne pas généraliser les choses? pourquoi ne pas faire une espèce de levée en masse de tous les jeunes citoyens et citoyennes de la ci-devant Alsace, et ne pas les placer pour un temps, et par réquisition, chez les Français de l'intérieur?....»

26 le spectacle restera fermé, et que les membres qui manqueraient aux séances, sans avoir une excuse valable, seraient rayés de la liste de la S.

»Bois se plaint de l'insalubrité complète des rues de Strasbourg et demande que l'on y rende attentif le Conseil municipal. Il annonce aussi que dans les contrées de Haguenau et de Wissembourg beaucoup de cadavres d'hommes et de chevaux ne se trouvent qu'à demi ensevelis, d'où peuvent résulter des maladies et même la peste. Téterel, membre du Conseil municipal, répond au sujet de la première plainte, que la municipalité ne pouvait, faute de chevaux, qui tous sont employés à la conduite du parc d'artillerie, faire enlever la boue des rues. Sur la seconde observation de Bois, le club nomme Sarrez et Tisserand, pour demander aux Généraux de l'armée de donner des ordres nécessaires pour l'inhumation complète.«

FÉVRIER.

2 »Le club décide de célébrer, au décadi prochain, une fête en l'honneur de la décapitation du tyran.

»Un membre dépose sur le bureau une bourse remplie d'argent offerte au citoyen Stamm, Agent national du District de Strasbourg, pour l'engager à élargir un suspect. Stamm destine cet argent, changé en assignats, à être distribué à des parents de défenseurs de la patrie.

»Un autre membre examine les raisons pourquoi, depuis quelque temps, les séances sont si peu fréquentées; il pense que les objets qu'on y traite sont de peu d'importance.«

3 »Lecture d'une lettre envoyée de la prison du château de Dijon, et publiée sous le titre : *Le Sans-culotte Massé au Général Dièche, commandant la division et la place de Strasbourg*.«

L'auteur termine par la phrase suivante : «La publicité est la sauvegarde de l'innocence, comme elle est aussi celle de la liberté.»

4 »Lecture d'une adresse envoyée au club par la S. de Metz, l'engageant à demander à la Convention nationale, que la loi relative à la célébration annuelle de la fête de la mort du tyran soit retirée.«

«Un tyran,» est-il dit dans cette adresse, «n'est pas digne que 4
toute une nation perde annuellement une journée, pour se ressouvenir de ses forfaits; il faut le bannir à jamais de sa mémoire.»

«Le club exprime son plus grand mécontentement contre 6
l'adresse de Metz, lue à la dernière séance, et décide d'écrire à cette S., pour la sommer de se justifier au sujet de son contenu et de retirer son adresse, faute de quoi le club cesserait toute correspondance avec elle. Bois observe qu'il est absolument nécessaire, surtout pour les gens faibles, que l'on rappelle tous les ans les vices et les trahisons du dernier tyran français. Le même membre avertit le club qu'au prochain décadi, le matin à 9 heures, on célébrerait à Strasbourg cette fête anniversaire, et que l'on se rassemblerait au temple de la raison, pour se réjouir du plaisir d'avoir vu le jour où le dernier des tyrans portait sa tête sur l'échafaud [1].

«Delâtre avertit le club qu'il vient d'être nommé, par les Représentants du peuple, Président de la Commission révolutionnaire. Il promet que lui et ses collègues feront tout leur possible pour faire maintenir la loi du maximum et pour rechercher les agioteurs et les dépréciateurs des assignats.

«Que le club et son Comité de surveillance,» dit-il, «viennent en aide à la mission de cette Commission, en lui désignant tous les malveillants qui s'opposent à la loi du maximum, qui seule est en état de fonder plus solidement les libertés acquises. Nous n'emploierons jamais le glaive, que la justice nous confie, contre l'innocent. Aucune haine personnelle nous guidera. Amis de la justice et de l'humanité, nous ne nous laisserons jamais diriger par l'envie du meurtre, ainsi que l'ont fait ceux qui portaient le poignard saignant dans leur sein, pour assouvir leur vengeance, satisfaire leur cupidité et servir à leurs passions. Le faible recevra l'instruction, l'innocent, que l'intrigue aura conduit devant notre tribunal, sera acquitté, et ses faux dénonciateurs punis d'après la rigueur des lois. Mais nous fermerons nos oreilles à ceux qui nous demanderont de l'indulgence pour les criminels. Je vous déclare, frères et amis, que je publierai, du haut de cette tribune, les noms des personnes qui me demanderont de mitiger le

---

[1] Voir *Strassburgische Zeitung*, 1794, p. 174.

6 jugement contre un criminel. Telle est aussi l'intention de mes confrères. Afin que les malveillants ne puissent se fier sur notre absence, nous nous porterons, avec la plus grande célérité, d'un endroit des deux départements à l'autre ; notre présence sera tantôt à Colmar, tantôt à Schlestadt ou à Strasbourg. Nous espérons, soutenus par vous, atteindre le but que nous nous sommes proposé en acceptant cette mission importante, que nous n'avons point accepté par cupidité, mais dans la seule intention de faire le bonheur de nos frères. Aurons-nous un jour atteint ce but, nous nous démettrons avec plaisir de nos fonctions, pour nous rendre utiles à notre patrie dans une autre sphère, et nous nous trouverons heureux d'avoir pu participer au bonheur des départements du Rhin.»

«Les belles paroles de Delâtre sont vivement applaudies par toute l'assemblée.»

8 «Célébration de l'anniversaire de la mort du tyran Capet, au temple de la raison.»

Le citoyen Boy, membre de la Société populaire régénérée de Strasbourg, prononce à cette occasion un discours [1], dont nous extrayons les passages suivants :

«Un an s'est déjà écoulé depuis que le sang de Capet a satisfait en partie aux mânes des victimes de la tyrannie, qui réclamaient la vengeance de l'humanité contre la race scélérate (c'est-à-dire royale) des Bourbons.

«La République va célébrer à jamais l'anniversaire d'un si beau jour : la mort d'un roi est la fête d'un peuple libre. . . .

«Cette fête vraiment digne d'un peuple républicain, fera le désespoir de tous les vils partisans des rois ; c'est pour cela qu'elle doit être célébrée : c'est la plus belle époque de la Révolution française ; c'est en ce jour que le peuple rassemblé dans toutes les communes de la République, renouvellera avec enthousiasme le serment de mourir libre et sans roi, et par le récit des crimes de Capet, enracinera dans l'âme des jeunes citoyens cette haine implacable pour la royauté, ce monstre qui causa trop longtemps les malheurs de la France. . . .

«Nous ne pouvons donc trop rappeler à notre mémoire l'époque

---

[1] *Discours prononcé dans le temple de la raison à Strasbourg, le décadi 20 pluviose, 2e année de la République française, une et indivisible, jour auquel on a célébré l'anniversaire de la mort du tyran Capet, par le citoyen Boy.*

glorieuse où, servant d'exemple à l'univers, nous avons purgé la France du dernier de ses rois. . . . 8

«O jour à jamais mémorable! jour heureux d'où date la liberté française! oui, tu seras toujours présent à nos cœurs. Capet n'est plus! quel hommage rendu à la justice, à l'humanité! Les grands coupables sont donc atteints par le fer vengeur du peuple! Le crime sur le trône est donc aussi la proie de l'échafaud!

«Raison, justice, liberté, voilà votre ouvrage!

«Français, voilà la sauve-garde de votre bonheur. . . .

«Chers citoyens, soyons unis : que le nom de fraternité ne soit pas un vain mot; que nos ennemis ne puissent, impunément, essayer de rompre le nœud sacré des vrais enfants de la patrie; et la patrie triomphera.

«Pourrions-nous en douter, citoyens, après les événements mémorables que nous avons vu se passer sous nos yeux?

«La frontière du Rhin purgée des ennemis extérieurs, dans l'espace seulement de quelques jours; la destruction entière des brigands de la Vendée; la reddition de Lyon; la prise audacieuse de Toulon, et la fuite honteuse des Anglais! Des Anglais! ce nom seul doit enflammer notre courage, et redoubler, s'il est possible, la haine immortelle que nous avons jurée aux ennemis de la liberté.

«Français, le tocsin des combats a sonné; la bannière de la liberté flotte dans les airs : vengeance, vengeance contre les tyrans!

«Que l'odieux rivage où tant de crimes ont été médités, voie, au prochain, nos flottes formidables aborder et réduire par le fer et le feu cette infâme cité, séjour des courtisans et des rois; et que dans la place où Londres est bâtie, il ne reste plus que ces mots terribles, écrits en caractères de sang :

«La nation française a vengé l'humanité sur les féroces Anglais. Vive la République, vive la liberté!»

«Lecture d'une *Adresse du Comité du salut public aux Sociétés populaires, du 16 pluviose II* (4 février 1794). 9

«*Le Comité de salut public aux Sociétés populaires.*

«C'est dans le sein des Sociétés populaires que l'esprit de la liberté a pris naissance, a grandi, et est monté enfin à sa hauteur.

«Sentinelles vigilantes, tenant en quelque sorte l'avant-poste de l'opinion, elles ont sonné l'alarme dans tous les dangers et sur tous les traîtres. C'est dans leur sanctuaire que les patriotes ont été chercher et aiguiser des armes victorieuses.

«La République attend des Sociétés populaires de nouveaux services.

9 «Le Gouvernement révolutionnaire, organisé dans ses différentes parties, va se développer avec force ; et pressant sur toutes les résistances, il doit enlacer tous les ennemis du peuple.

«La Convention nationale vous appelle en communauté de soins, en partage d'efforts avec elle, pour asseoir cet édifice sur d'inébranlables bases.

«Vous serez nos plus puissants auxiliaires. Le dernier fil des conspirations sera rompu : nous balayerons les restes impurs du fédéralisme, qui infeste encore une grande partie des administrations. Dévoiler l'intrigue, qui a souillé les fonctions publiques ; arracher le masque aux tartuffes du patriotisme ; à la superstition, son poignard et ses torches ; suivre dans le labyrinthe de leurs manœuvres tortueuses les agents, les complices, les émissaires des tyrans ; écraser les dernières têtes de la trahison, dont l'hydre cherche à ranimer ses tronçons épars et divisés ; dénoncer, et l'agent infidèle ou prévaricateur, et le lâche déserteur de son poste, et l'être corrompu qui vend sa pensée et trafique de sa conscience, et l'égoïste qui n'a point de patrie ; porter enfin, sur tous les hommes publics, ce flambeau qui entre vos mains projette une lumière immense, et à la lueur duquel tous les coupables pâlissent ; exercer aussi un autre genre de dénonciation non moins utile, l'indication des vertus qui se plaisent à vivre dans l'obscurité ; chercher, découvrir, encourager le talent modeste, le rendre à sa vocation, montrer à la patrie tous ceux qui peuvent être, dans quelque poste que ce soit, les ouvriers et les appuis des plans régénérateurs et de l'ordre révolutionnaire ; appeler aux emplois des hommes purs, éclairés, courageux, impatients de la tyrannie (et vous êtes la pépinière où la République ira les chercher) : voilà ce que la Convention, ce que le Comité de salut public et tous les bons citoyens attendent de vous. Des Représentants sont envoyés dans les différents départements, pour y effectuer l'épuration et l'organisation des autorités constituées. Soyez leur flambeau : enfants du choix du peuple, et chargés de ses intérêts, ils ne veulent voir, n'agir que par le peuple et pour lui.

«Sociétés populaires, les Représentants du peuple formeront avec vous une chaîne indissoluble. Vous commencerez par porter sur vous-mêmes un examen sévère, pour passer au crible de l'épuration de tous vos membres. Des perfides ont pris souvent vos couleurs et ont voulu mettre leurs crimes sous cette inviolabilité qui n'appartient qu'à la vertu. Nos ennemis ont tenté de s'emparer des leviers de la Révolution pour les tourner contre elle. Ainsi qu'on a vu, au sein de nos armées, l'aristocratie, sous l'honorable habit de nos guerriers, guetter le

moment de s'emparer de nos pièces d'artillerie les plus formidables ; 9
tels ses agents ont pénétré vos colonnes, se sont attachés à vos tribunes pour y saisir votre foudre, pour l'étouffer ou la lancer sur vous. Telle fut évidemment l'intention de ceux, qui, après avoir usurpé votre confiance, se firent autoriser par vous-mêmes à former ces congrès, où, loin de vos regards, l'intrigant a plus d'audace, et peut porter à la liberté des coups, et plus sûrs, et plus terribles.

«Après avoir repoussé tous ces éléments hétérogènes, vous serez vous-mêmes, vous formerez un noyau aussi pur que brillant, aussi solide que serré, et semblable au diamant débarrassé de la croûte qu'avait formée sur sa surface un limon amassé.

«Alors les Représentants du peuple appelleront dans votre enceinte au tribunal de l'opinion, tous les fonctionnaires publics. Le grand livre de leurs actions sera feuilleté : vous sonnerez leur jugement ; l'abîme s'ouvrira sous les pieds des méchants, et des rayons lumineux pareront le front des justes.

«L'édifice de la Révolution arrivera bientôt à son achèvement.

«Sociétés populaires, vous en avez jeté les hardis et indestructibles fondements ; c'est à vous d'en poser le faîte. Ce que vous avez rendu de services, annonce tous ceux que vous rendrez encore.

«Salut et fraternité.

«*Robespierre, Billaud-Varenne, Carnot, C. A. Prieur, B. Barère, R. Lindet, Couthon, Collot-d'Herbois.*

»Le club vote la réimpression de cette adresse.«

»Massé, Jung, Vogt, Wolff et Daum, incarcérés au châ- 12
teau de Dijon, envoient au club une brochure imprimée sous le titre : *Histoire de la Propagande et des miracles qu'elle a faits à Strasbourg pendant son séjour dans cette commune, dans le mois de frimaire de la présente année* [1].«

Voici quelques extraits de cette brochure :

«La Société populaire de Strasbourg, qui depuis cinq ans n'a pas cessé un instant de bien mériter de la patrie, compte en ce moment quarante Jacobins vétérans dans les prisons de la République. Nous sommes de ce nombre ; qu'ont-ils fait? qu'avons-nous fait? voilà le problème qui reste à résoudre aux incarcérés et aux Sans-culottes de Strasbourg.

---

[1] Voir sous le 27 mars 1794.

«On croirait peut-être, d'après la rigueur avec laquelle on traite les patriotes de cette commune, qu'on a pris des mesures extraordinaires contre les aristocrates, les feuillants, les modérés et les fédéralistes. Eh bien ! on se tromperait : ces enfants bâtards de la République jouissent à Strasbourg de tous les droits des citoyens, et peuplent depuis un mois la Société populaire.

«Une liste des hommes suspects a été faite par le Comité de sûreté générale du département, elle a été imprimée et affichée ; et ces ennemis de la chose publique restent en place, ils se promènent audacieusement dans les rues de Strasbourg ; tandis que les patriotes les plus chauds, les Républicains les plus purs gémissent dans les fers.

«D'où vient ce changement qu'on pourrait appeler une contre-révolution, si le peuple français n'était pas là pour en imposer aux malveillants? Nous allons le découvrir dans cet écrit, qui ne contiendra que des faits certains :

«Monet, Maire de Strasbourg, est un jeune homme qui n'a pas vingt-cinq ans. Il ne manque pas de talent ; mais il l'emploie plutôt à se maintenir en place, qu'à accélérer la Révolution dans cette commune importante. On l'a vu alternativement feuillant, modéré, fédéraliste et montagnard. On l'a vu faire sa cour aux sections, quand elles marchaient sur la ligne de celles de Marseille et de Bordeaux. On l'a vu montagnard après la chûte du parti de l'infâme Brissot. On l'a vu proposer des mesures sévères contre les aristocrates, et ensuite devenir leur avocat, leur procurer l'élargissement. On l'a vu dans ces derniers temps singer les ultra-révolutionnaires, et s'entretenir dans son cabinet, plusieurs heures par jour, avec des aristocrates de l'un et de l'autre sexe. On l'a vu tonner à la tribune contre les hommes suspects, voter leur mort; et le lendemain obtenir du Comité l'élargissement des quatre plus coupables d'entre eux.

«Mainoni, Président du Comité de surveillance, a fait avant la Révolution une banqueroute frauduleuse, si frauduleuse que la veille qu'il la déclara, il emprunta 2400 liv. d'un pelletier nommé Liebich. Il est encore en contestation avec le bataillon dont il était commandant, pour escamotage d'une somme de 40,000 liv. Ce bataillon est à Besançon, et M. Mainoni, conjointement avec M. Monet, travaille à la perte des patriotes de Strasbourg.

«Téterel, ci-devant M. Delettre, a longtemps porté le masque du plus pur patriotisme ; mais depuis les mesures révolutionnaires il a quitté son déguisement, il s'est montré poltron, méchant et ambitieux. Il fait en ce moment la cour aux hommes dont il a dit le plus de mal, parce que ces hommes règnent, et qu'ils le protègent.

«Voilà les plus implacables ennemis de tous les Sans-culottes renfermés de Strasbourg, dont les crimes sont de n'avoir pas voulu partager leurs vues perfides et contre-révolutionnaires. 15

«Environ soixante individus appelés par la Société et par une circulaire des Représentants du peuple, Lebas et St-Just, arrivent à Strasbourg ; ces hommes sont bientôt circonvenus par ces trois êtres malfaisants, et la perte des Sans-culottes de 89 est jurée.

«Ces citoyens ont pris à leur arrivée le titre pompeux de Propagande. Ils se sont affublés d'un costume particulier, en grande robe, longs sabres attachés par-dessus, en moustache et bonnet rouge ; ils se promenaient dans les rues, passaient les troupes en revue, les haranguaient et se proclamaient partout les patriotes par excellence, la crême des révolutionnaires, et les sauveurs du département du Bas-Rhin.

«Ils se logèrent tous au Collège, et le Général Dièche leur donna une garde de douze hommes, des plantons, et des ordonnances à cheval pour porter leurs dépêches.

«Ces hommes du peuple reçurent un traitement qu'on assure avoir été de 40,000 liv. Leurs tables regorgeaient de mets friands, et cependant ils mirent en réquisition le vin destiné aux braves défenseurs de la patrie, qui avaient cimenté de leur sang la liberté ; le lait dont les nourrices avaient besoin pour alimenter de jeunes enfants ; le sucre, le café, le beurre, les œufs, le bois, etc.

«Plusieurs de ces hommes étaient connus de quelques membres de la Société populaire, pour des royalistes, des feuillants et des fédéralistes ; et cependant les patriotes purs de 89, qui n'avaient jamais dévié de principes, étaient obligés d'écouter en silence les jongleries de ces nouveaux apôtres ; où s'ils osaient parler, leur voix était étouffée par la majorité et par la force des poumons de la sainte Propagande, qui les traitait de modérés, de feuillants et de fédéralistes, les menaçait d'arrestation, de déportation, de guillotine, ou d'être rayés du tableau de la Société !

«La Propagande a fait abolir les séances en langue allemande à la Société, quoique les vrais Sans-culottes de cette commune, cette portion précieuse du peuple qui a le plus de nerf et de vertus, ne parlent que cette langue. Au temple même de la raison, le seul culte qui existe à Strasbourg, la langue allemande a été proscrite. Comment est-il possible d'instruire, d'éclairer et de persuader un peuple, en lui parlant une langue qu'il n'entend pas ?

«Plusieurs membres de la Propagande, après avoir montré le plus d'acharnement contre les hommes suspects, allaient dîner, souper

15 et prendre le café avec des aristocrates, des bas valets de Dietrich le guillotiné, et avec des meneurs de section. Ils obtinrent même du Maire Monet, malgré l'opposition de quelques officiers municipaux Sans-culottes, l'élargissement de quatre individus regardés depuis longtemps comme les feuillants les plus déterminés, vendus à la cabale de Dietrich ; et ces mêmes hommes de la Propagande se sont continuellement opposés aux démarches de nos frères, pour demander le jugement des Jacobins incarcérés.

«Voilà ces hommes à grands principes, ces amants ardents de la liberté et de l'égalité, ces adorateurs du peuple, ces apôtres de la raison et de la vérité, venus pour nous éclairer et nous instruire ! Avaient-ils d'autre but que celui d'anéantir les vertus républicaines, et de faire triompher les intrigants et les fripons?

«Citoyens vertueux, lisez cet écrit qui ne contient que des vérités, et jugez!

«Les Sans-culottes de 89, qui n'ont pas voulu être plus révolutionnaires que la Convention et le Comité de salut public.»

18 »Boy, membre de la S. populaire régénérée de Strasbourg, prononce au temple de la raison un discours, dont la S. vote l'impression.«

L'orateur termine son discours en disant :

«.....J'aime mieux que l'on guillotine dix-mille aristocrates, dix-mille scélérats, que de voir périr un bon, un vertueux Républicain. Anéantir le crime, c'est assurer le règne de la vertu. Nous serions aussi coupables que nos ennemis, que les ennemis de la patrie, si nous étions assez lâches pour leur pardonner.

«Hommes pusillanimes, hommes sentimentals de l'ancien régime, vous allez crier que je suis un tigre, un barbare, un cannibale enfin ; non, je suis un homme juste et peut-être plus sensible que vous : mais est-il question d'écouter sa sensibilité quand la patrie est au bord de l'abîme ; quand la liberté demande l'anéantissement de ses ennemis? Non, non, c'est l'intérêt général qu'il faut écouter ; il est la boussole du Républicain. Criez donc autant que cela vous fera plaisir ; criez que je suis sanguinaire : je ne changerai pas pour cela d'opinion ; je répéterai toujours que tout ennemi de la République, tout traître, tout conspirateur, tout homme qui cherche à faire le malheur du peuple, doit payer de sa tête.

«Par les moyens indispensables de rigueur, les départements du Rhin seront convertis à la République ; on doit l'espérer, surtout quand la justice et la persuasion marcheront de front avec la sévérité.

Mais si, contre toute attente, l'habitude de l'esclavage, le pouvoir du fanatisme, la corruption, enfin, étaient tels que la République ne pût confier une de ses frontières les plus importantes aux citoyens de ces départements, vous concevez, citoyens, quel est le sort qui vous attend. Le sol fertile que vous habitez deviendra le partage des braves Sans-culottes, et vous en serez chassés avec ignominie. Quelle serait alors votre ressource? 18

Seriez-vous assez imbécilles, assez perfides, pour compter sur les secours des puissances étrangères? Mais un million de Républicains armés est là pour les anéantir. Je vous l'ai dit déjà, point d'espérance, point de bonheur pour vous que dans la liberté. Écoutez donc la voix de la raison, celle de la patrie. Jurez avec nous: Protection à l'innocence; amour à la liberté, à l'égalité; haine éternelle à tous les prêtres; punition exemplaire aux égoïstes, aux agioteurs; mort aux traîtres et au dernier des rois; guerre éternelle aux Anglais!»

«Ferat, Agent national du district de Strasbourg, invite les membres de la S. à lui communiquer des renseignements sur Boch, Cotta et Martin, afin qu'il puisse les transmettre au Tribunal révolutionnaire de Paris. Delâtre demande que l'on fasse aussi connaître les complices de leur tentative de rétablir la permanence des sections, afin de pouvoir les dénoncer, dans les 24 heures, au Comité de sûreté publique. 19

«La S. apprend avec la plus vive joie l'acquittement des citoyens Edelmann et André.

«Lecture d'une lettre de Louis, député à Paris, adressée à la S., annonçant que lui, ainsi que son collègue Simond, ont facilement reconnu dans l'arrêté pris par la S. contre l'adresse de la S. de Metz [1], les principes imperturbables qui depuis les premières années de la Révolution caractérisent ses braves frères et amis les Jacobins de Strasbourg, et qu'il en informera la S. de Paris.

«On donne lecture d'une lettre de Blanié, de Paris, annonçant qu'il vient d'acheter les bustes des martyrs de la liberté, pour en décorer la salle de la S. [2].»

---

[1] Voir sous le 4 et 6 février, p. 324 et 325.

[2] Voir *Livre bleu,* II, p. 130.

21 »Lecture de la pièce suivante envoyée à la S. :

«*Extrait des registres de la Société populaire de Saarebourg.*

«Séance de décadi, le 30 pluviose, l'an IIe de la République française une et indivisible.

«Le citoyen Faure, Représentant du peuple dans les départements de la Meurthe, de la Moselle et des Vosges, ayant adressé à la Société un mémoire justificatif de sa conduite ; la Société, instruite que les patriotes les plus purs et les plus incorruptibles de ces départements ont été condamnés par ce Représentant à des détentions arbitraires, que plus de quarante d'entre eux, envoyés par lui au Tribunal révolutionnaire, y ont été honorablement acquittés et reconnus avoir été victimes d'un plan odieux de persécution ; sachant que les fonctionnaires publics qu'il avait placés à Nancy, que les membres de la Société populaire qu'il y avait organisée, étaient pour la plupart ennemis des principes révolutionnaires, et n'ayant reconnu dans ses Agents, Commissaires et Délégués que des principes suspects.

«Déclare à l'unanimité que les mesures prises par Faure ont jeté la consternation parmi tous les bons patriotes qui en ont été les témoins, et qu'elle a considéré son rappel comme une victoire remportée par les patriotes sur l'aristocratie.

«La Société déclare de plus que les Représentants Baudot et Lacoste, tous deux bien connus par leur zèle et les services qu'ils ont rendus jusqu'à ce jour à la cause de la liberté, ont en cette occasion été les fermes appuis des patriotes et que déjà l'esprit public commence à se régénérer à Nancy et dans tout le département de la Meurthe par l'effet des mesures sages et rigoureuses qu'ils y ont prises.

«Arrête que copie du présent arrêté sera adressée à la Convention nationale, au Comité de salut public, aux Représentants Baudot et Lacoste, au Représentant Faure et à la Société regénérée, ainsi qu'à toutes les Sociétés populaires.

«Fait à Saarebourg, les jour et an que dessus.

«*Mouton,* Président.»

22 »Delâtre se plaint de ce que les Réprésentants du peuple, Lacoste et Baudot, ont été accusés auprès du Comité de salut public. Il rappelle à la S. l'activité que ces deux Représentants déployèrent lorsque les deux départements du Rhin ont été menacés par l'ennemi, et propose l'envoi d'une adresse au Comité de salut public, pour mettre au grand jour leur conduite irréprochable. Arrêté.«

»Lecture de la lettre suivante, adressée à la S. par Louis, 10
député à Paris, ainsi que du rapport du Comité de sûreté générale, adressé aux S. populaires [1].«

«Frères et amis,

«Je vous envoie deux exemplaires d'un rapport présenté à la Convention nationale par le Comité de sûreté générale.

«Je ne doute pas que toujours à la hauteur d'une Révolution dont la Société a même souvent précédé la marche, vous n'acueilliez avec satisfaction les principes dont cette production établit les développements.

«Salut et fraternité ! *Louis,* Député du Bas-Rhin.»

»André, élargi des prisons de Dijon, se présente à la 11
séance ; la salle et les tribunes retentissent des applaudissements, et le Président lui donne l'accolade fraternelle au nom de la S.

»Lecture d'une lettre du Comité de sûreté générale, demandant à la S. des renseignements sur la conduite d'Euloge Schneider. Après de longues discussions, la S. nomme une Commission pour faire un rapport à ce sujet [2].«

»Lecture du rapport contre Euloge Schneider. Après 12
une courte discussion, dans le cours de laquelle Bois assure que Laveaux, en sa qualité d'un des amis les plus intimes de cet Autrichien, cherche à le disculper à Paris, le rapport est adressé au Comité de sûreté générale.

»Boy lit à la S. le projet suivant d'une adresse à la Convention nationale :

«*Les Républicains composant la Société populaire de Strasbourg, à la Convention nationale.*

«Citoyens Représentants,

«L'aristocratie est expirante ; elle n'est plus à craindre ; l'intrigue, l'ambition, l'immoralité, la corruption : voilà les ennemis les plus redoutables de la patrie. Tout nous prouve que, sur eux, nous devons diriger le flambeau de la surveillance et le glaive de la loi.

«Amis de la liberté ; Français ! dignes du nom de Républicains ; rallions-nous autour de la Convention nationale et la patrie sera

---

[1] Voir ce rapport, *Strassburger Zeitung,* 1794, p. 290.

[2] Voir *Livre bleu,* II, p. 317-323.

triomphante. Plus on cherche à diviser le peuple et ses Représentants, plus le peuple doit se rapprocher d'eux.

«Législateurs, voilà notre profession de foi.

«Nous ne connaissons de pouvoir que celui du peuple et le vôtre, puisque le peuple vous a revêtus de sa confiance. Nous jurons de nouveau la plus entière obéissance aux Décrets émanés de la Convention ; nos cœurs volent au-devant d'elle, et nos bras sont prêts à la défendre.

«Que d'autres, ou égarés ou perfides, fassent, dans leur délire, retentir le mot d'insurrection ; qu'ils cherchent à vous ravir la confiance de la République ; leurs cris séditieux nous font horreur.

«Le trône s'est écroulé sous la hache républicaine ; la faction fédéraliste a payé, de son sang, ses complots parricides ; la grande majorité de la Convention est pure et veut la liberté. Eh ! contre qui prétendrait-on exciter le peuple à l'insurrection ? où sont donc les tyrans qui nous oppriment ? non point d'insurrection. Tout mouvement intérieur nous serait funeste. Si le peuple doit se lever, aujourd'hui, ce n'est que contre les esclaves des rois ; ce n'est que contre les hommes pervers qui veulent éterniser les troubles de l'intérieur, pour empêcher nos succès sur les frontières.

«Le Comité de salut public a fait connaître les principes qui doivent diriger le peuple français. Si cette morale est trop au-dessus des forces de quelques hommes corrompus, tant pis pour eux. Quant à nous, citoyens Représentants, recevez notre adhésion formelle à ces principes éternels de justice, seuls capables d'assurer le triomphe de la Révolution. Les mœurs, les talents, les vertus, voilà les bases d'une République telle que nous la voulons, telle que vous la voulez.

«Braves Représentants montagnards, membres du Comité de salut public, vous tous, énergiques défenseurs intrépides des droits du peuple ! poursuivez votre glorieuse carrière. Frappez, frappez les intrigants, les monarchistes et les ambitieux. La République entière secondera vos efforts. La masse du peuple ne peut être corrompue ; vous avez sa confiance ; parlez et tous les ennemis de la liberté seront anéantis. Vive la Convention nationale.»

»Cette adresse est vivement applaudie par la S. ; l'envoi à la Convention nationale est voté, ainsi que l'impression. Le Président invite la S. à prêter solennellement le nouveau serment : *A la terreur des ambitieux et des intrigants*. Tous les membres et les assistants le jurent et l'affermissent en signant l'adresse.

»Edelmann raconte à la S. les aventures essuyées par lui, ainsi que par quelques autres membres de la S. et des pouvoirs constitués du Bas-Rhin, dans les prisons de Metz [1]. 12

»Sur la motion d'un membre, la S. arrête de demander au Représentant du peuple Rougemont la mise en liberté des frères Jung et Massé. Un autre membre propose que cette demande soit étendue à tous les autres prisonniers du patriotisme desquels on sera convaincu. Il est décidé de lire à cet effet les noms des personnes incarcérées [2], et chaque membre, ainsi que les citoyennes placées sur les tribunes, sont invités à dire tout ce qui est à leur connaissance, depuis 1789, sur le compte des incarcérés. Les citoyens Bertram, Jung, Rosa, Massé et d'autres sont du nombre de ceux dont l'élargissement est demandé. On passe à l'ordre du jour sur Wunderer, Friedolsheim, Ehrlenholtz, Butenschœn, Oberlin et d'autres, sur le compte desquels des accusations sont articulées.«

»La S. continue l'examen de la liste des incarcérés. 13
Vogt, ex-canonnier de la Garde nationale de Strasbourg, est signalé comme un patriote consommé et recommandé au Représentant Rougemont. On passe à l'ordre du jour sur Vogt, ci-devant Commandant de la Garde nationale de Strasbourg, et sur Wolff, ci-devant juge au tribunal révolutionnaire de la même ville.

---

[1] Une relation très-intéressante sur l'arrestation, le voyage et l'incarcération de ces victimes de l'arrêté de St-Just et Lebas, du 12 brumaire II (2 novembre 1793), se trouve dans : (J. J. Oberlin), *Gefängniss-Geschichten und Akten-Stücke zur Robespierre'schen Tyranney gehörig* (Histoire des prisons et pièces à l'appui faisant partie de la tyrannie de Robespierre), 1er vol., p. 97.

[2] Voir *Verzeichniss der vom Junius* 1793 *bis Oktober* 1794, *im ehemaligen Seminar zu Strassburg eingesperrten Bürger des Niederrheinischen Departements* (Liste des citoyens du Bas-Rhin, incarcérés depuis le mois de juin 1793 jusqu'au mois d'octobre 1794, au ci-devant Séminaire de Strasbourg), se trouvant à la fin du 3e vol. de l'ouvrage cité : *Histoire des prisons*, par Oberlin. (Le nombre des incarcérés s'éleva à 1482, sans compter ceux qui n'étaient pas du département du Bas-Rhin.)

13 «Lecture d'une lettre du frère Massé, de Dijon, annonçant à la S. qu'il a obtenu sa liberté par l'entremise du Représentant du peuple, ainsi que quatre de ses confrères, et que c'est à la sollicitation de la S. de Dijon qu'ils doivent leur élargissement. De vifs applaudissements font retentir la salle, et la S. arrête d'écrire une lettre de remerciment à la S. dijonnaise, en l'assurant qu'on ferait tout pour elle quand l'occasion s'en présenterait.»

17 «Lecture du *Rapport sur les factions de l'étranger et sur la conspiration ourdie par elles dans la République française, pour détruire le gouvernement républicain, fait à la Convention nationale, par Saint-Just.*

Nous extrayons de ce rapport le passage suivant relatif aux Sociétés populaires :

«Les Sociétés populaires étaient autrefois des temples de l'égalité. Les citoyens et les législateurs y venaient méditer la perte de la tyrannie, la chute des rois, les moyens de fonder la liberté. Dans les Sociétés populaires on voyait le peuple, uni à ses Représentants, les éclairer et les juger; mais depuis que les Sociétés populaires se sont remplies d'êtres artificieux, qui viennent briguer à grands cris leur élévation à la législature, au ministère, au généralat; depuis qu'il y a dans ces Sociétés trop de fonctionnaires, trop peu de citoyens, le peuple y est nul; ce n'est plus lui qui juge le gouvernement, ce sont les fonctionnaires coalisés, qui réunissant leur influence, font taire le peuple, l'épouvantent, le séparent des législateurs, qui devraient en être inséparables, et corrompent l'opinion dont ils s'emparent, et par laquelle ils font taire le gouvernement et dénoncent la liberté même. Qui ne voit point tous les pièges que l'étranger a pu nous tendre par nos propres moyens.»

27 «Le Maire Monet, Téterel et Mainoni dénoncent à la S. épurée, affiliée aux Jacobins de toute la République [1], une brochure imprimée à Dijon et répandue à Strasbourg, contenant des calomnies contre eux. Ils protestent contre la fausseté des inculpations insérées dans ce libelle intitulé : *Histoire de la Propagande* etc. [2]. La S. témoigne à ces

---

[1] C'est le titre que venait de prendre le club des Jacobins.

[2] Voir sous le 15 février 1794, p. 329.

trois citoyens qu'elle est convaincue de la pureté de leurs principes et qu'elle regarde ce libelle comme l'ouvrage d'un esprit aigri par les circonstances malheureuses et qui s'est laissé emporter, sans que l'auteur ait examiné les causes des mesures qui avaient pesé sur lui. » 27

« Alexandre prononce un discours sur les moyens de détruire l'agiotage. AVRIL. 3

Nous extrayons les passages suivants de ce discours :

« Depuis longtemps la Société discute sur les moyens de détruire l'agiotage, ce fléau terrible qui tend à tout détruire ; cette peste politique qui infecte surtout les départements du Rhin.

« Beaucoup de moyens ont été proposés, employés même, aucuns n'ont atteint le véritable but. L'égoïste effronté, le marchand cupide lèvent effrontément la tête ; vous n'obtenez rien qu'avec de l'or ou avec force assignats, qui méprisés, avilis dans ces contrées, n'offrent au malheureux artisan, à l'ouvrier honnête et pauvre, que la triste perspective de la misère et des privations d'objets les plus nécessaires à l'existence de leur nombreuse famille.

« Enfin, au mépris des lois les plus sévères, on fait publiquement deux prix dans les campagnes, surtout dans le département du Haut-Rhin. La loi du maximum est méconnue partout, et le mal est à son comble.

« Rappelez-vous comment la loi du maximum s'est établie dans ce département. C'est par le Tribunal révolutionnaire, c'est par la terreur qu'il sût inspirer aux fripons et aux scélérats, que pendant quelque temps les assignats reprirent valeur et se soutinrent, que la loi du maximum fut ponctuellement exécutée.

« Le Gouvernement révolutionnaire détruisit cette institution qui rompait l'unité de la République ; aussitôt la cupidité effrayée pour un instant se réveille, l'agiotage infâme reprend ses calculs, le fripon qui tient en ses mains notre subsistance et les objets de nos premiers besoins, se joue des malheureux qu'il pressure.

« Toutes ces considérations vous ont fait demander au Comité de salut public une Commission révolutionnaire : certes, elle remédierait au mal ; mais vous ne l'obtiendrez pas, parce que, comme je vous l'ai dit, l'unité de la République s'y oppose. Il est un moyen puissant d'y suppléer, c'est une loi générale, applicable dans toute la République, une loi beaucoup plus sévère que les lois existantes, beaucoup plus

3 prompte, et dont je trouve à peu près le texte dans celle du 30 frimaire dernier.»

»L'auteur de ce discours le fait suivre d'un projet de loi sur cette matière.

»La S. décide que ce discours, suivi du projet de loi, serait imprimé et envoyé à la Convention nationale.«

4 »La S. nomme une députation pour remercier les guerriers qui reviendront de Mayence.«

6 »Une délégation de la garnison mayençaise, invitée par la S., se présente à la séance. Le Président donne, au milieu des plus vifs applaudissements, le baiser fraternel à ces braves défenseurs de la patrie.

»La S. arrête d'envoyer une adresse à la Convention nationale et au Comité de salut public, sur la conduite patriotique et énergique que n'a cessé de tenir le citoyen Téterel, tant dans cette commune qu'en la Vendée, conduite qui de tout temps l'a fait détester des aristocrates, des fanatiques, des modérés et des intrigants. Massé, André et Monet sont chargés de la rédaction de cette adresse.

»Le Comité de surveillance qui était chargé de faire un rapport sur la conduite qu'ont tenue en cette commune les citoyens Marat et Duriège, de Sedan, déclare qu'il ne lui est parvenu aucuns renseignements sur ces hommes. Plusieurs membres de la S. parlent alors sur ces deux individus.

»On rappelle la motion liberticide du nommé Marat, qui disait à la tribune: »Que nous importe que quelques innocents périssent avec les coupables; dépêchons-nous de septembriser, d'expédier tous les détenus sans distinction, pour faire une seconde fournée.« La S. arrête qu'on instruira les patriotes de Sedan de cette motion. Un membre assure que les principaux Propagandistes même regardaient Duriège comme un parfait intrigant et Marat comme un fou et un extravagant mis en avant par Duriège. Ils seront dépeints de cette manière à la S. de Sedan.»

12 »L'ordre du jour suivant est lu à la S. et applaudi par tous les membres de la S. et les citoyens des tribunes :

«Les malintentionnés et les intrigants cherchent à tout employer; il faut les extirper. La République triomphe et l'aristocratie s'est approchée de sa décadence; mais il faut que nous surveillions les traîtres. Frères, soyez actifs et vigilants. Les canons doivent, jusqu'à nouvel ordre, rester prêts les mèches allumées; la réserve doit être augmentée de quatre canons chargés à mitraille. Deux escadrons d'artillerie à cheval doivent bivaquer, avec leurs canons et caissons, sur la Place d'Armes. 12

«Le Général de division et Commandant de Strasbourg, *Dièche.*»

"La S. envoie une adresse de félicitation à la Convention nationale, sur l'heureuse découverte de la conspiration. 13

"Le Représentant du peuple Frécine, envoyé par la Convention nationale à Strasbourg, comme Commissaire de la raffinerie révolutionnaire de salpêtre, se plaint auprès de la S. que les habitants de cette ville ne se hâtent point de fournir le salpêtre demandé. Un membre prononce un discours, dans lequel il exhorte ses concitoyens à faire cette fourniture, et dans le plus bref délai."

Il le termine en disant:

«Citoyens, nous avons déjà porté tant de présents sur l'autel de la patrie, celui-ci aussi doit lui être agréable. Sans avoir recueilli du salpêtre, nous n'avons rien fait; l'honneur de notre commune et le bonheur de la République l'exigent de nous; ce double appel nous sera sacré; c'est lui qui fonde notre liberté et le bien-être de notre République.»

"Lecture d'une lettre du Secrétaire de l'Agent français en Suisse, annonçant que l'Angleterre cherche à maintenir le Roi de Prusse dans la coalition, en lui promettant un million de livres sterling; mais que le Roi de Prusse, se voyant obligé, par les troubles de la Pologne, d'envoyer ses troupes vers ce pays, ne pourrait obtempérer à la demande de l'Angleterre. 20

"Un membre annonce qu'il ne s'est présenté jusqu'à présent qu'un très-petit nombre d'instituteurs de langue française pour les écoles de la campagne. La S. arrête que le Comité qui se rassemble à ce sujet tous les quintidis et les décadis au temple des réformés, s'adjoigne encore quelques membres."

25 »La S. populaire de Metz annonce que les troupes françaises sont entrées, après une canonnade de quatre heures, dans Arlon, près Luxembourg, et que l'ennemi a perdu beaucoup d'hommes. (Applaudissements.)

»La Convention nationale demande que la S. lui donne des renseignements sur les suppléants des députés du Bas-Rhin, une place vacante étant à remplir [1]. Téterel dit que la réponse à la Convention nationale, au sujet des renseignements sur les suppléants, était facile à donner : le premier suppléant, Thomassin, étant émigré; le second, Noisette, étant incarcéré comme suspect, et le troisième, Grimmer, ci-devant Procureur-syndic du District de Wissembourg, étant également en prison.

»Les membres du Département demandent que la S. appuie leurs instances auprès de la Convention nationale, que les nombreux prisonniers qui se trouvent à Strasbourg soient transportés autre part. La S. appuie cette demande.

»Un membre propose qu'il soit nommée une Commission qui révise les procès de plusieurs personnes condamnées injustement par le tribunal auprès duquel le prêtre autrichien était l'Accusateur public.

»Téterel propose, à la suite de la loi du 26 germinal, qui défend aux ci-devant nobles et aux étrangers d'être dorénavant membres de S. populaires, que l'on dresse une liste exacte de tous les membres, indiquant leurs noms, leur naissance, demeure, occupations et lieu de naissance et le temps pendant lequel ils ont été membres de la S., et que l'on envoie cette liste au Comité de surveillance.«

26 »Lecture d'une lettre du citoyen Grimmer, député suppléant, protestant de son innocence; il déclare en outre que tous les autres membres du même District, qui se trouvent emprisonnés avec lui, sont aussi parfaitement innocents. Il demande que l'accusation dirigée contre lui soit immédiatement examinée, »pouvant se rendre le témoignage,« dit-il dans sa lettre, »que de tout temps il s'est

[1] Celle de l'ex-député Dentzel.

conduit en digne défenseur de la liberté et que sa conscience 26
était aussi pure que les rayons du soleil.» (On rit.) Un membre fait la motion que la S. prononcera l'ordre du jour sur toutes les demandes semblables, jusqu'à l'établissement des Commissions populaires, fixé au 15 floréal (4 mai).

»Le citoyen Henri Leicht envoie à la S. un équipement complet pour un défenseur de la liberté ; il prie la S. de lui faire connaître le nom du soldat auquel on destinera cet équipement, afin qu'il puisse, suivant la promesse faite déjà antérieurement, lui donner les 150 livres à son départ. Téterel observe que, comme la S. possédait encore une selle, on destinerait cet équipement à un cavalier.

»Deux membres envoient l'un 100 et l'autre 50 livres, pour la fabrication du salpêtre, n'ayant pas, comme ils l'écrivent, le bonheur de pouvoir en creuser dans leurs maisons. (Applaudissements.) La S. apprend aussi avec grand plaisir que la fabrication du salpêtre marche bon train et que surtout les citoyens des faubourgs y mettent beaucoup d'ardeur.

»On annonce de nouveau qu'il ne se présente pas assez de personnes pour remplir la mission honorable d'instituteur de langue française à la campagne. Simond fait savoir que, d'après un entretien qu'il a eu avec un Représentant du peuple, celui-ci lui a promis de prohiber entièrement la langue allemande dans les écoles primaires à ériger, et qu'il ne serait permis aux instituteurs de s'en servir que pour l'explication du français.

»Un membre demande que tous les ci-devant nobles et ecclésiastiques soient éliminés du corps des charrois [1]. La S. renvoie cette demande à une Commission.

»Le Président annonce à la S. qu'un citoyen de Bischheim, en plantant des pommes de terre dans son champ, y trouva près d'un demi-setier de doubles Louis-d'or. La S. décide d'examiner cette affaire de plus près.»

---

[1] Soldats du train.

«Le Maire Monet prononce un *Discours sur la conjuration de l'Étranger dans le Bas-Rhin*.

«Le 12 brumaire les corps administratifs du Bas-Rhin furent arrêtés et conduits dans des prisons lointaines ; si quelques patriotes furent compris dans cette mesure de sûreté générale, le devoir de leurs amis qui restaient, était de ne réclamer que ceux qui, reconnus par leur énergie, pouvaient être regardés comme victimes d'une erreur.

«Ces principes dirigeaient quelques membres d'un Comité chargé par la Société populaire de dresser l'état de ceux qu'il croirait mériter son intérêt ; ils désiraient ne s'occuper que de la justice à rendre aux hommes révolutionnaires, mais ce n'était point là malheureusement le sentiment de la majorité ; c'est en vain que Mougeat, s'élevant contre les mouvements d'une sensibilité peu réfléchie, s'opposa à tout acte, qui serait désavoué par la prudence ; l'on feignit de croire, qu'en réclamant un aussi petit nombre d'administrateurs incarcérés, il n'était pas fâché de les voir tous confondus dans les fers, et son opinion fut rejetée avec humeur.

«C'est ainsi qu'on méditait de loin les calomnies affreuses, dont le but n'a que trop bien été découvert dans la suite ; c'est ainsi qu'en semant adroitement des préventions contre des patriotes irréprochables, quelques membres engagèrent le Comité à une démarche qui pouvait justement ternir la gloire de la Société populaire ; l'on accrédita le bruit que la destitution des corps administratifs n'était que l'effet de la jalousie et de l'intrigue, et la Société trop confiante fut entraînée elle-même dans un excès de faiblesse, qui pouvait la perdre ou compromettre le salut public.

«La réponse des Représentants à la demande de la Société populaire fut telle qu'on devait l'attendre de Républicains qui, sans s'arrêter à des considérations particulières, s'occupent avec prédilection de l'intérêt de tous et placent le mépris du peuple au rang des crimes : «Ce «n'est point du retour de vos magistrats indifférents que vous devez «vous occuper,» disent-ils dans leur lettre du 24 brumaire, «mais de «l'expulsion de vos ennemis qui dévorent les campagnes et de la «découverte des conspirateurs cachés sous toutes les formes. . . . notre «devoir est d'être inflexibles dans les principes. Nous vous devons de «l'amitié, nous ne vous devons point de faiblesse, nous devons tout à «la patrie.»

«Cette mesure générale, prise par les Représentants à l'égard des corps administratifs, avait déjà indisposé quelques membres de la Société populaire ; la fermeté de leur réponse acheva de les aigrir ;

résolus de porter tout à l'extrême, ils agitèrent l'opinion et les esprits, 30
et parvinrent à les égarer; ils affectèrent de rendre odieux tous les actes qui émanaient des Législateurs, qui devaient frayer à nos armées le chemin de la victoire.

«C'est ici l'époque où se développa à Strasbourg le complot, qui de crise en crise a continuellement marché de pair avec la conjuration ourdie à Paris pour renverser le gouvernement révolutionnaire et républicain; Vogt, Schneider, Jung, Leorier, Clauer, Breck, Nestling, Wolff, Clavel, que la Société populaire a depuis sagement proscrits de son sein, et tant d'autres qui intriguaient à l'ombre des premiers, étaient d'un côté secondés par de nombreux agents qui se multipliaient et semblaient se reproduire, pendant que les Représentants étaient de l'autre avec un petit nombre de Républicains que l'on réduisait au silence, sur lesquels l'on provoquait les soupçons et les doutes, qui n'avaient pour tout appui qu'une conduite révolutionnaire sans tache et la bonté de leur cause.»

»La S. applaudit ce discours et en vote l'impression dans les deux langues.

»Un Secrétaire de la S. lit un *Traité sur la morale de la République,* rédigé par Wolf, jeune homme au-dessous de 16 ans, chasseur à l'armée. La S. ayant trouvé ce traité excellent, décide que pendant trois séances consécutives elle s'occupera à le discuter [1].

»Le Président rend compte d'une poésie allemande, intitulée: *An den Schöpfer* (Au Créateur), que le jeune poète patriote Lamey [2] lui a envoyée.

»Planier fait savoir à la S. que pendant la décade passée les habitants de Strasbourg ont fourni 3025 livres de salpêtre, et que dans la décade prochaine il pourrait être livré plusieurs milliers de livres. (Vifs applaudissements.)

»Il annonce encore que depuis l'établissement du maximum, les bouchers ne vendaient plus la viande de veau à la livre, mais seulement par quartier, de sorte qu'à l'exception des riches, personne ne pouvait plus en acheter, et

---

[1] Voir un extrait de ce traité, *Strassburgische Zeitung,* 1794, p. 569.

[2] Voir les notices biographiques sur Auguste Lamey, *Elsässische Neujahrsblätter von Aug. Stœber und Fr. Otte,* 1845, p. 20.

30 que les pauvres, parmi lesquels il se trouve ordinairement plus de malades, en manquaient totalement. On remarque aussi que beaucoup de ci-devant juifs, qui avant la loi du maximum vendaient de la viande, tiennent maintenant leurs étaux fermés. Téterel propose de recommander à la municipalité de procurer de la viande aux malades et aux personnes d'une santé fragile; les personnes bien portantes, dit-il, pourront se nourrir de légumes que la saison offre en abondance. La S. décide d'en référer à la municipalité.»

MAI. 3 «Lecture d'une lettre de Nizza, qui confirme de nouvelles victoires remportées par les soldats de la République. (Applaudissements.)

«On communique une lettre du Département du Bas-Rhin, demandant au Comité de salut public que l'argent de métal ou monnayé soit démonétisé ou déclaré hors de cours jusqu'à la paix, cette mesure étant le seul moyen de faire cesser l'agiotage entre l'argent monnayé et les assignats, et de procurer à ces derniers leur valeur véritable. La S. arrête d'appuyer cette utile mesure.

«Les membres de la même administration départementale envoient à la S. un arrêté qui ordonne que toute impression en langue allemande, même les traductions du français, devront être imprimées avec des caractères français, pour répandre par là au moins la connaissance de ces caractères.

«Un membre lit un mémoire, pour prouver que les ci-devant juifs, qui par les droits de l'homme ont acquis tous les droits de citoyen, déméritent de cette faveur par leur manière de se conduire.

«Au lieu de se distinguer,» dit l'auteur de ce mémoire, «par de l'activité et par l'amour du travail, ils s'adonnent à l'usure. Chacun qui dans une République telle que la nôtre, dans laquelle tous les citoyens ne composent, pour ainsi dire, qu'une seule et même famille, n'emploie pas tout son temps et toutes ses forces au bien-être de cette famille, est non seulement indigne du nom de citoyen et de Républicain, mais il ne mérite pas même de vivre parmi des hommes libres. Que l'on prenne des mesures pour faire travailler les ci-devant juifs, ou, dans le cas qu'ils continuent à s'adonner à l'usure, de les bannir du pays de la liberté, qui désormais ne doit plus être habité que par des gens laborieux.» 5

»Après la lecture de ce mémoire, la S. exprime son parfait contentement par de vifs applaudissements.

»Un autre membre rapporte qu'un juif ayant reçu une lettre un samedi (ancien style), refusa d'en payer le port, vu que c'était un sabbat. Alexandre prend la parole et dit :

«Nous ne nous occupons point ici de questions religieuses, la Convention nationale ayant déclaré que les opinions ne doivent être gênées ; il faut remettre au temps et à la raison de corriger de pareils gens ; mais il s'agit ici de travail, de la participation au bien-être social. Les juifs ont-ils satisfait à ces devoirs ? Non, au lieu de cela nous les voyons réunis en masse sur les places publiques, épier le moment où un jeune homme ou un autre individu tombe dans leurs filets étendus et leur offre des objets qu'ils revendent avec grande usure. Ce ne sont pas eux seuls qui méritent d'être dénoncés comme des hommes fainéants et paresseux, mais ce sont les archi-usuriers qui soutiennent ceux-ci en leur avançant de l'argent pour en faire l'usure. Je fais donc la motion d'adresser un rapport au Comité de salut public, sur l'opinion que l'on a de ces juifs, en s'occupant de cette question dans plusieurs séances consécutives.»

»La S. de Bischwiller annonce qu'ayant déjà fait plusieurs démarches inutiles pour la mise en liberté d'Élie Stœber, du patriotisme duquel elle est entièrement convaincue, elle s'adresse à la S., en la priant d'appuyer sa demande auprès du Comité de salut public. La S. répond à ses frères de Bischwiller, que comme les Commissions populaires vont être installées immédiatement pour juger les incarcérés, ils doivent attendre le résultat de ces jugements. 6.

»Simond lit un rapport, au nom du Comité de l'instruction, sur l'introduction dans le plus bref délai de la langue française dans les deux départements du Rhin.

«Ce n'est pas assez,» dit-il, «de placer dans chaque commune un instituteur qui cherche à populariser cette langue, on n'atteindrait par là que partiellement le but ; car les élèves, sortis de l'école, oublieront bien vite ce qu'ils y ont appris ; se trouvant entourés de personnes ne parlant que l'allemand, ils préféreront parler leur langage maternel. Il faut donc aviser aux moyens par lesquels le langage

6 puisse être favorisé le plus efficacement possible. Le Comité vous propose donc dans ce but les mesures suivantes, que vous aurez à soumettre au Comité de salut public : 1° Que l'on donne aux citoyens de l'intérieur, qui parlent le français et qui ont mérité de la patrie, la préférence de l'achat des biens nationaux, et *vice versa,* que l'on favorise l'achat de ces biens de l'intérieur aux citoyens parlant l'allemand. 2° Que l'on transporte un nombre égal de citoyens parlant le français, de l'intérieur de la République dans les deux départements du Rhin, de sorte qu'il y aura autant d'habitants parlant le français que de ceux parlant l'allemand dans les deux départements.»

»La S. adopte cette proposition.

»Le Maire Monet annonce que les émigrés viennent d'être chassés de Trèves et de Coblence, que ces chevaliers de la couronne se voient obligés de se nourrir d'une livre de pain par jour et sans viande, et que les lâches émigrants du Bas-Rhin sont enrôlés de force.

»Le Général Dièche annonce que sur la demande qu'on lui a faite de 500 hommes pour travailler aux lignes de Landau, il a donné ordre d'y envoyer les muscadins de Strasbourg, et que ces muscadins, s'ils veulent se faire remplacer, paieront 600 à 800 livres pour un remplaçant. Le Général promet toutefois qu'il ne les oubliera pas à une prochaine occasion pour un pareil travail.«

10 »On annonce de nouvelles victoires remportées par l'armée républicaine en Italie.

»La famille Timon, de Fort-Vauban, fait connaître à la S. ses malheurs et ses souffrances, essuyés pendant le blocus de cette forteresse par les Autrichiens. La S. fait une collecte en faveur de cette malheureuse famille.

»Le citoyen Jacques Wencker envoie de la prison à la S. 200 exemplaires d'une *Pétition et mémoire adressé à l'Accusateur public et au Tribunal criminel de Strasbourg,* pour protester de son innocence.

»La S. reprend la continuation de la discussion sur les juifs. Plusieurs membres font des rapports sur l'usure dont les juifs se rendent coupables dans les départements du Rhin. Un membre parle entre autres contre les usages du culte israélite et contre l'abstinence de différents aliments,

qui distingue cette nation. Le citoyen Bois fait la même 10
remarque que le citoyen Alexandre a déjà faite dans une séance précédente et ajoute :

«Si nous voulons parler de ces hommes que l'on nomme juifs, si nous voulons les dénoncer aux Législateurs, il faut renoncer d'y mêler tout ce qui a rapport à leur religion. Il est statué par une loi que tous les cultes restent non troublés, donc aussi celui qu'exercent les juifs. La question principale est celle-ci : Les soi-disant juifs ont-ils répondu aux attentes que l'on était en droit d'attendre d'eux, lorsqu'on leur accorda les droits de l'homme, que chaque habitant de notre pays a le droit de revendiquer ? Se sont-ils montrés laborieux et utiles à la République, oui ou non ? Une grande partie d'entre eux se sont entretenus autrefois par des moyens qui portaient préjudice à l'humanité et ont principalement rendu malheureux beaucoup de jeunes gens ; exercent-ils encore ce commerce infâme ou l'ont-ils abandonné ? Voilà les principales questions qu'il faut examiner et qui nous doivent guider. L'on se plaint, et avec raison, qu'une partie de ce peuple ne s'occupe pas encore de travaux utiles, et qu'aujourd'hui encore elle se nourrit d'usure ; mais ce ne sont pas seulement les soi-disant juifs que nous pouvons accuser d'usure, quelques autres créatures se rendent également coupables de ce vice. Que l'on demande donc en général, que tous les habitants de la République soient laborieux, actifs et portés pour le bien-être de leurs concitoyens, et que ceux qui ne se soumettent point à cette conduite ne méritent pas de rester dans la société d'hommes laborieux et doivent en être exclus.»

«Lazare Zay lit un mémoire en justification de la soi-disant nation juive [1]. Sans vouloir nier qu'il ne s'y trouve aussi des individus indignes de la liberté, il demande qu'on les force au travail et que l'on agisse avec toute la sévérité des lois contre ceux qui ne s'y soumettent point, en les privant du bonheur qui n'est destiné qu'aux membres utiles. La S. donne son approbation aux conclusions de ces deux membres.»

«Les membres du Département du Bas-Rhin prient la 13
S. d'appuyer leur demande auprès de la Convention natio-

---

[1] *Judenschaft*. (Voir ce mémoire, *Strassburgische Zeitung*, 1794, p. 253.)

nale, afin qu'elle s'intéresse aux vieillards et aux enfants des émigrés incarcérés du district de Wissembourg. La S. arrête de s'associer à la demande du Département, afin que ces vieillards et ces enfants soient rendus à la liberté.

On annonce une victoire que l'armée du Nord vient de remporter, et par laquelle 56 canons sont tombés entre les mains de la République et 1500 émigrés ont été sabrés. (Vifs applaudissements.)

»La discussion sur les juifs est continuée. Parent lit un rapport à ce sujet; il commence par protester qu'aucune inimitié personnelle ne le guide en dénonçant les fautes de ce peuple, qu'il regarde du reste comme ses frères. En terminant son rapport, il demande que l'on rédige une adresse à la nation juive, pour l'inviter à se rendre utile à la société, en cultivant la terre et en travaillant dans les manufactures.

»Un autre membre demande que l'on invite, par une adresse affichée et publiée partout, tous les citoyens à dénoncer aux pouvoirs constitués tous les usuriers, juifs ou chrétiens, qui sont les sangsues du citoyen laborieux, afin que l'on puisse les punir d'après la sévérité des lois et qu'ils soient exclus de la société des citoyens [1]. Adopté.

»Le même membre lit un *Rapport de Robespierre sur la célébration des fêtes décadaires,* et le Décret du 18 floréal, rendu par la Convention nationale.«

---

[1] Le 29 juillet suivant, Mainoni, Agent national du District de Strasbourg, adressa l'avis suivant aux municipalités de l'arrondissement :

«Il est parvenu à la connaissance de l'Administration que vous ne surveillez pas les ci-devant juifs, que vous les laissez sans opposition exercer dans vos arrondissements respectifs le trafic infâme de l'agiotage. Je vous requiers sous votre responsabilité d'avoir sans cesse les yeux fixés sur ces êtres dangereux, qui sont les sangsues dévorantes des citoyens. Ayez soin aussi, aux termes de la loi du 17 septembre 1794 (vieux style), de leur faire produire la justification de leurs moyens d'exister et les preuves qui constateront l'acquit de leurs devoirs civiques.

Mainoni, Agent national.»

Ce Décret contient : 15

«Art. 1er. Le peuple français reconnaît l'existence de l'Être suprême et l'immortalité de l'âme.

«Art. 6. La République française célébrera tous les ans les fêtes du 14 juillet 1789, du 10 août 1792, du 21 janvier 1793, du 31 mai 1793.

«Art. 7. Elle célébrera, aux jours de décadi, les fêtes dont l'énumération suit :

A l'Être suprême et à la Nature.
Au Genre humain.
Au Peuple français.
Aux Bienfaiteurs de l'humanité.
Aux Martyrs de la liberté.
A la Liberté et à l'Égalité.
A la République.
A la Liberté du monde.
A l'Amour de la patrie.
A la Haine des tyrans et des traîtres.
A la Vérité.
A la Justice.
A la Pudeur.
A la Gloire et à l'Immortalité.
A l'Amitié.
A la Frugalité.
Au Courage.
A la Bonne foi.
A l'Héroïsme.
Au Désintéressement.
Au Stoïcisme.
A l'Amour.
A l'Amour conjugal.
A l'Amour paternel.
A la Tendresse maternelle.
A la Piété filiale.
A l'Enfance.
A la Jeunesse.
A l'Age viril.
A la Vieillesse.
Au Malheur.
A l'Agriculture.
A l'Industrie.
A nos Aïeux.
A la Postérité.
Au Bonheur.

«Art. 15. Il sera célébré, le 20 prairial prochain, une fête en l'honneur de l'Être suprême [1].»

«Les membres du Département du Bas-Rhin communiquent à la S. une lettre adressée au Comité de salut 16

[1] Outre ces 36 fêtes décadaires, on consacra les jours complémentaires, appelés les Sans-culotides, (les 5 jours restant chaque année pour compléter les 365 jours de l'année), à célébrer au 1er les Vertus, au 2e le Génie, au 3e le Travail, au 4e l'Opinion et au 5e les Récompenses. Dans les années bissextiles, le jour complémentaire, appelé la Sans-culotide, on devait célébrer une 6e fête, la fête du Peuple, et renouveler le serment de vivre et de mourir libre.

public, par laquelle ils demandent que la Convention nationale augmente le traitement des membres de l'administration départementale, en prenant les circonstances en considération. Un membre appuie cette demande; car, dit-il, l'Assemblée nationale, lorsqu'elle fixa ces traitements, n'avait en vue que des personnes riches; mais il a été reconnu depuis que la véritable probité et les véritables vertus ne se trouvent que dans les chaumières des pauvres et des Sans-culottes. Téterel, ainsi que plusieurs autres membres, font la motion d'appuyer chaudement cette demande, en insistant en outre pour qu'elle soit faite aussi en faveur des membres du District et principalement des notables dans les grandes communes, qui sont obligés d'employer plus du tiers de leurs journées aux affaires de la République. La S. nomme à cet effet deux Commissaires, Téterel et André, chargés de rédiger une adresse à ce sujet.

„L'Agent national envoie à la S. les noms de quelques personnes qui lui demandent des certificats de civisme. Il désire que la S. lui procure des renseignements sur ces personnes. Il est arrêté que les membres de la S. prendront des renseignements sur leur compte, afin de pouvoir répondre à l'Agent national.

„Arnet dépose au Comité de surveillance de la S. une dénonciation écrite contre le Comité de surveillance de la commune, qui, dit-il, contient encore quelques membres qui pleurent la mort du traître Dietrich. Arnet est sommé par Téterel de nommer publiquement ces prétendus partisans de Dietrich. Arnet monte à la tribune et annonce qu'il a envoyé devant ce Comité deux personnes arrêtées parce qu'elles ne portaient pas de cocarde nationale, et que ce Comité les a mises en liberté. Un membre répond qu'effectivement un vieillard de 70 ans, accusé d'avoir été vu sans cocarde, fut conduit devant le Comité de surveillance de la commune; questionné à ce sujet, il répondit qu'il l'avait sans doute perdue, mais qu'il en avait encore une sur le chapeau qui se trouvait à la maison; on fit la vérification, et sa déclaration fut trouvée conforme.“

»Lecture de la proclamation suivante : 18

«*L'Agent national du District de Strasbourg, aux communes de son arrondissement.*

«Concitoyens,

«Êtes-vous des Français ? Oui ; — mais êtes-vous de bons Républicains ? C'est ce que je ne puis dire : un patriote aime ses devoirs, il les remplit avec exactitude, et les fonctions qui lui sont confiées, loin d'être pour lui une tâche pénible, deviennent les seuls objets de sa sollicitude : à ces traits, si vous le pouvez, osez-vous reconnaître ; alors il n'y aura plus de doute sur votre compte ; mais pour y parvenir, il faut que vous répondiez à ces questions :

«Avez-vous fait tout ce que vous deviez faire ? Vous êtes-vous mis à l'abri des reproches ? Les lois dont l'exécution vous est confiée, sont-elles strictement observées dans vos communes ? Non ; — vous n'êtes donc pas des patriotes, des amis de la chose publique, puisque la partie du gouvernement dont vous êtes chargés n'obtient de vous qu'une froide insouciance et une négligence coupable.

«Songez, et c'est la dernière fois que je vous en avertis, que le temps est enfin venu où il faut que les lois soient exécutées, que les fonctionnaires publics s'acquittent de leurs devoirs, ou qu'ils aillent eux-mêmes sur l'échafaud, où ils doivent faire conduire les coupables.

«Partout où le crime ose impunément lever la tête, il n'y a plus de bonheur pour le peuple. La vertu désolée s'enfuit dans les déserts, et chacun se livre à la turpitude, à l'égoïsme, ces monstres infernaux, dont l'apparence trompeuse fait couler dans les cœurs de tous les hommes le poison de l'envie.

«Empressez-vous donc de prévenir ces accidents funestes ; rendez aux lois toute leur vigueur : votre tâche sera remplie.

«Celle du maximum doit surtout obtenir tous vos soins ; d'elle dépend le salut de la patrie ; sans les assignats, point de République, point de liberté ; ils sont le principal mobile de la chose publique, le ressort le plus essentiel du gouvernement, et le jour où ils cesseraient d'avoir leur cours, serait le jour où l'édifice du bonheur des Français s'écroulerait et les enterrerait sous ses ruines.

«Évitons ce désastreux malheur ; nous le pouvons, et les intérêts de la patrie, de l'humanité, nous en font un devoir sacré.

«Dites au peuple, que puisqu'il est des traîtres, des égoïstes, des perfides, à qui il faille le spectacle effrayant du supplice pour les rappeler à leur devoir, il ne leur sera plus rien pardonné ; où le salut de la patrie commande, l'indulgence doit se taire. Le glaive de la loi sera donc toujours en permanence sur la tête de l'agioteur et de celui

18 qui chercherait à avilir la monnaie nationale; mais dites aussi à ce peuple, que l'effusion du sang fait horreur aux Français, que la République voudrait n'avoir jamais de crimes à punir, et que la félicité est le seul but où tendent les lois qu'ils ne cessent d'enfreindre.

«Ingrats, insensés que vous êtes; on fait votre bonheur et vous le détruisez! — Tandis qu'on ne s'occupe que de vous, vous ne songez à personne; un sordide intérêt vous guide à tout ce que vous faites, et si quelquefois vous vous livrez au bien, ce n'est que par crainte; la douceur ne fait rien sur vous, la contrainte seule peut vous faire agir.

«Vous ne pensez donc jamais ce que vous devez aux braves militaires qui se battent pour vous? Tandis qu'au sein de vos familles vous goûtez en paix les douceurs de la liberté, vos frères affrontent sur les frontières les dangers et la mort; eh! que deviendriez-vous, si votre égoïsme pouvait aller jusqu'à eux; si, préférant leur tranquillité, leur intérêt personnel, à la sûreté générale, ils cessaient de tenir l'ennemi en haleine, de le repousser loin de vous? dites, que deviendriez-vous? — Vos foyers seraient consumés par le feu, vos propriétés seraient ravagées, vos femmes seraient égorgées, vos filles violées et chargées de chaînes, vous seriez destinés à ramper le reste de vos jours sous l'empire des tyrans; oui, voilà ce que vous deviendriez, si tous les Français vous ressemblaient : soyez jaloux de leur ressembler vous-mêmes, et les plaintes, les menaces, n'iront plus jusqu'à vous; vous habiterez en paix vos chaumières fortunées, et vous trouverez dans vos cœurs, pour récompense de vos vertus, le contentement et le bonheur.

«Agents nationaux, mes collègues, je vous le répète, mettez donc tous vos soins à l'exécution des lois, et principalement à celle du maximum; ne souffrez plus qu'on l'enfreigne; dénoncez sans nulle considération tous ceux qui ne voudraient pas s'y soumettre : ou vous deviendrez aussi coupables qu'eux; qui ne fait pas sévir contre le crime en devient le complice, et le glaive de la loi, toujours prêt à frapper le coupable, se dirigera sur vos têtes, si vous ne l'en détournez en remplissant mieux vos devoirs. *Mainoni.*»

31 »A l'occasion de l'anniversaire du 31 mai 1793[1], Lespomarède, Président de la S., prononce dans une séance extraordinaire un discours.

Nous en donnons l'extrait suivant :

«Le 31 mai 1793 (vieux style), dont ce jour est l'anniversaire, sera

---

[1] Proscription de 32 membres de la Convention du parti des Girondins.

mémorable dans les fastes de la Révolution française. Des députés in- 31
fidèles, d'accord avec des Généraux perfides, ne cessaient de conspirer contre la liberté, contre l'unité de notre République, contre le peuple français ; mais une sainte indignation embrassa de nouveau l'âme des Parisiens : ils se levèrent. Les principaux conspirateurs pâlirent ; ils furent arrêtés, et bientôt, au nom de la Loi, ils expièrent sur l'échafaud leurs attentats contre la souveraineté nationale.

« A compter de cette belle et fameuse époque du 31 mai, on est en droit de dire que les dignes Représentants qui siégeaient sur la montagne respirèrent seulement [1] . . . .
Homme méchant, ou tout-à-fait matériel ou stupide, tu ne me croiras pas si je t'annonce que Dieu, et avec lui la liberté, l'égalité, la fraternité et toutes les vertus remplissent tous les espaces et servent d'égide à l'homme qui les aime et qui sait les défendre ! Tu ne me croiras pas si je t'annonce que le gouffre d'une mort ignominieuse est sous les pieds des impies qui les méconnaissent et qu'il va s'entr'ouvrir !

« Robespierre l'aîné et Collot-d'Herbois, législateurs si chers aux Français, ne devraient pas exister dans ce moment, d'après les résultats ordinaires des actions morales. Collot-d'Herbois particulièrement, qui l'a sauvé ? Un monstre, le même payé par Pitt pour tuer aussi Robespierre, arrête Collot-d'Herbois à une heure après midi, tire sur lui à brûle-pourpoint deux coups de pistolet : ils font long feu ; l'un cependant part assez vite, et le plomb mâché qu'il renfermait ne l'atteint pas. Qui l'a sauvé ? Qui a sauvé encore Robespierre ? le faisceau de toutes les vertus qu'ils adorent et qu'ils propagent avec courage, l'Être suprême. D'un autre côté il protége visiblement la République, et il a voulu dans cette occasion lui épargner des pleurs éternels.

« Allons, citoyens, allons dans son temple où l'on célèbre aujourd'hui dans cette commune la fête du 31 mai : allons jurer de surveiller plus que jamais les conspirateurs, les assassins et les traîtres [2] . . . . . .
Nous dirons à l'Être suprême : Reçois notre profonde gratitude ; tu as conservé au peuple français et au genre humain deux de leurs amis courageux et éclairés. »

« La Commission de surveillance de la S. populaire régénérée adresse une lettre au Maire, portant la liste des personnes qu'elle considère comme dangereuses pour la sûreté de la place, pour qu'il en soit fait ce qu'exige le bien public [3]. »

---

[1] [2] Lacunes dans le procès-verbal.

[3] Voir cette liste, *Livre bleu*, I, p. 59.

2 «Lecture de la lettre suivante :

LIBERTÉ. ÉGALITÉ.

«Strasbourg, le 14 prairial de l'an second de la République une et indivisible.

«L'Agent national du District de Strasbourg, aux citoyens membres composant la Société populaire de cette commune.

«Je vous envoie, ci-jointe, copie de la liste des citoyens qui ont été choisis pour remplir les fonctions de jurés pendant le quatrième trimestre de cette année ; comme il est de la plus grande conséquence de n'admettre pour ces fonctions, que des citoyens dont le civisme soit bien prononcé, et dont les mœurs soient irréprochables, je vous invite à l'examiner avec toute l'impartialité, l'intégrité et la justice que vous mettez dans toutes vos opérations, et de rayer sur icelle les noms de ceux que vous ne jugerez pas dignes de remplir au gré de la loi, les fonctions qui doivent leur être confiées ; je ne m'en rapporte point assez à mes propres lumières, et je n'ai point assez de connaissances sur le civisme d'une grande quantité de ces citoyens, pour ne pas soumettre à vos lumières les renseignements que vous pourrez me donner sur les uns et les autres. Et vu qu'aux termes de la loi cette liste doit être imprimée et expédiée à tous les membres qui la composent avant la fin de cette décade, vous ne mettrez aucun retard à me la renvoyer avec vos observations. Salut et fraternité.

«Mainoni.»

8 «Célébration de la fête de l'Être suprême au temple de l'Être suprême. La S. occupe le 18e groupe dans la marche de la procession.»

9 «Lecture de l'*Adresse de la Convention nationale au peuple,* insistant sur la propagation générale de la langue nationale.»

Cette adresse, envoyée par Décret de la Convention nationale à toutes les autorités constituées et aux Sociétés populaires, se termine ainsi :

«Les Sociétés populaires furent dans tous les temps les sentinelles vigilantes de l'esprit public ; le bien qu'elles ont fait garantit aux Représentants de la nation qu'elles vont en opérer encore, et s'assurer de nouveaux titres à la reconnaissance de la patrie. Il faut que le peuple français soit en tout le premier des peuples : il n'oubliera donc jamais que la servitude est fille de la corruption et de l'ignorance ; que les lumières et les vertus peuvent seules consolider la liberté et le bonheur.»

«Lecture d'une lettre du Représentant Frécine, chargé de l'établissement de la raffinerie révolutionnaire des salpêtres, adressée aux Agents des salpêtres et poudres de la République.» 24

Cette lettre, dans laquelle Frécine exhorte tous les citoyens à se livrer à l'extraction «de la foudre destinée à exterminer l'odieuse race des tyrans,» se termine :

«Et vous, fermes colonnes de la LIBERTÉ et de l'ÉGALITÉ, SOCIÉTÉS POPULAIRES, vous qui, comme les Vestales, conservez le FEU SACRÉ DU PATRIOTISME, embrasez, électrisez tous vos concitoyens ! Que les bons Sans-culottes continuent à coopérer de leurs bras ; que les riches, par des fournitures d'ustensiles, et par des collectes volontaires, contribuent efficacement à la fabrication du salpêtre, afin que tout celui qui se trouve enfoui dans le sol de la République, puisse bientôt être converti en poudre, et délivrer la terre des brigands couronnés qui l'oppriment et la ravagent !

«Frères et amis, unissons, confondons nos inépuisables efforts ! La nature elle-même sourit à nos travaux ; suivons sa voix, accélérons sa marche : et qu'au premier bruit des nouvelles victoires que tout nous présage, chacun de nous, au milieu de la publique allégresse, puisse s'écrier avec transport : *Je suis digne de vivre libre; mes mains républicaines ont préparé la foudre qui vient d'anéantir les tyrans.*»

«Lecture d'une lettre, datée d'Altkirch, adressée à la S. par le Général Dièche, chargé, par arrêté des Représentants du peuple Goujon et Hentz, de l'enlèvement des prêtres [1].» 28

«Lecture de la lettre suivante, adressée par le Directoire du Département du Bas-Rhin à la S., en lui communiquant la copie d'une lettre adressée au Représentant du peuple Hentz, pour lui demander que les ci-devant prêtres soient chassés de toutes les fonctions publiques, que la gloire d'être comptés parmi les membres des S. patriotiques leur soit enlevée, et que leur existence même devienne étrangère à la République : JUILLET. 2

---

[1] Voir la lettre de Dièche, *Livre bleu*, II, p. 145, et l'arrêté des Représentants, *Id.*, I, p. 76.

2 LIBERTÉ. FRATERNITÉ. ÉGALITÉ.

«Strasbourg, le 14 messidor, l'an 2 de la République française, une et indivisible.

«*Les Administrateurs du Directoire du Département du Bas-Rhin, à la Société populaire de Strasbourg.*

«Nous vous communiquons, citoyens et frères, une lettre que nous écrivons au Représentant du peuple Hentz [1]; vous voulez comme nous que la liberté triomphe, et dès lors vous ne pouvez manquer de vous réunir au vœu que nous exprimons.

«*Mougeat*, Président; *Jæcquy*, *Saget*, *Carey*, *Gillier*, *Ulrich*, *Barbier*, Secrétaire général.»

9 «Lecture de la lettre suivante, écrite par l'Agent national près le District de Strasbourg, à la S. épurée de la même commune.

«Nos braves défenseurs marchent partout vers la victoire. Leurs travaux sont couverts du plus ample succès et bientôt la République sera triomphante et assise à jamais sur des bases inébranlables : malgré cela, les besoins des armées sont grands, et nous devons redoubler d'efforts pour partager avec nos braves défenseurs, en leur procurant tout ce qui leur est nécessaire, une partie de leurs travaux glorieux. C'est dans les Sociétés populaires où l'esprit public s'est toute fois manifesté, soutenu et propagé ; c'est dans ces Sociétés où les grands coups contre la tyrannie se sont portés ; c'est encore là où les ressources et projets avantageux ont reçu leur origine et leurs effets. Nos hôpitaux ont dans ce moment besoin de draps de lit et de chemises ; des quantités immenses de toile à cet effet viennent nous arriver de l'intérieur de la République ; il ne manque que des bras pour les confectionner. Cette confection doit se faire à la hâte, vu le besoin de nos armées. Partie des habitants de cette commune ont déjà donné tant de preuves de leur civisme, partie de nos concitoyennes les ont imités dans bien des occasions ; il n'a fallu que leur faire connaître les besoins de nos frères, pour les voir s'empresser de venir avec un zèle vraiment patriotique à leur secours. Voilà une belle occasion pour bien mériter de la patrie ; c'est à vous, citoyens, à leur faire parvenir la connaissance de cette belle occasion. Il ne faudra que la leur faire connaître ; en ce cas elles s'empresseront d'elles-mêmes à faire demander au citoyen Roussy, Receveur-général des hôpitaux, demeurant

---

[1] Voir cette lettre, *Livre bleu*, I, p. 138.

aux ci-devant Récollets, une certaine quantité de draps de lit et chemises coupés pour ensuite les confectionner. Il sera pourtant nécessaire d'établir un ordre dans cette opération, pour que le tout se fasse en règle et que l'on puisse connaître les braves citoyennes qui se voueront à ces travaux civiques. Chargez votre Comité de bienfaisance d'établir un mode, des cartes contre lesquelles elles recevront les toiles à confectionner ; enfin d'ouvrir un registre, si vous le jugez nécessaire; je pense que vous le rendrez général à tous, moyen pour remplir l'objet avec plus de célérité. *Mainoni,* Agent national.» 9

«En vertu de cette lettre, la S. arrête un plan, composé de 9 articles, pour la confection de chemises et de draps de lit pour les hôpitaux militaires, de l'exécution duquel le Comité de bienfaisance est chargé.»

Les articles 1er et 9 de ce plan portent :

«Art. 1er. Toutes les citoyennes ennemies de l'odieux esclavage, et amies de la sainte liberté pour laquelle nos braves frères d'armes versent tous les jours leur sang, seront invitées à tout quitter pour confectionner du linge pour eux.

«Art. 9. Les citoyennes qui ne vivent que de leur travail, et au surplus toutes les citoyennes qui voudront un salaire du temps consacré à la confection de l'ouvrage pressant dont il est question, le recevront.»

«Célébration de la fête de l'anniversaire du 14 juillet 1789 au temple de l'Être suprême. La S. occupe dans la marche de la procession le 17e groupe.» 14

«Sur la proposition de Morelle, la S., en jurant la mort aux tyrans et principalement aux Anglais, comme au peuple le plus avili et le plus exécrable de toute la terre, arrête l'ouverture d'une liste de souscription pour la confection d'un grand vaisseau de guerre [1].» 24

A la suite de cette proposition, le Corps municipal de la commune de Strasbourg publie l'appel suivant :

«La scélératesse du gouvernement anglais est à son comble! c'est lui qui est le principal auteur des maux que nous avons soufferts depuis plusieurs années.... Les Républicains ont juré la destruction de cette île souillée de tant de crimes. Serez-vous indifférents, citoyens, dans ce combat à mort avec les esclaves de la perfide Albion ? non...

---

[1] Voir *Strassburgische Zeitung*, 1794, p. 777.

vous êtes Français et Républicains ; ces titres sacrés nous sont garants de votre haine éternelle contre un gouvernement vil et oppresseur de l'humanité ; l'occasion se présente de la manifester ; une souscription volontaire est ouverte pour la construction d'un vaisseau de premier rang : vous en avertir, c'est avoir l'assurance des offrandes patriotiques que vous vous empresserez de déposer entre les mains du Comité permanent du Conseil général de la Commune. Des membres de la Société populaire vont se rendre chez vous pour prendre la déclaration de vos dons, qui sera rendue publique. Oui. . . . vous suivrez l'exemple que vous donnent déjà plusieurs départements, et comme eux, vous aurez bien mérité de la patrie.

«*P. F. Monet*, Maire ; *Grimmer, Bierlyn, Hugard, Grandmougin, Sultzer, Garnier, Heim, Stern, Gilberti, Rouge*, Officiers municipaux ; *Mathæus*, Agent national ; *Præsamlé*, Substitut ; *Momy*, Secrétaire-greffier.»

»Lecture de la lettre suivante :

LIBERTÉ. ÉGALITÉ. FRATERNITÉ.

«Strasbourg, le 7 thermidor, l'an deux de la République française, une et indivisible.

«*Les Administrateurs du Directoire du Département du Bas-Rhin, à la Société populaire de Strasbourg.*

«Nous vous communiquons, citoyens, une lettre que nous écrivons aux Représentants du peuple Goujon et Hentz, pour provoquer d'eux l'ordre de la démolition de tous les clochers dans les départements du Rhin [1]. Nous pensons que son objet est assez important pour engager à joindre votre vœu à celui que nous exprimons.

«*Ulrich*, Président ; *Saget, Carey, Rivet, Barbier*, Secrétaire gl.»

«*Lettre écrite aux Représentants du peuple Goujon et Hentz, par les Administrateurs du Directoire du Département du Bas-Rhin, en date du 7 thermidor de l'an II de la République française.*

«L'ancien orgueil des jongleurs chrétiens avait fait élever des clochers insolents sur les édifices consacrés à leurs billevesées religieuses. L'œil stupide du peuple s'était accoutumé à voir avec respect des monuments de la superstition et de son esclavage ; aujourd'hui qu'il est rendu à sa dignité et à la liberté, que le fanatisme croule de toutes parts avec les monstres qui l'ont créé et nourri ; aujourd'hui que l'heureuse égalité a remplacé ces distinctions insultantes de la vanité

---

[1] Voir l'arrêté de St-Just et Lebas du 24 novembre 1793, p. 301.

et des pouvoirs, on doit se hâter de détruire jusqu'à la trace des signes d'un règne qui n'est plus. Rien de ce qui peut en perpétuer le souvenir ne doit exister dans une terre libre. 25

«Ordonnez donc, citoyens Représentants, que tous les clochers et tours soient abattus, excepté cependant ceux qui le long du Rhin seront reconnus être utiles aux observations militaires, et celui du temple dédié à l'Être suprême à Strasbourg, qui présente un monument aussi hardi que précieux et unique de l'ancienne architecture.

«Outre les immenses ressources en métaux de toutes espèces que cette opération produira, elle fera le plus grand bien au moral des citoyens ; elle enlèvera aux yeux des faibles des monuments qu'ils chérissent peut-être encore; elle épurera l'horizon devant les âmes fortes qui ne voient que la pureté du culte de l'Être suprême ; elle portera un dernier coup à l'aristocratie et aux prestiges funestes des prêtres.

«C'est dans les départements soumis à votre autorité, mais c'est surtout dans ceux du Rhin que cette mesure nous paraît essentielle, dans des départements où la superstition a posé des racines aussi profondes, où l'esprit public a aussi grand besoin d'être développé. Plus de clochers, plus d'insulte à l'égalité, plus d'aliment à la faiblesse ou au crime.»

»Lecture de la dépêche suivante : AOUT.

LIBERTÉ. ÉGALITÉ. VERTU. 1er

«Paris, 10 thermidor, l'an II de la République française une et indivisible.

«*Jean-Baptiste Lacoste, Représentant du peuple, à la Société populaire.*

«Frères et amis,

«Qu'il m'est doux de me renouveler dans votre souvenir, en vous apprenant que la République est encore sauvée, et que la journée d'hier sera à jamais mémorable dans les fastes de la Révolution française ; elle nous a délivrés de trois Catilinas modernes et d'une foule de leurs licteurs qui depuis longtemps avaient creusé le tombeau de la République naissante, encore avec plus d'astuce et de perfidie que les Brissotins, les Girondins, les Hébertistes, les Ronsins et la foule des conspirateurs qui ont péri sous le même glaive de la loi. Ces monstres sont : Robespierre aîné et cadet, Couthon, St-Just et Lebas.

«Depuis longtemps ils avaient mis la terreur à l'ordre du jour par l'organisation d'une dictature formidable dont ils étaient les chefs. Ils avaient accaparé les Jacobins, les autorités constituées de Paris, le tribunal révolutionnaire, le Commandant de la force armée ; ils avaient

1er cherché à avilir les Comités de salut public et de sûreté générale, à les diviser, à briser le gouvernement révolutionnaire ; ils avaient déjà désigné les nouvelles victimes de la représentation qui devaient être immolées à leurs projets nationicides, et la Convention comprimée, paraissait n'être plus qu'un simulacre. Mais cette fière montagne, d'où part la foudre qui doit exterminer tous les ennemis de la patrie, s'est réveillée tout-à-coup de son engourdissement et s'est montrée plus inflexible et terrible que jamais.

«A la séance du 8, Robespierre a prononcé un discours abominable qui a révolté tous les esprits, et a fait totalement tomber le masque dont il s'était trop longtemps couvert. Le même jour il a été aux Jacobins où il a relu cet infernal discours, et les Jacobins se sont conduits de la manière la plus indigne. Plusieurs Représentants qui s'y sont trouvés y ont été conspués.

«Le 9, la Convention, réunie à une heure après midi, la discussion s'est renouvelée sur le compte de Robespierre et compagnie. C'est dans ce moment que des membres énergiques ont développé tous les crimes des Triumvirs. Le tyran a voulu parler, mais la voix de la tyrannie ne doit point faire résonner les voûtes du temple de la liberté ; elle lui a été refusée à l'unanimité. La Convention représentait dans ce moment le flux et le reflux de la mer ; elle ne formait plus qu'une masse, un même corps et un même esprit. Le tyran a voulu se répandre en injures et provocations, mais ses efforts ont été superflus. A l'instant, avec ses complices, ils ont été mis en état d'arrestation, et la séance a été ajournée à huit heures du soir.

«A huit heures, la Convention, rassemblée de nouveau, a appris que les conjurés, au lieu d'être dans des cachots, étaient à la commune de Paris, qui était en révolte ouverte, qu'elle avait fait fermer les barrières, que le tocsin sonnait de toutes parts, qu'elle avait fait braquer les canons, que les Jacobins avaient été se réunir à elle, et qu'elle marchait à grands pas, pour égorger la Convention. Alors tous les Représentants se sont levés spontanément et à l'unanimité, en criant : vive la République ! et ont juré de périr à leur poste. Pour première mesure, ils ont mis hors de la loi tous les conjurés et le Conseil-général de la commune, comme ils avaient aboli la royauté et décrété la République, quand l'ennemi était aux portes de Châlons ; ils ont pris les plus terribles mesures, et le peuple de Paris, sourd à la voix de ses traîtres fonctionnaires publics, n'a écouté que celle des Représentants. Toutes les sections sont venues se réunir à eux, leur ont juré fidélité et soumission, et avec des Représentants à leur tête, ont été faire le siége de la commune.

«Robespierre aîné s'est blessé d'un coup de pistolet, un gendarme lui en a tiré un second. Son frère cadet s'est jeté par une fenêtre, mais aucun n'est tout-à-fait mort. Couthon a été grièvement blessé par un gendarme d'un coup de pistolet, Lebas s'est brûlé la cervelle, St-Just va à la guillotine avec tous ses licteurs, le Maire et les Officiers municipaux et les blessés. 1er

«Jamais le peuple de Paris ne s'est montré si grand, si sublime. Cette grande commune a mis le sceau à sa gloire.

«La séance est prolongée jusqu'à cinq heures du matin, et ajournée à huit heures. *Vive la République!* *J. B. Lacoste.*»

«Vu la lettre ci-dessus, adressée à la Société populaire, le Directoire du Département du Bas-Rhin arrête en séance publique, qu'elle sera imprimée [1], pour lui donner la plus grande publicité.

«Strasbourg, ce 14 thermidor, l'an second de la République française, une et indivisible.

«*Ulrich*, Président ; *Mougeat, Rivet, Saget, Carey, Jæqui, Gillier, Wagner, Barbier*, Secrétaire-général.»

»On communique à la S. les deux pièces suivantes : 2

«1° *Extrait des registres du Conseil-général de la commune de Strasbourg.*

«Séance publique extraordinaire du 14 thermidor, l'an second de la République française, une, indivisible et démocratique.

«Le Maire ayant annoncé que le Corps municipal avait arrêté dans sa séance de ce jour, que dès que les papiers publics confirmeraient les faits de la conspiration découverte à Paris, le Conseil-général serait convoqué, pour témoigner par une adresse à la Convention, qu'il se ralliera constamment autour d'elle, et protester de sa fidélité dans l'exécution des lois émanées de la Représentation nationale, il développa les fils ourdis contre la Convention et le Gouvernement révolutionnaire par les Robespierre, Couthon, Lebas et St-Just, qui semblaient n'avoir rendu des services au peuple que pour acquérir des moyens plus sûrs de le trahir ; il dépeignit ensuite l'attitude ferme et imposante de la Représentation nationale atterrant les conspirateurs au milieu des dangers dont elle était environnée. Aussitôt par un mouvement spontané et dicté par l'enthousiasme du républicanisme, les

---

[1] On ne s'étonnera nullement d'apprendre par cet arrêté que ce ne fut pas la Société populaire qui fit imprimer la lettre annonçant ce qui venait de se passer à Paris.

membres du Conseil-général et tous les citoyens présents se levèrent et d'une voix unanime répétèrent les cris de *vive la République! périssent les conspirateurs et les traîtres!*

«Le Secrétaire-greffier fit ensuite lecture de l'adresse suivante :

«Représentants du peuple souverain!

«De nouveaux attentats se méditaient contre la Représentation nationale, et des dangers imminents la menaçaient encore, mais grâce à votre inaltérable énergie, les parricides ne sont plus ; le peuple vous doit encore une fois son salut, et la République son existence.

«Périssent à jamais les traîtres, qui prétendraient asseoir leur tyrannie sur les débris sanglants de l'autorité nationale et précipiter la Convention et le Gouvernement révolutionnaire dans un commun abîme! Leurs noms doivent disparaître devant la liste de leurs forfaits, devant leurs complots liberticides ; l'individu, quel qu'il soit, n'est rien à nos yeux s'il n'est bon citoyen ; la vertu, le peuple et ses Représentants sont tout ; nous ne cesserons de nous rallier autour d'eux, pour les venger et pour les défendre.

«Que la Convention parle, elle trouvera toujours en nous des exécuteurs fidèles des lois, qu'elle décrète au nom du peuple souverain. La Convention, la République, le Gouvernement révolutionnaire, voilà les objets sacrés, qui fixeront toujours nos regards et notre sollicitude.

«Recevez, citoyens Représentants, les expressions pures de notre dévouement à la cause de la liberté contre les triumvirs, de notre fidélité et de notre amour.»

«De nombreux applaudissements couvrirent la lecture de cette adresse qui fut adoptée à l'unanimité, et sur la motion d'un membre une députation fut envoyée au Représentant du peuple Duroy qui se trouvait en cette commune, pour lui remettre l'adresse qui venait d'être adoptée, et l'inviter à la transmettre à la Convention dont il était membre, en l'assurant de l'entier dévouement de la commune de Strasbourg à la cause du peuple, et de sa haine pour tous les tyrans. Les citoyens Grandmougin, Téterel, Labeaume et Beauseigneur furent nommés pour cette députation.

«Un autre membre ayant observé, qu'il conviendrait de laisser aux citoyens présents à la séance la facilité de donner encore une preuve plus marquée de leur adhésion aux mesures prises par la Convention nationale, en les invitant d'apposer leur signature à l'adresse qui l'exprimait, cette proposition, adoptée par le Conseil-général, fut accueillie avec transport par les citoyens des tribunes, qui, se précipitant dans l'enceinte du Conseil, présentèrent dans cet accord civique le spectacle le plus touchant aux Républicains, qui trouvèrent dans ce moment de crise un délassement pour leur âme affaisée par le souvenir de la témérité des conspirateurs, une jouissance pure après le violent orage, que la sagesse des Représentants du peuple avait dissipé avec tant de courage. 2

«*Monet*, Maire; *G. Schneider*, *Grimmer*, *Bierlin*. *Plarr*, *Téterel*, *Grandmougin*, *Hugard*, *Garnier*, *Rouge*, *Sultzer*, *Helck*, *Heim*, *Gilberti*, *Stern*, Officiers municipaux; *Méniolle*, *Ott*, *Dietsch*, *Zabern*, *Gerhard*, *Simon*, *Carl*, *Beauseigneur*, *Hochdœrfer*, *B. Schneider*, *Labeaume*, *Læmmermann*, *Rœderer*, *Alexandre*, *Peureux*, *Chenevet*, *Brasdor*, *Berger*, *Fischer*, Notables; *Matthæus*, Agent national; *Prœsamlé*, Substitut de l'Agent; *Momy*, Secrétaire-greffier; *Doran*, Secrétaire-greffier-adjoint.»

«2° *Délibération du Directoire du District de Strasbourg*.

«L'Administration du District de Strasbourg informée par les feuilles publiques des événements qui viennent d'avoir lieu à Paris; considérant, qu'ils n'ont pu être enfantés que par une faction liberticide, ennemie du peuple, et ambitionnant tout autre gouvernement, que la République une et indivisible; considérant que c'est dans ce moment que les autorités constituées doivent manifester le vrai Républicanisme dont elles sont animées et se rallier autour de la Convention nationale, le point central de la souveraineté du peuple;

«Ouï l'Agent national;

«Déclare formellement en séance publique et permanente qu'elle restera constamment fidèle à ces sentiments républicains, invariablement attachée à la Convention nationale qu'elle défendra de tout son pouvoir, et de son sang, s'il le faut.

«Déclare en outre qu'elle prendra toutes les mesures énergiques et nécessaires pour assurer la tranquillité publique dans son arrondissement et empêcher les malveillants de lever une tête insolente.

«Invite au nom de la patrie la municipalité de Strasbourg, celles de la campagne, ainsi que le Commandant de la place, de prendre au même instant, chacun en ce qui le concerne, toutes les mesures nécessaires pour que la tranquillité publique soit maintenue.

«Sera la présente délibération ainsi que l'adresse ci-jointe imprimée dans les deux langues, et adressée tant à la Convention nationale qu'aux Comités de salut public et de sûreté générale, au Commandant de la place, au citoyen Queffemme, chef d'escadron, au Département, ainsi qu'aux municipalités et Comités de surveillance des communes de l'arrondissement du district, pour y être lue, publiée et affichée, et par ces dernières être pris toutes les mesures que la loi met en leur pouvoir pour le maintien de la tranquillité publique. Et attendu que le Représentant du peuple Duroy se trouve en ces murs, arrête que copie de la présente délibération ainsi que de l'adresse jointe lui sera présentée par deux Administrateurs à ce députés, savoir les citoyens Brændlé et Didierjean.

«Par les Administrateurs du Directoire du District de Strasbourg,
«*Bury,* Président; *Didierjean, Faudel, Brændlé, Mainoni,* Agent national, et *Christmann,* Secrétaire.»

Suit l'adresse:

«*Les Administrateurs du Directoire du District de Strasbourg, à la Convention nationale.*

«Législateurs!

«La patrie est encore une fois sauvée. . . La liberté du peuple français survivra à toutes les factions. Le génie tutélaire de la République veille sur ses destinées glorieuses. En vain l'ascendant de quelques réputations avait un instant égaré l'opinion publique; vous avez fait briller le flambeau de la vérité, et les conspirateurs ont été reconnus. C'est ainsi, Représentants du peuple, que par votre sagesse, votre surveillance, et surtout par votre fermeté vous avez acquis de nouveaux droits à notre reconnaissance et à notre sincère attachement.

«La Représentation nationale, voilà le point de réunion de tous les vrais amis de la liberté; toujours il fut le nôtre: la Représentation nationale, voilà le rocher inébranlable contre lequel viendront se briser tous les efforts liberticides des ennemis du peuple. Que dans le délire de leur orgueilleuse ambition, des scélérats méditent leurs complots assassins pour s'élever sur les débris de nos droits sacrés et imprescriptibles; toujours ils éprouveront que le crime ne peut être heureux et impuni, et leurs noms voués à l'infâmie rappelleront à la postérité la plus reculée le souvenir de leurs forfaits punis par le glaive vengeur des lois.

«Et vous, Représentants fidèles à la cause de la liberté, restez à votre poste fermes et inébranlables; le salut de la patrie vous le commande. Tous les bons Français vous jurent fidélité et attachement; tous sont prêts à sceller leur serment par l'effusion de leur sang. Oui nous le jurons de nouveau: *Plutôt la mort que l'esclavage.*

«*Vive la République une et indivisible!*

«Les Administrateurs du Directoire du District de Strasbourg,
«*Bury,* Président; *Didierjean, Faudel, Brændlé, Mainoni,* Agent national, et *Christmann,* Secrétaire.»

«On communique à la S. l'adresse suivante : 3

« *Adresse des Administrateurs du Directoire du Département du Bas-Rhin, à leurs concitoyens du département.*

«Le 16 thermidor, l'an second de la République française, une et indivisible.

«Citoyens,

«Le crime menaçait la liberté publique : des monstres avaient osé concevoir le projet de nous rendre les fers si heureusement brisés. Des fers à la France régénérée ! . . . . Non, jamais, et tant qu'il existera un Français, son bras sera levé pour frapper les traîtres, son dernier soupir sera pour la patrie !

«Et vous aussi, citoyens, vous vous montrerez dignes de la liberté ; vous vous rallierez autour de la Représentation nationale ; vous prouverez que vous n'avez pas en vain juré la mort des tyrans. Nous vous communiquons l'adresse que nous venons de faire à la Convention ; elle est l'expression de nos sentiments, et vous voulez trop ardemment la liberté, pour ne pas joindre vos vœux aux nôtres.»

«*Copie de l'adresse du Directoire du Département du Bas-Rhin, à la Convention nationale, en date du 14 thermidor, l'an second de la République française, une et indivisible.*

«Citoyens Représentants,

«De nouveaux Catilinas avaient osé concevoir l'oppression du peuple : ils voulaient élever leur pouvoir sur les débris sanglants de la liberté. Le génie heureux de la République a dévoilé leurs noirs projets. Vous avez parlé, et déjà ces monstres ne sont plus.

«Gloire à vous, dignes Représentants ! votre fermeté s'est accrue au milieu des abîmes creusés par le crime. Que celui qui voudrait usurper le pouvoir souverain, soit à l'instant mis à mort par les hommes libres. Cette maxime terrible aux traîtres, a été présente à vos yeux ; vous en avez appliqué l'exécution : croyez qu'elle est également gravée dans nos cœurs, et que nous saurons dans tous les temps périr avec vous, ou sauver la patrie.

«*Ulrich*, Président ; *Mougeat*, *Rivet*, *Carey*, *Saget*, *Jæquy*, *Wagner*, *Gillier*, et *C. Barbier*, Secrétaire-général.»

«Les citoyens Gerold, Commissaire de police du 1er arrondissement, Kolb, membre du Comité révolutionnaire, et plusieurs autres citoyens, demandent que la S. envoie des lettres de félicitation à la Convention nationale, sur la 4

4 force mâle et l'énergie qu'elle a déployée le 9 thermidor; mais le Maire Monet et Téterel se récrient contre cette proposition et accusent ces citoyens de n'avoir d'autres vues que de faire renaitre les sections, qui cependant étaient interdites.«

10 »Célébration de la fête du 10 août 1792, au temple de l'Être suprême. La S. occupe dans la marche de la procession le 17e groupe.«

24 »La S. reçoit la lettre suivante:

«Strasbourg, le 7 fructidor, l'an 2 de la République française, une et indivisible.

«*L'Agent national près le District de Strasbourg, aux citoyens composant la Société populaire de cette commune.*

«Citoyens,

«Les ouvriers employés à la confection des habillements pour nos braves défenseurs, seront bientôt forcés de suspendre leurs travaux, si on ne leur fournit le fil à coudre, qui leur est indispensablement nécessaire. Témoin tous les jours de l'empressement avec lequel vous accueillez toutes les idées qui peuvent être utiles à la chose publique, je vous propose d'inviter les citoyennes de cette commune à bien mériter de la patrie, en convertissant le plus de chanvre qu'elles pourront, en fil à coudre nécessaire à la confection des habillements militaires. Je ne doute pas qu'elles ne s'empressent à l'envie de concourir à l'exécution de ce projet patriotique. Celles qui voudront se rendre utiles dans cette occasion à nos braves défenseurs, devront se rendre à la salle de filature, rue de la Fonderie, chez le citoyen Fetter, qui leur délivrera la quantité de chanvre qu'elles voudront convertir en fil à coudre, et qui les payera d'après le degré de finesse du fil et le plus ou moins de perfection de leur ouvrage. Salut et fraternité.

«*Mainoni,* Agent national.»

»La S. arrête de publier cette lettre, en y ajoutant l'appel suivant:

«Citoyennes de Strasbourg, montrez à toute la République entière dans toutes les occasions votre amour pour elle. Il faut du fil pour la confection des habillements militaires. Rendez-vous avec empressement au vœu de l'Agent national du District; rendez-vous à celui de la patrie, et que nos braves frères d'armes, qui versent leur sang pour elle, soient constamment sûrs que les Françaises patriotes ne cessent de travailler pour eux, en attendant qu'elles puissent leur offrir des tresses de fleurs et de lauriers. 24

«Le 8 fructidor, de l'an 2 républicain.

«Les membres composant le Comité de suveillance de la Société populaire de Strasbourg, *Lespomarède*, Président, *Revel*, *Sarez*, *Chenest*, *Peureux*, Archiviste.»

»Un membre donne lecture de deux lettres, l'une du citoyen Noisette et l'autre du citoyen Burger; le lecteur présente le premier comme un ennemi de la chose publique, comme un partisan zélé de Dietrich, comme un homme essayant de propager l'esprit de cet infâme royaliste, comme ayant servi ses projets liberticides, et comme d'autant plus dangereux, qu'il prend tous les masques qui peuvent le cacher dans les différentes circonstances. Il présente Burger comme un autre Noisette, ayant été dans le Département un suppôt zélé du dernier Capet.

»On donne lecture d'une adresse faite par le Département du Bas-Rhin, en date du 8 août 1792, dans laquelle les administrateurs montrent leur dévouement tout entier pour le trône, représentent les hommes courageux et énergiques de la Révolution comme des factieux, et finissent par jurer d'être fidèles à la majesté royale et constitutionnelle [1].

»La S. arrête, après une longue énumération des crimes des ennemis de la chose publique, que le Représentant du peuple sera invité à traduire au tribunal révolutionnaire tous les chefs de la faction de Dietrich.«

»Un membre annonce que les citoyens Burger et Noisette, enfermés au Séminaire, ne cessent d'écrire pour réclamer leur liberté, prétendant qu'ils sont compris dans la loi qui met en liberté les hommes vivant du travail de leurs mains. Il demande que la S. envoie une députation au Représentant du peuple, pour lui faire connaitre les crimes de ces détenus et des contre-révolutionnaires qui sont enfermés avec eux. On arrête que cette Commission 28

[1] Voir cette adresse dans les *Notes sur Schneider*, p. 39-42.

28 sera de six membres. Après quelques réclamations sur le mode de nomination, on arrête que ces membres seront les citoyens Tisserand, André, Massé, Sarez, Labeaume et Toustaing.»

31 «L'ordre du jour appelant le rapport de la Commission chargée de rechercher les crimes de la faction Dietrich, un membre monte à la tribune et donne quelques développements sur cette infâme coalition. La Commission est invitée de nouveau à faire un rapport le plus promptement possible.»

SEPTEMBRE.
2 «Le Représentant de la Convention nationale, Foussedoire, délégué par elle dans le département du Bas-Rhin, pour remédier au mal fait par St-Just et Lebas et leurs agents, se présente à la S. et prononce le discours suivant:

«Citoyens,

«Si vous avez été en butte aux calomnies les plus outrageantes, si un instant la justice s'est tue à votre égard, si vous avez été frappés avec la verge d'un despotisme nouveau, si vous avez été plongés dans la plus désolante oppression, n'en accusez que les agents de cette horrible conspiration qui vient d'éclater dans le sein de la Convention nationale, et dont les chefs ont disparu du sol qu'ils ont trop longtemps souillé. Vos cris d'indignation et de douleur n'ont pas été plutôt entendus du Comité de salut public, qu'il m'a envoyé au milieu de vous, pour venger les bons citoyens, les vrais patriotes, et exterminer les factieux, les traîtres de tout genre.

«Déjà j'ai pris des mesures dont le succès est certain. Je vais, toujours en m'environnant des lumières de ces hommes probes et instruits qu'on trouve partout, quand on sait les distinguer et leur présenter un accès fraternel; je vais, dis-je, en arrêter de nouvelles, dont l'effet sera, en dernière analyse, de ramener parmi vous la joie dans tous les cœurs, d'imprimer plus profondément encore l'amour de la patrie, de la liberté, et de désentraver notre sublime Révolution.

«Oui, citoyens, il faut que la terreur, l'arme des tyrans, cesse de comprimer vos âmes; il faut que vous recouvriez votre ancienne énergie; il faut qu'en secondant mes efforts, le gouvernement révolutionnaire reprenne dans ces départements sa force et son activité; il faut qu'un patriotisme pur et éclairé fasse tomber tous les masques dont peuvent se couvrir l'intrigue, la malveillance, le fanatisme, la superstition, l'agiotage, la cupidité, la trahison; il faut enfin qu'une épuration rigoureuse et salutaire vous débarrasse d'une foule d'êtres vils, dont les menées disparates et toujours contre-révolutionnaires ont en quelque sorte basé les calomnies et les persécutions dont vous vous êtes plaints avec autant de vérité que d'amertume ; et ce n'est qu'en faisant abstraction de cette classe d'hommes infâmes qui habitent parmi vous, que j'ose assurer que jamais les départements des Haut- et Bas-Rhin n'ont été en contre-révolution. 2

«Citoyens, je n'étendrai pas davantage mes réflexions ; mais qu'il me soit permis, en vous présentant mon cœur à nu, de vous protester que mes intentions sont droites, mon zèle pur, et que mon seul désir est de remplir dignement la mission importante dont je suis chargé.»

»Ce discours est vivement applaudi par les tribunes.

»Massé prononce un discours contre Robespierre et la Propagande.

«Citoyens,» dit l'orateur, «si les autorités constituées, si les Républicains de Strasbourg eussent constamment fait leur devoir ; si Robespierre n'eut pas envoyé et trouvé des agents de son abominable système, nous n'aurions pas aujourd'hui à gémir sur la mort de plusieurs de nos frères que nous avons lâchement abandonnés, nous ne serions pas obligés de retracer ici les crimes d'un tas de scélérats encore impunis.

«Le Représentant du peuple vous a dit dans la dernière séance que la Convention nationale avait mis à l'ordre du jour la justice, et la justice la plus stricte. C'est cette justice que je réclame aujourd'hui pour tous les bons citoyens de Strasbourg. Il est temps que les hommes probes, que les Républicains purs jouissent avec sécurité de la liberté et de l'égalité, pour lesquelles ils n'ont cessé de combattre depuis six ans. Il est temps que les ennemis du peuple, qui l'ont trompé si souvent, perdent tout espoir de renouveler leurs crimes. Il est temps que les intrigants, que ces marmotes qui craignent le jour, rentrent dans leurs tannières. Leur règne est passé avec celui de Robespierre.

«Citoyens, ce n'est pas tout d'écraser une faction quand il en existe plusieurs ; il faut les combattre toutes à la fois : car au moment où nous livrerions le combat à l'une, l'autre pourrait nous surprendre et faire tourner à son avantage la victoire que nous aurions remportée sur la première.

«Patriotisme, courage, vérité, et nos ennemis sont à bas.

«Pour moi, je fais le serment de poursuivre toute ma vie les ennemis du peuple, sous quelque forme qu'ils se montrent. Je hais autant le feuillant qui demande un roi, que l'aristocrate qui regrette l'ancien régime. Je déteste autant l'ultra-révolutionnaire qui veut tout égorger, que l'indulgent qui veut tout pardonner. J'abhorre autant les Hébertistes qui assassinaient la morale publique, que les Robespierre qui poussaient les patriotes à la guillotine.

«Rappelez-vous, citoyens, les temps malheureux où St-Just et Lebas proclamèrent à Strasbourg la terreur au bruit des verroux. Elle y fut à l'ordre du jour pour les bons citoyens jusqu'après la révolution du 8 au 9 thermidor.

«Dès l'arrivée de ces deux Représentants, le système de Robespierre pesa sur tous les bons citoyens de cette commune. Les trois Corps administratifs furent aussitôt arrêtés, déportés et incarcérés, parce qu'ils avaient reconnu parmi eux des Républicains trop peu flexibles pour entrer dans leur complot.

«St-Just et Lebas voulant accroître la terreur, créèrent un bataillon de Propagandistes, qui, bien nourri, bien fêté et bien payé, seconda merveilleusement leurs vues. Alors la tyrannie s'organisa non seulement dans cette commune, mais encore dans le sein de cette Société. Nos Jacobins de 1789 furent traités de feuillants, de modérés, de contre-révolutionnaires, et ceux qui ne purent souffrir ces injures furent arrêtés et déportés.

«La patience et la douceur du peuple de Strasbourg furent mises aux épreuves les plus rudes par cette Propagande et par leurs amis; il fut traité de Germain, de Prussien et d'Autrichien. Il fut menacé de la déportation ou d'une transfusion dans les départements de l'intérieur, parce qu'il n'entendait pas le beau jargon de ces Messieurs.

«La Propagande fit abolir les séances allemandes, et le peuple ne les redemanda point.

«On érigea un temple à la Raison, et le peuple renonça tout-à-coup à ses anciennes habitudes et accourut dans le temple de l'Être suprême.

«On fit entendre aux Strasbourgeoises que leur costume étranger blessait la vue des Républicains; aussitôt elles s'habillèrent à la française et furent déposer sur l'autel de la patrie leurs ornements de tête faits de galons d'or. Cette offrande, acceptée avec reconnaissance par les vrais patriotes, attira à plusieurs de ces citoyennes les injures et les railleries des Propagandistes et de leurs amis.

«On établit des fêtes décadaires dans toute la République, et aucune commune n'oublia plutôt que Strasbourg ses anciens dimanches.

«St-Just et Lebas firent une proclamation qui ordonna de déchausser les aristocrates de cette commune, pour fournir aux besoins de l'armée: on déchausse sans distinction tous les citoyens. On leur demande leurs bottes, leurs bas, leurs chemises, leurs draps de lits etc.;

ils s'empressent d'obéir, et une partie de ces effets sont encore la pâ- 2
ture des souris et des vers.

«On demanda toutes les couvertes de laine pour l'armée, quoiqu'il y en eut vingt-mille dans les magasins. Tous les citoyens firent ce nouveau don ; les pauvres même donnèrent les leurs et celles de leurs enfants. On ignore encore en ce moment l'usage qu'on en a fait !

«Les manteaux des citoyens furent mis en réquisition, il y a près d'un an, et ces manteaux sont encore dans les dépôts où ils ont été apportés.

«On demanda les livres ascétiques et les almanachs aux deux styles ; les libraires s'empressèrent de les porter à la maison commune, où ils furent livrés à une espèce de pillage pendant un certain temps, et sur la réclamation qu'en firent les propriétaires, on leur rendit ce qu'il en restait.

«On enleva de chez les cartiers pour plus de vingt mille livres de cartes. Elles furent livrées aux flammes, et la vue de ce beau feu de joie fut la seule indemnité qu'ils en reçurent, quoique ce soient d'excellents Sans-culottes.

«On réduisit la ration du citoyen à trois quarterons de pain par jour, et l'on vit des Sans-culottes pauvres, privés de viande, presque nu-pieds, monter la garde ou le bivouac tous les deux jours, sans proférer le moindre murmure. Eh bien, ce fut dans ce temps même où ce peuple donnait les preuves du plus touchant patriotisme, que des orateurs de la Société le traitaient de contre-révolutionnaire, et qu'un fonctionnaire public [1] disait que les Strasbourgeois ne valaient rien, à l'exception des habitants du faubourg de pierre. Il y avait sans doute un projet de faire passer cette commune pour être en contre-révolution.

«Je ne vous parlerai point de la taxe révolutionnaire, parce que la Convention s'en occupe.

«Voilà, citoyens, une partie des vexations qu'ont essuyées les citoyens de cette commune ; vexations dont ils ne se plaindraient pas, si elles eussent tourné au bénéfice de la patrie.

«Il y a longtemps, citoyens, que j'étudie le caractère du peuple de Strasbourg, et j'ose dire que j'ai reconnu en lui les vertus du vrai Sans-culottes. Il aime la liberté, il est docile aux lois, il est doux, il est bon, quand on ne l'injurie et qu'on ne le vexe point. Peut-être n'a-t-il pas un tact assez fin pour connaître les hommes, et de là vient qu'il est quelquefois aussi lent à donner son estime et sa confiance à

---

[1] «A ces mots le Maire s'est reconnu.» *(Note ajoutée par Massé)*.

ceux qui veulent son bonheur, qu'à la retirer aux perfides qui l'ont égaré. Mais nous espérons qu'éclairé par ses vrais amis, loin de chercher en cette occasion à briser les fers des anciens intrigants, dont il sait que la liberté serait funeste à la République et à lui-même, il recherchera au contraire les auteurs des maux qui ont affligé cette commune depuis un an, et qu'il n'épargnera pas plus les uns que les autres.

«Qu'importe à l'homme libre qu'un despote couronné ou un Robespierre le subjugue et l'enchaîne, il n'en est pas moins malheureux et pas moins esclave ; il doit mourir, ou briser de ses chaînes la tête du tyran qui l'opprime.

«Je me résume et je demande que les incarcérés portés sur la liste de la Commission et reconnus suspects et dangereux restent renfermés, et qu'une Commission soit nommée pour rechercher les auteurs de tous les actes arbitraires et de tous les abus d'autorité qui ont eu lieu à Strasbourg sous la dictature de l'infâme Robespierre, et que ce travail soit présenté au Représentant du peuple.»

»Après une courte discussion, dans laquelle le Propagandiste Lespomarède s'est fortement prononcé contre le discours de Massé, sans cependant y relever une seule erreur, la S. nomme la Commission demandée par l'orateur et arrête l'impression de son discours.

»Le citoyen Tisserand réclame la parole au nom de la Commission chargée de présenter la liste des chefs de parti de la faction de Dietrich ; il les énumère de la façon suivante : George Schertz, Prêtre Blessig, J. D. Braun, Louis Wangen, André Ulrich, Frédéric Burger, Léonard Frœreisen, Michel Matthieu, Gaspard Noisette, Christophe Koch, Charles-Maximilien Fritz.«

»La S. reçoit la brochure publiée sous le titre : *Tyrannie exercée à Strasbourg par S'-Just et Lebas. Réclamation du citoyen J. G. Treuttel, libraire et imprimeur à Strasbourg, une de leurs victimes.*«

L'auteur de cette brochure réclame la restitution des 100,000 livres auxquels il a été taxé par St-Just et Lebas, «somme à laquelle,» dit-il, «se serait à peine élevée toute sa propriété, en estimant même la valeur qu'avaient avant la Révolution ses marchandises de librairie qui sont devenues immobiles dans ses magasins.»

»L'épurement des administrations constituées à Strasbourg est continué par la S. Le Représentant Foussedoire annonce que d'après l'aveu public des citoyens présents, le Maire Monet a perdu la confiance du peuple et qu'il le suspend de ses fonctions [1]. Le Représentant demande ensuite l'opinion des citoyens sur Matthæus, Agent national de la commune. Les avis sont partagés et la décision est remise au lendemain.« 8

»Le Représentant Foussedoire déclare à la S. que quoique l'Agent national n'ait pas perdu la confiance des citoyens, il ne pourrait cependant point déployer dorénavant l'autorité que son emploi exige, et qu'en outre Matthæus a lui-même demandé à être remplacé; il est congédié et placé dans le Corps municipal. 9

»Le Représentant procède, avec les membres de la S., à la nomination d'un nouveau Maire et d'un nouvel Agent national. La liste préparée à ce sujet porte pour la place de Maire les noms d'Alexandre, Directeur des vivres de l'armée, d'André, jurisconsulte, de Marchand et de Schœll, juges de paix. Alexandre est unanimement proposé. Foussedoire le fait appeler à la séance. Tout en remerciant le Représentant et ses concitoyens de la confiance qu'on vient de lui accorder, Alexandre déclare qu'il ne pourrait accepter les fonctions de Maire avant trois mois, ayant à administrer une comptabilité d'au moins 50 millions. Il ajoute que d'ailleurs il ne possède pas assez de connaissances locales nécessaires à un Maire de la ville de Strasbourg. La nomination se porte sur André, et bien qu'il prétexte une santé fragile, il est obligé d'accepter. A la place d'Agent national est nommé le citoyen Schwindenhammer. On procède encore au remplacement des citoyens Bierlin, Plarr, George Schneider et Téterel, membres rayés du Corps municipal; on nomme à cet effet les citoyens Matthieu, Meniol, Fischer, brasseur, et Ehrmann, graveur.«

---

[1] Voir Procès-verbal dressé sur les effets trouvés dans les appartements de l'ex-Maire Monet, *Livre bleu*, II, p. 1-8.

15 »On donne lecture d'une lettre du Général Laubadère, annonçant à la S. qu'il vient d'être appelé comme Général de division près l'armée d'Italie, pour laquelle il vient de partir.«

25 »Le citoyen Alexandre prononce un *Discours sur la question : Si dans une République naissante, divisée par des partis, en butte aux traits de la malveillance et à la férocité des despotes et de leurs satellites, il ne faudrait pas poser des bornes aux droits de tous les citoyens, pour laisser aux malveillants le pouvoir de nuire ?*

En terminant son discours, l'orateur propose l'arrêté suivant :

«La Société déclare qu'étrangère à tout parti, ennemie de la tyrannie, elle ne s'attachera jamais qu'aux principes de la justice et de la saine raison.

«Elle soutiendra de tous ses moyens le gouvernement révolutionnaire, les lois et les décrets de la Convention nationale.

«Elle met à l'ordre du jour la discussion sur l'instruction publique, les moyens de revivifier l'agriculture, le commerce, l'industrie, et elle appelle tous les citoyens de Strasbourg à présenter leurs vues sur les grands objets d'intérêt public.»

»La S. adopte à l'unanimité cet arrêté et en ordonne l'impression, ainsi que celle du discours.

»Dans la même séance le citoyen Massé prononce le discours suivant :

«Citoyens,

«La République est en ce moment un vaisseau superbe, chargé de trophées et voguant à pleine voile vers la terre du bonheur. Dans sa course majestueuse il est de temps à autre agité par des tempêtes violentes. La plume des écrivains patriotes et énergiques est la boussole qui doit le diriger. — Il importe à tous les bons citoyens de conserver à cette plume son jeu, sa force et sa vigueur. Si sa pointe venait à s'émousser par la répression du glaive de Thémis ou par celle de quelque dominateur, alors ils doivent se lever et se coaliser contre un attentat qui tend à courber de nouveau nos têtes sous les poignards du despotisme, de la tyrannie ou de la dictature.

«La liberté de la presse a renversé le trône, traîné le tyran à l'échafaud et proscrit sa race.

«La liberté de la presse a déjoué les complots liberticides d'une

cour perverse, d'une noblesse insolente et d'un clergé corrompu ; elle 25
a fait tourner contre eux les poignards dirigés sur le sein des patriotes.

«La liberté de la presse a été comprimée quelque temps par la faction girondine, et cette compression a failli perdre la République.

«La liberté de la presse a été tout-à-fait anéantie sous la dictature de Robespierre, et sans l'énergie de quelques patriotes, le triumvirat nous conduisait à l'esclavage, en nous faisant passer sur des monceaux de cadavres entassés par ces monstres sanguinaires.

«Vous voyez, citoyens, d'une part les avantages que le peuple français a retiré de la liberté de la presse, et de l'autre les risques qu'il a couru en la laissant tour à tour comprimer ou ravir. Voudriez-vous encore oublier les principes, voiler les droits de l'homme et courir les chances d'une nouvelle commotion? Pour moi je ne m'en sens pas le courage et à l'exemple de Marat et de Loustalot, je ne cesserai de demander à grands cris la liberté de la presse ou la mort.

«Je connais d'avance les objections qu'on pourra me faire sur cette importante question. On me dira que les aristocrates s'en serviront pour saper les bases du gouvernement révolutionnaire et par suite celle de la République. Je répondrai à cette objection, que les efforts des aristocrates ne produiront pas plus d'effets en ce moment que ceux des Mauri, des Cazalès, des Mirabeau-tonneau, des Clermont-tonnerre, des Durosoi etc. n'en ont produit au commencement de la Révolution, quoiqu'ils fussent cent écrivains royalistes contre un écrivain patriote, et que le peuple ne se fût pas encore pénétré des vérités contenues dans la déclaration des droits.

Au surplus, je pense qu'un écrivain qui se servirait de sa plume pour faire l'apologie du royalisme ou de tout autre gouvernement, dont les bases ne reposeraient point sur la liberté et l'égalité, devrait être puni par cela seul qu'il méconnaît les droits de l'homme, qu'il s'en déclare l'ennemi en se rendant le champion des tyrans qui ne cessent de les outrager et de les violer. Le peuple serait en droit de renvoyer cet esclave à son maître.

«On m'objectera encore que la liberté de la presse ouvrirait toutes les portes à la calomnie, et que les meilleurs patriotes seraient ceux que les aristocrates et les royalistes s'attacheraient le plus à noircir. Je répondrai que l'opinion publique ne se forme pas du dire d'un ou de plusieurs aristocrates et royalistes ; sans cela il n'y aurait pas un seul Jacobin de 1789, qui osât se montrer aujourd'hui dans les rues.

«Qu'importe à un patriote pur, dont la conduite et les actions ont toujours été d'accord avec ses principes et ses discours, véhéments, remplis du saint amour de la liberté ; que lui importe qu'un aristocrate dise ou imprime qu'il est un modéré, un indulgent, un alarmiste, un exagérateur, un ambitieux, un intrigant, un fourbe, un dominateur, un scélérat et un coquin. Le peuple fera sur le champ justice du calomniateur, le marquera au front du fer rouge de l'ignominie, le repoussera loin de lui, et son nom deviendra même une injure. Le patriote au contraire n'en sera que plus aimé et mieux estimé.

«Savez-vous, citoyens, quels sont ceux qui craignent la liberté de la presse? Ce sont tous les rois de l'Europe et la catin du Nord, tous les princes et leurs valetailles, toute la noblesse de haute et basse cour. En France ce sont les fonctionnaires publics en place ou déplacés, qui ont prévariqué dans leurs fonctions, qui ont dilapidé les fonds de la République ou ceux des citoyens qu'ils ont fait enfermer; qui ont commis des actes arbitraires, qui ont vexé le peuple au lieu d'être son appui, qui ont secondé les projets sanguinaires de Robespierre.

«Les ennemis de la presse sont aussi les petits dominateurs, ces intrigants par état, ces caméléons sans talents, ces héros d'antichambre, qui se sont retranchés derrière un bureau pour conserver leur chère existence. Ces enfants chamarrés d'épaulettes et de galons, qui commandent avant d'avoir appris à obéir. Tous ces Messieurs craignent les réverbères.

«Les ennemis de la liberté de la presse sont encore ces hommes croupis dans le vice, couverts de honte et d'opprobre, qui se sont imaginé racheter leur réputation en montrant un instant une exaltation patriotique, sans cependant corriger leurs mœurs. Eh bien! citoyens, c'est pour démasquer ces hommes de boue, ces ennemis du peuple, que nous devons faire usage de la liberté d'écrire.

«Citoyens, on a répété à cette tribune ce qui s'est dit dans beaucoup des Sociétés. On a avancé que les aristocrates et la faction des indulgents levaient la tête et menaçaient d'anéantir la République.

«Les hommes qui s'expriment ainsi n'ont pas la même opinion que moi du peuple français. Comment est-il possible de s'imaginer que le sort de vingt-cinq millions d'hommes, qui se sont si fortement prononcés pour la liberté et l'égalité, puisse dépendre de quelques têtes d'aristocrates plus ou moins levées; en vérité je n'y conçois rien, car qu'est-ce que c'est qu'un aristocrate, qu'est-ce que c'est qu'un indulgent?

«L'aristocrate d'aujourd'hui, dont on nous menace tant, est selon moi un animal qui n'a ni le courage de fuir, ni de rester, de se battre, ni de se sauver; enfin c'est un chat attaché sur une planche, à qui il ne reste que la liberté de gronder tout bas et de passer sa patte sur ses oreilles. Que cet animal boive, mange et digère, c'est encore un bonheur pour lui.

«L'indulgent, selon moi, est ce que nous appellions autrefois un feuillant; c'est un homme neutre dans la République, qui selon les circonstances donne un coup de poing ou tend la main à un aristocrate. 25

«Et nous, Jacobins, nous aurions peur de ces êtres amphibies! Pour moi, je suis persuadé qu'un petit détachement de Républicains courageux serait capable de les terrasser tous, s'ils osaient jamais insulter au peuple....

«.....Je me résume, citoyens, et je propose que sans demander la liberté de la presse, chaque membre de cette Société ait le courage d'en jouir; et que dans les adresses que la Société fera à la Convention et aux Jacobins, elle se borne à peindre la situation de notre département d'après celle des autres Sociétés; car rien n'est bien vrai que ce que l'on est à même de voir et de vérifier soi-même.»

»La S. arrête que ce discours sera imprimé dans les deux langues, et que le soin de le traduire en allemand sera confié au citoyen J. F. Simon.»

»On donne lecture à la S. d'une proclamation adressée OCTOBRE.
par les membres composant le Comité de surveillance révolutionnaire de Strasbourg à leurs concitoyens.» 6

Nous insérons l'extrait suivant de cette proclamation:

«.....Oui, peuple souvent calomnié, mais toujours vertueux, tu seras sans cesse l'objet de nos sollicitudes; nous ne cesserons d'avoir l'œil ouvert sur les intrigants qui te caressent pour te duper; sur les accapareurs qui recèlent les subsistances pour t'affamer; sur les égoïstes, qui discréditent la monnaie pour s'enrichir à tes dépens; sur les ambitieux qui te flagornent pour renouer tes chaînes; sur les fanatiseurs qui alarment la conscience pour la diriger au gré de leurs complots; enfin sur tous les traîtres masqués, qui ne feignent de te défendre que pour mieux t'assassiner. Telle est la tâche que nous entreprenons; sans doute elle est difficile et très-périlleuse; elle pourrait peut-être rebuter des hommes faibles; mais tous les obstacles, tous les inconvénients doivent disparaître devant les Républicains déterminés à faire le bien, à consolider la liberté; plus nous en rencontrerons, plus aussi nous redoublerons d'efforts, de zèle, d'énergie et d'activité. Voilà nos serments, ils ne seront pas vains.

«Reposez-vous donc sur nous; bon peuple de Strasbourg, paisibles cultivateurs des bords du Rhin, venez avec confiance, versez dans notre sein toutes les plaintes que vous avez étouffées jusqu'ici sur vos lèvres tremblantes, ou même dans votre cœur trop longtemps comprimé

6 par la terreur; venez nous dévoiler toutes les persécutions dont vos ennemis vous ont abreuvé et voudraient vous abreuver encore, et nous sécherons enfin les larmes amères qui se mêlent à vos sueurs, nous appliquerons à vos maux le baume que nous trouverons dans nos cœurs et dans la loi.»

13 »Lecture de la proclamation de la Convention nationale au peuple français, du 18 vendémiaire III (9 octobre 1794), dans laquelle il est dit entre autres : »Aucune autorité, aucune réunion n'est le peuple, aucune ne doit parler, ne doit agir en son nom [1].«

NOVEMBRE. 5 »La S. reçoit une brochure intitulée : *Escroquerie administrative du Mairillon provisoire Monet, mineur du Montblanc, faite à Strasbourg, dans le porte-feuille d'un fabricant de Nîmes, d'après les grands principes des filous Robespierre, St-Just et Lebas. Imprimé aux dépens d'un Républicain spolié, qui court après son argent.*«

L'auteur de cette brochure, le citoyen Vigne, de Nîmes, réclame la restitution de 20,000 livres, auxquels il a été arbitrairement taxé à Strasbourg par Monet.

DÉCEMBRE. 1er »La S. publie la liste de ses membres, dressée en exécution du Décret de la Convention nationale, du 25 vendémiaire III.«

(Cette liste, qui contient les nom, prénoms, âge, lieu de naissance, profession et demeure, ainsi que la date de l'admission, s'élève au nombre de 333 membres.)

---

[1] Au sujet de cette proclamation, on lit la note suivante dans le *Journal de Strasbourg:* «La Convention nationale fait rentrer les Sociétés populaires dans les justes bornes et elle veillera aussi dorénavant qu'il ne pourra plus y entrer des âmes sanguinaires.»

1795.

JANVIER. 7

«On communique à la S. la proclamation suivante :

LIBERTÉ. ÉGALITÉ. FRATERNITÉ.

«A Strasbourg, le 18 nivose, an 3e de la République française, une et indivisible.

«AU NOM DU PEUPLE FRANÇAIS.

«*Bailly, Représentant du peuple dans les départements du Haut- et Bas-Rhin, Mont-Terrible, Jura et des Vosges, à tous les citoyens du département du Bas-Rhin.*

«Assez et trop longtemps la tyrannie vous a opprimés; les vieux amis de la Révolution, les patriotes de 89, les patriotes qui n'ont jamais dévié des principes, ont été persécutés par des charlatans en patriotisme, par des hommes inconnus, ou qui ne dataient dans la Révolution que par leurs crimes. Des taxes arbitraires ont tari parmi vous les sources de l'industrie et de l'abondance ; en pressurant ainsi les citoyens, on paraissait avoir oublié que c'était couper l'arbre par le pied, pour en avoir les fruits.

«Mais aujourd'hui rassurez-vous ; prenez confiance, braves et bons habitants du Bas-Rhin : le règne de la terreur n'est plus ; celui de la justice lui succède. Le Gouvernement révolutionnaire, en conservant toute son énergie, marche rapidement vers son véritable but, le seul qui soit digne du peuple et de la Convention nationale. Consolider la République, affermir la liberté, faire fleurir l'agriculture, le commerce et les arts; en un mot, fonder la prospérité publique sur des bases immuables : voilà l'objet de ses vœux, de ses travaux et de ses constants efforts.

«Pour briser tous les obstacles qui pourraient retarder sa marche, d'un côté, elle déclare la guerre aux fripons, aux dilapidateurs, aux intrigants, aux dominateurs, aux royalistes, aux hommes de sang, à tous les mauvais citoyens : pour eux seuls la terreur est encore à l'ordre du jour ; de l'autre, elle proclame la justice, la bienveillance envers tous les hommes, secours aux malheureux, appui, protection aux opprimés, respect sacré pour les propriétés, sûreté pour les citoyens paisibles, laborieux, amis de la Révolution, du bon ordre et des lois.

«Tels sont les sentiments qui animent la Convention nationale.

«Elle veut que la confiance publique ne repose que sur l'homme probe et vertueux, sur l'homme modeste et désintéressé, qui, étranger à tous les partis, n'a cherché dans son attachement constant à la Révolution que le bien général et le bonheur du peuple ; à ces traits seuls, elle reconnaît le patriote sincère, le vrai Républicain.

«Tels sont aussi, citoyens, les principes qui vont être la règle des opérations du Représentant du peuple dans votre département.

«Voulant faire tout le bien qui dépendra de lui, il invite tous les bons citoyens, les Administrateurs, les Magistrats du peuple et les Sociétés populaires, à le seconder de tous leurs efforts et de tous leurs moyens.

«Union, fraternité entre tous les patriotes, attachement inviolable à la Convention nationale, confiance mutuelle entre le peuple et ses Représentants, zèle infatigable dans l'exercice des fonctions publiques, activité dans l'exécution des mesures commandées par le salut de la patrie, concours universel des hommes et des choses ; enfin, même ardeur, mêmes sacrifices, même dévouement dans l'intérieur qu'au dehors, parmi nos braves défenseurs ; et la Révolution est achevée, et la République, partout triomphante, assure l'indépendance d'un grand peuple, fonde la liberté des mers, et se repose majestueusement sur elle-même. Le Représentant du peuple, *Bailly*.»

»Le Représentant Bailly prononce un discours dans une assemblée générale des sections de la commune de Strasbourg, convoquée dans le temple de l'Être suprême.

Voici quelques passages de ce discours :

«En proie aux calomnies les plus atroces,» dit l'orateur, «vous avez gémi plus d'un an sous l'oppression la plus cruelle. La commune de Strasbourg qui a tant fait de sacrifices pour la patrie, a été présentée aux yeux de la France comme un foyer de contre-révolution ; des brigands étrangers se disant patriotes exclusifs, ont voulu la réduire au désespoir pour la perdre et l'anéantir plus sûrement.

«De là les taxes et les incarcérations arbitraires ; de là les atrocités commises par un prêtre autrichien promenant partout la mort sur une guillotine ambulante ; de là le projet sanguinaire de faire périr sans forme de jugement tous les détenus ; de là ces propositions insensées d'épurer la population et de transplanter les habitants sur un sol qui ne les avait pas vu naître ; de là ces bateaux mystérieusement préparés et annoncés dans le fameux livre *bleu* du Comité central du département ; mais sans rappeler ici le détail de toutes ces horreurs, on peut, citoyens, les peindre toutes d'un seul trait : Il ne vous a manqué qu'un Carrier pour renouveler sur les bords du Rhin les forfaits qui ont souillé les rives de la Loire. 17

«Grâces à l'heureuse révolution du 10 thermidor, les coupables auteurs de tant de maux ne sont plus. Mais après un grand orage, les flots ne se calment pas sur le champ, on voit paraître sur leur surface agitée des débris qui retracent aux navigateurs les malheurs passés.

«Il en est de même parmi vous, citoyens; l'orage politique a cessé, mais les passions et les haines qu'il a soulevées, ne sont pas encore calmées; la défiance plane sur des fonctionnaires publics et sur des citoyens qui par terreur ou par faiblesse de caractère ont paru seconder les efforts de la tempête; il faut donc commencer par détruire les haines, calmer les passions ou du moins leur imposer un frein salutaire: il faut enfin ramener parmi les citoyens la confiance, l'union et la concorde. Tel est le but et le motif de l'opération importante qui vous rassemble aujourd'hui.»

«Après ce discours, le Représentant Bar prononce un discours analogue, et on donne lecture de l'arrêté suivant:

«*Arrêté.*

«Le Représentant du peuple en mission dans le département du Bas-Rhin,

«Considérant que le vœu du peuple assemblé en sections, s'est fortement prononcé en faveur des citoyens qui lui ont été présentés pour la composition des autorités constituées de la commune de Strasbourg;

«Arrête ce qui suit:

«Art. 1er. Le Conseil-général de la commune, l'Administration du Département, celle du District, le Comité révolutionnaire, les Tribunaux civil et criminel, les Justices de paix, le Bureau de conciliation, le Tribunal de commerce, sont composés des citoyens nommés et désignés dans le tableau ci-joint, qui comprend aussi les noms des Commissaires de police et des Commandants de bataillons de la Garde nationale.

«Art. 2. Ceux des fonctionnaires publics actuels dont la démission a été acceptée, et ceux qui ne sont pas portés au présent tableau, cesseront leurs fonctions aussitôt après l'installation de ceux qui doivent les remplacer.

«Art. 3. L'Agent national du District est chargé de procéder dans les 24 heures à l'installation de toutes les autorités constituées comprises dans le tableau d'épuration.

«Le Représentant du peuple, *Bailly*.»

«NOUVELLE ORGANISATION.

«Administration du Département du Bas-Rhin.

«Braun, professeur; Burger, homme de lettres; Menoth, cadet, négociant; Koch, professeur; Maurice Kolb; Jacobi, négociant; Wild, de Niederbronn; Thomas Wachter, négociant.

«Administration du District de Strasbourg.

«Membres du Directoire: Louis Wangen, Dessoliers, père, Breu, anciens Administrateurs; Liechtlé; Keppler, Didierjean, Adjoints avec indemnité et membres du Conseil.

«Membres du Conseil-général: Schertz, négociant; Busch, à l'Homme rouge; Ammel, d'Ittenheim; Jean Friedolsheim, jardinier; Bury, de Westhoffen; Brændlé.

«Agent national: Ferat.

«Municipalité et Conseil-général de la commune de Strasbourg.

«Maire: Michel Matthieu [1].

«Officiers municipaux: Démichel, homme de lettres; Brackenhoffer, idem; Ehrmann, graveur; Ehrlenholtz, marchand de vin; Fischer, brasseur à la chaîne; Hirschel, poissonnier; Reichard, négociant, rue du 10 août; Rollé-Baudreville, ancien chef de légion; Saum, fils, Grand'rue; Heidel, fils, jardinier; Val. Schnégans, du Comité révolutionnaire; Hübschmann, orfèvre; Dubois, à la Monnaie; Schultz, négociant.

«Agent national: Fréd. Hermann, homme de lettres.

«Substitut de l'Agent national: Kratz, homme de lettres.

«Notables: Meniolle, fils; Barbenès, négociant; Revel, idem; Vogt, père, fourbisseur; Richard Brunck; Kirstenstein, Commandant; Arnold, fils, idem; Metzger, fils, passementier; Heitz, père, imprimeur; Beyckert, Commandant; Schweighæuser, professeur; André Lix, jardinier; Müller, cafetier; Ott, huilier; Grün, au Cerf; Dietsch, fabricant de draps; André Zabern, batelier; Gerhard, tisserand; Wehrlen, farinier; Hoffmann, négociant; Henri Weiler, boucher; Kuhn, l'aîné, négociant; Gimpel, ancien chef de légion; Momy, homme de lettres; Zimmer, père, notaire; Ferdinand Kolb, négociant; André Ulrich, imprimeur; Labeaume, négociant; Læmmermann, baquetier; Pistorius, négociant.

---

[1] M. Michel Matthieu, ayant demandé sa démission comme Maire, fut remplacé le 5 février suivant par M. Xavier Keppler.

«Comité révolutionnaire du District de Strasbourg. 17

«Kolb, place d'Armes; Engelhardt, négociant; Perrin, ancien militaire; Meyer, horloger; Pierre Olinet, négociant; Berger, idem; Ehrmann, rue de l'Écurie, idem; Gruber, officier retiré; Walter, potier; Desjardin, négociant; Justet, l'aîné; Ehmann, fils, négociant.

«Tribunal criminel du Département du Bas-Rhin.

«Elvert, Président; Acker, Accusateur public; Schwingdenhammer, Greffier.

«Tribunal civil du District de Strasbourg.

«Juges: Laquiante, père, Président; Louis Spielmann; Silberrad; Weber; Frœreisen; Schœll, ancien Juge de paix.

«Suppléants: Osterrieth; Humbourg; Stouhlen; Treitt.

«Commissaire national: Michelet.

«Greffier: Lauth.

«Tribunal de Commerce de Strasbourg.

«Juges: Mayno, Président; Schertz, négociant; Revel, idem; Ferdinand Kolb, idem; Emser, idem.

«Suppléants: Barbenès, négociant; Simon Hæss, batelier; Günzroth, père; Burggraff, cultivateur.

«Greffier: Humbourg.

«Bureau de conciliation de Strasbourg.

«Schubart, père; Teutsch, aubergiste à la Lanterne; Jundt, aubergiste; Olinet, négociant; Leicht, boucher; Grün, Maison rouge.

«Suppléants: Schweighæuser, notaire; Hohlenfeld, négociant; Uebersaal, notaire; Edel, fondeur; Ferrand, négociant; Lotzbeck, idem.

«Juges de paix de la commune de Strasbourg.

«Krafft, pour le 1er arrondissement; Marchand, pour le 2e arrondissement; Wild, employé à la municipalité, pour le 3e arrondissement; Fried, pour le 4e arrondissement.

«Garde nationale de Strasbourg.

«Les places de Chef de légion et de Sous-adjudant-général qu'occupaient les citoyens Gimpel et Vogt, n'existant plus dans l'organisation actuelle de la Garde nationale de Strasbourg, le Conseil du Représentant du peuple, en désignant ces citoyens membres du Conseil-général de la commune, a cru exprimer le vœu de ses concitoyens, en déclarant en même temps qu'ils n'ont jamais cessé de mériter leur confiance.

«1er bataillon : Commandant en chef : Laforgue ; Commandant en second : Drolenvaux, en remplacement du citoyen Beyckert, qui a refusé.

«2e bataillon : Commandant en chef : Greuhm, fils, l'aîné, à la place du citoyen Hecht, qui n'a pas accepté ; Commandant en second : Ohlmann.

«3e bataillon : Commandant en chef : Kirstenstein ; Commandant en second : Busch.

«4e bataillon : Commandant en chef : Reitz ; Commandant en second : Hahn.

«5e bataillon : Commandant en chef : Trawitz ; Commandant en second : Jæglé.

«Ces deux citoyens continueront à remplir ces fonctions, le citoyen Kugler n'ayant pas accepté.

«6e bataillon : Commandant en chef : Horbel ; Commandant en second : Labeaume.

«Ces deux citoyens continueront à remplir ces fonctions, attendu que les citoyens Moris et Walter, élus du peuple, qui devraient y rentrer comme injustement destitués, ont déclaré ne pouvoir reprendre ces fonctions, le premier pour cause de mauvais état de sa santé, le second en raison de son commerce.

«7e bataillon : Commandant en chef : Eschenauer ; Commandant en second : Juncker.

«8e bataillon : Commandant en chef : Schützenberger ; Commandant en second : Arnold.

«*Commissaires de police de la commune de Strasbourg.*

«Gerold, pour le 1er arrondissement ; Ulrich, pour le 2e arrondissement ; Remond, pour le 3e arrondissement ; Edel, pour le 4e arrondissement ; Heller et Kopf, pour l'extérieur de la ville.

«Le Représentant du peuple, *Bailly*.»

»Le Représentant Bailly prononce le discours suivant dans la S. populaire :

«Citoyens,

«C'est en s'écartant des principes qu'on tombe dans le désordre et la confusion ; je viens en ce moment rappeler ceux qui doivent servir de base aux Sociétés populaires.

«Les Sociétés populaires ne forment point une corporation séparée et distincte des citoyens ; elles ne doivent exister que pour le peuple et par le peuple ; son bonheur, voilà leur but ; sa confiance, voilà leur soutien. Veiller au maintien des lois, au repos, à la sûreté publique, instruire, éclairer les citoyens sur leurs droits et leurs véritables intérêts, échauffer leur patriotisme, électriser leurs âmes, les porter aux dévouements civiques par l'exemple, à la pratique des vertus par une moralité pure, enfin multiplier les sources de leur félicité et resserrer les nœuds qui doivent les attacher au centre du gouvernement, tel est l'objet essentiel et indispensable de leurs soins, de leur zèle et de leur sollicitude. Alors l'estime, la reconnaissance, l'attachement du peuple deviennent autant d'appuis, qui garantissent leur durée. 17

«Si par leur faute elles viennent à briser ces appuis nécessaires, en substituant l'intérêt particulier à l'intérêt général; l'esprit d'intrigue, de cabale et de parti, à l'esprit d'union, de sagesse et de désintéressement, qui doit animer tous les vrais Républicains; si elles compriment les citoyens par la terreur, en émettant des vœux contraires aux principes de la justice et de l'humanité, en violant les droits les plus sacrés du pacte social, alors l'édifice s'écroule de lui-même et demande une main régénératrice.

«La Société populaire de Strasbourg est tombée dans cet état de dépérissement.

«Comme il lui est impossible de se rétablir elle-même sur des bases solides et durables, et qu'elle peut, réédifiée, ouvrir aux bons citoyens un asile contre la malveillance et l'oppression, au peuple une école d'instruction et de civisme, contre l'ignorance et le relâchement, seul espoir de la tyrannie; la Représentation nationale, qui doit porter ses regards sur tous les objets d'utilité publique, vient l'aider aujourd'hui à se relever et à former une réunion plus nombreuse et vraiment populaire.

«Il s'agit donc de discerner les citoyens probes, intègres, les patriotes purs, les vrais Républicains, des faux patriotes, des Républicains qui n'en ont que le masque, qui ont suivi exactement toutes les faces de la Révolution, qui se sont scrupuleusement pliés aux dogmes, bons ou mauvais, de tous les partis, qui les ont outrés, exagérés, pour leur intérêt particulier et le malheur de leurs concitoyens. Ceux qui encourront la censure ne pourront s'en prendre à personne; ils s'y sont condamnés eux-mêmes par leur conduite, et qu'importe d'ailleurs l'intérêt de quelques individus, quand il s'agit du bien de tout le peuple?

«Il est temps que le règne de la terreur finisse. Le char de la Révolution ne doit plus marcher sur des cadavres; il doit rouler désormais librement sur une terre pure et régénérée; la justice et la vertu doivent seules le conduire. Plus de fripons, d'intrigants, de dilapidateurs ; plus de patriotisme sans probité, de républicanisme sans principes : des hommes sages et vertueux, s'oubliant eux-mêmes, pour ne songer qu'à la patrie, et nous aurons de bons citoyens, de véritables Républicains.

«C'est d'après ces principes, les seuls vrais, les seuls propres à lier les Sociétés populaires au bonheur du peuple, à l'affermissement de la République, que le Représentant du peuple s'est déterminé à prendre l'arrêté suivant, que la justice et l'intérêt général lui ont dicté.

«*Arrêté.*

«Art. 1er. La Société populaire de Strasbourg sera épurée.

«Art. 2. Les 15 citoyens désignés par le peuple parmi les membres actuels de la Société populaire, et dont les noms suivent, sont chargés de cette épuration ; savoir les citoyens Chenevet ; Didier, fondeur ; Vernier, Adjudant-général ; Gruber, ancien militaire ; Jæglé, Commandant de la Garde nationale ; Keil, professeur ; Le Monier, Général de division ; Mertz, cordonnier ; Labeaume, Commandant de bataillon ; Gueffemme, Commandant de la gendarmerie sédentaire ; Metz, chanvrier ; Pistorius, négociant ; Remond, Commissaire de police ; Jean-George Reibel, jardinier ; Chapuy, père.

«Art. 3. Ils s'assembleront demain 29 en Comité, à l'effet de choisir parmi les Sociétaires vingt membres qu'ils s'adjoindront, pour porter le noyau à 35 ; ils ouvriront en même temps un registre d'inscription pour les citoyens qui voudront se faire recevoir membres de la Société régénérée.

«Art. 4. Le noyau ainsi formé tiendra le 1er pluviose une séance où les 20 membres choisis en particulier seront soumis à l'épuration publique.

«Art. 5. A cette séance, ainsi qu'à celles qui suivront, il sera procédé en présence du peuple à l'admission des citoyens qui se seront fait inscrire, et à l'épuration des sociétaires qui viendront se présenter pour la subir.

«Art. 6. Ceux qui ne se présenteront pas ne seront pas soumis à la censure, mais après un mois d'intervalle, ils seront censés avoir renoncé à leur titre de sociétaires.

«Art. 7. Dès que la Société sera composée de 100 membres, elle nommera un Comité pour rédiger un règlement et le soumettre à la discussion.

«Art. 8. Il sera basé sur les principes qui doivent sans cesse rappeler le but et l'institution des Sociétés populaires ; ces principes sont l'union, la fraternité, la surveillance, l'instruction et le bonheur du peuple. Le Représentant du peuple, *Bailly*.»

»Publication de l'adresse suivante : 18

«LIBERTÉ, ÉGALITÉ, FRATERNITÉ OU LA MORT.

«Strasbourg, le 29 nivose, l'an 3 de la République française, une et indivisible.

«*Les quinze membres de la Société populaire, épurés par le peuple, à leurs concitoyens, salut.*

«Frères et amis,

«A l'apparition du Représentant du peuple Bailly, au temple de l'Être suprême, tous nos frères qui avaient malheureusement gémi très-longtemps sous l'oppression de quelques scélérats et malveillants, ont paru tout-à-coup avoir oublié les vexations et persécutions injustes qu'ils avaient endurées.

«Grâce à ses lumières et à vos soins, il a enfin épuré les autorités constituées, civiles et militaires, et va achever cette tâche importante, en épurant également la Société populaire. Nous vous invitons, en son nom, à vouloir bien venir vous y faire inscrire, pour être ensuite présentés à l'admission.

«Empressez-vous donc, chers frères, de vous joindre à nous, afin que désormais nous ne formions plus qu'une seule et même famille, et que tout esprit de parti et d'intérêts personnels, les médisances et les calomnies, disparaissent et soient bannis à jamais de nos cœurs.

«Une pareille conduite fera trembler nos ennemis d'outre-Rhin, dès qu'ils apprendront de rechef que la commune de Strasbourg, qu'on avait cherché tant de fois à ébranler, veut rester en masse fidèle à ses serments, à l'obéissance aux lois, en maintenant de tout ses pouvoirs les Décrets émanés de la Convention nationale, et de vivre libres ou mourir.

«Oui, Républicains, il est temps, et même très-instant, de nous occuper tous sérieusement à propager l'instruction publique et à proposer des moyens salutaires et efficaces pour faire renaître et fleurir dans notre département et sur le sol de la République entière, s'il nous est possible, les sciences et les arts, le commerce, l'agriculture et les métiers, et de soulager les familles indigentes et malheureuses qui sont en grand nombre parmi nous.

«Par là nous mériterons de la part de la Convention nationale et de la République, le témoignage le plus satisfaisant pour des hommes vraiment libres, de s'être adonnés entièrement au bien public.

«Vive la République !

«*Vernier, Chenevet, Labeaume, Keil, Pistorius, Queffemme, Metz, Gruber, Le Monier, Jægle, Didier, Chappuy, Remond, Mertz, Reibel.*»

20 »Les quinze membres de la S. épurée s'adjoignent vingt autres membres, pour former avec eux la nouvelle S. populaire épurée. Il est décidé que dorénavant l'on n'élirait pas des citoyens qui avaient voté pour la mort des incarcérés.»

21 »Célébration de l'anniversaire du 21 janvier 1793.»

«*Procès-verbal.*

«Le deux pluviose, l'anniversaire de la mort du dernier tyran des Français, a été célébré par les Strasbourgeois avec tout l'enthousiasme que peut inspirer l'ardent amour de la liberté. Dès les neuf heures du matin, le temple a été rempli d'un peuple immense, quoique la cérémonie ne dût commencer qu'à onze et que le froid fût très-rigoureux. Le même jour le tribunal criminel s'est signalé par un grand acte de justice; il a mis en liberté 162 pauvres laboureurs compris dans la loi bienfaisante du 22 nivose; ils avaient émigré par terreur et étaient détenus depuis leur rentrée en France. C'est avec ce cortège que les Représentants du peuple Bailly et Bar et tous les Corps constitués, mêlés avec le peuple, se sont rendus dans le temple, aux cris mille fois répétés de *vive la République, vive la Convention.* Alors le Représentant Bailly a annoncé l'objet de la fête par le discours suivant:

«Citoyens,

«Guerre à mort à la royauté et à la tyrannie, sous quelque forme qu'elle se montre! Tel est le cri des Républicains, en célébrant aujourd'hui ce jour mémorable, où la royauté expira sur l'échafaud avec le dernier tyran des Français. Que ce cri retentisse jusqu'aux oreilles des despotes coalisés, et les fasse pâlir sur leurs trônes ébranlés; qu'il porte la consternation dans l'âme épouvantée de leurs hordes d'esclaves, et qu'il continue d'apprendre qu'un peuple est toujours invincible quand il combat pour sa liberté.

«C'est aujourd'hui la fête de la République, la fête du peuple entier: avec quel enthousiasme, avec quelle allégresse ne doit-il pas la célébrer? Obligé à de grands sacrifices pour soutenir la Révolution, il n'a pu goûter encore tous les avantages du gouvernement républicain; mais il en jouit déjà par l'espérance; il sait que le règne de la liberté donnera le plus grand essor à l'industrie; il sait que l'affermissement de la République fera fleurir le commerce, l'agriculture et les arts, et fixera parmi nous l'abondance, la prospérité et le bonheur.

«C'est dans cet espoir consolant, c'est dans cette heureuse attente qui ne sera point trompée, que nous devons célébrer la fête de l'établissement de la République.

«Unissons-nous donc de cœur et d'esprit au peuple, à la Convention nationale, à tous les Français qui dans ce jour et à ce même instant expriment leur horreur pour la tyrannie ; unissons-nous aussi à tous nos braves défenseurs, qui raniment aujourd'hui leur courage et leur énergie, pour célébrer cette fête par de nouvelles victoires ; et tous oubliant nos haines, nos funestes divisions, nos malheurs passés, substituons au règne de la terreur celui de la justice et de la fraternité ; forts de notre union, forts de nos sentiments républicains, vouons à l'exécration les tyrans et la tyrannie ; jurons tous de ne jamais subir le joug d'un roi, et que *quiconque voudra usurper la souveraineté du peuple, soit mis à l'instant à mort par les hommes libres*. 21

«Vive la République.»

«A peine ce discours était fini, que plus de dix-mille citoyens, les bras levés vers le ciel, ont juré haine éternelle au roi et à la royauté, et à toute espèce de tyrannie, sous quelque forme qu'elle se montre.

«Que ce mouvement était sublime ! Quel beau spectacle pour des amis de la liberté, de voir une assemblée aussi nombreuse se prononcer avec autant d'énergie pour le maintien du gouvernement républicain et démocratique.

«Le Représentant Bar a aussi prononcé un discours analogue à la fête, et qui, comme le premier, a été accompagné des plus grands applaudissements et des mêmes serments de maintenir la République.

«On a ensuite exécuté la superbe musique du 10 août, composée par Pleyel [1], et qui s'adaptait si bien à la circonstance, puisqu'elle peint d'une manière énergique tous les événements glorieux qui ont précédé, accompagné et suivi la chute du trône. La joie la plus ex-

---

[1] Nous insérons ici le passage suivant relatif à cette composition de Pleyel, que nous avons extrait de l'*Aperçu historique sur l'état de la musique à Strasbourg, par Conrad Berg*, p. 6 :

«Rien n'avait été négligé pour donner le plus de pompe possible à cette exécution musicale, qui devait dépeindre la lutte des sections contre le château des Tuileries. On avait fait venir des musiciens de tout le département, et rien n'avait été refusé au compositeur. Pleyel avait eu besoin de cloches pour un effet de tocsin, on lui permit de choisir entre les trois cents dont les églises avaient été dépouillées, et qui étaient réunies à la fonderie de Strasbourg, pour être converties en canons. Pleyel en trouva sept qui, sans former précisément l'échelle de la gamme, étaient parfaitement d'accord entre elles, et donnaient plusieurs accords d'un effet majestueux et terrible.»

21 pressive était peinte sur tous les visages ; le peuple contemplait avec complaisance les autorités constituées, dans lesquelles le Représentant Bailly avait replacé les personnes à qui la confiance et la voix publique avaient confié les emplois en 1792. C'était la fête du cœur et le triomphe de la vertu et de la justice.

«La cérémonie a fini par un discours touchant adressé aux 162 cultivateurs, dont la présence contribuait à embellir la fête ; en rappelant les effets du régime de la terreur, elle annonçait en même temps le retour de la justice et de la bienfaisance nationale, et ce contraste de malheurs passés et de jouissances présentes inspirait à l'âme attendrie les plus douces émotions, fortifiait l'amour du régime républicain et la haine contre tous les hommes de sang et de terreur.»

30 »Le Comité de la S. régénérée, composé des citoyens Oberlin, Demichel, Louis Wangen, Mayno, Reichard, Ulrich, Juncker, Isenheim, Queffemme, Didier et Dubois, publie un règlement de la nouvelle S., d'après l'arrêté du Représentant Bailly, du 17 janvier dernier.

L'introduction de ce règlement porte entre autres :

«Les droits de l'homme étant le patrimoine de tous les Français, sans qu'aucun Corps ni aucune classe de citoyens puissent prétendre à en avoir la propriété exclusive, les Sociétés populaires ne remplissent l'objet de leur institution, qu'en développant les principes de ces droits et en remplissant les principes qui en découlent. Pénétrés de cette vérité, les citoyens de Strasbourg, formant la Société populaire, ont consacré comme article fondamental du règlement qu'ils ont adopté, que le principal but de leur réunion sera d'instruire leurs concitoyens et de veiller par tous les moyens légaux au maintien et à l'exécution des lois, ainsi qu'au salut de la République, sans jamais s'arroger aucun pouvoir, ni prétendre à former une classe de citoyens séparée de la grande société.»

31 »La S. régénérée publie l'adresse suivante :

«Les citoyens réunis en Société populaire,
à leurs concitoyens de la commune de Strasbourg.

«Frères et amis,

«L'excessive cherté de tous les comestibles est le résultat nécessaire du système désastreux des taxes et des réquisitions abusives ; il n'est pas un esprit juste et de bonne foi qui ait à cet égard l'ombre d'un doute : les auteurs du mal sont les provocateurs de ces mesures sanguinaires et oppressives qui nous menaient à l'esclavage par la famine.

«Aujourd'hui ces mêmes hommes ajoutent à leurs crimes une nouvelle perfidie ; ils feignent de s'apitoyer sur le mal que fait au pauvre le prix énorme des denrées, tandis que cette cherté est leur propre ouvrage ; ils nourrissent le coupable espoir d'égarer les hommes confiants et crédules, de leur faire regretter jusqu'à la plus affreuse tyrannie. 31

«Mais le peuple, qu'une trop fatale expérience éclaire sur ses intérêts, ne sera plus victime de ces hypocrites flatteurs : ses ennemis sont assez bien signalés, pour que leur piéges soient désormais peu dangereux.

«Nous ne perdrons pas de vue, concitoyens, que toute mesure contraire à l'exacte justice serait un pas vers l'oppression ; que l'ombre d'une violence ferait déserter nos marchés et nos places, et qu'il n'est que la liberté indéfinie du commerce, qui puisse successivement y ramener l'abondance.

«S'il faut des privations momentanées, nous les supporterons avec résignation ; ce sacrifice n'est pas au-dessus des forces d'un Républicain, et nous n'opposerons que le calme de la raison aux intrigues des ennemis de la liberté. Que ces hommes atroces entendent notre profession de foi ; qu'ils renoncent à de sinistres projets et se rangent enfin sous les étendards de la justice, car l'indulgence a aussi son terme.

«Mais, frères et amis, si l'homme fortuné trouve des ressources dans ses propres moyens ; si l'ouvrier, libre de proportionner le prix de sa main-d'œuvre à celui des denrées, est à l'abri du besoin, il est une classe intéressante et malheureuse, qui mérite toute notre sollicitude : ce sont les citoyens indigents et honnêtes, auxquels l'âge ou les infirmités ôtent la faculté du travail.

«Nous avons jusqu'ici fait distribuer des secours particuliers ; d'un côté, ils étaient insuffisants, et malgré les plus grands soins dans la recherche de la vérité, ils n'ont pas toujours été bien placés : un mode plus étendu nous fait espérer un succès plus satisfaisant.

«Une caisse de bienfaisance, établie au Comité de surveillance de la Société populaire, est uniquement destinée à diminuer le prix du pain nécessaire à l'existence des indigents ; le nombre des participants, dans tous les cas égal pour chaque section, sera réglé à proportion des fonds ; la comptabilité la plus sévère sera maintenue ; les dons et leur emploi seront rendus publics, et ces dispositions cesseront avec la baisse du prix des comestibles.

«Nos efforts seraient vains sans le concours général de tous nos concitoyens : nous y comptons ; ils seront ce qu'ils ont toujours été, généreux, bons et humains.

31 «Des Commissaires sont chargés de recevoir les souscriptions individuelles des sommes que vous voudrez fournir par mois, et si vos occupations ne vous permettent pas de les porter au Comité, ils iront les recevoir chez vous.

«Qui de vous, citoyens, serait insensible au bonheur de soulager son frère accablé de besoins? Sans doute vous y concourrez tous! La somme la plus modique offerte par la médiocrité, sera honorée par le patriotisme; les hommes opulents prouveront que les richesses, quelquefois corruptrices, ne sont pas inconciliables avec les vertus civiques. Et vous tous, qui fréquentez les bals et les fêtes, nous ne condamnons pas vos amusements, ils n'étaient proscrits que sous le règne des cannibales; mais nous avons droit d'appeler votre attention sur l'humanité souffrante. Consacrez à la soulager une partie du superflu que vous destinez à vos dissipations; songez que votre dépense d'une seule nuit nourrirait une famille entière pendant dix jours; ne fermez pas vos cœurs à la sensibilité; vos plaisirs en seront plus purs, quand vous aurez fait votre devoir.

«*Demichel, Wangen, Didier, Reichard, Funck, Mayno, Juncker, Queffemme, Moutier, Schœttel* et *Ulrich*.»

FÉVRIER. 1er »G. Wedekind prononce dans l'assemblée de la S. régénérée un discours en langue allemande, dont le but est de prouver que les clubs ont été utiles pour la démolition de l'ancien édifice gouvernemental, mais qu'ils ne peuvent être que nuisibles et préjudiciables pour la réédification du nouveau gouvernement, ainsi que pour son futur affranchissement [1].«

17 »Publication de l'extrait suivant de la séance de la Convention nationale du 24 pluviose III (12 février 1795):

«Le Représentant du peuple Bailly, en mission à Strasbourg, écrit à la Convention, pour repousser les calomnies dirigées contre les citoyens de cette ville, contre ces citoyens qui ont été pendant si longtemps opprimés par les scélérats St-Just et Lebas et par leurs féroces agents. «L'opinion publique sévèrement consultée, dit Bailly, a dirigé toutes mes opérations, tous mes choix. J'ai épuré la Société populaire, j'ai cru devoir détruire l'influence de ces vociférations sanguinaires,

---

[1] Ce discours a été publié sous le titre: *Bemerkungen und Fragen über das Jakobinerwesen* (Remarques et questions sur le Jacobinisme).

qui disaient hautement qu'il n'était point nécessaire de juger les déte- 17
nus ; qui, d'accord d'opinion et d'exécution avec les brigands de la Loire, votaient pour les bateaux à soupapes. Je poursuis tous les dépopulateurs, tous les voleurs.

«Je répondrai à mon collègue, qui m'accuse d'avoir mis à la tête de la commune de Strasbourg un homme suspect, qu'il doit s'en prendre à lui-même qui a donné à ce magistrat un certificat de civisme ; qu'il doit s'en prendre au peuple, qui a applaudi au choix que j'ai fait de ce citoyen vertueux.

«Si on veut continuer le système de calomnie ourdi contre les amis de la justice, je prie la Convention nationale de ne rien prononcer, et d'attendre ma présence, afin que je puisse confondre tous les calomniateurs avec des pièces irrésistibles.» (Applaudi.)

«Richoux rend aussi le plus éclatant témoignage aux citoyens de Strasbourg : patriotisme, humanité, justice, voilà les vertus constamment professées par les Strasbourgeois. Il demande l'insertion au bulletin de la lettre de Bailly. — Décrété.»

Il est intéressant de comparer avec cette pièce, publiée par l'autorité supérieure à Strasbourg, dans les deux langues, l'extrait que nous donnons ci-après du compte-rendu de la séance de la Convention nationale du 24 pluviose an III, inséré au Moniteur. On ne pourrait nier que l'on a dû avoir à Strasbourg des raisons particulières pour changer certaines phrases ou pour en omettre d'autres qui figurent dans la lettre de Bailly, telle qu'elle se trouve au Moniteur.

«Le Représentant Bailly écrit de Strasbourg : «Vous connaissez tous les maux qui ont pesé sur la commune de Strasbourg ; vols, pillages, incarcérations, taxes, assassinats, tel est l'esquisse de ces malheurs.

«Pour perdre cette commune, on voulut la réduire au désespoir ; mais son attachement n'a été que plus fort à la liberté. On osa proposer d'épurer la population de Strasbourg, et de la réduire à la moitié. Dans la Société populaire on osa dire qu'il fallait exterminer en masse les détenus. Déjà se préparaient à cet effet les bateaux à soupape, et si le Rhin ne partagea point les horreurs de la Loire, c'est qu'il y manquait un Carrier. J'ai épuré cette Société populaire, contre laquelle s'élevait justement l'indignation publique, parce qu'elle obéit constamment à l'impulsion du féroce Schneider.

«J'ai chassé des fonctions publiques les suppôts de Robespierre, et ce sont ces hommes-là qui disent que la chose publique est perdue, parce que le sceptre de la tyrannie est arraché de leurs mains. Si l'on

17 continue de calomnier la commune de Strasbourg, je vous prie d'attendre mon retour ; alors je prendrai la défense de cette intéressante partie de la République, qui a donné nouvellement une grande preuve de son amour pour la liberté, en célébrant avec transport l'anniversaire de la mort du tyran Capet. En attendant, je continuerai de combattre les hommes de sang, et j'espère que le mois prochain verra leur ruine entière.»

«Renvoyé au Comité de sûreté générale.»

MARS. 10 »On adresse à la S. une brochure intitulée : *Appel au peuple français contre l'ancienne municipalité de Schlestadt, destituée par le Représentant du peuple Bailly, le 23 pluviose III* (11 février 1795).»

Cette brochure, de 112 pages, est pour la ville de Schlestadt ce qu'est le *Livre bleu* pour la ville de Strasbourg.

AVRIL. 17 »Le Corps municipal de Strasbourg envoie à la S. la délibération suivante :

«*Délibération prise par le Corps municipal de la commune de Strasbourg, le 28 germinal de l'an 3 de la République française, une et indivisible, sur le renvoi qui lui a été fait des réclamations de plusieurs citoyens désarmés en exécution de la loi du 21 du même mois, pour fournir des renseignements et donner son avis.*

«Le Corps municipal croit devoir présenter d'abord à l'Administration du District quelques réflexions et observations générales, sur l'arrêté qu'il a pris d'après la provocation de ladite Administration, et pour l'exécution de la loi du 21 germinal courant.

«Cette loi veut le désarmement de tous ceux qui ont pris part aux horreurs commises sous la tyrannie qui a existé avant le 9 thermidor ; il est donc bien évident, que l'intention des Législateurs a été d'atteindre non seulement ceux qui ont directement ordonné et fait exécuter ces horreurs, mais aussi tous ceux qui par leurs intrigues, suggestions, conseils, délations, vociférations et constants applaudissements, les ont provoquées ; et en effet, sans ces derniers, sans cet amas de gens vils ou cruels, qui sous le règne de sang et de terreur, ont été le fléau de leurs communes, ce règne eut-il pu exister ? la Convention eut-elle pu craindre qu'il parvînt à se renouveler ?

«Lorsque le Corps municipal a été chargé de faire en cette commune l'application de ladite loi, il a dû naturellement chercher d'abord les hommes auxquels elle pouvait être appliquée sur la liste de cette ci-

devant Société des Jacobins de Strasbourg, affiliée à celle de Paris, 17
qui notoirement a été une des causes principales des horreurs qui ont eu lieu en cette commune; qui au mois de frimaire de l'an 2, a voté, à la très-grande majorité des membres présents, la mort des détenus; du sein de laquelle ont été tirés dans les malheureux temps de la tyrannie tous les membres des Corps administratifs, Municipalité et Comité révolutionnaire, qui ont si cruellement vexé, oppressé, torturé cette commune.

«Sur cette liste, le Corps municipal a distingué ceux notoirement connus pour avoir été ou les orateurs et les meneurs de cette Société, ou les agents, les espions et les plus intimes affidés de ceux-ci, et les ressorts dont ils se servaient pour faire réussir leurs sinistres projets; qui depuis que nous devons à la vertu et au courage du Représentant Bailly la destruction de la Société jacobine, n'ont cessé de se rallier et de faire corps ensemble; qui sont ces mêmes hommes que ce Représentant, dans sa lettre à la Convention nationale, insérée dans le bulletin du 26 pluviose dernier, a désignés comme s'assemblant en conciliabules et buvant au mois prochain; qui récemment encore, lors de la lutte audacieuse du parti de sang contre la Convention, trahissaient par leurs regards et leurs propos le criminel espoir dont ils osaient se bercer; dont aucun enfin ne se trouve inscrit sur la liste de la Société populaire régénérée, ce qui paraît prouver, ou qu'ils ont été rejetés au scrutin épuratoire, ou que redoutant l'opinion publique, ils n'ont osé essayer de ce scrutin, ou enfin que cette Société, ramenée à son institution primitive, n'offrait plus d'aliments à leurs passions chéries.»

»La S. adopte une adresse au Comité de salut public, MAI.
dépeignant le triste sort de nos frères d'armes prisonniers 7
de guerre en Autriche, et priant le Comité de presser leur échange.

»La S. décide de remettre une pétition au Représentant du peuple Richoux, député dans les départements du Rhin et du Mont-Terrible, pour lui demander la réouverture des sections.«

»La S. fait vendre divers objets qu'elle a obtenus de 13
différentes personnes, tels que du vin rouge vieux, bonnets de police, souliers, chemises etc. Le montant de la vente sera employé pour diminuer aux indigents le prix du pain.«

2 »On dépose à la S. l'état des versements faits à la caisse du citoyen Blanchot, payeur général du département du Bas-Rhin, pour l'emprunt des riches, ordonné par les Représentants St-Just et Lebas, en date du 10 brumaire II (31 octobre 1793).«

Cet état se monte à 6,880,113 livres, 18 sols, 6 deniers, payés par 173 citoyens de Strasbourg et par 31 communes du district [1].

AOUT. 10 »Le Représentant du peuple Merlin (de Thionville) prononce un discours à l'occasion de la fête du 10 août.

Nous extrayons les passages suivants de ce discours:

«Citoyens, il y a aujourd'hui trois ans qu'à pareille heure le peuple français triomphait du trône et de la royauté. Depuis, il a combattu, vaincu et donné la paix aux plus fiers ennemis de son indépendance. Il touche au moment de jouir du fruit de ses victoires. Nous pouvons donc nous livrer sans réserve au plaisir et à la joie que la chute de la tyrannie fait naître d'une manière plus particulière dans ce grand jour. Comme l'équipage rentré dans le port après une longue et dangereuse traversée, ne pensons plus aux peines et aux malheurs passés, aux maux au prix desquels nous sommes libres, que pour élever encore davantage nos âmes républicaines, que pour nous enorgueillir de notre constante énergie.

«Nous avons tous contribué à cette sublime Révolution, l'effroi des tyrans et l'admiration des peuples et du philosophe; nous sommes tous témoins des forfaits des Rois, du Roi qui perdit son empire à pareil jour. Chacun de nous, au sein de la paix et du bonheur, racontera lui-même à nos neveux étonnés ces événements qui se sont succédés avec la rapidité de l'éclair, et la défiante postérité ne croira que difficilement les détails de cette Révolution si inconcevable dans sa marche et si grande dans ses résultats.

«La tyrannie au comble des crimes, et les déprédations d'une cour corrompue et corruptrice, nécessitèrent la convocation des notables. Vos premiers Représentants, l'Assemblée constituante, est vouée aux poignards: le peuple parle, la Bastille tombe, et présage la chute de la tyrannie. La cour n'en est pas déconcertée; elle change de système et tâche d'égarer le peuple qu'elle n'a pu réasservir à force ouverte. Le Roi feint d'embrasser la nouvelle Constitution, et part pour aller sanctionner la Convention de Pilnitz. Ramené, il jure de nouveau

---

[1] Voir *Livre bleu*, I, p. 213-230.

fidélité au peuple, et appelle en même temps la guerre civile et la 10
guerre étrangère au sein de la patrie ; il protège, encourage et solde les émigrés proscrits par l'Assemblée législative ; il fait un appel aux puissances étrangères, il leur déclare la guerre sans moyens de la soutenir. Cependant le soldat est victorieux en Flandre, malgré la cour et ses Généraux, et la cour et ses Généraux commandent la retraite ; on incendie le pays qui nous tendait les bras. L'ennemi est bientôt à nos portes. La criminelle cour croit déjà voir l'étranger river nos fers : mais de Marseille, de l'Orient, de Brest, du Nord, de toutes les parties de la France les patriotes accoururent à Paris. C'est là que conspire l'ennemi le plus dangereux, c'est là qu'il faut l'attaquer. «Plutôt la mort que l'esclavage,» s'écrient-ils, et le tyran, qui fait encore des protestations amicales, tombe avec ses satellites sous les efforts courageux du patriotisme. Le 10 août éclaire enfin le triomphe de la liberté, et l'égalité paraît pour la première fois à côté de sa sœur.

«O jour à jamais mémorable ! tu seras éternellement cher aux amis de l'indépendance des nations, et terrible aux idoles du monde stupide....

«....S'il existait encore des Français, indignes de ce nom, qui ne fussent pas enorgueillis de la gloire de notre République, qu'ils fuient la terre de la liberté, qu'ils aillent grossir les bandes de Condé : le sort de l'armée de Quiberon les attend..., le généreux Pitt les convie.

«S'il était encore des hommes pour qui Dieu n'est rien et le sacerdoce tout, qui voulussent troubler l'ordre établi, qu'ils quittent d'eux-mêmes une terre consacrée à la liberté et à la philosophie. Si l'égalité blesse quelques autres, c'est ailleurs qu'ils doivent aller chercher des rangs et des distinctions personnelles : la nation tout entière veut jouir du fruit de cinq années de peines et de travaux ; elle veut la paix à l'intérieur, quand elle la donne à l'extérieur ; elle comprimera tous ceux qui s'opposeraient à son vœu ; elle les forcera à ne pas s'avilir eux-mêmes, ou elle leur dira : Soumettez-vous au vœu de la majorité, ou quittez cette terre que vous déshonorez par votre amour de la servitude. Ainsi l'Amérique heureuse et libre termina ses révolutions.»

La S. applaudit vivement ce discours et en vote l'impression et la traduction en langue allemande.«

»Publication de la loi suivante du 6 fructidor III (23 août 27
1795), ordonnant la dissolution des clubs et des S. populaires :

«ART. 1er. Toute assemblée connue sous le nom de club ou de Société populaire, est dissoute ; en conséquence les salles où lesdites assemblées tiennent leurs séances, seront fermées sur-le-champ, et les clefs en seront déposées, ainsi que les registres et papiers, dans le secrétariat des maisons communes.»

Voici ce que porte à ce sujet la *Table du Moniteur*, p. 574 :

«Cette loi fut décrétée à la suite du rapport, fait à la Convention nationale, au nom du Comité de sûreté générale, de législation et de salut public, par Mailhe, membre de la Convention nationale, sur les restes des Sociétés dites populaires, dont les unes méditent encore les attentats et la ruine de la Terreur, et dont les autres aiguisent les poignards de la royauté.»

ERRATUM.

Page 113, ligne 12, au lieu de Cuvier, lisez : Cunier.

STRASBOURG, IMPRIMERIE DE F. C. HEITZ.

Ouvrages du même auteur :

Die St-Thomas-Kirche in Strassburg. Ein Beitrag zur Geschichte unserer Vaterstadt. 1841.

Das Zunftwesen in Strassburg. Geschichtliche Darstellung begleitet von Urkunden und Aktenstücken. Mit 26 in den Text gedruckten Zunftwappen. 1856.

Catalogue des principaux ouvrages et des cartes imprimés sur le département du Bas-Rhin. 1858.

L'Alsace en 1789. Tableau des divisions territoriales et des différentes seigneuries de l'Alsace existant à l'époque de l'incorporation de cette province à la France. 1860.

Strasbourg pendant ses deux blocus et les cent jours. Recueil de pièces officielles, accompagné d'une relation succincte des faits arrivés pendant les années 1813, 1814 et 1815. Avec le plan du camp au blocus de 1815. 1861.

Notes sur la vie et les écrits d'Euloge Schneider, Accusateur public du département du Bas-Rhin. 1862.

Check Out More Titles From HardPress Classics Series In this collection we are offering thousands of classic and hard to find books. This series spans a vast array of subjects – so you are bound to find something of interest to enjoy reading and learning about.

Subjects:
Architecture
Art
Biography & Autobiography
Body, Mind &Spirit
Children & Young Adult
Dramas
Education
Fiction
History
Language Arts & Disciplines
Law
Literary Collections
Music
Poetry
Psychology
Science
...and many more.

Visit us at www.hardpress.net

Im The Story

personalised classic books

"Beautiful gift.. lovely finish.
My Niece loves it, so precious!"

Helen R Brumfieldon

UNIQUE GIFT

FOR KIDS, PARTNERS AND FRIENDS

Timeless books such as:

Kids

Alice in Wonderland • The Jungle Book • The Wonderful Wizard of Oz
Peter and Wendy • Robin Hood • The Prince and The Pauper
The Railway Children • Treasure Island • A Christmas Carol

Adults

Romeo and Juliet • Dracula

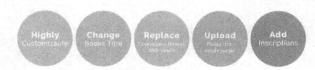

Highly Customizable
Change Books Title
Replace Characters Names with yours
Upload Photo (for inside page)
Add Inscriptions

Visit
Im The Story.com
and order yours today!